国際シンポジウム

公家と武家の比較文明史

笠谷和比古編

思文閣出版

13世紀ヨーロッパ騎士の徳目図(写本，英国図書館蔵，本文435頁参照)

はじめに

本書は二〇〇三年三月一〇日から一週間にわたり、国内外の研究者の参加を得て、国際日本文化研究センターにおいて開催された歴史学国際集会「公家と武家――その比較文明史的研究――」に基づく論集である。

国際日本文化研究センターでは、これまで数年次にわたって「公家と武家」と題する共同研究会を開催してきた。本共同研究の目的は、今日の日本社会の母胎となっている前近代の社会と、その文化の構造を理解する一環として、前近代社会において支配エリートとして大きな力をもった公家（貴族）と武家という固有の階層に焦点を合わせ、それらの身分や職能のもつ意味、その秩序の形式、社会的役割といったものの解明に取り組んできた。そしてこの研究では日本社会の内部だけを対象として行うのではなく、グローバルな観点において、すなわち日本以外のアジアや中東、ヨーロッパなどの諸地域・諸文明において見られた関連する諸々のケースとの比較を通して分析を深めていくことを課題としている。

それら相互間の比較研究に基づいて、戦士階層（武士・騎士・職業戦士）が成長した地域と、文官支配が優越して戦士階層の顕著な出現を見なかった地域との違いの歴史的な意味を、政治制度・儀礼・社会階層・親族構造・宗教・思想といった、さまざまな角度からこれまで検討してきた。

今回、これら共同研究の成果を踏まえ、さらに世界各地において進められている本問題に関する第一線の諸研究との相互検討と交流を深めるべく、東アジア、アラブ、トルコ、ヨーロッパ、そして北米の専門研究者を招聘するとともに、日本国内からも数多くの研究者の参加を仰いで国際研究集会を開催したものである。

この一週間にもおよぶ研究集会では、いずれ劣らぬ卓越した内容の諸報告と白熱した討議とによって充実した時間を共有することを得たのであるが、他方ではまた本シンポジウムが開催された二〇〇三年三月中旬というのは、おりしもアメリカによる対イラク戦争が勃発しようかという緊迫感につつまれた状況下にあり、国連を舞台にして、対イラク武力行使の是非をめぐる討議が活発にくり広げられていた時期でもあったのである。

本シンポジウムもまた、このような緊張をはらんだ国際情勢に対してはおのずから深い関心を抱かざるを得なかった。シンポジウムの冒頭に述べた開催趣旨に関する次のような文言は、この歴史学国際集会の現代的な意義を表明したものに他ならない。

「二一世紀を迎えた今、世界は大きな危機に直面しています。アメリカにおける同時多発テロに端を発した一連の国際的政治の動向は、イラク問題への対処をめぐって世界の世論を二分するような大きな対立を巻き起こしつつあります。

早期の武力行使による問題の根本的解決をはかるのが妥当か、はたまた武力的手段をできるだけ回避しつつ、ねばり強く時間をかけて問題の穏健的な解決を目指すのが正義にかなうことであるのか、いずれとも俄には決しがたいところに世界が直面する問題の難しさがあります。

当面の論争点は、大量破壊兵器の廃棄の有無というすぐれて軍事技術的な問題ではありますが、しかしながらこの問題の背景には、関係当事国それぞれが伝統的に育んできた文化的価値のギャップに由来する対立と理解障害が伏在しているように思われます。

すなわち、両者の世界観の相違。それぞれの社会における究極の価値あるいは価値の源泉とは何か。どのような価値の構造ないし体系を有しているのか。価値の序列と優先順位はどうなのか。それらの価値関係から導き出される政治における目的・理念と責任性の問題。政治的指導者は誰に対してどのような責任を負うのか。政治における公共性と正当性はそれぞれの国家においてどのように構成され、どのような根拠を有しているのか、等々。
そのようなことに思いを致す時、現代の諸国家および諸社会の母胎をなしている前近代の諸社会のあり方と、それらの文化的価値の解明を課題とするわれわれのシンポジウムは、時宜に適った試みであると言うことができるかも知れません。」

一週間にわたるシンポジウムにおいては、「文人型社会と戦士型社会」、「王権と儀礼」、「貴族とは何か」、「封建制度と官僚制度」、「思想・宗教・文化」という五つのサブ・テーマを設けて各日ごとに順次これを議論し、最後にそれらをまとめる総括討論を行うという形を取った。

本シンポジウムの会議録（proceedings）は、本会議開催後に国際日本文化研究センターより「国際集会　公家と武家――その比較文明史的研究――」として出版されたが、部数も限定されており、非売品であることから一般の方々に入手していただけない憾みがあった。

さいわい今回、思文閣出版から市販の機会を得て、これら日本国内外の専門研究者を一堂に会して行われたシンポジウムの内容を、多くの読者に提供できることはわれわれの深く喜びとするところであり、かつまたこの国際的な規模で討議された研究の成果が、関係する諸分野に対して少なからぬ貢献をなしていくであろうことも、確信している次第である。

二〇〇五年七月一日

国際シンポジウム実行委員長　笠谷　和比古

※目　次

Ⅲ　貴族とは何か

Ⅳ　封建制度と官僚制度

Ⅴ　思想・宗教・文化

I

文人型社会と戦士型社会

天皇・公家・武家

村井康彦

天皇・公家・武家は長らく日本社会の支配層を構成してきた。古代では公家[1]が、中世以後は武家が主体であったが、いずれの場合も天皇の存在が深く関わっていた。そこでここでは、主にこれら三者相互の関係を検討することで、日本社会の構造や特質を考えてみたい。

さて、日本の歴史を理解する上で、古い時代ほど大きな意味をもっていたのが、大陸と海で隔てられた島国であったという地理的条件である。早い話、日本では、万里長城の築造や維持に投入された中国歴代王朝のエネルギーは無用であったし、宮都（みやこ）を城壁で取り囲む必要もなかった。後者についていえば、唯一の例外は後年（一六世紀後半）、豊臣秀吉が京都を土塁で囲んだ「お土居《どい》」くらいのものである。大陸との交流によって異文化・先進文化を摂取することには熱心であったが（ただし渡航は困難をきわめた）、異民族と直接境を接していなかったからであり、民族意識[2]もほとんど育たなかった。

同様の理由で、古代国家の軍事組織として諸国に置かれた軍団の制度も早くから無用の存在となり、奈良時代の末、八世紀には廃止された。しかも軍事を統括する役所の兵部省は、九世紀に行われた役所の統廃合（リストラ）[3]によって縮小され、わずかに儀礼に関わる機能だけが残され、事実上有名無実の存在となった。この兵部省の解体は異民族の侵入を受けることがなかった古代日本社会を特徴づける現象といってよいであろう。ただし治安警察に当たる機構として検非違使が置かれたが、京都地域に限られていた。のちには地方にも置かれているが、十分に機能しないまま、台頭する武士団の前に消滅する。

こうして国家的規模の軍事体制（役所と軍団）が解体されたあと日本列島の各地には、武芸に長じた武者（武士）が姿を見せはじめる。「兵《つわもの》の家《いえ》」と呼ばれたように武芸を家の業として成長してきた土豪であり、かれらを核とする地方武士団をより広い範囲でまとめ上げたのが、いわゆる武家の「棟梁《とうりょう》」で、それを全国的な規模に広げたのが、一二世紀末における源頼朝による鎌倉幕府の樹立といってよいであろう。

武士団の成長には、東北日本における戦乱に関東の武士が動員され、それを統括した源氏との間に主従関係が強められたことが大きい。それを通して源氏の棟梁化も進んだ。しかしその武家の棟梁も「みやこ」にあっては公家（貴族）の私兵として傭われその護衛に当った「侍」（さむらい）の長にすぎなかった。かれらが皇族の出でありながら、このように貴族にさげすまれ、その駆使に甘んじたのにはわけがある。

その一は、地方長官として地方に下った際、土地を取得し、田舎に本拠をもったことである。こうした存在を忌避する貴族の意識―都鄙意識については、すぐあとにふれよう。

その二は、「殺人の上手」などといわれ、貴族の侍として行った殺業が、折から高まった浄土教思想によって、地獄に堕ちてしかるべき罪行為とされ、蔑視されたことである。そこである武者は、道理のない殺人はやめ、道理の立つ殺人だけをすることにしたという（『保元物語』）。そうすることで罪意識を出来るだけ小さくしたというのである。

武者はその棟梁をふくめて、貴族から身分的に差別され、蔑視された、社会的に「負」の存在であった。それが正当に認知されるのは、武士政権として鎌倉幕府が成立して以後、中世に下ってからである。それに伴い中世には、公家（貴族）と武家の立場が逆転することになる。これ以前から進行していたが、公家の拠り所とする役所の大半が失われてしまったからであるが、この事態を理解するためには、遡って古代における貴族の存在形態を考えてみることが必要であろう。

日本の貴族の特徴を一言でいうと、それは「宮都」（みやこ）に集住する「都市貴族」であったという点にある。日本の宮都は八世紀以後、本格的に発展したが、遷都[4]を繰り返すたびに大きくなっている。すなわち宮都の発展は、

（1）「内廷」すなわち天皇の居所である「内裏《だいり》」の拡充整備
（2）「外廷」すなわち国家権力の中枢である役所の拡充整備 ｝（1）（2）が「宮」
（3）「宮」の周辺に市街地が形成され、役人（貴族はその上層部）や庶民の集住する「京」の形成

といった姿でとらえることが出来るが、こうした「みやこ」造りの過程で留意されるのが、その早い段階で貴族に対し位に応じて家地を与え、京中での居住を促していることである。その結果、貴族たちは最初の都市民となった。それまで生活の場であった田舎の本籍地との関係を次第に希薄にし、ついには生産からも離れていったということだ。とくに宮都が長らく続いた大和（奈良県）を離れて山背（京都府）に遷ったことで、貴族はほぼ完全に田舎との関係を失った。奈良貴族と平安貴族のもっとも違うのがその点で、名実ともに貴族となったのは平安京においてである。

都市民となった貴族のあらたな生活源は、役所から支給される給与である。その給与が「代耕《だいこう》の禄《ろく》」―（田舎で）田畑を耕すかわりに（役所から）与えられる給料の意―と称された理由である。貴族とはみずから生活の根を断ち切り、帰るべき故郷を捨てた人たちのことといってよい。

存在形態の違いは、かれらの意識をも変えた。田舎（鄙）を蔑視し、生産を卑しいと見る意識が、奈良時代に比し平安時代に顕著になったのがそれで、都市貴族となることで生み出された、まさしく貴族の意識に他ならない。

しかし平安京では一〇世紀以後、役所の制度がゆるみ、給与の遅配・欠配も起こりはじめる。かつて帰るべき故郷・田舎を捨てた貴族は、古代末期には零落の生活に陥りはじめている。日本の支配層を構成した貴族の存在基盤はまことに脆弱なものであった。しかも古代末期には、公家たちが勤めるべき役所の大半が大内裏から消えていった。平安京の北部に位置する大内裏には天皇の居所である内裏と、その周辺に多数の役所が立ち並び、全体として古代国家の中枢を形成していた。その大内裏の崩壊過程を詳しく辿ることは困難だが、一二世紀末から一三世紀にかけて、京中大火もあって、あらかた廃絶する。役所から支給される給与で生活してきた公家が零落を余儀なくされたことはいうまでもない。(5)

こうして貴族(公家)は全国支配の拠点を失い、政治力も経済力も失った上、武家にその立場を奪われる。没落する公家が、それでも中世を生き延びることが出来たのは何故か。それは、すがりつくことの出来る天皇の権威が依然として保たれていたことにある。もともと公家は「公家衆」として天皇と運命共同体であったが、中世以後、その様相はますます顕著となる。中世の公家は交替制で出仕し、朝廷における年中行事に奉仕することや、古典の書写(6)に従うなどの他は、さしたる公的な仕事もなくなった。

この点に関連して、

(a)中世の公家のなかには和歌や音楽などの芸能を家業として伝え、それを教授することで生活源とするものがいたこと

(b)古典への関心を抱き、公家に和歌の添削や古典の書写を依頼する地方の武家が少なくなかったことにより、古典が都市や地方へ広がった事実にも留意しておきたい。

しかし中世以後でも天皇の権威が保たれ、それによって公家も存続することが出来た根本的な理由は、王権が他ならぬ武家によって支えられるという政治構造が生まれていたことにある。そこで考察の対象を天皇に移そう。

天皇（制）ないし日本の王権に関して論ずべき問題は多々あるが、古くて新しいテーマは、なぜ皇統が古代から今日に至るまで続いたのか、という理由の解明である。どこにその謎が隠されているのか。

私はそれを、「譲位」の制発見に求めたい。

日本における王権の継承には、七世紀末まで次の二つの原則があった（村井「王権の継受―不改常典をめぐって―」『日本研究』一、一九八九年）。

（1）在位中の天皇は皇位を譲ることは出来ない

（2）三〇歳以下の年少者の即位は認めない

ともに執政者としての基本条件であった。この原則を破ったのが持統天皇（女帝）である。その経緯は省略するが、他のライバルを排除し、孫に皇位を継承するために、みずから譲位し、「共治」するという条件で、時に一五歳であった珂瑠皇子（文武天皇）の即位を実現した。六九八年のことである。

これをきっかけとして、以後譲位の慣例化が進んだが、この譲位を重視するのは、以下の理由による。

第一は、天皇と上皇という、王権の二重構造が生まれたことにある。上皇は自由な立場で権力のもつ、いわば暴力的、非道徳的な要素を受け持ち、それを発散することで、天皇の聖性・権威を保証する役割を果たしたのである。これを王権の柔構造と呼ぶなら、これが皇位の持続性をもたらした大きな理由といってよい。

第二は、譲位による「天皇―上皇」という二重構造は、王権が持つ「権威」と「権力」の分化をもたらしただけでなく、当初上皇が受け持った権力の部分を、その後も時々の政治権力者がになうという構図を生んだことである。摂関政治下では藤原摂関家が、院政下では上皇（院）が分担したが、注目すべきことは、中世に下り、鎌倉幕府の成立後は幕府、つまり武家が受け持つようになったという事実である。[7] 鎌倉幕府の滅亡後は室町幕府が、その滅亡後は織田信長・豊臣秀吉そして江戸幕府へと引き継がれた。

結論を急ぐなら、こうして日本の王権は、その権力部分を時々の政治的実力者が掌握し行使することで、天皇の権威を保証する構造が出来上がった。王権の、権威と権力への分化と相互補完の関係が、王権の永続性を保証したのである。天皇はもとより公家も、江戸幕府の成立により蘇生した理由である。

（1）このうち「公家」は、本来「こうけ」とよみ、天皇もしくは朝廷のことを指したが、それに仕える者たちの総称＝「公家（の）衆」も、略して公家と書き、「くげ」と呼んだ。「公卿」（くぎょう）と混同・混用されることが多いが、この方は大臣など高級官職に任じられる者たちをいう。公家の呼称は一般的には中世になって登場する「武家（衆）」に対応する概念として用いられ、古代は「貴族」（五位以上の有位者）の語を用いることで時代的なニュアンスを表すのが普通である。本報告でも適宜使い分けるが、原義に即していえば、古代に公家、中世に貴族の語を用いて間違いというものでもない。

（2）ちなみに平安中期、一〇世紀に用いられるようになる言葉（和語）―「やまとごころ（大和心）」は、「漢才」（中国の学問・教養を身につけていること）に対するもので、日本人の民族意識を、直接的に表現した言葉のように受け取られがちだが（後世、その方向で極端化して用いられたこともあったが）、日本人が得意とした（漢才＝学問よりも）日常生活における現実的な処理能力、処世術にたけていたことを表した言葉である。当然民族の違いといった認識があって生まれた言葉ではあるが、こうした日本人自身の自己認識もしくは資質は、民族意識ないし国家意識の高揚には向かわず、むしろ受容した異文化―思想も制度も生活レベルのもの、時には風俗に変容してしまう、つまりは民族意識とは無縁の世界を作り出したように思われる。このことは本課題の解明と無関係ではない。

（3）九世紀を通じて行われた役所の統廃合で大半の役所は宮内・中務の二省に吸収されており、その目的が全体として内廷関係の役所の充実、整備にあったことを示している。この傾向はその後も強まり、天皇の家産体制、家政機構に基づく宮廷政治に矮小化されていく（村井・瀧浪貞子『陽明文庫本宮城図・解説』、一九九六年）。

（4）遷都は、推進者が新しい政治秩序・支配体制をつくり出すための、もっとも強力で実効ある政治行為であった。根回しなどにより、遷都が決定的となった時、遷都という名のバスに乗り遅れたものは、没落する以外に道はなかった。このような遷都のもつ力を、私は「遷都の政治力学」と呼んでいる（村井『古京年代記』、一九七三年）。

（5）大内裏の中にあった役所の廃絶する過程は詳らかでないが、一三世紀はじめの大火で事実上廃絶し、一帯は荒れ野原となった。牛馬が放牧され、人の死骸が捨てられる場所にもなっている。そこでここは「内野（うちの）」と称されるようになる。ただし役所のうち太政官と神祇官だけは室町時代、一五世紀でも残されている。太政官と神祇官といえば、古代国家の中心に位置付けられた二つの役所である。衰えたりとはいえ、古代国家の象徴として、意図的に残していたのである。

（6）古典―『伊勢物語』や『源氏物語』などの書写そのものは創造的行為とはいえないが、それを用いての中世の公家による古典研究とあいまって、近世における国学発展の土壌となった。その意味で中世の公家たちの仕事はもっと評価されてよい。

（7）この点は、現在の京都御苑にある内裏の造営に典型的な事例を見ることが出来よう。鎌倉初期（一三世紀初め）、朝廷から内裏の修造を依頼された源頼朝は、その要請に応じて早速修造している。これを最初として、内裏の造営は武家の行うべきものとなった。信長の上洛の目的の一つは内裏修造にあり、その内裏を秀吉は解体してあらたに造営、それを家康は解体して新造、それを家光が解体してあらたに造営した。それ以後は焼失したときに限られたが、幕末に至るまで幕府の仕事であった。現在の建物も同様である。

【コメント1】

戦士身分と正統な支配者

石井紫郎

1　本コメントのスタンス

村井氏のご報告は、天皇・公家・武家の関係を、制度の実態に即して、過不足無く、わかりやすく説明したもので、私から付け加えるべきことは見出せない。そこで私としては、村井報告で扱われたことと、次に予定されている朝鮮半島の諸時代・諸王朝（以下、単に「朝鮮」という）における戦士身分の問題との間の橋渡しをする観点から、いくつか問題提起をしてみたい。

すなわち、文官より低い地位に置かれていた朝鮮の武官たちが、それに反発してクーデターを起こし、覇権を握り、武官支配体制を一旦は築き上げたにもかかわらず、再びもとのような文官優位の体制に戻ったという朝鮮史の推移と異なり、日本では「武家政治」が六世紀半続き、のちには、非西欧世界ではほとんど唯一の「封建制」として評価されるにいたるような体制ができあがったという違いを、単なる「力」の次元でなく、体制を支える観念・意識の世界の次元で考究してみようとするものである。しかし、無論このテーマは一朝一夕で解明しうるものではなく、本コメントは、さしあたりそれへのアプローチの一つとして、「武家」という言葉に即した概念史的整理を行おうとするものである。

2　古代・令制における文官と武官

令制では、令の規定によって武器を携行すべきものと定められている官が武官である。すなわち「五衛府、軍団、および諸の仗を帯せらむをば（他の諸条によると、馬寮、兵庫等がそれとされている――筆者注）武とせよ。……自余をば並びに文とせよ」とする公式令・内外諸司条がその定義規定である。

ただ、「武」については例外が規定されており、「太宰府、三関国、内舎人は武の限りに在らず」（同条但書）とある。このうち、太宰府、三関国（三関＝鈴鹿・不破・愛発のある国、すなわち伊勢・美濃・越前）は本来地方行政機関的存在でありながら、防衛軍的役割も果たすことから、その職員に武器携行が義務付けられているもの、と解すれば、「武」から除外される意味も理解できないではない。これに対して内舎人は、天皇に直接「侍従」する官司たる中務省に属し、「刀帯て宿衛……駕行には前後に分衛」（職員令・中務省条）することを職務とするので、これが何故武官ではないのか、容易には理解できないことであるが、ここではこの事実を指摘するだけにとどめる。

以上のように定義された武官の官位は、官位相当の制の上でどう規定されているか、というと、最高は衛門および左・右衛士の督が正五位、次いで、左・右兵衛および左・右兵庫の督が従五位である。武官であって、いわゆる殿上人層に列するのはごく少なく、しかも末席を汚すにすぎないのである。

ここで、さきほどの内舎人に戻ろう。この職に就くのは、もっぱら五位以上の者の子孫（「蔭子孫」）である（軍防令・五位子孫条）ということに注意しなければならない。しかも、この蔭子孫の中でも、四・五位の子孫は「性識聡敏、儀容（禮に適ったかたち）」を具えた者として選考された者のみがこの地位に就けるが、三位以上の子は選考なしで任用される、という仕組みになっていた（同条）。大宝令制定後真っ先に内舎人に任ぜられたのが、藤原不比等の嫡子・武智麻呂であったという事実は、このポストが如何なるものとして想定されたものであるかを雄弁に伝えている。国家の最高意思決定機関を構成する公卿たちが、その跡継ぎを天皇の近くに伺候させ、次代のリーダーに育て上げるための登竜門の一つであったといってもよいのではなかろうか。

この内舎人が、《武器携行者＝武官》という原則からわざわざ外されたのは、まさにこのような事情によると考えられるのであり、このこと自体が、武官の地位についての、律令国家指導層の評価の低さを端的に物語っている。

3　令外の武官

日本の古代国家が、時とともに、令に規定された、いわば正規のもの以外に、さまざまな新しい官職（いわゆる「令外の官」）を作り出して行ったことは周知の通りである。近衛府という官司とその職員もその一つであるが、実は、その長官・次官に当たる大将・中将はそれぞれ従三位・従四位相当官とされた、という点で、それまでの武官より高い地位を与えられたのである。とくに大将が公卿層（三位以上）という国家の最高指導者層に列せられたことに注目しなければならない。このことは、引き続いて述べるように、直接には戦士身分の《家柄》（補論参照）出身者の地位向上には結びつかないものであったが、その後「武家政治」の成立・発展にとって大きな意味を持つことになったことは後述するとおりである。

何故、近衛大将・中将はかくも高い官位相当官とされたのか。それは近衛府成立・発展の経緯を見れば明らかである。以下、笹山晴生『古代国家と軍隊』によりながら、それを瞥見しよう。近衛府の淵源は慶雲四年（七〇七）成立の「授刀舎人寮」（「授刀舎人」の倭訓は「たちはきのとねり」）に遡る。これは幼少の藤原氏系皇位継承候補者・首皇子（のち七二四年に即位して聖武天皇）を守護する目的で設けられたものといわれており、少なくとも七二二年当時の長官は不比等の次男で従三位内臣の藤原房前であった。

七二八年、この授刀舎人寮は「中衛府」として発展的解消したが、その大将は引き続き従三位の房前で（制度的には従四位上相当とされた）、「常に大内在りて、もって周衛に備ふ」（『続日本紀』）といわれるような立場にあった。なお、中衛府となっても、その兵員は相変わらず「舎人」と呼ばれた。

このような形で授刀舎人寮は一旦解消されたが、やはり藤原氏系（光明皇后の娘）皇太子・阿部内親王（のちの孝謙天皇）を守護する目的で再設置される（「騎舎人を改めて授刀舎人となす」、『続日本紀』天平一八年二月条）。歴史学上、これを第二次授刀舎人寮と呼ぶが、暫くのち「授刀衛」と改称、さらに近衛府と称することとなる（天平神護元＝七六五年）。なお注目すべきは、大同二年（八〇七）に前述の中衛府が右近衛府に改称され、それとともに、近衛府が左近衛府となって、左・右近衛府体制が成立すること、しかし兵員はずっと「舎人」と称したことである。

以上要するに、中衛府を経て右近衛府となった第一次授刀舎人寮も、授刀衛、近衛府を経て左近衛府となった第二次授刀舎人寮も、ともに藤原氏が宮廷内での覇権を握るための軍団として作られたものであり、それは当然、本来藤原氏の一族、それも宮廷内、しかも中枢部に自由に立ち入れる身分、すなわち公卿身分の者が長官として自由に動かすべきものであった。

もっとも、藤原氏とて一枚岩であったわけではなく、恵美押勝（藤原仲麻呂）の乱に見るように、中衛府が反乱軍の中核的役割を果たすこともあったが、まさにそのことは、この組織が藤原系（の誰か）の手兵的存在であったことを示している。もちろんその時、授刀衛（近衛府）は孝謙上皇（重祚して称徳天皇）方の手兵であり、孝謙対押勝の戦いは、それぞれが授刀衛と中衛府を戦力の中核として駆使した対決であった。

中衛府大将は前述のように従四位上相当官とされたが、（房前の例に見たように）藤原氏の三位以上の有力者がそのポストを占める以上は、宮廷内での行動に制約はなかったし、のち恵美押勝権勢の時に正三位相当とされた（押勝の乱平定後、従四位上に戻ったが、これは中衛府が押勝系戦力として動いたことへの懲罰として、組織としては近衛府の下に位置づけられたことの結果であろう）。他方、授刀衛系は、七六五年に近衛府と改称された時点で、大将が正三位相当とされた。もっとも、八〇七年に両者が左・右近衛大将として並び立つものとされてからは、双方ともに従三位とされた（『職原抄』）。これは、それまで格差がつけられていた両大将を、左右に配するため《あいだ》をとったものかと想像されるが、いずれにしても三位すなわち公卿層に位置づけられたことは銘記すべきであろう。繰り返しになるが、近衛の長は、授刀舎人軍団の長として誕生したときから、宮廷内を自由に動ける公卿でなければならなかったのである。要するに、二つの授刀舎人系寮の（最後は左・右近衛府となる）長官（大将）は武官ではありながら公卿クラスの地位を与えられたが、それは上に縷説したような特殊性によるものであり、武官全体の地位が上昇したことを意味するものではないのである。

もっとも、奈良時代にいたるまでの歴史が物語るように、最上層の貴族たちがその頃から文弱の徒であったわけではなく、自ら武器を取り、軍団を指揮する能力をも備えた人物も稀ではなかった。制度の上でも、授刀衛の長官に見たように、必要とあらば武官でも三位に列せしめたのであり、令制において武官が低い地位に据えられたのは、当時の貴族層が「武」を蔑視する意識をもっていたからだと考えるべきではなく、「武」を下に見る中国の価値観とそれを体現する官僚制度上の序列及び補論に述べる《家柄》の問題の組み合わせの結果と見た方が妥当であろう。

しかしながら、藤原氏、とくに北家系の覇権が確立し、公卿層間の武闘が見られなくなるに及んで事態は変化し、公卿が自ら武器を取ることは稀になり、令制上の文官優位と《家柄》の優劣が対応するようになる。公卿層の子弟が武官に就く場合には、それは彼らのキャリア・パスの一齣（高級文官に昇進する前のステップ）としての任官であった。それとともに、それまで中下級貴族に開放されていた近衛中将（補論に引用する大野真鷹卒伝参照）はもちろん、少将までもが、「乳臭き」（『小右記』寛仁二年五月四日）上級貴族の子弟によって占められるようになる。当然のことながら、彼らはもはや武器をとって戦う存在ではない（高級武官の文官化）。

4　武士の官職補任

一般に、あるいは歴史学上「武士」と呼ばれる社会集団の出自・発生史に立ち入る暇はない。とにかくそうした「武士」が、如何なる形で自己の政治的・社会的地位を築き上げたかがここでの課題である。

いうまでもなく、その方法は武官、それも近衛大将・中将のような高級でない、中・下級の武官への任官であった。その実態については髙橋昌明『武士の成立　武士像の創出』に詳しい。

これに対して、頼朝は、元暦二年四月従二位に叙せられたのを機に、「公文所」を「政所」に改称した（『玉葉』参照）。ただし、彼はこの叙位によって、令制において、三位以上の者に与えられるものとされた「家」を持つ資格を得たからである。

この「家」は、当該公卿の、最も広い意味での所有（家族、従者、財物・所領、政治的・社会的勢威等々。以下、一括して《支配権》と呼ぶ）を管理する機構ないし組織を指す令制上の概念であって、単なる家族集団とか、それが住む建物ではない。またそれは、のちに成立してくる、父から嫡子、またその嫡子へという「直系継承線」（中根千枝）をたどって代々継承される「家」、すなわち明治時代の法律家によって「縦の法人」と呼ばれ、最終的には明治民法の親族法・相続法に規定されて、わが国の「淳風美俗」の温床とまでいわれた「家制度」的「家」とも区別されなければならない。

この令制上の「家」には、従って当然のことに、その機構を動かす機関がなくてはならない。令はそれを「家令」（訓「いえのかみ」）、「家扶」（訓「いえのすけ」）等と呼び、国司並みの構成（最も大きいものは、かみ・すけ・じょう・さかんの四等官構成）を定めている。

ちなみに、この令制上の「家」は管理機構であって、公卿の親族団体ではないということが、この「いえのかみ」という呼称にはっきり現れている。もし親族団体そのものを「いえ」と考えていたなら、「いえのかみ」は（前代の「うじのかみ」がそうであったのと同じように）その親族団体の首長、すなわち公卿その人を指すはずだからである。

注目すべきは、「家令」は国家の官職（一位でその相当官にある者＝左右大臣の「家令」は従五位相当官）として位置づけられており、国家の負担で給与を受けるということである。ただ、「家」は本来三位以上の者一人一人に付与されるものであり、従って夫婦・親子で別々の「家」をもつ例もあったし、逆に、原理的には特定の「家」が相続の対象になるわけではなかった。

平安期に入ると、「家令」・「家扶」らに対する国家の給与給付の原則は崩れ、それぞれの権門によって扶持されるようになるが、それだけに「家」という機構は私物性と永続性を獲得し、やがて相続の対象として観念されるようになる。ちなみに、それとともに、「家」は管理機構だけを意味するのではなく、そうした機構を継承しつつ、代々続く家系としての（上述、「家制度」的な）「家」をも指すようになったのではないか、と思われるが、ここは「家制度」成立史を論じる場ではないので、これ以上立ち入らない。

管理機構としての「家」は、必要に応じて下部組織をつくり、業務を分掌させたと思われるが、平安中期以降の諸権門では「政所」という中核的組織を設けるのが一般的となっていた。上述のように、頼朝が従二位叙位とともに、「公文所」を「政所」に改称したこと、そしてその「政所」の名において下文を発している（『吾妻鏡』文治三年一〇月二九日条参照）ことは、まさにこれに倣ったものに他ならない。

さらに彼は、建久元年上洛の際に権大納言・右近衛大将に任官したが、間もなくこの職を辞したのち、翌建久二年正月に「前近衛大将家政所」の「吉書始」を行い、以後その政権が発する文書は「前近衛大将家下文」の形式をとることとなった。彼は官職は辞したが、「家」を持つ資格（公卿身分）は失わない。実際、「従二位家牒」（『鎌倉遺文』一二八八号）などというような公家層の文書が見られるのは、無官であっても三位以上なら「家」をもちうることを示している。そもそも位階はそれに相当する官職につく資格であり、一旦得たら、剝奪処分を受けない限り失わない。それ故、頼朝の場合も「前右大将家政所」を持ち続けたし、当然それが下文を発給したのである。

しかし、宿願の建久三年（一一九二）の征夷大将軍補任によってさらなる展開がみられた。これを契機に下文は「将軍家政所下文」に変わったのである。もっとも、建久五年一〇月以降、文書の形式は再び「前右大将家政所下文」に戻ってしまう。これを頼朝が征夷大将軍職を辞する意思表示をした（受理されたか否かは別問題）ための変更と解釈する説もある（石井良助『大化改新と鎌倉幕府の成立』八七頁以下参照）が、いずれにせよ、彼の後継者たちは代々征夷大将軍に補任されるのが例となる。正治元年（一一九九）、頼朝の死の直後、後継者頼家に与えられた宣旨には「前征夷大将軍源朝臣の遺跡を続ぎ、よろしくかの家人郎従等をして、旧のごとく諸国守護を奉行せしむべし」とある。下文発給の主体を「前右大将家政所」と変えた鎌倉側の意図はともあれ、公家側は頼朝の《支配権》を「征夷大将軍」のものとして認識していたことは興味深い。なお、宣旨に「前征夷大将軍」とあるのは、頼朝が故人であり、もはや現任でないことからきた表現であって、死亡時点での「遺跡」が「前征夷大将軍」のものとして認識されていたわけではなかろう。

5 総　括

頼朝が右近衛大将という公卿クラスの武官職に補任されたことによって、本来高級武官に就けなかった戦士身分出身者が「右大将家」という名の「家」を持つ道がはじめて開かれた。むろん、「(左・右)大将家」と呼ばれた管理機構、とくにその中核組織たる「政所」は、平安時代の（多くは藤原一門の）大将たちも持っていた。しかし頼朝がこれをもったことの歴史的意味は、彼が武士の《家柄》（補論参照）の生まれであったこと、そして、それまでの藤原一族の大将たちと違って、国家の暴力装置の頂点に立つ者として、この「家」を駆使しうることになった点にある。具体的には、所領安堵、地頭職補任等々、国制にとって根幹的な意味をもつ諸行為を、この「右大将家政所下文」形式の文書によって行ったのである。武士が国制の根幹に触れる行為を、従来からの正統な法制度上の機構を用いて行いうるということは、戦士身分出身者の、武力で勝ち得た《支配権》の正統化にとって大きな意味があったものというべきである。

そして次に、頼朝が征夷大将軍に補任され、彼の「家」が「将軍家」と名を変えたことが、さらなる展開を可能にした。上に述べたように「(左・右)大将家」は平安期にすでにいくつも存在（例えば『平安遺文』二―四二五、六―二〇六三、六―二一〇六など）し、しかもそれは公卿層のキャリア・パスの中に位置づけられた（いうなれば文官化した）「大将」たちのものであった。『玉葉』においても、「右大将家」という言葉はすべて公卿のそれを指して用いられている。それと全く異なり、いわば純粋に武官的イメージを維持してきた征夷大将軍補任によって、頼朝の《支配権》の管理機構が、単なる一公卿のそれと違って、「将軍家」という名称のもとに、文官組織から独立した国家の暴力装置全体の管理機構としてのプレゼンスを獲得したのであり、頼朝の《支配権》は正統性に加えて（文官体系からの）独自性を取得した、ということができよう。

ちなみに、平安期の「将軍」は「押領使」なども含む広い概念で、しかも正式の官職名ではない場合が多く、また「家」を持てる存在とは限らない。また仮に三位以上の将軍（例えば征夷大将軍）があったとしても、それは特定の「征討」作戦ごとに授与される、臨時的性格が強いものであったから、管理機構としての「家」が、「将軍」という言葉と結びつくことはあまり考えられないのではなかろうか。

もっとも、(左・右)近衛大将などは、日常言語としては

「将軍」と表現されることは稀ではなかったし、また「将軍家」という言葉も散見される。しかしそれは、少なくとも『小右記』では「将軍」の屋敷の意味で用いられている（例えば、長和四年一二月一二日条、同一三日条、同五年四月一五日条）。十分な検証はできていないが、平安時代には管理機構としての「家」を指すときには、正式のタイトルたる「大将」と連結したのではなかろうか。推測の域を出ないが、おそらく管理機構としての「大将家」は、頼朝のそれを以って嚆矢とするものであり、その意味でも「独自性」の高い名称であったと思われるのである。

こうした一連の展開の中で、おそらく戦士身分集団を統率して、「朝家の御まもり」（『平家物語』）の役目を果たす、国家の暴力装置の頂点に立つ者を「武家」と呼ぶようになる条件が整えられていったと考えて大過あるまい。

ちなみに、『平安遺文』では「武家」という言葉は二つの、しかも最末期の文書にしか登場しないし、そのうち仁安三年（一一六八）の徳禅寺文書（『平安遺文』七―三七四七）の当該部分は後世の書き込みだという（上横手雅敬氏のご教示による）から、結局残りは頼朝を指すと思われる「権勢武家」という文字を含む元暦二年（一一八五）の「後白河院庁下文案」（到津文書・同前八―三一七二）のみである。もっとも、これは頼朝の右大将補任前の用例であり、上述の私見に反するという指摘もありえようが、これについては『吾妻鑑』の同時期の記述に散見される「武家」の用法の問題とともに、補論を参照されたい。

実際、頼朝の後継者たちが征夷大将軍に補任される例となってからも、ただちに「武家」という言葉が一般化したわけではない。さしあたり史料編纂所の『古記録全文データベース』を検索した限りでは、『岡屋関白記』寛元四年閏四月四日条の「武家執権」（北条時経を指す）、同宝治二年閏二月二七日条も「武家使者」などがヒットする程度であるが、これらは頼朝「将軍家」成立以後約半世紀経った時期のものである。ちなみに『玉葉』のデータベースでは「武家」は一つもヒットしなかった。

この点、興味を惹くのが、『岡屋関白記』の上掲条より約二〇年前（承久年間）に書かれた『愚管抄』（七）の次のような文章である。

①「今ハ又武者ノイデキテ、将軍トテ、君ト摂籙ノ家トヲオシコメテ世ヲトリタルコトノ、世ノハテニハ侍ホドニ……、武将ヲミナウシナイハテテ、……ソノ将軍ニハ摂籙ノ臣ノ家ノ君公ヲナサレヌル事……君臣合體シテ昔ニカヘリ……」

②「摂籙ノ家ト武士家トヲヒトツニナシテ、文武兼行シテ世ヲマモリ、君ヲウシロミ（後見）マイラスベキニナリヌル……」

見られるように、『愚管抄』の著者は、いったん戦士身分の者が「世ヲトリタルコト」を「世ノハテ」と慨嘆するところでは「武者」という言葉を用いるのに対し、いわゆる藤原将軍が誕生したことに関しては「文武兼行」体制が成立したと評価し、しかも将軍家を「武士家」と表現しつつ、「摂籙ノ家」と並置してさえいる。単なる戦士身分の表示としては「武者」、「朝家の御まもり」役を果たすべき存在に対しては「武士家」という言葉の使い分けはまことに興味深く、「武家」という言葉の誕生が近かったことを暗示しているのではなかろうか。ちなみに、この「文武兼行」という体制理解及び「摂籙ノ家」・「武士家」の並置は、頼朝が征夷大将軍補任とともに「将軍家」をもったことの意義として上述した《文官体系からの独自性取得》を『愚管抄』の著者・慈円自身がはっきりと実感していたことを示しているではないか。

言うまでもなく、戦士身分の者が物理的に覇権を握ることと、それが正統な支配者として承認されることとは同じではない。鎌倉幕府が、伝統中国的な「易姓革命」ではなく、在来の国家システムの枠組みの中で正統な支配体制として承認されたことの背景として、令制上の、公卿たちの《支配権》の管理機構たる「家」、しかし直接には、令外の官たる高級武官のそれが媒介役を果たしている、という歴史の偶然に注目したい。

中国の制度をモデルとした令制における文官優位の原則は基本的に前提しつつも、宮廷内の覇権争いの過程で生まれた、例外的高級武官職の存在が、生得身分の低い戦士たちの覇権を一つの正統な支配として受容し、しかもそれを「文武兼行」という新たな国制理解の形で定式化することを可能にしたのである。こうした《国制理解》の成立は、近年の学界で有力に唱えられている、いわゆる「職能」論的武士理解では説明しきれない。何故なら、単純な「職能」としての「武」は、戦士たちが、公家・公卿に「武者」として奉仕する、在来の国制にこそ適合的であって、「摂籙ノ家」と「武士家」が並び立つ《国制理解》が成立したことの解明には適合しないものだからである。ちなみに、在地領主制論的武士理解からは、おそらくこうした《国制理解》という問題の立て方そのものが出てこないであろう。

この点、「武家」という言葉の定着とともに、「公家」という、本来天皇を指す言葉が、（「公家衆」を中間項として）やがて公卿を指すことになった（その公式用語としての完成形態は「禁中並公家諸法度」！）ことは、まことに象徴的である。「武家」と並置される言葉となったという意味での《「公家」概念の相対化》は、「武家政治」の確立と裏腹の関係に立つのである。

しかしそれは、本来の「公家」に対し、「公家衆」と共倒れになることを避けるチャンスを与え（拙著『日本国制史研究Ⅰ・権力と土地所有』所収「中世の天皇制に関する覚書」参照）、さらに一九世紀中葉にいたっては、（『愚管抄』においては、その「ウシロミ」役であったはずの）「公武」両者を切り離して、「立憲君主制」に移行する幸運を与えたのである。概念史の皮肉とでも言うべきであろうか。

補論：「家」という言葉の多義性について

本論においては、村井報告とシュルツ報告との橋渡しの目的で、日本においては朝鮮と異なり、戦士身分出身者の覇権が正統な支配権として承認されえた歴史的背景を探るという問題設定から、もっぱら令制によって公卿層に与えられるものとされた「家」について述べ、それが戦士身分出身者の覇権が正統な支配として承認される媒介となったことを指摘してきた。

しかし言うまでもなく、「家」という言葉は、すでに古代においても一義的ではなかった。本論の中でも触れたように、屋敷・建物を指す場合があった。またすでに、後世「縦の法人」という比喩で理解されるにいたるような「家制度」的「家」に近い用法も、平安後半期には芽生えつつあった。

さらに、公的地位（官職等）プラス「家」で、その地位にある人を指す場合もあった。これは、「公家」が帝王を指す漢語の用法が他に転用されて出てくる用法、ないし「家」という漢字が卿・大夫を指すときに用いられたことの影響と考えてよいと思われるが、いずれにせよ尊称に近い。

この他にも「家」は単独に、あるいは他の言葉と連結して、いろいろな意味に用いられており、これらを総合してはじめて「家」概念史は完成するのであるが、それは後日を期す以外にない。

しかしながらここで、本コメントの問題意識にとっては、以上のような諸用法に比べて格段に重要な意味をもつと思われる、平安期前半に登場した「武家」という用法についてはここでも可能な限りきちんと検討し、本論で披瀝した私見との関係を明確にする必要があろう。

それは、本シンポジウムの討論の過程で髙橋昌明氏からメンションされ、後日私信により、訂正を含めて具体的なご教示をいただいた、『続日本後紀』（貞観一一＝八六九年成立）承和一〇年（八四三）二月壬戌条の、大野真鷹の卒伝（『類聚国史』巻六六にそのまま採録）の中に見られる「武家」である。曰く

散位従四位下勲七等大野朝臣真鷹卒。左近衛中将従四位上勲五等真雄之子なり。……真鷹素より文学無く、且は鷹犬を好むと雖も、砥礪（ていれい）公に従い、夙夜懈らず。又平生俸分を抽き割り、経を写し像を造る。……（命旦夕に迫って）頓に以って供養薫修し、後家に追福の煩いを無さしむ。父子は武家にして、此の行迹を同じうす。……（原文漢文）

要するに、真雄・真鷹父子は「文学」（学問）はなく、「鷹犬を好む」ような「武家」であるにもかかわらず、天皇によく忠勤を励み、また仏事に勤しんだ、という賛辞なのだが、

この「武家」の「家」は明らかに三位以上の貴人に与えられた特権たる、《支配権》の管理機構としての「家」ではない。真鷹の経歴は「春宮馬首」を皮切りに、左兵衛、右衛門少尉、散位頭、大監物、左兵衛佐、右権近衛少将、同中将を歴任して引退、というものであり、位階に関しては、任官後一二年にしてようやく従五位下、その後、正五位を経て従四位下に達するまでに一一年を要し、しかもそれで生涯を終わっている。

彼はいわば典型的な中級貴族と言ってよいのだが、特に注目すべきことには、就いた官職はほとんど武官系である。例外的に一見文官的な官歴もあるが、大監物は中務省の官吏とはいえ、出納の監察・鍵の管理といった、どちらかといえば武官的な仕事を所掌するものである。また散位頭は、文字通り、位階はあるが官職に就いていない者たちの名簿の管理を所掌する（式部省管下の）散位寮の長であるが、この散位寮については興味ある事実がある。

すなわち、『令集解』の「穴記」（九世紀前半成立）は「文武散位、皆この司にあるべし。但し、時行事、武の散位は兵部にあり」とする。このコメントは、《本来散位の者は文官・武官にかかわらず、いずれも散位寮が所管すべきものであるが、現在の実務では、武官系の散位は散位寮でなく、兵部省が管理している》という意味であろうが、この実務は、「穴記」も言うとおり、制度本来の趣旨とは異なっている。そもそも、官職を解かれれば、その時点で文官も武官もないはずであることを考えれば、この「時行事」は、事実上兵部省の管轄下にあって、（例外的に文官職に就く場合はあるにしても）原則として武官のキャリア・パスを歩む者たちがいたことを前提にしないと理解できないはずのものである。大野真雄・真鷹父子について用いられた「武家」は、まさにこうした存在を指すものであったと考えられるのである。

その具体相については、髙橋氏の前掲書の詳しい叙述に譲るとして、重要なことは、氏が、大野父子の生きた九世紀に、「武芸を業とする」あるいは「世に武を尚び、……子孫業を伝え、相次いで絶えざ」る諸々の「家」が存在し、その「業」をもって仕える者たちが「武士」と呼ばれた事実を指摘していることである（同書四六頁）。

問題は、この「家」と後代に成立してくる「家制度」的「家」との関係であるが、髙橋氏も指摘する（前掲書六二頁）ように、吉田孝氏（『律令国家と古代の社会』）の図式、すなわち「ウヂ」から（「家制度的」）「イヘ」への図式に即して言えば、過渡的存在と見てよいと思う。「ウヂ」という親族集団は、《昔、われわれの祖（おや）が皇祖神に仕えた、そのままに、われわれも大君に仕えて、祖（おや）の名を継ぎゆくものなのだ》という観念に支えられたものであった。

この観念は、大伴家持の「大伴の、遠つ神祖（みおや）のその名をば、大来目主と負ひ持ちて、仕へし官（つかさ）、海行かば水づく屍、山行かば、草生す屍、大君の辺にこそ死なめ、顧みはせじと言立て、大夫（ますらお）の清きその名を、……大伴と佐伯の氏は、人の祖の立つる言立て、人の子は祖名（おやのな）絶たず、大君に奉仕（まつら）ふものと……」（『万葉集』一八―四〇九四）に直截に表現されている。八世紀の「ますらお」たちは、自己のアイデンティティーを、時間を超えて「遠つ神祖」から直接受け継ぐ「名」に求めたのである。

ここには、《父から子へ》へと代々継承されるべき、従って相応の子がないときは養子によってでも「業」を継承させるべき、後代の「家」の観念はまだない。継承関係は「われ」と「遠つ神祖」との間にあるのであって、「われ」を超越する「縦の法人」的「家」が継承主体として観念されるわけではないのである。

九世紀に入ると、「ウヂ」が解体し単系化する傾向が徐々に出てきて、髙橋氏ご指摘の「武芸の家」が登場するにいたった。しかしこれも、まだ後代の「縦の法人」的「家」ではない。現に、こうした「武芸の家々」は、氏の前掲書が詳らかにしているように、「文人の家への転進」を見せるからである。「武芸を業」とする「家」は、もはや「ウヂ」のように「遠つ神祖」の「つかさ」を生まれながらに継承するべく運命付けられた人々の集団ではなく、また他方、後代成立してくる「家業」承継主体としての「家」とも一線を画するものである。

要するに「武芸の家」は、「武」を「つかさ」としてきた「ウヂ」の解体過程で出現してきた単系の家族集団が、なおその「つかさ」を継承している限りで、そう呼ばれたものであり、その「家」は「門地」・「家柄」の意味で用いられたと見て大過あるまい。

実際、『類聚国史』六六巻を一覧すると、中級貴族に関しては、前掲大野父子についての「武家」の他、「家業武芸」（天長二年四月）、「門風相承、能く射禮之容儀を伝ふ」・「家之法（射禮之容儀を指す）」（承和元年六月）、「父子相襲、この職に居る」など、特定の「業」を伝承する「家柄」を表現する「家」の用法が目に付く。他方、高級貴族に関しては、「名家之胤」（同一二年一月）、「良家子」（嘉祥二年六月）のように、ハイクラスを表す形容詞が「家」に付される例が目立ち、ここでも「家」は「門地」・「家柄」の意味で用いられていることに変わりはない。

要するに、このような「家」の用法は、（特定の専門をもたず）公卿として廟堂を仕切る高級貴族と特定の専門的「業」（「武」に限らず、法、学、算、天文といった「文」的専門も含む）をもって奉仕する（否、直截に言えば、それ以外には道が閉ざされた）中下級貴族とが、生得身分として厳存する古代日本の宮廷社会が、「ウヂ」の解体期のある時点で、その身分的重層構造を言語化したところに生じたものと言って大過あるまい。

最後に、頼朝の旗揚げ以後、しかし右近衛大将に任ぜられる前の時期に成立した史料に見られる「武家」の用法について一言しておきたい。まず、『吾妻鑑』にはこの種のものが散見されるが、ほとんどが地の文であって、恐らく問題になりうるのは、文治二年一一月二四日条に引用されている、同年一〇月八日付の太政官符ぐらいのものであろう。これは国衙庄園における地頭の非法濫妨を「武家に仰せて」「停止」せしむべし、という内容のものであるが、この「武家」はすでに前年四月に従二位に叙せられていたことを前提にした表現と考えれば、異とするに足りないであろう。現に、翌日付の同趣旨の院宣の奉書の宛名は「源二位殿」となっており、公家側が相手を「従二位」の者として意識していたことは明白である。

残るは、本論でも触れた元暦二年四月二二日付「後白河院庁下文案」であるが、これは「鎮西の有勢土民等」が「或いは権勢武家の郎従となり、或いは…と称して」庄園を「押領」するのを「停止」せしめんとするものである。頼朝の叙位は四月二七日である（『玉葉』元暦二年四月二八日条参照）から、もしこの「権勢武家」が彼を指すのなら、叙位内定段階のフライング的用法と理解できなくもない。しかし当時「鎮西」で「権勢」を振っていたのはむしろ彼のライバルたちであろう。とすれば、このフライング用法が、有力武装集団の長たちにも便宜拡大されたものなのかも知れない。さしあたりこう理解しておくが、いずれにせよ後考をまちたい。


【コメント2】

院政期における知識人の役割──大江匡房の兵法伝承と慈円の言説活動──

深沢　徹

1　啓蒙の世紀

『古今著聞集』が伝える「源義家、大江匡房に兵法を学ぶ事」と題された有名な話からまず始めよう。宇治の頼通邸でのいくさ自慢を傍らで聞いていた匡房は、豪胆ではあるが兵法を知らないと義家を批判した。その言葉を耳にした義家が匡房につめよる。だが実際逢ってみると、その人となりの大きさにうたれ、匡房を師と仰ぐようになる。その後研鑽して『孫子』の兵法（鳥起者伏也、獣駭者覆也）を学び、見事合戦（奥州後三年の役）に勝利したという。

実話であったかどうかは定かでない。重要なのは、義家の非効率な暴力に一定の規範を与え、その暴力行使が国家有用の実力として機能するよう方向付けるため、兵法の必要が説かれたという点である。その兵法を媒介する役割を、漢学者の大江匡房が担った。匡房は、後三条天皇の側近として頭角を現し、関白の後二条師通とともに国政改革に辣腕を揮い、白河上皇にも一目置かれた。その曾孫には大江広元がいる。広元は京下り官人として頼朝に仕え、草創期の武家政権を支えた。無教養な東国武士団の中にあって、数少ない知識人の一人であった。義家に兵法を伝授した匡房には、頼朝に近侍して東国国家の基礎固めに功績のあった広元の姿が、重ね合わせにイメージされている。

匡房による兵法伝授の伝承は、やがて神話化され、さらなる潤色をほどこされて世上に流布する。中世の代表的な兵法書『張良秘術一巻書（別名、兵法虎の巻・義経虎の巻）』、及び『訓閲集（訓閲は仮名に訓じる意）』の伝授に関わる重要な役割を、以後、匡房（およびその出身母胎である大江氏一族）が担わせられる。これを要するに、体制外の「異質な他者」としてあらわれた武士の暴力を、翻訳行為（漢籍からカナへ）を介して体制内化することで馴致するプロセスととらえられよう。

重要なのは匡房が、漢籍の読めない無筆（文盲）の義家にも理解可能なよう、『孫子』をカナに読み下し、文化的啓蒙を図った点にある。中世の兵法伝授では、このカナへの読み下しが常に強調される。公家文化は「漢籍」を主とし、武家文化はカナを主とする。その橋渡し役として匡房のような知識人がいた。やがてオリジナルとしての「漢籍」はブラックボックスのまま隠されて背景にしりぞき、見えない形での文化的統合の機能をはたす。

中国や朝鮮と違って日本では、科挙制度による父権的権力の再生産システムが機能せず、父の不在が生じた。追放された父は、イメージとしての中国・朝鮮に担われて外部へと駆逐され、日本国内はカナのみが通行する同文同種の親密空間として自閉していく。

慈円の歴史評論書『愚管抄』もカナで書かれた。巻七の冒頭では「愚痴無智ノ人ニモ物ノ道理ヲ心ノ底ニ知ラセン」との啓蒙の意図が示され、「児女子ガ口遊トテ、コレヲヲカシキコトニ申スハ、詩歌ノマコトノ道ヲ本意ニ用イル時ノコトナリ」（以下煩雑なので引用はひらがな表記とする）と、その担い手としての女性が前景化されてくる。テキストの本来の「宛先人」は、漢籍の読めない「愚痴無智」の人々であった。「十三・四までは、さすがに幼きほどなり。十五・六ばかりは心ある人は皆なにごとも弁へ知らるることなり（中略）すべてむげに世に人の失せはてて侍るなり」（巻七）とあるように、世の中すべての人々が、慈円には、知的に退行した「子供」にみえた。ここに、「児女子」の家族イメージが、日本の国家イメージと重ね合わせに前景化されてくる。

女性といっても、それはあくまでも母性のそれである。父権的家父長的な権力を象徴する「漢籍」は、中国・朝鮮のイメージと重ね合わせにされて外部に追放され、不在の父としてあらかじめ排除されている。実は語り手としての慈円本人が、かくいう不在の父の立場にあるという構図になっているのだが、『愚管抄』に描かれたのは父親ぬきの、母と子との親密な家族空間にほかならない。慈悲深い母（国母）に抱かれて育まれる家族としての国家イメージ。母との関係では、誰しもが子供のポジションに立つ。「異質な他者」としてあらわれた武士も、わがままで、きかん気なだだっ子として、母のふところ深く抱きとめられる。手に余るほど暴力的な彼らをも統合しうる、「女人入眼の日本国」という国家イメージが、こうして導き出されてくるのだ。

２　新たな国家イメージの創出

岩波『文学』（二〇〇二年七・八月号「特集＝歴史の語り方」）の座談会のなかで、兵藤裕己氏は『愚管抄』について、次のような趣旨の発言をしている。

『愚管抄』はカナ書きの歴史物語『今鏡』を継承する形で書かれており、拠り所となる規範を「過去」に求めている。摂関体制盛んなりしころの、あるべき国政形態を準拠枠として、「当為としての歴史を語って」みせた、と。黒田俊雄氏が中世国家論としてイメージしてみせた王法・仏法相依による権門体制（顕密体制）論は、実は慈円が『愚管抄』の中で構想した国家イメージに多くを負っており、多分にそれに影響されたものだとも述べる。東国国家（独立政権）論の立場に立つ佐藤進一氏などからすれば、黒田氏の権門体制論は京都朝廷側の論理をそのままなぞったものでしかなく、朝廷サイドからの、こうあって欲しいとする願望を物語っているだけだ。その朝廷サイドのイデオロギーを、黒田氏は実体と取り違えてしまったのだが、「想像の共同体」（ベネディクト・アンダーソン）としての国家イメージを、朝廷サイドに立って構想して見せた、そのイデオローグとしてまずは慈円がいたということであろう。

国家イメージについてのイデオロギー批判は、近年ますます盛んである。石母田正氏に代表されるマルクス主義的な戦後歴史学の在地領主制（東国国家）論と、それに対抗して提唱された黒田俊雄氏の権門体制論、および髙橋昌明氏らの武士職能（律令官職）論との学説上の対立がその背景にある。兵藤氏によれば、権門体制論および武士職能（律令官職）論は、東国の武家政権と対立関係にあった朝廷サイドのイデオロギーであり、慈円もその立場に立って『愚管抄』を書いたという。だが、はたしてそうか。

権門体制論および武士職能（律令官職）論は、その立論の要に、上皇による「院政」を置く。権門勢家の並び立つ中世社会を、ゆるい形で統合する超越的な位置に「治天の君」としての上皇がいて、諸権門相互の紛争調停権力として公的機能を担った。それが「院政」である。その下では、源頼朝によって興された東国の新興武家政権も数ある諸権門の一つにすぎず、「摂関家」や「院宮家」、「比叡山（北嶺）」や「春日社（南都）」などと横並びの「右大将家（鎌倉将軍家）」として、一介の私的家政機関に位置付けられ、矮小化されてしまう。後白河院や後鳥羽院は、確かにそのようなものとして、東国の武家政権を扱おうとした。

だが「治天の君」として権力をほしいままにする後白河や後鳥羽の振舞に、慈円は批判的である。慈円は、「院政」の持つ父権的家父長的なリジットな権力（それは北面武士・西面武士などの私兵によって支えられていた）を認めない。そうではなくて、母后を通じて外戚の立場から政治を行う摂関体制への回帰を、あるべき国家イメージとして主張する。非力で脆弱な、それゆえに逆説的な形での強さを発揮する、多分に母権的な空洞化された「不在」の権力（女院・母后）は、漢籍とカナとを併用し、その両者を橋渡しする機能として置き換え可能である。

慈円の主張は、一見するといかにも復古的で、歴史に逆行しているかに見える。だがそれは、朝廷側と東国政権側との相反する二つの国家イメージを統合し橋渡しする、ソフトな、それでいてより高次な国家イメージの新たな創出をも意味した。考えてもみてほしい。父権的家父長的な「院政」が、その強権的な性格を前面に打ち出し、東国の武家政権と真正面からぶつかり合ったらどうなるか。それは「承久の乱」として現実のものとなるのだが、慈円はその対決を回避するため、あれこれ苦慮した。『愚管抄』もそのために書かれた。

衝突回避の方策として、『愚管抄』のなかで打ち出されたアイデアの一つが、慈円の出身母体でもある九条家を媒介項とする宥和策であり、もう一つは母権的な「不在」の権力の構築であった。すなわち「文武兼行の摂籙臣」と「女人入眼の日本国」がそれだ。東国国家（独立政権）論へとつながる在地領主制論と、それへの対抗として打ち出された権門体制論、および武士職能論を、より高次のレベルで統合し止揚（アウフヘーベン）するような新たな国家イメージの創出。慈円は、兵藤氏がいうように、朝廷サイドの父権的家父長的な国家イメージ（院政・治天の君・権門体制論・武士職能論）をそのままなぞるだけの、単なるイデオローグではなかった。

3　日本国二つに分る

慈円は久寿二年（一一五五）の生まれ。翌年に保元の乱が起こる。「保元以後の事は、みな乱世にて」（巻三）「鳥羽院亡せさせ給ひてのち日本国の乱逆といふことは起こりてのち、武者の世になりにける」（巻四）と記すように、源平の争乱を経るなかで、新興勢力としての武士が時代をリードするキーパーソンとして、国家機構の中枢に食い込んでくる。討ち取った天台座主明運の首に何らの価値も置かず、西洞院川に捨てさせた義仲。朝廷との関係を重視する頼朝の政治姿勢を批判して、東国での自立政権の樹立を主張した上総介広常。東国武士（西国武士は職能的でこれに当てはまらない）は、既存の権威を一切認めぬ「異質な他者」の相貌を見せて現れた。そこに起こっていたのは、激しいコンフリクトを伴う異文化接触の痛みであった。後鳥羽院が「日本国二つに分る」と危惧したように、統一体としての国家の存立自体が危ぶまれていた。この「異質な他者」としての武士をなんとか馴致して、一つの国家イメージのなかに統合しなければ、後鳥羽院がいうように「日本国」は早晩「二つに分る」ことになる。その回避こそが、慈円に課せられた歴史的使命だった。

「異質な他者」との出会いを通して、『愚管抄』では独自の国家イメージが構想されてくる。それが、「文武兼行の摂籙臣」と「女人入眼の日本国」だ。壇ノ浦で失われた「宝剣」の代りとして東国の武家政権の存在意義を認め、朝廷から軍事警察権（統帥権）を委任された「幕府（将軍の陣営）」として、既存の国家システムへと組み込んでいくこと。その仲立ちをする要の位置に、「文武兼行の摂籙臣」としての九条家があった。

天皇（仲恭）も母后（九条良経娘立子）も将軍（九条頼経）も摂関（九条道家）も、すべて九条家出身者で固めること。そうすることで、「日本国二つに分る」ような危機的状況は回避されるとする慈円の国家イメージについては、すでに様々に論じられてきた。ここでは、慈円が構想したもう一つの国家イメージ「女人入眼の日本国」について、少し立ち入って考えてみたい。

東アジア世界の中で、日本は特異な位置付けにある。「その器量の一事極れるをとりて、それが撃ち勝ちて国王とはなることと定めたり」とあるように、力ずくの権力闘争の果てに易姓革命が繰り返し起こる「漢家（朝鮮）」とは違って、「国王種姓の人ならぬ筋を国王にはすまじと神の代より定めたる国」である。したがって、父権的家父長的な「院政」は、変則的な権力形態として否定される。非力で脆弱な、それゆえに逆説的な強さを発揮する、多分に母権的な空洞化された「不在」の権力（女院・母后）。東アジア世界の中での日本の国家イメージの独自性が、そこにある。ちなみに「女人入眼」の「入眼」とは、除目の際に各人の名前を書き入れる行為をいう。日本では、人事の最終的な決定権限を女性が握っている。

4　女人入眼の日本国

「むまれさせ給ひてのち六十年まで、皇后を国主にておはします」（巻三）と記された神功皇后が、まずその初発としてあった。それは「男女によらず天性の器量をさとすべき道理、また母の后のをはしまさんほど、ただそれにまかせて御孝養あるべき道理」を知らせんがための、見えざる神の手（冥の道理）の行使された結果であった。皇極（斉明）や孝謙（称徳）などの「女帝」の出現も、母性の現れとして意味付けられる。

女人この国をば入眼すと申しつたへたるはこれなり。その故を仏法に入れて心うるに、人界の生と申すは母の腹にやどりて人はいでくることにて侍るなり。この母の苦云やる方なし。この苦をうけて人をうみ出す。この人の中に因果善悪あひまじりて、悪人善人はいでくる中に、二乗菩薩のひじりもあり、調達かかりの外道もある。これはみな女人母の恩なり。これによりて母をやしなひうやまひすべき道理のあらはるるにて侍るなり。妻后母后を兼したるより、神功皇后も皇極天皇も位につかせをはしますなり。

引用が長くなったのは、慈円の母性コンプレックスについて考えてみたいからだ。『兵範記』は、慈円が生まれた翌年に、三三歳で亡くなった母（大宮大進仲光女加賀）への思いを伝えて、「御哀傷殊に甚しきものか」と記している。また野村育世「家領の相続に見る九条家」（『日本歴史』四八一号、一九八八年）は、女系に家領を継承させる九条家の特異な相続慣行を指摘する。慈円の生まれ育った環境が、その母性イメージになにがしか影響を及ぼしているのかもしれない。

ともあれその母性イメージは、娘を母后に立てることで外戚政治を行う摂関体制へと接ぎ木され、それをあるべき日本の国家形態として正当化する。「女帝は末代あしからんずれば、その后の父を内覧にして用いしめたらんこそ、女人入眼の孝養報恩の方も兼行してよからめとつくりて、末代ざまとかくまもらせ給ふと、ひしと心得べきにて侍るなり」（巻三）という形こそが、最も理想的な日本の国家イメージなのだ。それが証拠に、平家の台頭も母性に依存していた。「日本国女人入眼もかくのみありければ誠なるべし」（巻五）とあるように、一介の女房から女院にまで成り上がった建春門院がいてこその平家であった。そして東国の武家政権にも、これと同じ論理が当てはまる。「この妹（北条政子）・兄（北条義時）して関東をばをこなひてありけり。京には卿二位（後鳥羽院乳母藤原兼子）ひしと世をとりたり。女人入眼の日本国いよいよまことなりけり」（巻六）とあるように、朝廷と東国政権とを統合する国家イメージの根幹に、「女人入眼」の論理が共通項として見出される。

テキストの最後は、「十月十日寅の時に御産平安、皇子（仲恭天皇）誕生思のごとくのことといできにけり。（中略）一の人（九条良経）のむすめ（立子）入内立后は多かれど、すべて御産といふこと絶へたり。上皇（後鳥羽）ことに待ちよろこばせ給ひて、十一月二十六日にやがて立坊ありけり」（巻六）と結ばれているように、九条家の娘腹の皇子の誕生を言祝いで、あるべき未来への展望が示される。

母性を前景化する慈円のこうした国家イメージには、法然の女人救済活動からの影響も考えられる。それは同時代を生きた法然への対抗言説でもあった。弥陀の三十五願は、女人往生（変成男子）が主題である。法然は、女身のまま菩薩となった韋提希（イダイケ）夫人に注目し、善導の『観経疏』によりながら、女人往生を理論化しようとした。晩年に書かれた『一枚起請文』では、自らを「一文不知の愚嗵の身」、「尼・入道の無知のともがら」に等しくして、専ら念仏に努めることを人々に説いている。女人往生の理論的な裏付けを試みた法然を意識して、慈円はそれを「女人入眼の日本国」という国家イメージにまで高めた。

5　作り変える力

柄谷行人『日本精神分析』（文芸春秋、二〇〇二年）は、外来の文化を日本に適合的な形で受け入れ変質させてしまう「作り変える力」について論じている。何でも取り込む文化的寛容さを示しながらも、非寛容な文化に対しては決して寛容ではない日本の「作り変える力」の形成を、漢字・カタカナ・ひらがな併用の書記システムに見て、外部からの影響に対する主体的選択が、その書記システムを通して行われたとする。外部との直接的な接触を、漢字からカタカナを通してひらがなへと、漸次に置き換え翻訳していくことを通してやわらげ馴致してしまう。その結果、日本の文化は内部からの自己形成・自己参照（オートポイエーシス）として現れてくる。そのためには、外部圧力の不在、もしくは徹底的な排除がその歴史的前提としてあったのだが、常に異民族の侵入にさらされ、文化変容を暴力的に強いられてきた中国や朝鮮とは、その点が大きく違っていた。

柄谷氏が問題にしたキリシタンと同様、「異質な他者」として立ち現れた東国武士たちは、「日本国二つに分る」といった危機的状況をもたらした。しかし双方の代表者（九条兼実と源頼朝）による歩み寄りの努力を通して、東国の武家政権は、本来持っていたその他者性を失う。古代国家の再建を夢見る「院政」の強権的な国家イメージと、東国の武家政権による独立自尊の国家イメージとを統合し、止揚する形で打ち出された『愚管抄』の国家イメージは、柄谷氏のいう「作り変える力」の最初の発現形態だったとはいえまいか。その媒介項として、兵法のカナ書きによる伝授や、歴史の道理を平易に読み解く『愚管抄』のカナ書き実践があった。

「承久の乱」によって朝廷側は、父権的家父長的な院政（治天の君）の放棄という手痛い代償を支払わされる。だがそれと引きかえに、女性化し、幼児化したミカドを権威と仰ぐ「女人入眼の日本国」が、名実ともに実現したのである。

［付記］　本稿は、二〇〇三年三月一四日〜一六日の三日間、

フランスアルザスの日本文化研究所で行われた日欧国際シンポジウム「境界と文化創造：東アジアの中の日本」において「慈円『愚管抄』に見る女性嫌悪」と題して行った口頭発表と内容面で多くの共通性があることを、ここに付記しておく。

新羅王朝の貴族制秩序における変革の本性
——武人貴族制から官人制的貴族制への転換の過程——

姜　希雄

序　論

新羅の統治体制は、血統と地縁を基盤とする骨品制と呼ぶ貴族政治制度であった。本稿においては、その貴族制の原型は、戦士的性向の貴族を基本としていたことをまず明らかにし、そのような新羅の支配層を漸次、文士的性格の貴族に変質させた触媒剤が、中国から導入した新羅の律令制とこれを遂行する官僚的行政機構であったという点について解明しようと思う。換言すれば、新羅が導入した中国の律令政治は、文士的官僚が行政を主に公文書を通じて執行するために、その国家行政に必要な文臣官僚は、儒教的素養を具備しなければならず、これら官僚の選抜には、元来、儒教的学識と経綸を重視しなければならなかった。したがって、新羅が六世紀から漸次受容した中国の律令政治は、元来、戦士貴族的性格の新羅支配層を儒教的性格の文臣官僚に変質させるうえで決定的な役割を担うことになった。

そのような新羅貴族の本質的変化を考察する過程において、特に、新羅固有の骨品的貴族制と中国の儒教的官僚制は、相互に二律背反的要素を内包しているという点に注目する必要がある。しかし、このような二律背反的要素にもかかわらず、新羅は、先進中国の律令格式を選別的に移植することをもって、新羅固有の貴族的骨品体制をより合理的で能率的な政治体系に発展させようとしたところに、その改革の意義があるとみられる。このような改革意識は、歴史的に新羅の国家発展上、必要な過程であった。同時に、そのような改革は、避けることのできない矛盾の種を新羅の統治秩序体制内に植えつけ、それが芽生え始めて結局は、新羅下代の政治的混乱を招来することに寄与し、はなはだしくは、新羅骨品制の崩壊を導くまでに至ったのである。

一

新羅貴族の原型が戦士であったということを教える史料のうちで、興徳王九年（八三四）の教書がある（『三国史記』第三三巻の二枚前面から一一枚前面までをSS三三：二a〜一一aと表記する、以下同様）。この教書の屋舎欄（SS三三：九b〜一一a）には、新羅頭品階の屋舎に付設することのできる馬廏の大きさを規制する条項がある。これによれば、六頭品貴族の舎屋には「五馬」を受け入れられる馬廏を、五頭品の家屋には「三馬」、そして、四頭品の家屋には「二馬」を受け入れられる馬廏を許容している。この教書は、新羅が衰退期に入りかける九世紀に制定された規制であるが、この当時でも、頭品階層の家屋において馬廏の大きさを制限しなければならないほどに、馬廏が当然のように貴族の家屋に付設されていたという事実は、馬廏がそれ以前から伝わってきた新羅貴族の家屋の付設物であったことを示唆する。

この教書以外にも、新羅貴族の原型が戦士であったという事実は、李仁哲（一九九三年：三三五〜四〇頁）の最近の研究がこれを裏付けている。すなわち、六世紀中葉から編成され始めた新羅の主力軍団が、新羅の初期領土拡張から統一戦争を遂行する過程において、すべて形成されたということと、これら主力軍団のうち、歩兵軍団である六停と騎兵軍団である十停の軍官らが主に王京人により編成されていたということを第一番目に指摘することができる。このような事実は、新羅貴族が、元来、王京人により構成されていたという従来の諸研究とその脈になる。換言すれば、これは、骨品制が主力軍団の指揮官をすべて王京貴族に限定していたということをともにする。

第二番目に、新羅の軍隊編成は、その指揮軍官の構成組織に応じて「将軍・隊大監系」と「幢主・頭上系」に区分され、そのうち、六停と九誓幢の指揮官らは、真骨身分である「将軍」が常任最高位軍官として任命されたが、その他の十停と五州誓、そして法幢軍団は、六頭品も常任最高位軍官に任命され得たという点を指摘することができる（李仁哲、一九九三年：二九〇〜三八八頁）。このような事実は、新羅主力軍団の主要軍官職の大部分が地方行政を兼任していたという指摘とともに（同前：一六二〜二三〇頁）、すべて新羅貴族の戦士的背景を示唆する。

第三番目に、統一新羅時期（六六八〜九三五）には、「王京・小京・州・郡・県・鎮等がすべて法幢軍団で編成されており、また、これらの大部分が王京出身の法幢軍官を指揮官とする揮下部隊であったということである。さらに、これらの部隊が駐屯する軍管区は、その部隊所属の農兵軍卒らの居住地域であり、その地域の地方行政官職は、これら軍卒の指揮官である軍官が兼任したということである。このような事実は、新羅においては、原則上、文武職の区別がなかったという見解を裏付けるだけでなく、新羅貴族が、元来、戦士貴族型であったということをふたたび立証する。

このような新羅貴族の基本性格は、統一新羅の地方末端行政機構まで適用されたということを意味する。これを間接的に立証するもう一つの端緒が上記した興徳王九年の下教に見出すことができる。すなわち、その屋舎欄の最後に、「外真村主は、五［頭］品と［その規制が］同等であり、次村主は、四［頭］品と同等である」とされている点がそれである。これは、統一新羅期の地方村主らも中央の五・四頭品階層に準ずる大きさの馬廐を付設した家屋を所有していたということであり、したがって、これら地方村主らも有事には、中・下級騎兵軍官に準ずる資格により出陣したということを示している。

新羅の地方統治体制は、元来、領土拡張のための征服戦争過程において漸進的に形成されたという歴史的事実を勘案するとき、戦士貴族である軍官らにより基本的に構成されてきたと見るのが妥当であろう。しかし、問題は、このような地方統治体制が統一新羅末期にいたって、なぜ、その機能を喪失し、その結果、地方においては豪族が割拠する現象が発生し、中央では新羅貴族の統治力を麻痺させる王位争奪戦が引き続き起こったのかということにある。換言すれば、新羅の骨品制的統治機能は、「なぜ、そしてどのようにして喪失することになったのか」ということである。

二

六世紀から持続的に推進された領土拡張がもたらした新羅の歴史的課題は、新たに吸収した地域をどのように効率的に統治するかということであった。このような課題の解決のために、新羅は、先進中国の中央集権制的律令統治に注目したと見られる。領土の大小はもちろんであるが、言語と風俗等、文化的背景が新羅とまったく異なる中国の国家統治方法を導入するということは、新羅としては容易なことではなかったであろうし、また危険性をともなう一種の冒険であったであろう。それにもかかわらず、先進中国の合理的で効率的な律令行政制度は、新羅が目を向けないわけにはいかない魅力的なモデル（model）であったことに違いなかった。膨大な大陸の豊富な人的、物的資源を効率的に動員して、その当時としても、人類の歴史上、前例のない国家発展を成し遂げた中国は、魅惑的モデルと見ざるを得なかったであろう。

これと関連して指摘されなければならないことは、新羅においても領土拡張の副産物として異質的な被支配種族が生じたという点と、また、これらが有している異質性の克服は、新たな領土が提供するなじみの薄い人的、物的資源を新羅の国家発展に効率的に活用する前提条件であったであろうという点である。したがって、新羅の為政者らにとっては、中国の律令制的国家統治方式が最適のモデルとして見えたであろうし、そのモデルを受け入れることは、国家的な当面の課題であったであろう。

事実、新羅の画期的な領土の拡張と国家的発展は、中国の政治制度を実質的に導入することとその時期をともにする。「麻立干」から「王」の称号に変更することになった智証王（五〇〇～五一四）の執権時代は、まさに新羅がこのような中国的統治方法の導入を開始するときであった。この施策の核心は、斯盧の城邑連盟国家運営を今後、先進型の中国式統治体制に転換して、古代国家として発展させるという構図であったと見られる。

しかし、この先進型中国式統治体制を実際に新羅に移植する洪業を担当した初期の知識人らは、経書に明るい儒学徒ではなく、仏経に心酔した仏僧らであった。法興王（五一四～五四〇）の仏教公認により始まった新羅の護国仏教は、拡張一路の古代国家新羅の精神的な支柱となったのみならず、新羅の統治秩序体制である骨品制度に必要な政治的理念を植え付ける役割も担った。したがって、これら仏僧知識人らが新羅の世俗的指導者らとともに創出した古代国家的統治体制は、斯盧六村部族らの血統と地縁により組み立てられた骨品制的秩序体系をその基盤としている。骨階層のみを唯一の執権層とするこの骨品秩序体系は、その上に律令制的中国式統治機構を漸次加設するのが、それ以後の発展経緯であった。

儒教を基本理念とする中国式律令政治は、成文律の法規の所定の手続にしたがって、主に官僚の文書行政により政府を運営するものであった。したがって、公文書行政を管掌する儒教的文臣官僚の創出を前提とする。しかし、新羅が最初に創設した指導者養成制度は、花郎徒を集団的に育成する新羅特有の貴族的教育機構であった。これは、基本的に戦士型指導者を育てることを主たる目的としていた。そのような戦士型指導者の需要は、新羅が六世紀に地方統治機構として初めて実施した軍管区的州治制が上州・新州・下州等であったことや、それ以後、中央政府に最初に設置した中国式〝部〟が兵部であったことからも見出すことができると見られる。換言すれば、新羅が中国式モデルにより古代国家統治体制を構築しようとしていた六世紀だけを見ても、新羅は、在来的な戦士型貴族を国家支配層として固執したのである。国土膨張を至上目標としていた当時の新羅としては、当然の構想であったかもしれない。

しかし、その当時すでに、初歩的ではあるにしても、律令も国家運営に必要であったことは事実のようである。法興王七年（五二〇）に律令を頒布したということがこれを物語っている。繰り返される大小規模の征服戦争に必要な兵力の創出と武器の製造供給、そして、これにともなう軍需物資とその補給網の確保等々は、より合理的で能率的な政府次元の公文書行政を必要としたであろう。

中国式租・庸・調と均田制、府兵制の前提となる戸籍と量田等が六世紀の新羅にすでに完成していたであろうと信じることはできないが、少なくとも、骨品身分制的秩序体系を確立するのに必要な最小限の文書行政は、すでに試みられていたであろうと見られる。しかし、このような六世紀新羅のすべての行政措置は、法興王七年に整備された新羅の一七官等制に見られるように、あくまでも骨階層を頂上とする新羅的貴族統治体制確立のためのものであった。ここに、六世紀新羅政治の統治秩序体制の特色があった。

三

中国の律令統治制を新羅が本格的に導入し、それにともなう儒教的官僚化を果敢に推進したのは、七世紀に入ってからであった。それまで、不充分ながら進行されてきた中国式官僚化に新しい風を吹き込んだのは、花郎出身の金春秋、金信等が率いる新真骨勢力らであった。当代の新羅政界実力者の一人であった金春秋は、王位に上る前から新羅に儒学の風を起こすことに大きな役割をしていたようである。真徳女王二年（六四八）に、彼が唐において目撃した釈奠祭（釈奠祭は、文廟において孔子を祭って、祭祀を執り行う儀式）は、唐の国子監の議論を見学に行ったときに初めて見たということは、よく知られている話である。

これは、彼が青少年の時期に花郎教育を受けたという事実を勘案するとき、我々は、七世紀中葉まで真骨エリート（elite）指導者らが仏教に心酔していたのに比して、いかに儒教崇尚には疎《おろそ》かであったかということがわかる。言い換えれば、儒教的官僚体制が七世紀中葉まで、新羅においては後回しにされていたということになる。金春秋の中国式官僚制度に対する関心は、彼が持参した唐朝の衣冠を、新羅においてその翌年（六四九）から公式に着用させたという事実からも見出すことができる。それは同時に、新羅においても本格的に儒教的な官僚化が推進され始めたということを意味する。

このような官僚化作業の里程標（landmark）が、まさに真徳女王五年（六五一）に稟主を改造して設置した執事部であった（李基白、一九六四年）。執事部は、中央官僚行政機構の総本山であり、その要職（一例として、執事部の侍郎）には、唐留学から帰ってきた文士もしくは儒学者が後期においては広く任命された。そして、執事部の長官である中侍（後に侍中と呼称）の交替が、天変地異があった後に往々にして行われたということは、執事部が代表する官僚機構が儒教的統治理念を具現する一つの試みであったということを物語っている（同前：三二八頁）。導入された中国式官僚行政機構も（もちろん、新羅の実情に合うように変形はされたが――SS五：一二b、七：二〇b）七世紀を過ぎると、大体、その体系をなし、その核心である官僚制度も八世紀には充分に整備されていった。このようにして完備された統一新羅の中央政府機構所属官僚の人員数は、はたしてどの程度であっただろうか。

金哲埈によれば、「恵恭王（七六五～七八〇）以前の新羅中央官署の官吏人員数は、一〇〇〇名であった」（一九七八年：三三五～五〇頁）王室直属官員と下級官署の人員まで合わせれば一四八〇名となり、それに加えて地方の主要行政官数（五九一名）を合わせると、総計二〇五二名になるとしている（同前：三三五～五〇頁）。しかし、この数字には、推算も含まれている。そして、一〇〇〇名という数も、頭品以上の「官吏人員」総数、すなわち、頭数ではなく、実際には中央官署に割当てられている官職、すなわち、地位の総数であることを明らかにしていない。しかし、新羅の長官職の複数制とその他官職の兼職制を勘案すると（李文基、一九八四年）、実際の官吏人員の総数は、一〇〇〇という数字とは多少差異があることであろう。そして、総数一〇〇〇というこれらの官職を各骨品階層のそれぞれ上限等位制別に区分して作成したものが次の図表である（金哲埈、一九七八年：四七頁）。

この図表の数値には、金哲埈が指摘していない諸点がある。それは、真骨の三六個の官職数は、この階層のみが独占している官職であるということと、それ以下の階層である六頭品・五頭品・四頭品に割当てられている官職の数字は、これら各階層以外にも彼らより上位階層の出身者も任命され得る官職であるという点である。そのため、この数字は、厳格にいえば、各頭品階層が独占している官職数ではないということが図表に明記されていなければならない。したがって、実際には、骨階層より頭品階層の官人数が一七官等の下位にいけばいくほど多かったのであり、新羅の官職に任命された官人の数も同様であったであろう。骨出身であって下位官職に任命さ

〈図表〉

	定員	百分率	倍率
真　骨	36	3.6	1.0
六頭品	108	10.8	3.0
五頭品	176	17.6	4.9
四頭品	680	68.0	18.8
全　体	1000	100.0%	約28倍

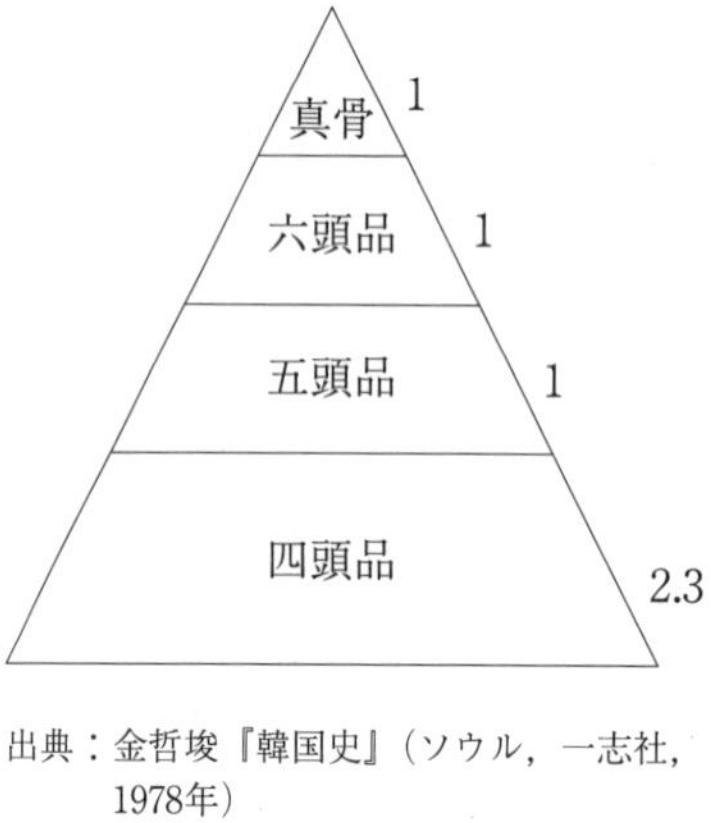

出典：金哲埈『韓国史』（ソウル，一志社，1978年）

れたのは、李基東が指摘するように、八五五年に文聖王（八三九～八五七）の父の兄弟の息子である金鋭が舎知の官等として県令であったことや、王の父のいとこである金継宗、金勲栄がそれぞれ武州長史、康州泗水県令であったことがその例である（李基東、一九八〇年：一七八頁f）。

このような事実は、骨階層と頭品階層の官人らがそれぞれ有していた役割と機能に対する興味深い一面を提示する。それは、出身階層が異なっても、同一の官位と官職を有する官人らについて言及するとき、特に興味深い。このような場合も、骨階層出身より頭品出身の有資格者数が多かったであろうし、多数の頭品階層出身者たちのなかから本質的に優秀な官人が出現する確率が、実際により多かったであろうことに違いない（李仁哲、一九九三年：一四八頁）。これは、特に、六等品階層によりあてはまる観測であると考えられる。すでに李基白が指摘しているように（李基白・李基東、一九八二年：三一八頁）、新羅国学の修学生の実態においても、これを裏付ける現象を垣間見ることができる。すなわち、国学卒業生に授与された官等が奈麻と大奈麻であったということから推定してみると、国学修学に最適で、向学熱が旺盛な新羅階層は、六等品であったであろうということである。

その一つの例として、統一新羅の王権を輔弼し、政府の政策樹立と執行に直接参与することができた執事部侍郎職を経た者らを挙げることができる。現在までに名前が明らかになっている一〇名を少し越える者のうちで、身分が明確に六等品出身である者が五～六名にもなる。これに比して、真骨出身は、未だ一名も現れていない（李基白、一九七四年：一八七頁／李基東、一九八〇年：二二二～四頁）。このような事実は、新羅政府の官僚化と関連して示唆するところが大きく、そしてまた、骨階層と頭品階層がそれぞれ履行した官僚的役割と機能に関連しても重大な意味を持つ。

これと関連して、まず指摘されなければならない点は、新羅政府内の行政業務の官僚化が漸次増大するとともに、実際に割当てられた業務量も、骨階層の官人より頭品階層の官人らに重くのしかかったであろうということである。現存する実例で見られるように、学識と経綸において、他の階層の官人よりも秀でた人物が多かった六等品階層の官人に対して、行政業務の遂行にともなう諸般の職責がより多く賦課されたことは、想像に難くない。これは、結果的に新羅行政府内の骨階層と頭品階層間に亀裂が広がる一つの原因となったであろうし、さらには、頭品階層の積極的な改革希求につながったであろう。また反対に、このような傾向を阻止しようとする骨階層の否定的で保守的な傾向もあったであろうことと考えられる。このような可能性は、李基白が明示したように、新羅下代の六等品階層の改革的な動向においても見ることができ、また、彼らによる儒教的合理性を追求しようとする態度においてもよく示されている（李基白、一九七四・一九七八年）。

そして、ここで留意しなければならない点は、これら六等品知識人らが代表する新羅の知的水準は、李基東が指摘しているように（李基東、一九八〇年：二三二〜三〇四頁）、彼らと交遊した当代中国の最上級知識人らの知的水準と対比され得る水準であったということである。このような彼らの知的水準は、もちろん、一朝に形成されたものではなかった。申瀅植の研究において明らかにされたように（申瀅植、一九六九年）、善徳女王九年（六四〇）に新羅が唐に送った宿衛学生を始めとして漸次増加していった新羅貴族子弟らの中国留学熱と、彼らが争って獲得した唐の賓貢科の合格者数が五八名であるという事実は、新羅の知識人らが長い間にわたって蓄積した知識水準を物語っているといえよう。

右に指摘した諸点を自らよく代弁する諸人物の中に、新羅末期の三崔がいる。彼らは、すべて六等品出身であって、唐留学を経て賓貢科に合格した秀才であった。彼らのうちで少なくとも二人（崔致遠、崔彦撝）は、唐において文臣官僚として活躍した後、帰国したことを確認することができる。彼らが唐において得た学識と経験は、新羅に帰ってから活用されたが、同時に、新羅における彼らは（崔致遠の場合に見られるように）、骨品社会の厚い壁にぶつかって、結局は挫折してしまうのである。しかし、彼らは、挫折に屈服してその人生を終わらせなかった。崔致遠は、次世代の人物養成に、崔承祐は、新羅に反旗を掲げた後百済において、そして、崔彦撝は、後三国を統一した高麗において、各自、儒生としての彼らの夢を具現化しようと尽力した。したがって、彼らが歩んできた行路は、ここまでに指摘してきた六等品階層の性向と役割から大きくはずれることはなかった。

これらの六等品とは反対に、下代における骨階層の業績と役割は、一般的に異なっている。骨品制度が保障する特権と特恵の温室において育った彼らには、頭品階層のように新しい学問と経綸を積み上げなければならないという必要性がないか、あるいは小さかったようである。好奇心と新しいものに対する憧憬に追われたり、あるいは並外れた意欲、もしくは野心に燃える例外的な人物を除外しては、大部分の骨階層は、安易で、便利な選択をしたようである。それは、すなわち容易で便利な人生行路であって、明白な結果も確固とした成功率も見えない改革の冒険を試行するものではなかった。といって、これら骨階層の大多数が目前に見える実利を追求せず、無事安逸であったということではもちろんない。その実は、新羅のどの階層よりも彼らが独占する国家権力と最高地位を利用して、死生の決闘を嫌わず実利追求の先頭に立ったのも、これら骨階層の実力者らであった。その中でも、特に、中央の王族・骨貴族らが実利追求の先頭に立った。彼らの決死的な実利追求の実相を、恵恭王代(七六五〜八〇)から約一世紀間にわたって繰り広げる王位争奪戦に垣間見ることができる。

四

恵恭王以前には、ほとんどなかった新羅の王位継承争奪戦が、それ以後は、休む間もなく繰り返された原因について、現在のところ学界が、それをすっきりと解明整理したとはいうことはできない(李泳鎬、一九九〇年)。しかし、この政争を「専制王権」的中代(六五四〜七八〇)から「貴族連立」的下代(七八〇〜九三五)に変遷する過程において生じた葛藤と把握する李基白の解釈が、韓国においては定説となっている(李基白、一九五八年)。

この定説を本稿の主題と関連させてもう少し具体的に述べるならば、中代の初期を前後する時期に設置される律令制的官僚機構とそれにともなう中央集権的君主統治体制が新羅在来の「貴族連立」的統治体制を侵蝕することに対する貴族階層の反発だということになる。換言すれば、中国的統治方式の導入により強化された「王権」に対して、新羅貴族層が固有の既得統治権により対抗し、その過程において発生した葛藤が、恵恭王以後約一世紀間継続する王位継承争奪戦を引き起こしたということである。制度史的見地から一般的に解釈すると、右の定説に対して、別の異見を提起することは困難に見えるが、掘り下げて王位継承争奪戦の実相を分析するには、不充分な点がないことはない。この定説においていう「王権」対「貴族連合」という対置には、新羅の貴族全体が単一社会集団であって、一つの共同利益体という前提が想定されている。しかし、実際には、それは不可能であった。統一新羅期の貴族は、それぞれ利権を異にする骨と頭品という二大身分階層により形成されており、また、骨階層（王族まで含む）内においても、下代に下るにつれてそれぞれ異なる利権が形成されて（広く互いに食い違った利権を持つ）真骨王族の親族的分化により、互いの利権が相容れない様相をもたらした（李基東、一九八〇年：一八〇頁）。

したがって、下代の混乱期を飾る王位継承争奪戦は、中央の骨階層所属の王族間において生じた政治的紛糾であると現在まで理解されてきた。例を挙げれば、元聖王（七八五～七九八）の二子である仁謙、禮英両太子系の対立であるとか、あるいは、その王統の継承をめぐって、ふたたび禮英の二人の息子、金憲貞、金均貞両系の葛藤を引き起こしたこと等である。（李基東、一九八〇年：一八〇頁）。

ところで、このような政治的紛糾の実体を分析するためには、「王」と「貴族」という両者の対置だけではやはり不十分であると見られる。中代から深化してきていた新羅王族内部の親族的利権の分化は、王位に就くことに成功した下代の王族に、王権を自身らの政治的実利に利用させたのである。しかし、そのような王権の利用は、行政実務を担当する律令官僚――特に頭品官僚層――には、容認することが難しい王権の濫用と見えたであろう。かえって、律令官僚らは、儒教的政治理念や教理を前面に押し立ててこれに反対した可能性が大きい。反対することにより、彼らの律令官僚的権限が伸張し、保護されるためである。実際に、新羅末期に現れる六頭品官僚の離脱現象の中には、このような事由が少なくなかったようである。そのため、新羅下代の政治的紛糾は、「王権」をめぐる王族内の系譜親族（lineage）間の利益衝突以外にも、律令官僚の権限と利益という一面も分析の対象とされなければならないものと信じる。

したがって、従来のように、「王権」対「貴族権」により新羅支配層の利害関係を対置させるときも、「貴族権」を単一体ではなく、複合体的な実体として把握しなければならないということである。そうすることによって、諸貴族階層間の利権衝突の様相を浮き彫りにすることができるからである。同様の脈絡で、「王権」も「王座の国家的権威（the sovereign authority）」と「王位の政治的権力（the regal power）」に分離させて理解する必要がないだろうかと考える。「王権」をこのように分離して、複合的に理解し分析することにより、我々は、「権力のための権力闘争ではなく、政治・経済・社会・文化的課題（issues）をめぐる権力闘争」という問題の核心に接近することができると信じる。

留意しなければならない点は、たとえ、利権を異にする新羅の支配階層といえども、彼らは、皆「麻立干」ではない「王」政体制とこれにともなう律令行政機構を制度的（少なくとも形態上）には、一旦受容したという事実である。したがって、彼らが互いに闘って掌握しようとしたものは、「王位の政治的権力」であった。そのため、彼らには、「王座の国家的権威」自体を否定する行為を、我々は見出すことができない。ゆえに、「王位の政治的権力」を執行し得る権力的地位、すなわち、「王座の国家的権威」を象徴する権力的地位とその執行機関の掌握のために、互いに命をかけて闘い争ったというのが、下代の王位継承争奪戦であるということなのである。

五

上述したように、「王権」の基本的構成要素を複合的に理解することは、新羅下代の王位継承争奪戦の解明に、新たな接近の道を提示するだけでなく、同時に、その原因究明に斬新で、重要な争点を手繰《たぐ》りだすにあたって役立つものと信じる。例を挙げると、中国的先進型「王」政体制を導入した智証王（五〇〇～五一四）代以後から新羅の滅亡に至るまで新羅が歩んできた政治史の大きな流れを調べて見るとき、際立って骨階層の政治的行為に大きな変化を目撃する。特に、中代と下代の変化が著しく目立っている。

それを、実例を挙げて述べるならば、六世紀における仏教とその理念の国家的受容、およびその発展過程であるとか、あるいは、統一戦争前後の膨大な領土拡張の過程において見られる新羅支配階級の固く一貫した目的意識と階級を超越した協同・団結精神の発揮であるとか、そして、国家と公益のための、彼らの献身的な犠牲精神の発露であるとか、あるいは、新羅支配階級を育成した花郎徒の機構であるとか、または、国家運営の妙を生かした和白制度などにおいて、彼らの創意的で進取的でありながらも成熟した領導力と協同精神というものを広く発見する。このようなことは下代の政治史を汚した、分裂と紛争を起こさせた彼らの政治的行為とは対照的である。したがって、この時期には、新羅支配階層間に存在する可能性のあった葛藤と矛盾を克服し得る、政治的創意力と調和があったのであろう。

これを上述した「王権」の複合的な要素により表現するならば、導入された新しい「王位の政治的権力」の行使と固有の「貴族権」間に潜在する矛盾と葛藤が、この時期には、政治的争点として浮き彫りにされず、また、されないように非常にうまく処理されていたということになる。ここで、注目しなければならない点は、この時期の政治理念は、大部分を仏教が担っていたという事実である。これを言い換えれば、その当時には、儒教的な教理と理念が新羅支配層――特に六頭品階層――に深く普及していなかったために、一般的に仏教的宿命論が支配的であったということになる。換言すると、統一新羅時代に達成される儒教の普及が、新羅支配層間に新たな矛盾と葛藤を起こさせ、そのような矛盾と葛藤は、結果的に新羅下代の体制的瓦解をもたらす要因となったということである。

ここで、我々は、新羅中代の支配層が持っていた「王座の国家的権威」に対する受容姿勢を今一度吟味する必要がある。外敵の侵犯が頻繁な時代には、必然的に共同運命体的意識が高揚し、同時に、そのような意識を不可侵の聖域に引き上げる護国仏教の効力も容易に理解することができる。しかし、八世紀中葉以後になると、状況が変わる。その代表的な例が景徳王一六年(七五七)によって実施される内外官の禄邑制度の復活である。神文王九年(六八九)に廃止した禄邑を、このとき、月俸のかわりにふたたび復活したということは、貴族階層固有の既得権保持に還元したということになる。禄邑を通じて行われるこの既得権は、貴族の禄邑、すなわち、その土地に対する収租権とその土地に住む住人の力役の動員権であった。したがって、このような貴族固有の既得権の還元は、律令的王政体制下において可能な最大限の王権の(時代逆行的)譲歩であるといえよう。

これと関連して、また、特別に注目しなければならない点は、このような還元が景徳王(七四二～七六五)により行われたという事実である。景徳王は、儒教的教理を(新羅国学を通じて)積極的に普及しようとし、中央と地方の行政機構に中国式称号を大々的に導入したことで有名である。このような事実は、武烈王系の「専制王権」に対する真骨貴族の反発がもたらした矛盾の前奏曲であるという李基白の解釈が定説となっている。しかし、このような矛盾の深刻化は、わずか八歳で景徳王の後継者として王位を継承した恵恭王(七六五～七八〇)治下において露呈する政治的不安定へと続き、ついには、下代の王位継承紛争に転落するのである。「王位の政治的権力」を左右する王座をめぐり、執拗に続けられる真骨階層の相殺劇は、結果的に彼らが独占していた骨品体制的統治権に致命的な打撃をもたらすことになった。名実ともに無力化した新羅王権は、非貴族出身者張保皐という外来実力者に新羅沿海岸の制海権を委任しなければならず、さらには、彼の兵力に依存し、王位継承の血肉戦を繰り広げて、外部の実力者に依存して王座に上る神武王（八三九）が新羅「王座の国家的権威」さえも堕落させる一役を自任したことも否定することのできない事実である。

神武王の後継者らは、堕落した新羅「王座の国家的権威」と骨品体制的政治秩序を、儒教的な改革政策と斬新な能力本位の官吏登用により回生させようという努力よりも、大体のところ感傷的で懐古的な新羅固有の在来的方策により対処した。景文王（八六一～七四）の登位により多少、王位と政治的安定を取り戻したときも、彼は、前王の憲安王（八五七～八六〇）の姉妹の子であったが、彼の才能を認めた憲安王の意思により前王の長女と結婚して後継者となった。憲安王の意思には、自分の娘を王位に就けることによりもたらされる新羅中代の女王即位の前例を踏襲すべきでないという儒教的発想もその理由に入っていた（SS一一：五a～六a）、事情は同様であった。換言すれば、景文王の施策も、改革的な儒生らが希求した儒教的教理とは距離が遠いものであった。まず、景文王の後を継いで王位に就いた後継者らの選定方式がそうであった。景文王の後を継いだ憲康王（八七五～八八五）と定康王（八八六）は、それぞれ彼の長子・次子であり、彼らの次に即位した真聖女王（八八七～八九七）は、景文王の娘であった。真聖女王もやはり譲位を決意した後に、子がないという理由により、自分の後継者として自分の兄である憲康王が野合により得たという孝恭王（八九七～九一二）、すなわち、自分の異腹兄弟を後継者とした。

真聖女王が自分の異腹兄弟を後継者として選定するときに指摘した理由は、「私の兄弟姉妹は、骨法が「他の人と異なる」ということであった（SS一一：一四a～一五a）。換言すると、骨品体制下において第一に数え上げる血統がその基準であった。この基準は、真聖女王自身を後継者として指名した彼女の兄である定康王が用いた基準でもあった（SS一一：一二b）。定康王は、この基準以外にも統一戦争以前、新羅の善徳（六三二～六四六）・真徳（六四七～六五三）両女王の前例も指摘した。新羅において女王の王即位は、古代巫俗において女性が祭祀長として君臨したことと関連があると見るのが通説である。史料に見られる新羅女王の故事の中にも、このような痕跡が残っている（SS五：一ab、二ab）。

新羅末期に現れるこのような風潮は、復古主義的傾向が濃厚なものであったといえよう。そのような傾向を端的に示すものが、朴氏王の再登場である。孝恭王の後を継いで即位する神徳王（九一二～六）と景明王（九一七～九二三）という二人の同母兄弟は、新羅建国神話の主人公である朴赫居世（伝説上では前五七～後四）の後裔として知られる阿達羅尼師今（伝説上では一一二～一三四）の血統を受け継いだいわゆる神聖王族らであった（金杜珍、一九八八年：三三一～三九頁）。このような復古主義的風潮は、新羅王族が骨品体制下の既得権を死守しようという意志の表現であると見なければならない。古代国家的建国神話理念に基づいた彼らの先祖の天神族説にふたたび帰依して、「王位の政治的権力」を掌握しようということであるといえよう。

新羅末葉のこのような骨階層の懐古主義的感傷論に対して、当代頭品階層の少なくない知識人らは冷淡であったようである。新羅の国運の衰退が急激に露呈する九世紀末葉に入りかけるとともに、良識のある頭品階層知識人の離脱が中央官界において顕著に現れることが、これを示唆している。前述した羅末の三崔の場合も同様であったものと見られるが、真聖女王二年（八八八）の巨仁投獄事件は、このような離脱を示す一つの例であるといえよう。

この事件の直接的な発端は、匿名文人の時政批判であった。その張本人と見なされて投獄された王巨仁は、朝廷においても知られた知名度の高い大耶州の隠者であった（SS一一：一三ab）。李基白が指摘しているように（李基白、一九七八年）、このような不満文人らは、儒学に造詣が深い六頭品階層の知識人であって、険悪化する時局に嫌悪を感じるあまり、官界の第一線から退いた前職官僚であった可能性が高い。これら知識人らが根本的に儒教志向的な文士的官僚であったということは、想像に難くない。それだけでなく、律令的行政と儒教的官僚体系が着実に推進され、権力構造の底辺拡大を招来し、頭品階層の権力参与が拡張されることを、彼らは当然のように要求したであろう。このような彼らの要求を無視し、骨階層の既得権と王族の神聖血統を明らかにすることにばかり没頭している真骨王族の近視眼的で利己的な行動は、結局、新羅骨品制に対する頭品階層の体制的懐疑に変質したであろう。

頭品階層のこのような懐疑は、結局、新羅真骨統治層に背を向けることになる原因となり、さらには、頭品階層が新進勢力として台頭する地方豪族と呼吸を合せるようになる触媒剤となったと見られる。したがって、新羅下代の骨階層と頭品階層間の離隔は、新羅における律令政治の促進とこれにともなう官僚化の進捗と密接な関連があったと見なければならないであろう。

結言

新羅の古代国家建設に尽力した草創期の主役らは、経書に博識な儒教文士ではなく、仏心に帰依し、仏典に該博な僧侶たちであった。そのため、新羅骨品体制の理念的裏付けも仏教が提供した。しかし、一旦軌道に乗った古代国家の行政的需要は、政府の律令制的運営をもたらし、またそれは、究極的に儒教的素養を備えた文士的官僚を登場させた。したがって、結果的には、新羅の仏僧により輩出された草創期の花郎徒型文士らには、このような政府の運営が力に余ったということになる。すなわち、律令政治は、より高い水準の儒教的経綸と学識を備えた官僚型の文士を必要とした。それにもかかわらず、新羅において文臣官僚の供給が質的にも量的にも可能になるのは、統一新羅に入って以後、儒学が隆盛するようになって後のことであった。新羅後期の六頭品階層貴族らが近侍・文翰機構内に台頭したり、彼らの卓越した知的活動が中国にまで及んだというのは、統一新羅におけるまさにこのような儒教の隆盛を前提としてこそ可能であった。

しかし、ここで注目しなければならない点は、これら六頭品のこのような知的活動は、その初期においては、真骨統治体制の維持に必要な支柱となったが、後期に入ってからは、彼らがかえって真骨の独占的既得権を瓦解させるのに寄与することになったという事実である。このような六頭品階層の二重的役割は、真骨統治階層の内部において繰り広げられた権力闘争にも微妙な影響力を行使したと見られる。結局は、律令制が究極的に要求する体制の革新に対して、真骨権力層が最後まで適切で迅速に対応することができなかったことが新羅の骨品秩序体制瓦解の根本的な原因となったということになる。したがって、新羅が中国の律令制度を受容することをもって発生した新羅支配階層間の職能的矛盾の究明は、新羅骨品体制の崩壊に重要な示唆を与えるものと信じる。

【参考文献】

金杜珍「新羅建国神話の神聖族観念」(『韓国学論叢』第一一輯、国民大学校、韓国学研究所、一九八八年)
金富軾『三国史記』(学習院東洋文化研究所、一九六四年)
金哲埈『韓国史』(一志社、一九七八年)
申瀅植「宿衛学生考」(『歴史教育』一一・一二合輯、一九六九年)
李基白「新羅執事部の成立」(『震壇学報』二五・二六・二七合併、一九六四年)
李基白『新羅六頭品研究』(一潮閣、一九七四年)
李基白『新羅時代の国家仏教と儒教』(一潮閣、一九七八年)
李基東『新羅骨品制度と花郎研究』(韓国研究所、一九八〇年)
李基白・李基東『韓国史講座』I・古代編(一志社、一九八二年)
李文基「新羅時代の兼職制」(『大丘史学』第二六輯、一九八四年、一～五九頁)
李銖勲「新羅中古期の州の構造と性格」(『釜大史学』第一二輯、一九八八年、釜大史学会、一～三七頁)

李泳鎬「新羅恵恭王代政変の新たな解釈」(『歴史教育論集』第一三・一四合輯、一九九〇年、五八一～六〇八頁)
李仁哲『新羅政治制度研究』(一志社、一九九三年)

武官と文官――高麗王朝における均衡状態の模索――

エドワード・J・シュルツ〔原文、英語　平木實訳〕

機能的な社会において、武人と軍事力が果たす役割は不可欠である。時に武人の役割はわかりやすいものだが、統治機関に吸収されてわかりづらい場合もある。統治権者であれば、武人と廷臣、すなわち最終的に法と秩序を確立する役目を担う者と、直接的な武力に訴えることなく統治を行おうとする者とのバランスをとらなければならない。朝鮮半島の最後の王朝、李氏朝鮮（一三九二～一九一〇）では、文官の優越という考えが採られていた。つまり、廷臣が統治をするということである。二〇世紀に入ってからも、韓国は武人対廷臣、軍対民という対立の解消に取り組んでいる。ほぼ三〇年間（一九六一～九三）にわたって、同国は文民支配という衣を脱ぎ捨て、軍指導者による統治を受けたからである。

朝鮮で初めて諸国が台頭した時代、いわゆる三国時代（?～六六一）においては、武器を取り、戦略的軍事同盟によって国を統治した者が支配者となった。特権階級たる軍人は、朝鮮で最初の統一国家、新羅（六六一～九三五）においても支配者となる。軍事的指導者は、中国の統治組織を導入し、秩序ある行政機関による統治を目指した。しかし依然として軍人は時の英雄であり、武力こそが優劣を決める決定的要素だった。新羅が滅亡すると、朝鮮では各地で対立が激化し、再び武人が国の命運を左右する存在となる。

高麗（九一八～一三九二）は、軍事貴族によって象徴される新羅から、両班（ヤンバン、Yang ban）官僚国家の朝鮮時代までの過渡期である。高麗が支配した約五世紀の間、同国が統治をめぐる様々な問題に取り組むにつれ、武人と廷臣との緊張関係が顕著になった。高麗は一人の武人によって建国されたものの、時をおかず文官による支配が始まり、文官は武官の上に立つ存在となった。しかし一二世紀中頃までに武人の逆襲が始まり、彼らは一世紀にわたって国を支配する。やがて王朝末期になると（一二七〇～一三九二）、両者の対立に決着がつき、朝鮮時代における文官優位のお膳立てができあがった。本稿は、高麗における、武人と廷臣、すなわち武官と文官との緊張関係をとりあげ、高麗王朝が、国の分裂を引き起こした両者の深刻な緊張状態を解決し、いかにして両者の均衡を図ろうとしたかについて考察する。また、必要に応じて、中国および日本における展開との比較を行う。

一　高麗の成立

九世紀後半から一〇世紀初頭にかけて、新羅の中央集権的支配が衰退すると、たちまち武人が権力の空白を埋めた。一〇世紀初めには、すでに朝鮮半島は相対立する三国が支配する時代に入っていた。ただし新羅は、半島の南東部でわずかばかりの権力を維持していた。西南部に新しい支配者の甄萱が現れ、その北、半島中心部に、まず弓裔という一人の戦士が、続いて高麗王朝の創始者、王建（Wang Kon）が登場する。彼らは、戦場などで戦略的同盟を結びながら力を増していった。しかし、朝鮮統一を目指す武将として登場したのは甄萱と王建であった。

王建は朝鮮西海岸および中国での海洋貿易で財をなした名家に生まれ、臨津江（イムジン川）河口近くで育った。若い頃に地元の有力者だった弓裔の下で軍隊を率い、卓越した指導力と巧みな戦術を見せつけた。彼はたちまちにして卓越した武将となり、九一八年には弓裔を倒して高麗王朝を設立した。王建が成功した理由の一つに、弓裔が次第に暴君と化し、常軌を逸した行動をとるようになったことがあげられる。さらに、連合関係を結ぶことによって、自らの権威を高め、安全を確保しようとした他の武将たちの信頼が厚かったことがあげられる。九一八年に王位につくと、半島の支配をめぐって、王建は甄萱と対峙せざるをえなくなる。海上戦での知識ばかりでなく、地上戦での戦術でも優れた能力を発揮した王建は、一〇年以上にわたる抗争の末に甄萱を倒し、九三六年に国家の統一を果たした。

王建が国家を統一できた理由は、武将としての彼の力にある。しかし、新しい国家を支配していくためには、王として指導力を発揮するしかなかった。彼は、古くから多くの武人を悩ませていたジレンマに直面した。戦いに勝利した武人の要求と期待を満たしつつ、いかにして統治と安定を実現していくか、ということである。高麗では、一世紀近くにわたって戦乱が続き、その間、武人が政策を決定していた。しかし、新しい指導部が生き残っていくためには、戦争への動きを抑え、平和志向の統治を進めていく必要があった。王建は、軍事的同盟者たちを満足させながら、彼らを廷臣へと転向させる方法を模索した。

王建は、かつて配下の武将だった者たちを新政権に吸収し、自らの味方につける作戦に出た。また、彼らが率いる軍隊で中央軍を編成すると同時に、自らの軍隊を中心にして親衛隊を編成した。さらに、武将たちには称号を与えると同時に、新政権での役割を与え、多くの者には特権として、それぞれの居住地における権力を認めた。彼は同盟者の軍事力を弱体化させる方法を採り続けた。協力者や地方の他の領主が強くなりすぎないように、彼らに一族の者を其人（kiin）として宮中に上がらせた。こうした人質政策は様々な面で効果を発揮し、この政策のおかげで、彼は自らの権力を不動のものとすることができたのである。さらに彼は、自らの一族を武人と婚姻させることによって、彼らを味方につけた。そして彼自身にも二九人の夫人がいた。他の者に対しては、褒賞として、「王」の姓を名乗ることを認めた。

王建は、味方の武将の野心を抑える一方で、廷臣の育成を図った。古代中国には、国は武によって勝ち取ることができるが文によって治めなければならないという教えがある。王朝を創設した時から、王建は、すぐれた行政機構を積極的に構築し、有能な人材を登用し、官吏には自らの職務を適正に果たすよう命じた。[1] 九四三年に亡くなる以前に、彼は、自らの子孫に一〇の戒律を遺し、仏教を広め、政治機構の崩壊を回避するよう命じた。とりわけ彼はすぐれた統治に努めた。そして、彼の考えによれば、そのためには、批判を謙虚に受け入れる優秀な官吏が求められるのであった。彼は官僚として能力に長けた者を政権に登用した。そして孔子の言辞で一〇戒律を表し、一族の者に対して、誠意ある批判には耳を傾け、徳と慈悲による支配を行うよう命じた。しかし彼は、武人を尊重するように言い添えた。曰く、「戦士にはやさしく、そして手厚くせよ。強制労働の負担を軽くしてやれ。毎年秋には戦士の査閲を行え。勇敢なる者には行賞を与え、昇進させよ」[2] 王建は、武人と廷臣の双方に報いる政策を実行したのである。

二　王朝における文官の権限強化と武官に対する優越

王建の死後数十年にわたり、後を継いだ王は、文人主導の組織や廷臣を政策の実行にあたらせ、武人をその支配下に置くという方針を採った。彼の死後、その三人の息子、恵宗（Hyejong）（九四三～九四五）、定宗（Chongjong）（九四五～九四九）、光宗（Kwangjong、九四五～九七五）が政権の座を引き継いだ。武人と廷臣の反目が、三人の治世を不安定なものにした。恵宗が政権の座につくや、強大な軍事力を持つ武将が彼を倒そうとした。[3]

恵宗の治世はわずか二年で終わり、その後、弟の定宗が政権の座についた。定宗は高麗の首都、開京に渦巻く権力政治から逃れるため、北の平壌（Pyongyang）に首都を移そうとした。この目論見は実現しなかったものの、政権に対する脅威は消えることはなかった。王朝の創始者である王建は、強力な軍事力と正当性を有し、他の武人からの挑戦を打ち破ることができた。一方で彼の息子たちは、王室の権威を高めるのに必死だったのである。

高麗王朝の第四代国王、光宗は、ついに政権の敵と直接に対峙し、政権の基盤を確固たるものとした。武将の動きを抑えるべく、彼は様々な政策を実行した。積極策としては、皇帝を名乗り、開京を皇都と呼ぶことで、王家の威信を高めようとした。さらに文民出身者を登用する目的で、九五八年には官吏の採用試験として科挙制を導入し、後世に名を残すことになる。こうした政策は、広範囲に影響を及ぼし、学校の拡充、それに伴う国内での儒教の普及、および実力主義の官僚制の導入をもたらした。有能な官僚を登用する以外にも、彼は中国に目を向け、中国の賢者を宮廷顧問として招聘した。

光宗は、武人出身者を冷遇した。新羅の滅亡と高麗の成立をもたらした戦いでは、多くの人々が、地元の豪族の奴婢となった。こうした人々は、武人にとっては経済力の重要な要素となったが、国の経済基盤を脅かす存在でもあった。そこで彼は、奴婢按検法を施行したのである。この法律は、奴婢を解放し、自由な地位を与え、結果として武人の経済基盤を弱体化させようとするものであった。この法律には激しい抵抗が起こり、彼は、国王たる彼の意思に背くものを残らず粛清した。その数年後、王建とともに戦った者にも粛清が及んだ。かくして光宗は武人勢力の抑え込みに成功し、高麗王朝は、文官優位の政権へと進んでいくのである。

その後の二人の支配者も、文官の権限強化を図った。光宗の息子であり、その後継者でもあった景宗（Kyeonjon、九七五～九八一）は、父が推し進めた体制には経済的基盤が必要だと感じ、田柴科の施行を強行した。この法律は、官吏の職にある者に対し一定額の土地を与えるというものである。この法律によって、軍人は、財政的に政府の支配下に置かれることとなった。武人と廷臣に対する報酬は同じであったように思われるが、最終的にはこの法律によって、軍人よりも文官が優越する結果になる。

成宗（Songjong、九八一～九九一）の治世では、武人と廷臣の区別が明確になった。もともと両班という言葉は、文官と武官の区分を表すものであったようだ。やがて、両者を分ける兆候が見え始める。高麗初期の思想家である崔承老（Ch'oe Sungno）（九二七〜九八九）は、二八項目にわたって成宗の功績を褒め称えた文章で、文官の重用を目的とした、この新しい支配体制の基盤を提供した。崔は、国家支配に儒教の教えを積極的に導入しようとして、質素倹約を奨励し、儒教の教えの尊重を求めた。さらに国王に対しては、中央の支配を地方にまで拡大させるよう求めた。そうすることで高麗王朝は、国の隅々にまで影響力を行使できたわけである。[4] 地方の支配体制の青写真を決定するこの改革を断行するにあたって、成宗は、中央政府の権限が地方にまで及び、しかも地方豪族の動きを牽制できるように基盤を築いた。その後九八七年、彼はすべての武器を没収し、農具に作り変えることで、地方豪族の勢力をさらに弱体化させた。

続いて高麗王朝では、重要な支配体制が整備され、中国をモデルにした行政組織が設立された。ここでも文官がきわめて重要な役割を演じた。科挙制が定期的に行われるようになり、政権に人材を登用するためのすぐれた手段となった。成宗は首都に学校を設立させた。その目的の一つは、科挙に備えて学者を教育することであった。さらに彼らを地方に派遣して、そこでの教育にあたらせた。一〇世紀の終わりには、官僚支配の確固たる基盤が完成した。

これと平行して、成宗とその後継者は、軍事組織の整備に努めた。九九五年頃から、高麗王朝は二軍六衛を組織し、これらが高麗における常備軍となった。こうした組織には、第一代王の味方の武将を髣髴とさせる要素もあったが、王朝はこれを制度に組み込むことで、自らの支配下に置いた。[5] これらの組織の指揮官は、官僚の家系であった可能性があるが、兵士は、武班氏族という武人の家系であった。[6] こうした一族は、兵力を提供する見返りとして、国から特別な割合いの俸給を受け取った。この制度によって、高麗の軍隊は、農民軍を構成する中国の府兵（fu-ping）には見られないような、ある種のプロフェッショナリズムと威信を手にすることができた。通常、農民は労役に服し、大規模な侵略が発生した場合は兵力として国家に召集される。にもかかわらず、軍に関する日々の職務については、依然として特定の階級の支配下に置かれた。

こうした改革に伴い、次第に武人は廷臣に支配されるようになった。そしてその傾向は、九九八年に実施された政府内の階級改革により、いっそう顕著になった。この改革によって、政務と軍事が二分されたのである。かいつまんで言えば、二段階九等級の階級制度が出来上がり、文官が九等級（各等級はさらに上下に分かれる）のすべてに地位を得たのに対し、武官の最高位は第三等級とされた。それ以上の昇進を望むのであれば、武官は武官たる身分を棄て、文官、すなわち官僚にならざるをえない。これは、王朝の第一期に定められた規範とは正反対のものであった。さらに王朝は俸給制度を改め、同位にある武官よりも文官の俸給を増やした。たとえば、武官の最高位である大将軍は、土地一三〇結（kyol）を与えられたが、同位の文官には土地一四〇結が配分された。こうした格差は、一〇七六年まで続いたのである。(7)

武官が文官よりも冷遇されていた事実は、二つの北部の国境警備区域が、第三等級の上位の地位にある文官の兵馬使（pyngmasa）の指揮下に置かれたことからも明らかである。二軍六衛でも、軍事力の集中が抑えられた。つまり、各部隊を分離独立させ、一人の軍人が軍全体を動かすことができないようにしたのである。軍隊はさらに、ほとんどの場合に文官が長官を務める、兵部の管轄下に置かれた。

成宗の治世から一一七〇年に軍事クーデターが起こるまでのあいだ、高麗では、意識的に文官優位策が採られた。文民たる廷臣が、支配的な地位を独占したのである。武官が外交使節として中国を訪問することは皆無と言ってよかった。また、武官が政府の最も高い地位に就くことも、あるいは国の重要政策を審議する、枢密院に参加することもほとんどなかった。武官が政策決定にほとんど関与できないという実態は、毅宗（Uijong）の治世（一一四六〜七〇）にさらに明白になった。当時、文民主導の政権内で官職に就いていたのは九六人である。(8)十分な資料がないため、これらの人物のその後については正確に調査することはできない。

——毅宗の治世（一一四六～七〇）における文民の構成——

文官　九一（九五％）　武官　五（五％）　合計　九六

うち試験　四一（四三％）

これらの人々は、文民主導の政権で、特権的官司——中書門下省、枢密院、御史台、および六部——に仕官して、しかも科挙制において知貢挙を務める者である。うち、五人（五％）が、武官の家系とされる。ただし、五人はいずれも、最高の政策決定機関である、宰相（Chaesang）に参加していない。軍事政策を決定する枢密院や文民支配のとりでである、吏部、礼部、および台諫にも全く参加していない。しかし、二名が兵部に、また刑部、戸部、および工部にそれぞれ一名が入省している。うち三人は、名前ばかりの尚書省（Sangsodosong）の一員でもあった(9)。

政府は国の運営に民間の学者の教えを導入した。当時の有力なイデオロギーは、儒教の教えに基づくものだった。王朝初期の頃は、中国の統治規範を取り入れ、さらに、ある中国の教えを忠実に守った。すなわち、いい鉄で釘を作らないように、優れた人材を兵士にするなと。慶州金氏、光山金氏、慶源李氏、海州崔氏などの文官の家系が、特権的地位を独占した。当時の中国と同じく、文官が特権的地位を独占し、文民官僚が社会階層の頂点に立っていたのである。

国防の必要性が増大した時期にこうした文官偏重の傾向が強まったことは、皮肉なめぐり合わせであった。九九三年、高麗の北方にいた契丹が、初めて侵攻してきた。最初こそ高麗王朝はその攻撃を凌いだものの、一〇世紀初頭には契丹からの二度の更なる攻撃を受け、国土は疲弊した。強固な国防の必要性は明白だったものの、契丹に対峙した軍の指導者は、訓練をつんだ軍人ではなく、官僚であった。かくして、政府は開京と宮廷の防衛のために常設の皇都軍を動員し、さらに文官の指揮の下、敵を撃退すべく緊急部隊を北へ向かわせたのである。

政権内部のごたごたが、一〇〇九年には契丹につけいる隙を与えた。北西部を管轄する指揮官、康兆が王朝の方針に不満を抱き、一〇〇九年に穆宗（Mokchong）を王位から引きずりおろした。契丹はこの機に乗じて攻撃をしかけたのである。

一〇一八年に平和が回復すると、高麗には一世紀半におよぶ安定と繁栄の時代が到来する。その間、官僚は権力の絶頂を極め、武官は冷遇され続けた。この間にも、王朝が武将に命じて国防に当たらせた時期があった。一二世紀始めには、北方の女真族が国境を脅かし、王朝は軍隊を派遣することになった。一一二六年、文民官僚が王朝に叛旗を翻し、再び軍人が、その制圧に乗り出さざるをえなかった。一一三五年に、一人の僧が政権の分裂を狙って、北部に新しい首都を建設した時も、やはり軍隊の出動が要請された。こうした事件のたびに、武官は文官の命令に従わなければならなかった。なぜなら彼らが政策を決定したからである。しかし、軍部の支援がなければ反乱を鎮圧することはできず、武将は政権の維持に自らが果たす役割を決して忘れなかった。

武人の社会的地位は曖昧であった。文官も武官も、九等級の第五等級以上になれば、自動的に特権を与えられた。たとえば、官位の後継者を指名する権利、子息を特別な学校に入学させる権利、土地の払い下げを受ける権利などである。杞溪盧（Kigye No）や忠州梁（Ch'ungju Yang）氏といったエリート軍人の一族は、文民が占めていた高い地位に親族を就けた。一一一〇年、王朝は軍事試験を採用し、各階層に必要な能力が定められた。能力に基づく兵の採用は、軍のプロフェッショナリズムを高める結果となった。

しかし、一二世紀の中ごろには、すでに軍人の不満は頂点に達し、彼らは政権に叛旗を翻した。彼らの不満は、一二世紀始めの数十年間にわたって燻り続けていたのである。当初は高く評価されていた軍事試験も、開始後二三年目の一一三三年に突然に廃止されることとなった。その理由は、文官が武官の台頭を快く思わなかったからである。[10] 位の低い官吏や兵卒は、肉体労働や公共事業といった、兵士にあるまじき仕事をやらされることが多かった[11]。国の防衛に多大な貢献をしているにもかかわらず、社会的にも、政治的にも、そして経済的にも、軍人は冷遇されていたのである。これは実に皮肉な状況である。なぜなら高麗のエリート文官は、女真族の撃退に失敗した中国宋の体制を模範として、自国の支配体制を築き上げたと言っても過言ではないからである[12]。さらに、こうした事件が、軍部の地位にさらなる影響を及ぼしたとも言えよう。一一四〇年代に北方の国境地帯が安定すると、王朝は、国境警備の必要性をあまり感じなくなった。そのため、「軍部の力が低下し、官僚に有利な状況をもたらした[13]」と言える。こうした経緯から、文官支配の下、武官は不満をつのらせていったのである。

軍部の不満は毅宗の時代（一一四七〜七〇）に爆発し、一一七〇年にはクーデターが起こった。毅宗は、快楽と旅行を好んだ。深夜におよぶ宴では、軍人が毅宗のそばに立ち、泥酔した彼とその側近の警護を行った。文官は傲慢になり、時には警護の者に向かって放尿したり、またある時は彼らをからかった。高麗史によれば、ある時、六フィートを超える大男で、後の一一七〇年のクーデターの首謀者でもある、鄭中夫将軍の長い灰色の髭を、エリート官僚の一族の廷臣が冗談のつもりで燃やしてしまったという[14]。宦官も武官を馬鹿にし、一触即発の状態になった。于学儒（U Hangyu）という軍人は、軍人の鬱積した不満を次のように吐露した、「かつて私は、父からこう言われたことがある、『軍人はあまりにも長い間不当な扱いを受けてきた。怒って当然ではないのか』と[15]」。

三　武人政権（一一七〇〜一二七〇）

一一七〇年のクーデターで、軍人が王朝の支配権を握ったものの、新しい支配者は、それまでの文官主導の構造を維持したままであった。クーデターの目的を果たすためには、一部の文官の存在が重要だったし、そうしたエリート文官は軍人と密接に協力し合ったからだ。さらに、王朝を統治するためには、文官主導の国家構造を利用する必要があると軍指導者は考えた。そうした国家構造には、税を徴収し、政策を実行するために必要な枠組みが整備されていた。王朝と文官の遺産を維持し、また表面的にはそれを守ろうとしているように見せかけることで、軍指導者は、自らの権威を正当なものにしようとした。

明宗（Myongjong）の時代（一一七〇〜九七）も中ごろになると、クーデター首謀者の当初の努力や多くの文官の支援にもかかわらず、高麗王朝は滅亡の危機に瀕した。軍人同士の権力争いの中から、奴婢の出身で、前王の毅宗を殺害したとされる、李義旼が政権を握る機会を得た。彼は一〇年以上にわたって王国を支配したが、当時国内では、奴婢や農民、および僧の反乱がいたるところで勃発し、国家の崩壊も間近と思われる有様であった。このように、政治的にも社会的にも不安定な状況が頂点に達したところで、新たな軍人、崔忠献（Ch'oeCh'unghn）が登場するのである。(16)

エリート軍人の血筋を標榜する崔忠献とその子孫は、ただちに国家の再建に着手した。そして、以後六〇年を費やして、様々な変革と構造改革を行い、その結果、高麗には一定の安定と治安がもたらされた。崔忠献は、徐々に様々な政策を行ったが、つまるところそうした政策は、彼の権威を確固たるものとし、政権の分裂を招く勢力を抑え込むためのものであった。結局、彼は二元的構造に依存することになるのである。すなわち、王朝の正統な機関と、支配のための彼独自の組織である。そこで、まず彼は従来からの政府機関に依存して、政治的安定を実現しようとした。

崔忠献が政権に登用した人材を見てみると、彼の方針がどんなものであったのかが分かり、また、軍人が支配する社会においても文民が重要な役割を果たし続けていたことがうかがえる。新政権で最高の地位に就いた者についての調査結果は、次頁に示す通りである。

文官主導の構造にあって、軍人の血を引く者の割合が低いことは一目瞭然である。文官が組織の五四％（四三人）に達していることから、この「武人支配」の時代でも、官職においては文官が優勢であったことが明らかであ

(本表の内容は原稿どおり：訳者)

――崔忠献の治世(一一九六～一二一九)における文民の割合[17]――

文官 四三(五四%)	文官? 一〇	武官 一六(二〇%)	合計 八〇	
両方 三	不明 一八			
試験 二〇(二五%)	崔氏一族 六			

る。同様に、科挙は、文民が公職につくための登竜門として相変わらず重要であった。少なくとも、二〇人(二五%)が試験に合格している。崔忠献の時代、試験は頻繁に実施され、年間の合格者数は飛躍的に増加した。[18]

依然として文官出身者が、宰相の役職のほとんどを独占した。定安の任(Chongan Im)、昌原の崔(Ch'angwon Ch'oe)、慶州の金氏といった名家出身者が名を連ねている。毅宗、明宗、神宗(Sinjong、一一九七～一二〇四)の三人の王の姪である任濡(Im Yu)は、崔忠献が政権を握った当初から、宰相の役職についた。[19] 崔讜(Ch'oe Tang)と崔詵(Ch'oe Son)は兄弟であり、東州崔氏の一族であるが、ともに科挙に合格し、宰相の一員であった。[20] 慶州金氏の血を引く金鳳毛(Kim Pongmo)も名家の出で、しかも崔忠献と近い関係にあった人物である。[21] 他にも、海州崔氏一族と文化柳氏一族がいる。このエリート集団の中に名前が見当たらないのは、一世紀前には政権の中枢にいた、慶源李氏および光山金氏一族である。

崔忠献は、文官の一族と文官主導の構造を支えとして、自らの権力を維持した。一一九六年に政権を武力でかち取った時から、彼にとって、正当性が最も重要であった。その重大な時期にエリート文官の協力を取り付けたことで、彼は自らの権限を確固たるものにしたのである。行政能力に長けた文官指導者たちは、国の支配に必要な専門的知識を提供し、彼の権力を確保するに当たって手腕を発揮したのである。[22] 彼は、宰相と各部を通じて政治を行い、さらに、これらの組織で自ら様々な役職をこなした。さらに台諫の活動にも関心を持ち、ここでも役職に就いた。

崔忠献には、従来からの王朝の統治機構を無視することができなかった。後世の歴史家は、彼の支配を「王権の汚れた奪取」と位置づけているが(23)、崔は王室に関する問題を検討するために、意識的に宰相を召集した。特に神宗の死期が迫ると、王権の移譲に当たって安定性が担保されていることを印象付けるため、彼は宰相の力を頼った。王族の処遇に関して新たな問題が生ずると、論議のために再び宰相を召集した(24)。宰相のメンバーは頻繁に彼と面会し、儀式や政府主催の宴に出席した(25)。

文官主導の構造では、文民が役職をほぼ独占したが、軍事色が強くなっていることは明らかだった。兵部では、確認された六人のうち、文官であることが明白なのは半数にすぎない。御史台でもこの割合は同じである。毅宗の時代とは明らかに異なり、軍人は、主要な政府機関で重要な役割を果たしていた。崔忠献は重房を再編成した。これはもともと、一一七〇年のクーデターに続く統治において重要な役割を果たし、政策決定に一役買った機関である(26)。さらに、崔忠献の時代には、軍人が公式使節の一員として、中国北部の女真国に幾度となく派遣された(27)。軍人は文官が行う職務を多く行ったが、その逆に、文官としての訓練を受けた者が武官になる場合もあった。武人政権時代には、文官と武官の流れを汲む者が次から次へと部署を変わったため、職務の配置に新たな流動性が生まれた(28)。

崔忠献は、息子の瑀(U.d.)(一二四九年)が次の王になるように画策し、瑀は自らの権力を息子の沆(Hang, d.)(一二五七年)に譲った。瑀の治世には、モンゴルという新たな敵が高麗を脅かした。この強力な敵に対峙するために崔氏は、政権内の勢力とその私的軍隊を動員した。こうした組織ではモンゴルの勢いを食い止めることができないとわかると、崔氏は僧侶や農民を動員し、さらに新たな部隊を編成した。しかし崔氏の必死の努力にもかかわらず、高麗はモンゴルを撃退することができなかった。モンゴルがもたらした混乱によって崔氏の権限は弱まり、文官による支配の復活に道を開いた。

崔氏の最後の支配者、崔竩（Ch'oe Ŭi）が一二五八年に倒れる以前から、文民による支配が再び始まっていた。実際には、武人政権時代にも、文民による支配が完全になくなったわけではない。ほぼ一世紀にわたって軍人が政策を決定していたが、彼らは文官の専門的な意見に頼らなければ、有効な支配ができないことに気がついたのだ。文官のリーダーシップを維持することで、彼らは一層の正当性を手に入れることができたが、文民主導というイデオロギーを浸透させる必要があった。しかし、このイデオロギーは、結局は軍人支配という考えと対立するものであった。高麗においては、国王が権力の頂点に立った。崔氏の指導者たちは、自らの必要性に適うよう王を操ったものの、国内の結束を維持するため、公には王の意見に従った。そしてこの二重構造の中に、崔氏の崩壊の種が潜んでいた。結局、こうした国内情勢とモンゴルの侵略とが重なって、武人政権が崩壊していったのである。

崔氏の統治時代に、文官の指導者が再び登場すると、高麗の性質も変わった。武官と文官の区別が曖昧になり、結果として両者が様々なかたちで混じりあうことになった。軍人が科挙の試験に合格した。このことは、官吏が儒教の教えについて学び、古典に秀でるようになった時代の到来を意味している。文官は柔軟になり、軍事関連の役職を拒否することもなくなった。官職を占める出身一族の顔ぶれがそうした変化を反映している。高麗王朝の初期の頃は、官職によって出身一族が文官か武官のいずれかに分かれていたが、いまや、そうした相違は世代間でも見られるようになった。慶州金氏一族の台瑞（T'aeso）は文官であったが、たくさんの息子に恵まれた。すると一人は文官になり、二人は武官になった。鄭叔瞻（Chong Sukch'om）は、河東の鄭氏（Hadong Chong）一族の名だたる武将であったが、その息子の一人は科挙に合格し、文官になった。[29] 毅宗や明宗の時代に見られたような文官と武官の紛争や対立はなくなり、相互の信頼と協力が生まれた。もはや軍人一族の出身者でも、役職に就くことが不可能ではなくなったのだ。

日本と高麗は、ほぼ同時期に武人の支配する時代に入った。両国の状況は多くの点で酷似している。両国とも、宮廷でのエリート文官の対立が新たな紛争を生み、それを武人が解決した。主導権争いの時期を経て、日本では源頼朝が、そして朝鮮では崔忠献が登場し、それぞれの国を新しい方向に導いた。この二人の将軍は支配権を握ると、自らの行為を王室もしくは天皇の正当性という衣で包んだ。それと同時に、宮廷から独立した組織を確立し、公的機関と私的機関が並存する二元的体制に基づいて統治を進めたのである。二人は家臣制度を利用し、自分たちに仕える人材をこれらの組織に登用した。これによって、両者は効率的な支配体制を導入し、それぞれの社会に対する支配を強化していった。

こうした類似点があるにもかかわらず、両者の支配は根本的に異なっている。一〇〇年後、朝鮮半島では文官政権が復活したのに対し、日本ではそれから何世紀にもわたって、武士が社会的規範を維持したのである。崔氏と高麗王朝との関係と比較した場合、鎌倉幕府の階級制は、宮廷から全く独立していた。日本では、平安時代末期、私的関係による支配という明確な伝統が登場したが、高麗王朝にはそのような伝統は存在しない。高麗王朝は国家のあらゆる地域を完全に支配し、国中に自らの権力を浸透させようと躍起になった。外敵から国を守るために、高麗には強力な中央王朝が常に必要だったのである。そしてこの体制の頂点に立つ者として、武人政権時代に全く力を持たなかったとしても、王は正当性を体現する存在であった。日本では、地方自治や武士文化が育った。朝鮮半島ではそれと対照的な現象が起こった。崔忠献は国家を支配するために、私的な組織を整備しながらも、王朝内の多くの機関を復活させ、エリート文官と密接な協力関係を持ち、それによって文民主導という伝統の重要性を再確認したのである。

四　高麗王朝後期

文官の指導者が国家全体の支配を回復するまでには時間がかかった。始まりは一二五八年の崔竩（Ch'oe Ui）の暗殺であった。文官の柳璥（Yu Kyong）と武官の金晙（Kim Chun）は、崔竩暗殺に加担したが、かつて馬丁だった林衍（Im Yon）は計画を変更して金を殺害し、父の後を継いで王位についていた元宗（Wonjong）（一二五九～七四）を退位させようとした。林衍と多数の武官は、モンゴルとの和睦を主張する文官に反対したが、一二六〇年代初頭には、すでにモンゴルの支配は絶対的であり、軍の指導者にも抵抗は不可能だった。一二七〇年、武人政権は、林衍の息子の暗殺によって最後を迎える。軍人の多くはモンゴルによる支配を受け入れようとせず、三別抄（Sambyolch'o）として有名な反乱軍を組織したものの、結局、高麗とモンゴルの連合部隊によって一二七三年に鎮圧された。その後、モンゴルが、文官主導の高麗を支配することになる。

高麗の人々は、武人政権の時代を決して忘れることはなかった。後世の儒学者は、武人政権の時代を、文民支配という基準からすれば常軌を逸した時代だと評したが[30]、武人政権以後の一〇〇年は、軍事的な指導者が責任ある立場に居座り続けた。王朝では、一一七〇年の軍事クーデター以前に武官が経験していたような激しい差別が再び行われることはなかった。モンゴルの支配下にあっても、高麗は制度上の変革を行い、政府内において武官は文官と対等な立場に立っていたのである。

高麗王朝後期には、様々な要素が原因となって武人の地位が向上した。三別抄の鎮圧のために、王朝は軍隊の力を借りた。そして鎮圧に成功すると、モンゴルは以前から計画していた日本侵略のためにその軍隊を派遣した。武力によって高麗を征服したモンゴル人は、勇猛果敢な武人を信頼し、軍事的伝統を重んじた。モンゴルは、支配のために武人を利用することを躊躇しなかったのである[31]。

ジョン・ダンカン（John Duncan）によれば、一二六〇年から一三九四年にかけて、二六六〇人が文民主導の官僚機構で官職に就いていた[32]。この時期の宰枢（中書門下省の二品以上者と中枢院の直学士までの正三品以上の官職者）八〇〇人のうち、ダンカンが出身を確認できたのは六八九人であった。そのうち一一％にあたる七九人は、軍人一族の出身であった。確かにこの割合は、武人政権時代よりも低い。しかし、一一七〇年のクーデター以前に比べればはるかに高い数字である。ダンカンは、墓碑銘に名前を刻まれた人物の経歴を調べ、昇進の傾向を明らかにしようとした。彼が調査した二〇人のうち、武官から王朝内の特権的な役職に就いた者は七人であった[33]。

この七名のうちの五名が、宰枢に就任している。鄭仁卿（ChongIngyong）、元善之（Won Sonji）、および趙延寿（Cho Yonsu）の三人は、父や祖父が王朝の高官であった。ダンカンは、平壌の趙氏（Pyngyang Cho）の血を引く趙延寿の例を詳しく取り上げている。彼は蔭叙によって様々な官位に就いた後、軍の録士（noska）になった。一七歳で科挙に合格し、文武両面で役職に就いた。三一歳の時にはすでに宰枢に就任していた[34]。他の二人も趙と同じく軍人の一族の出身で、当然のことながら、文武両面で役職に就き、政権の最高位にまで上りつめた。

忠穆（Ch'ungmok）王（一三四四～四八）および忠定（Ch'ungjong）王（一三四八～五一）の時代の宰相の構成を見ても、この点は明らかである。この二人の王の時代、七八人以上が宰枢に就任したとされるが、そのうちの一四％にあたる一一人は、明らかに軍人の血筋を引いていた[35]。つまり武官の宰枢の数は、武人政権時代ほど多くはないものの、武官が宰枢に就任することがほとんどなかった高麗王朝初期に比べると明らかに多い。

辺太燮（Pyn Taesop）が独自に行った高麗後期の研究から、さらなる事実が明らかになった。高麗王朝の外交使節として元王朝に派遣された官吏の多くが、武官という肩書きであったというのだ。趙仁規（Cho Ingyu）などの通訳や前述の鄭仁卿は武官であった。これらの者や軍人一族の出身者は、高麗王朝後期に様々な役割を果たしている。たとえば、宮廷顧問、外交使節、あるいは宰枢である[36]。禑（U）王の治世（一三七四～八八）下で、軍人は特に積極的な役割を果たした。次第に曖昧になりつつあった、武官と文官の境界線をためらわずに越えていったのだ。文武両方の官職を同時にこなす者もいれば、科挙に合格しながら、武将となる道を選ぶ者もいた。[37] 社会的に見れば、エリート一族から学者や武将を輩出する場合と構図は同じである。文民一族の女性が武官一族の男性と結婚し、学者の息子が武将の娘と結婚した。[38]

高麗王朝の初期に比べれば、軍人ははるかに恵まれた地位にあった。一一七〇年のクーデターの精神的ダメージと、その後一世紀におよぶ武人支配のおかげで、文官の傲慢な態度は影を潜めた。さらに、約一〇〇年のあいだ、高麗はモンゴルの支配下に置かれた。もともとモンゴルの支配者は、軍人を優遇することも冷遇することもなかったため、軍人は、過去の呪縛から解放され、勢力を拡大していったのだ。モンゴルが宗主国としての役割を果たすこともあったが、高麗はやはり、南から執拗に攻撃する日本の海賊、さらには北から攻め込む契丹から自国を守らなければならなかった。やがて一四世紀半ばになると、元の衰退と明の台頭から生じた中国北部の混乱に直面せざるをえなくなる。こうした危機にあたっては、国を守るための軍事的能力に長けた人材が求められた。高麗が滅亡し、李氏朝鮮が興る一四世紀末近くになると、軍人が最低限の尊敬と責任を保ちながら、武人と廷臣、言い換えれば武官と文官による集団指導体制が実現したのである。

結論

高麗王朝の成立以来、武官は、国家の防衛という制度上の責任を担ってきた。王朝は武官に、文官と同じ特権の多くを与え、その地位を守るために様々な階級や禄を制定した。五等級以上になると、蔭叙に基づいて、下位の役職の後継者を指名することができるうえに、その子息には、首都のエリート学校への入学が優先的に認められた。軍人には、土地の割り当て、禄、およびその他の特別な助成金が与えられ、わずかではあるが財政的な保障も準備された。こうした特権は、王朝の最初の一〇〇年で制度化され、王朝の滅亡まで続いた。当初、文官はこれらの方法を利用して軍人を懐柔し、やがて軍人も王朝の支持に回るようになった。

軍人の社会的地位はさらに曖昧であった。彼らは自らが受け継いだ遺産に誇りを持ち、伝統に威厳と自信を加えた。国の防衛に立ち上がらなければならないのは軍部だということをはっきり自覚した軍人の一族が次々に現れ、やがてその子孫が武将へと育っていった。このような一族は、王朝のいつの時期にも存在する。しかし、すべての軍人が、このような名家の出身であるというわけではない。文民の場合とは対照的に、軍人はそれほどの名家の出身ではなくても、政府の要職に就くことができたのだ。この点で言えば、貧しい家の出身の者にも、公職に就く機会を与えるという点で、軍は、社会的に重要なはけ口を提供していた可能性がある。しかし、軍には様々な出身の者がいて、中には学力に欠ける者もいた。そのため、彼らの社会的地位は、文民のそれと比べて低かったと言える。

軍人は偏見を経験せざるをえなかった。それに比べると、文官は様々な理由から、より尊敬される存在であった。文官の指導者であることは、読み書きの能力に長けていることを意味した。こうした技術を身につけることは、高い軍事的能力を身につけるよりもはるかに大変で、しかも知的能力を要求されるものと考えられた。文官の血筋の者は、自らが社会的に尊敬され、低い身分の出身という辱めを受ける必要がないと考えていた。このような態度は、高麗王朝の最初の数世紀に最も顕著だったものだが、これこそが一一七〇年のクーデターを引き起こしたと言える。さらに武人政権の時代ですら、武官と文官の不平等は続いていた。著名な軍人の一族は、自らの子孫に科挙を受けさせ、文官として出世させることで、文人優越の原則を維持し、文人優先の規範を受け入れようとした。

軍の指導者が武力によって国家を支配した武人政権時代を除き、一番手っ取り早くしかも確実に最高位まで上りつめる方法は、文官になることだった。重大な問題に直面しても、王朝は常に武力に拠らない解決方法を選んだといっても過言ではない。中国の伝統的政府と同様、宥和政策や賄賂、あるいは外交が失敗に終わった時にのみ、武力に訴えるという方針である。武力の行使は、政治的手腕の一つにすぎなかった。高麗の人々にとって、国の創始者たる王建以降、最も偉大な英雄は読み書きと外交に長けた文官たちだった。新羅の人々は武人を見習おうとしたが、高麗では、学者が尊敬されたのだ。軍人であることではなく、読み書きにすぐれているということが、民衆にも貴族にも、一番受け入れられた評価だった。

しかし、高麗の中期には、こうした文官に対する高い評価も次第に変わっていった。軍事クーデターによって、ようやく軍人が国家の政策決定において自らの役割を示すようになった結果、国の方向性が変わり、一時的に、武官が優遇されるようになった。そして王朝の後半になると、武人政権の時代もモンゴルによる支配の時代も、文官主導の管理体制が緩和されたことで、文官と武官を隔てていた境界が曖昧になった。国家の支配において、軍人が、積極的でしかも尊敬される役割を果たすようになっただけでなく、社会的にも、軍人の一族と文民の一族との違いが曖昧になっていった。文官の武官に対する優越は王朝の後期まで続いたが、両者のあいだの緊張関係は無きに等しかった。

高麗のような強力な中央集権国家では、軍部は、文官主導の政治構造を補完する立場に置かれる。中央集権制を完成させる過程で、高麗が中国に倣って支配体制を整備しようとした時、軍事的伝統が議論の中心となった。当初、宮廷やエリート文官は、自らが軍人よりも優越していると主張したが、国境の警備や国内治安の維持といった国としての必要性から様々な問題が生じた結果、軍人は自らが置かれた逆境に耐えることができたのである。武器を手に戦うという伝統を頼りに、軍人は戦うか、あるいは全面的に服従せざるをえなかった。高麗王朝最後の世紀に、軍事的伝統の重要性を再確認した上で、再び文官支配が主張されるようになり、妥協が成立した。

高麗は中国にも日本にも似ていない。文官主導の組織の発達と国家の規模の小さいことが相まって、高麗は、日本のような群雄割拠に陥ることがなかったのである。しかし、文官主導の宋の衰退を目の当たりにし、さらには特権階級たる軍人による支配という本来の伝統に気づくと同時に、北と南からの侵略者から断固として国を守らなければならないという現実に直面したことで、王朝後期における武官の役割の強化が促されたのである。この点は中国と全く対照的と言えよう。

（1）延世大学校出版部『高麗史』（ソウル、景仁文化社、一九七二年）巻一、九b～一一a。
（2）『高麗史』巻二、一四b～一七a。李、ピーター他、*Sourcebook of Korean Civilization* (hereafter, Sourcebook). New York, Columbia University Press: 1993, pp.263-266.
（3）姜希雄 "The First Succession Struggle of Kory in 945: A Reinterpretation", *Journal of Asian Studies*, XXXVI, 3 (May, 1977), pp.411-428.
（4）『高麗史』巻九三、一二a～一三a。
（5）これらのポストにすべて人員が配置された場合、合計は四万五〇〇〇人となる。外国から侵略をうけた場合や内乱が発生した場合、この規模であれば大きな勢力となりうるが、全国的な徴兵制度の実施によって、高麗の軍隊の規模は著しく拡大した。李基白「高麗京軍考」（『高麗兵制史研究』ソウル、一潮閣、一九六八年）を参照のこと。
（6）姜希雄編 The Traditional Culture and Society of Korea: Thought and Institutions (Honolulu: Center for Korean Studies, 1975) の、Lee "Military Tradition", p.16 を参照のこと。さらに「高麗軍人考」（前掲書所収）の李基白の指摘によれば、軍班氏族の家系が絶えた場合、第六等級以下に属する官吏の子息、もしくは資格を有する農民の中から選ばれた者が後を継ぐ。軍班氏族出身者は、官職に就くことができた。
（7）辺太燮「高麗武班研究」（『高麗政治制度史研究』一潮閣、一九七一年）三四五頁。
（8）拙著 "Military Revolt in Kory: The 1170 Coup d'Etat",（以下、"1170 Coup"）参照。『朝鮮研究』三巻（一九七九年）を参照。他にも 拙著 "Twelfth Century Koryô: Merit and Birth",（以下、"Twelfth century Koryô"）, *Journal of Korean Studies*, vol.9（近刊）に記したとおり、睿宗の治世では、武官の家系の者で、政権の最高位に就いたのは、わずかに一人だった。

John Duncan, in *The Origins of the Chosŏn Dynasty* (hereafter Origins), Seattle: University of Washington Press, 2000, pp.54-55, で九八一年から一一四六年までを調べると、これら高い官職の約一五%が武官であった。

(9) この五人とは、権正鈞、池深、崔璘、于邦宰および房資守である。彼らについてはあまりよくわかっていない。ただし、このうちの三人は、一一三五年の妙清の乱の鎮圧にあたった。当初、権正鈞は李資謙の怒りを買い、その後、妙清の乱の鎮圧にあたった（蓬左文庫編『高麗史節要』巻九、学習院東洋文化研究所、一九六〇年、一五頁b）。妙清に対する房資守の行動については、『高麗史』巻九六、二九bを参照のこと。また于邦宰については、『高麗史節要』巻一〇、二八bを参照のこと。こうしたわずかな事実を除けば、これらの人物についてはほとんどわかっていない。

(10) 前掲「高麗武班研究」三六六～七頁。

(11) 李基白「高麗의軍班制、下位軍人」（前掲『高麗兵制史研究』二八九頁）、ノート九。

(12) 個人的なやりとりの中で、私にこの問題意識を与えてくれたJames B. Palaisに謝意を表するものである。

(13) Morris Rossabi, 編 *China Among Equals: the Middle Kingdom and its Neighbors, 10th to14th Centuries* (Berkeley: University of California Press, 1983) の、Michael C. Rogers, "National Consciousness in Medieval Korea: The Impact of Liao and Chin on Kory", p.162.

(14) 『高麗史節要』巻一一、一七b。

(15) 『高麗史』巻一〇〇、六a～b、『高麗史節要』一二巻四一b。

(16) さらに詳しい議論については、拙著 *Generals and Scholars: Military Rule in Medieval Korea* (以後 *Generals*), Honolulu: University of Hawaii Press, 2000 を参照のこと。

(17) 毅宗の治世での割合を調べた際に用いた基準を今回も採用した。さらに詳しい分析については、前出の拙著 "Twelfth Century Kory." を参照のこと。崔瑀と崔恒の治世について調べた場合も、同様の結果が出る。瑀の時代には、文官主導の構造で官位についていた者の二五%が軍人の一族の出身者で、恒の時代には、この割合が二〇%である。前出の拙著、*Generals*, p.84, p.98. を参照のこと。

(18) 許興植『高麗科挙制度史研究』二五三頁を参照のこと。年間平均合格者数は、睿宗（一一〇六～一一二二）の時代には二二・五人であったが、神宗（一一九八～一二〇四）の時代には二八・四人、熙宗（一二〇四～一二一一）の時代には二七・七人、そしてわずか二年しか続かなかった康宗（一二一二～一二一三）の時代には三五・五人だった。

(19) 任濡は明宗の時代に、礼部で役職に就いていた。彼は、崔忠献の下、文官として中心的役割を果たした。彼は四回にわたって科挙の運営にあたり、当時、一流学者の多くの選抜に一役買ったのである。『高麗史』巻九五、三五a～b、二〇巻二二b～二三a、巻二一、一一b～一二a、『高麗史節要』一四巻三一a～b。

(20) 崔紏については『高麗史』巻九九、三b～四aを参照。崔詵については同書五b～六bを参照のこと。二人はともに明宗の時代に仕えた。崔忠献が政権を握ると、たちまち二人は文官としての最高位まで昇りつめた。二人の父・惟清は、一一七〇年の軍事クーデターの際も難を逃れ、軍部と協力した（同書二a～三a）。

(21) 金は、蔭叙によって官僚となった。崔忠献の下、彼は枢密院の初代副事（ch'umirwŏn pusa）となり、その後平章事（p'yŏngjangsa）となった。『朝鮮金石総覧』一巻（ソウル、朝鮮総督府、一九三三年）四三〇～三頁、『高麗史』巻一〇一、二一a、巻二一、一六b、『高麗史節要』巻一四、一五a、巻一四、二五b。

(22) 文民は、軍部の反対勢力への対抗勢力にもなりえることがわかった。拙著 "Ch'oe House", p.116を参照。

(23) 熙宗の統治期間におけるさまざまな出来事について述べる際、歴史家は、賄賂が横行し、政治が施政者の気まぐれで行われていたと述べた。『高麗史節要』巻一四、二五b～二六aと同様の見解は、『高麗史節要』巻一五、一三a、一二一八年のコメントの中にも見られる。

(24) 神宗が退位を望んだ時、崔忠献は宰枢の崔詵と奇洪寿を自宅に招き、それについて話し合った（『高麗史節要』巻一四、一五b、『高麗史』巻二一、一七a）。神宗が亡くなると、崔忠献は自宅で宰相のメンバーと面会し、服喪期間について話し合った（『高麗史節要』巻一四、一六a～b）。一二〇六年には、どの王が王室の霊廟に入るにふさわしいかについて話し合った（同書、二〇a）。一二〇八年、宰相はこの問題について再度話し合ったが、結論は得られなかった（同書、二三b）。

(25) たとえば一二〇八年、熙宗が崔瑀の自宅に移ると、宰枢は宴に出席した（『高麗史節要』巻一四、二三a～b）。二カ月後、宰枢は国王や崔忠献とともに撃毬の試合を観戦した（同書、二二b）。

(26) 一一九八年、重房が召集され、政策について話し合い、その後請願を提出した（『高麗史節要』巻一四、一a、一b、『高麗史』巻二〇、五a～b）。高宗が政権の座について間もない頃、政策についての話し合いが再度行われた（『高麗史』巻二二、二a、『高麗史節要』巻一四、三四b参照）。こうして一二一六年には、契丹への軍事作戦を支援するため、重房と宰相が合同で話し合いを行った（『高麗史節要』巻一四、四五a）。崔忠献は別の機会にも、軍部高官や宰相と話し合った。たとえば、一二〇三年には二回、彼は軍部の高官や宰相と会い、慶州の謀反について話し合った（『高麗史節要』巻一四、一一a、一一b～一二a）。

(27) たとえば、一三世紀の最初の一〇年間で、軍人が使節に任命されたのは、一二〇二年、一二〇四年、一二〇九年および一二一〇年であった。『高麗史節要』巻一四、一二a～b、一八a、二四b～二五a、二七b、『高麗史』巻二一、一九b、二三b～二四a、二四b～二五a参照。

(28) 張允文は、御史台にまで出世したが、最初は、仁宗の時代に将軍であった彼の義祖父による蔭叙によって文官官僚になった。張は科挙に合格した（『高麗史』巻一〇一、二a～b、『高麗史節要』巻一四、三b～四a、『高麗科挙制度史研究』一九二頁参照）。陳捷も同じ道を歩んだ（『高麗名賢集』巻二、一四～一六頁）。宰枢に就任した奇洪綏は、幼い頃、作文や書道に秀でていた。成人すると、彼は、文官の道を選ばず軍官となった（『高麗史』巻一〇一、一一a、『高麗史節要』巻一四、二六a）。

(29) 金台瑞については『高麗史』巻一〇一、二一a～b、鄭叔瞻の子の晏については『高麗史』巻一〇〇、二八b～二九a。ある記録によれば、特権階級たる長興の任氏一族の血を引く任景粛には、「合格者のうち、数年足らずのあいだに最高位まで昇りつめた一〇人以上がいた。その中には、三人の元将軍と一人の新任大佐がいた。このようなことはかつて聞いたことがない」（崔滋『補閑集』巻一、七a～b）。

(30) 『高麗史』および『高麗史節要』の編者は、ともにこの見解を採っている（注22を参照）。高宗の治世（一二一四～一二五九）について、彼らは次のように述べた。「内に権臣は相継いで国命を擅執せんとし、外に女真、蒙古は兵を遣し歳に侵す」（『高麗史節要』巻一七、四五a）。

(31) 前出『高麗政治制度史研究』四三二頁。

(32) Duncan, Origins, pp.71-83, および "Late Kory: A Buddhist Aristocracy" *Journal of Korean Studies*, vol. 9（近刊）を参照。

(33) Duncan, Origins, p.82.

(34) Duncan, Origins, pp.82-83.

(35) この調査結果は、『高麗史』および『高麗史節要』の情報をもとに作成された。ジョン・ダンカンのおかげで、私が個人的に確認できなかった若干名の出身を特定することができた。

(36) モンゴルによる支配の副産物として興味深いことは、モンゴル人のタカに対する思い入れの激しさである。高麗の官吏が見事な鳥にえさをやっていると、元の人たちは、彼らに頼んでタカを育て、中国へ輸出させた（前掲「高麗武班研究」四三二頁）。

(37) 前掲「高麗武班研究」四三一～四四六頁。

(38) ジョン・ダンカンは、許興植『韓国金石全文』三巻（ソウル、一九八四年）に触れて、武官と文官を輩出している一族について述べた。以下のものを参照のこと。固城李氏一族（一〇五七～八頁）、原州元氏一族（一〇六二頁）、彦陽金氏一族（一〇八三、一一七九頁）および安東金氏一族（一一三七頁）。文官一族と武官一族の婚姻の例については、原州元氏（一〇六二頁）、孔巌許氏一族（一〇六六頁）、平康崔氏一族（一〇八七頁）平壌趙氏一族（一一〇三頁）および彦陽金氏一族（一一七九頁）。これらの情報を提供してくれたジョン・ダンカンに謝意を表する。

【コメント1】

高麗の文・武臣と日麗の武人政権について

髙橋昌明

シュルツ氏の報告に対し、以下三つの点について意見を述べたい。

第一点は、高麗科挙制の役割と評価、についてである。シュルツ氏は、高麗の文官支配において、科挙制や儒教の果たした役割を高く評価している。

高麗王朝の創始期、新羅末の内乱で血統による特権的身分制である骨品制《コルプムジェ》がくずれ、それまで政界上層への進出が阻まれていた王京の一般貴族や地方豪族が、新しい支配層として登場してきた。第四代国王・光宗《クワンジョン》は、建国の功臣を含め王権に従わない中央の特権貴族たちを容赦なく粛清するかたわら、官僚に幅広く人材を登用しようとして、九五八年科挙制を施行した。しかし、この時期の科挙制は、なお限定された役割にとどまる。蔭叙の制により、高官の子弟には、科挙を経ずに官職を授与される特権が認められていたからである。以後、高麗支配層の中心になったのは、光宗改革に抵抗し、新羅的貴賤秩序の復活・再生産に努めた門閥貴族層だった。

高麗王朝初期、政治と軍事は一体で、まだ支配層の文班《ムンバン》と武班《ムバン》への分化は見られなかったが、一〇世紀末の成宗《ソンジョン》朝以降両班《ヤンバン》制度が確立する。有力家門は両班のいずれかに所属し、世襲の権利と義務を有したので、文班が文官職を、武班は武官職を世襲した。そして全官吏は文武班を問わず九品から一品に至る共通の品秩（位と俸禄）編制に統合され、官階上の上下はあったが、たてまえとしては班の差別は存在しなかった。

ところが、現実は武臣は文臣よりも政治的に下位に置かれた。この両者を隔てる壁や厳存する差別は、それぞれの班に所属する家門の社会的身分の上下にもとづく。つまり、文班は家門・門閥面で上位にある貴族出身者がなり、武班は「門地賤微」「系本寒微」などといわれるように、一般民衆やそれ以下の身分の出身者から起用された。そこでは、中国のように文と武に対する評価の差が政治・社会上の優劣を生みだしているのではなく、逆にすでにある身分の懸隔が、文武の優劣を創り出していたのである[1]。

文の上位を説明する儒教的教養は、中国の権威を背景に、門閥貴族層の特権と武班を構成する家門への差別を、合理化する役割を果たしたことになる。科挙もそのための手段となった[2]。それは、唐代科挙が、新しい官僚層を生み出す一方、貴族の子弟の合格によって、貴族層の地位のテコ入れにも役だった事実と、あい通ずるものがある[3]。

そもそも高麗期の儒教は、仏教と共存した儒教であり、哲学を仏教にまかせ、主に詩文の才を政治・外交面で発揮するものだった。だから、その本格化は、元を通じて朱子学が伝播し支配思想となった、朝鮮王朝期まで降るのである[4]。

第二の疑問として、シュルツ氏は「文官至上主義を要求する中国を規範とした高麗は、長期間にわたる安定を維持し、その間、軍隊の地位は着実に低下した」という。これは事実であろうか。

例えば、田柴科《チョンシカ》は、官僚の生活を保証するため、科（ランク）に応じて田地と柴地（燃料採集地）を支給する制度だが、職階を基準に見ると、武班の待遇は九九八年改定の田柴科より、一〇七六年改定のそれの方がより改善されている。たとえば、正三品職である文班の六尚書は、一〇七六年の改定でも第四科のまま変更がなかったのにたいし、同じく正三品職である二軍六衛の上将軍《サンチャングン》は、九九八年に第五科であったものが、一〇七六年には第三科へと上昇し、対等を超えて武班の方が優遇されるにいたった。政治的にも一〇一六年以降、武臣の強い要求であった武班による文班職兼帯が進み、上将軍が、閑職とはいえ正二品職の尚書左右僕射のような高位の文班職を兼帯する例も見られるようになった[5]。

これらは、武臣や軍人への差別・冷遇への怒りから起こった一〇一四年のクーデタ（第一次武臣政権）の衝撃や、契丹・女真など北方異民族との絶え間ない抗争・緊張が彼らの存在意義を高めたこと、および宮廷内権力闘争で国王や文班貴族が武臣を利用しようとしたこと、などがもたらした結果である。こうして、武臣の待遇は確実に改善し、実力の上昇が見られた。

たしかに、シュルツ氏も指摘するように、第一八代国王・毅宗《ウィジョン》の時代、武臣を文臣の護衛兵なみに扱ったり、年若い文臣が老将軍を手酷く侮辱するなどの事件が起こり、一一七〇年の二度目の武臣反乱の引き金になっている。しかし、これらは、武臣の台頭によって、自らの特権を脅かされると感じた文臣の反発にもとづくもの、と考えるべきであって、氏や他の多くの論者が考えるように、武臣の地位が低下した結果ではない。

　第三に高麗武臣政権と日本の武家政権の違いについて。日本で平氏政権が誕生し、ついで鎌倉幕府が成立した同じ時期、高麗でも武臣の政権（第二次武臣政権）が続いた。その盛期は六二年に及ぶ崔氏四代の時代（一一九六～一二五八）である。政権を争った有力武臣は、政治・経済の力を背景に、門客（より自由な結合関係にある従者）・家僮（隷属的な従者）を集め、私兵集団を形成した。この私兵組織を都房《トバン》という。最大の都房は、ライバルを倒して独裁政権を樹立した崔氏初代崔忠献《チェチェンホン》のそれで、三〇〇〇人からなる私兵が六番に編成（最終的には三六番）され、日替わりで主人の私邸に宿直した。(6)

　一一七〇年の武臣クーデタ以後、武臣たちは重房《チュンバン》(7)を国家の最高機関にし、集団執権の体制をとっていたが、崔忠献は、むしろその弱体化を進めた。代わって行政の中枢機関になったのが、彼の私邸に設置された教定都監《キョジョントガム》である。この機関の長である教定別監《ピョルガム》は、以後武臣政権の終末まで政権担当者の地位を示すものになった。(8) 崔氏二代の崔怡《チェイ》（璃《イ》）の代に至り、政房《チョンバン》(9)や書房《ソバン》(10)が新設され、都房の改編と教定別監を側近で補佐・警護する機能を持つ親侍組織の強化も行われ、これらを下部機構とする教定都監体制が形成された。韓国史学界では、この機構が「幕府」(11)的性格を持つとする見解が有力である。

　ところで、シュルツ氏は、武臣政権期の政治を「同時期の日本における発展と非常に類似していた」という。これは日本の史実に照らして必ずしも適切な評価ではない。

　武臣政権・教定都監体制と日本の武人政権を比較すると、つぎのようなことがいえる。まず武臣の都房については、平氏や頼朝の御家人組織と対比できる。ただし、武臣たちは権力奪取時はまだ中央軍の兵卒たちに頼り、権力と富を蓄えた上で、はじめて私兵集団と名のつくものを持ち得た。(12) これに対し、日本の源平の軍事貴族は以前から一定数の従者をかかえていた。とはいえ、日本でも武家の権力掌握以後、家人組織が飛躍的に拡大したのだから、それをあまり強調するのは適当でない。

　それから、武臣と都房の私兵の間には、御恩にあたる土地給与の事実が確認できない。日本では、頼朝の挙兵以降、御家人に恩賞として所領を与える方式が始まる。主従制と恩貸地制の結合という封建制の重要要件の有無は、彼我の重要な相違点であろう。

　教定都監は、旧来の国家機関に吸着し、それを通して人事・行財政などを掌握する政治機構だった。鎌倉幕府は違う。頼朝は、クーデタによって朝廷を直接占拠した平氏の失敗に学び、軍事警察以外の朝廷の政務への不介入を、政治路線の基本とした。また幕府は、南関東の反乱軍勢力として出発し、内乱中の一一八三年、東日本諸国を行政的に支配する東国政権として公認される。この二つの理由から、幕府は王朝政府やその都から距離を置いた半ば独立の権力となった。

旧国家機構との距離でいえば、高麗では都堂《トダン》(13)・重房といった旧来の重臣会議に、崔氏執権やその代理人が正規メンバーとして参加した。日本の場合武家権力の首長たる鎌倉殿は、右大将や右大臣の要職に就いたが、都で開かれる国政審議のための上級貴族の会議に出席した例はついぞない。

教定別監が国王より「国家への違法・不法」の調査糾明を命ぜられた史料がある。だが、教定都監は単なる軍事警察権力ではなく、それを含めた政務全般に及んでいた。だから教定都監の下部機構には、シュルツ氏も指摘するように、多くの文官スタッフが組織されねばならなかった。

一方、幕府はもっぱら国家の軍事警察部門を担当する軍事組織であり、その機関も御家人統率のための侍所、同じく御家人などの訴訟を所管する問注所、鎌倉殿の家政機関であり、本拠である鎌倉の御家人以外の社会の中間層および庶民の訴訟を担当する政所などからなる。御家人には、将軍家の家政処理や訴訟担当の若干の文人が含まれているが、軍事団体という幕府の本質からして、当然大多数は武士であり、文人の評価も決して高くなかった(14)。

崔氏の私兵組織は、崔氏執政の身辺護衛組織の域を出ない。だから国家の公的軍事力は、形骸化した二軍六衛に代わる新たな中央軍組織、すなわち三別抄《サムビョルチョ》(15)として別に再建されなければならなかった。それに対し、幕府の御家人は、鎌倉にあって鎌倉殿の身辺を護衛するとともに、京都大番役のような王権とその王宮を輪番で警衛する役を務めねばならなかった。つまり鎌倉殿に忠誠を誓う私兵集団が、そのまま全体として国家の公的軍事組織であったのである。

日本の幕府と崔氏政権の類似性は重要かつ興味深い論点であるが、以上述べてきたように、双方の間には、国制上の位置と政治的役割の面で、かなり大きな違いがあることを正確に認識せねばならないのである。

(1) 高麗王朝の文班と武班については、辺太燮「高麗朝の文班と武班」(『高麗政治制度史研究』一潮閣、ソウル、一九七一年)を参照。
(2) 高麗期に科挙や儒教的教養の果たした役割については、北村明美氏の教示による。
(3) 中国の科挙については、村上哲見『科挙の話—試験制度と文人官僚』(講談社、一九八〇年)や平田茂樹『科挙と官僚制』(山川出版社、一九九七年)などを参照。
(4) 姜在彦『朝鮮儒教の二〇〇〇年』朝日新聞社、二〇〇一年。
(5) 注(1)辺論文。
(6) 金鐘国「高麗武臣政権の特質に関する一考察」(『朝鮮学報』二一・二二号、一九六一年)。

（7）高麗中央の正規軍（二軍六衛）を京軍というが、その上将軍・大将軍（正・副指揮官）は、重房と呼ばれる合議機関を持っていた。しかし、その権力は文臣で構成される都堂にはるかに及ばなかった。高麗の軍制については、李基白『高麗兵制史研究』（一潮閣、ソウル、一九六八年）を参照。

（8）教定都監の体制については、曺圭泰「崔氏武人政権と教定都監」（洪承基編『高麗武人政権研究』西江大学校出版部、ソウル、一九九五年）によった。

（9）政房とは、文武の官僚人事の執行にあたる機関で、科挙出身の文人たちによって構成されていた。彼らは二省・六部の尚書、中枢院（軍政・軍令機関）の承宣、内侍院（内廷組織）の内侍等の職を兼ね、それを通して王朝の主要機構を掌握した。

（10）書房は、崔氏の文客中の名儒で構成され、政治上の諮問に応えたり、崔氏執政に書・礼を教えたりした。文人組織でありながら崔氏の護衛にもあたる点が興味深い。

（11）日本では武家政権の別称であるけれど、中国では、天子を輔佐する者や天子の委任を受けた者が、長官として府を開き部下を置く。野戦軍司令官の場合は府を帷幕で設営するので、これを幕府といった。そこから転じて一般官署の意味にも用いられた。

（12）注(6)金論文。

（13）中書門下省（宰府）と中枢院（枢府）をあわせて両府と呼び、国家の重大事を決定する際には、両府高官が合議して決議した。これを都堂（宰枢会議）という。

（14）高橋昌明『武士の成立　武士像の創出』第一章（東京大学出版会、一九九九年）。

（15）はじめ国内の盗賊を取り締まる目的で夜別抄《ヤビョルチョ》という部隊が設けられ、それが対モンゴル戦のため勢力を拡大し、三別抄（左右夜別抄・神義軍《シンウイグン》）へと発展した。崔怡によって創設された。

【コメント2】

王権と貴族・武人——新羅・高麗史と中国史の比較から——

辻　正博

朝鮮史の専門家からのコメントは別に用意されていることと思うので、ここでは中国史の立場から気づいたことを二、三申し述べさせていただき、コメンテーターとしての責めを塞ぎたく思う。

1　新羅における王権と貴族——南北朝・隋唐との比較から

姜教授の報告は、新羅王朝において貴族が武人から官僚へと性格を転換させてゆく過程について論じたものであり、中国中世~近世の政治制度史を研究しているわたくしも非常に興味深く拝聴することができた。

一般的に、中国史でも国土を統一する過程においては、武人(戦士)が重要な役割を果たす。しかし、国家経営の担い手——戦時にあっては物資補給や人員手配などの後方業務の担当者——は、通常、文人官僚であり、武人は統一戦争が終わると、主役の座を文人に譲る(あるいは奪われる)のが通例であった。

姜教授によれば、新羅王朝における貴族の原型は、戦士、すなわち国土統一に功績のあった武人貴族にあったという。勝利者となった武人がそのまま権力の中枢の座に就いた、ということであろう。武人は貴族として政務を執るものと思われるが、その場合、彼らの戦士としての性格はどのようにして保持されるのであろうか。武人貴族が文人化する契機は存したのであろうか。

この問いに対して姜教授は、新羅王朝が律令制と官僚的行政制度を中国から導入した点を重視し、これらによって新羅支配層は徐々に文人的性格を帯びていったと説明される。文書行政を根幹とする中国式の政治システムを機能させるために、官僚には儒教的素養が必要となり、このことが元来武人貴族であった新羅の支配層を文臣官僚とするのに決定的な役割を果たしたとされるのである。

しかしながら、新羅王朝はかかる中国的政治システムの導入に必ずしも成功しなかったように思われる。姜教授も指摘されるように、新羅固有の骨品制とそれとが二律背反的な関係にあったからである。王京人を対象とした血縁的身分制度たる骨品制が存続する限り、貴族としての地位は世襲される。それは、人事考課制度に裏打ちされた官僚制度と相容れない性格のものである。八世紀前半に試みられた「丁田制」(壮丁に一定面積の田地を支給する制度)が短期間のうちに廃され、新羅時代のほぼ全般を通じて「禄邑制」(ある地域に対する一定の支配権を俸禄として貴族に賦与する制度)が行われたのは、この意味で当然であった。

籍帳制度からも同様のことが窺われる。中国の籍帳が行政村落単位で作成されたのに対して、新羅の籍帳は自然村落を単位として作られたという。これは、村落が共同体として十分に機能していたことを示すものであり、貴族はかかる村落を存立基盤として維持していたことを物語っている。当時の社会のあり方は、新羅王朝が中国風の中央集権的な政治体制をそのままのかたちで実現させることを困難ならしめていたのである。

ひるがえって、中国史の立場から新羅王朝の施策を見たとき、次のような疑問が生じてくる。すなわち、王が中国風の律令制度の導入を目ざし、それが表面的であるにせよ実現した（七世紀後半には中央官制が整備された）のであるから、貴族たちは王に仕える官人として王宮に出入りしたはずである。あとは、王命による人事異動で彼らを官僚として動かし、これに従わない者は律令により処分すればよい――少なくともこれが、新羅が学ぼうとした中国的律令官人制の通常のスタイルであった。隋唐の官人たちは、それが栄転であれ左遷であれ、任命されたことを皇帝に謝して赴任したのであり、これを拒否するなど、門閥貴族が優勢であったとされる六朝時代においてさえ、普通ではあり得ないことであった。これをもって儒教的君臣秩序と言うのであれば、それはその通りであろう。

しかし不思議なことに、新羅王は、貴族に対して自己の立場を優越させるための方策を積極的には講じていないように思われる。たとえば、科挙制の導入である。隋唐帝国における科挙制導入の意義は、能力本位の人材登用を制度化した点にある。もちろん、科挙の後に控える吏部の選銓（任官人事）では、「身言書判」（身なり、言葉遣い、筆跡、美文表現力）といった貴族的特質が重視され、また、初唐あたりはまだ科挙出身者よりも任子出身者（高官・貴族の子弟）のほうが優勢であったけれども、皇帝が自分の手足となって動いてくれる人材を科挙出身者のなかに見いだすことで、両者の力関係は逆転することとなった。中国の律令制を採用し、国内でも儒教的素養が重視されるという状況の中で、新羅王が科挙制度を採用して貴族の牙城に風穴を開けることをしなかったのは、いかなる理由によるのであろうか。新羅王にそれだけの政治力がなかったというのであれば、王の王たる所以は何であったのか。かつて武人貴族をまとめ上げて国土を統一した王が、統一後は貴族勢力の掣肘を強く受けてしまうというのは、政権構造の観点からも、じつに興味深く思う。

今ひとつ、姜教授の報告を拝聴して興味深く感じたのは、国土統一戦争における貴族の役割とその後の位置づけについてである。この点についても、中国史との比較の観点から若干の感想を申し述べたい。南北朝時代を例にとって、話を進める。

北朝の場合、政権に参加した漢人貴族は、多かれ少なかれ在地の名望家として勢力をもっていた。郷里の人々を戦乱による困窮から救うため、貴族は時に武装し、時には私財をなげうった。北朝の皇帝たちは、在地の名望家としての貴族の力を利用すべく積極的に政権内部に取り込み、貴族もまた、民衆のためとて招聘を受けて国政に参画し、自らの理想の実現を画策したのである。

この場合興味深いのは、貴族に対する評価のあり方である。彼らは戦争に参加し、それなりの功績を挙げることもあったが、戦士あるいは将軍としての優秀さが強調されたり、積極的に評価されることは、まずなかった。重要なのは名望であり、それは人々の師表となる生き方に基づくものであった。単に何代も続いた名家の出身というだけでは、人々の尊敬を受けることはできなかったのである。

南朝の場合、門閥貴族は「九品官人法」によって半ば自動的に高官に就くことが約束されていたけれども、彼らとて戦時にあっては、軍を率いて出陣することもあった。しかし、評価されるのはあくまでも将帥としての統率能力であり、戦士としての側面が強調されることはなかったと言ってよい。平時には政治家（文人）としての能力が重視されたこと、言うまでもあるまい。

ひるがえって考えてみると、秦の全国統一以来、新たに獲得した領土を経営するために派遣されたのは、武人ではなく文人官僚であった。地方に強大な軍を置いたり、あるいは地方勢力にある程度の軍事力を与え、それによって安寧をはかることを積極的に行なった王朝はなかったと言い得る。西晋王朝は成立時に諸王、すなわち皇帝の親族を各地に分封して地方統治を委ねたことがあったが、結局は相互の軍事的対立（八王の乱）を招き、王朝は滅亡への道をたどった。封建制の試みは、ものの見事に失敗したのである。その後も南朝では、軍事的な理由から皇帝の親族に地方軍団の統率を委ねることはあったが、それ以外の貴族をそうした職務に就かせることは極力避けられた。

総じて言えば、南北朝時代の中国では、貴族が軍事に関わることはあったものの、平時には文人として活躍することが期待され、貴族のほうもまた、文人として身を立てることを「あるべき姿」と考えた。ほぼ同じ時代、新羅王朝において武人貴族が勢力をもったのとは、まさに対照的であったと言えよう。

2　宋朝の武人と文人——高麗との比較から

シュルツ教授の報告は、高麗王朝における武人と貴族の均衡保持の試みについて論じたものであったが、わたくしは、高麗が影響を受けたとされる宋朝との比較の観点から興味深く聴き入った。以下、宋朝の制度における文人と武人（文官と武官）の関係を述べて、コメントに代えたいと思う。

シュルツ教授によれば、高麗の建国もまた武人の力に負うところが大きかったけれども、国土統一後、廷臣（文人官僚）によって中国風の政治制度が確立されると、武人の影響力は大幅に後退し、廷臣が統治の中枢を掌握し、貴族が政府の主要ポストを独占するようになったという。

高麗が模範とした宋朝の創始者・太祖趙匡胤もまた、純然たる武人であった。五代最後の王朝、後周の禁軍（近衛軍）を統括する立場にあった彼は、幼帝が即位すると部下の推挙をうけて易姓革命を敢行した。建国当初の宋朝は、北からは契丹（遼）、西北からは党項（西夏）の軍事的圧力を受け、南には十国の残存勢力が控えるという、厳しい緊張状態の中におかれていた。華中・華南の統一に二〇年近くの歳月を要し、北方の失地に至っては遂に奪還することができなかったけれども、一一世紀前半までに契丹・西夏との講和が成立すると、宋朝はようやく軍事的緊張から解放されることとなった。

国土の統一が進展し戦争終結の目途が立つと、宋朝は、膨れ上がった軍隊組織を整理・統合する必要に迫られた。多くの兵員を抱え、軍事費が無視できぬほどに増大していたからである。この背景には、安史の乱を契機に各地に節度使が置かれ、将校も兵士もすべて職業軍人化していたという事情がある。敵対勢力の将兵を吸収して軍の規模を拡大することは、戦争を継続する上で必要ではあったが、その代償として莫大な出費が伴った。軍隊規模の適正化は、いずれ避けて通ることのできぬ問題だったのである。

「馬上で天下を取ることはできても、馬上で天下を治めることはできない」とは、漢の高祖劉邦以来、中国統治の本質を端的に言い表わしたことばとして有名である。唐末五代の乱世を承けて、新しき統一王朝たらんとした宋朝にとって、中央禁軍の強化と節度使勢力の解体とは、なんとしてもやり遂げねばならぬ課題であった。幸い、五代の各王朝が禁軍の強化に取り組んできた結果として、宋の中央禁軍の軍勢は、地方に居並ぶ節度使勢力に較べて相当優勢であった。これを背景に、太祖は有力な節度使を一堂に集め、そこで徐ろに彼らに引退を勧告した。そして節度使たちはこれを黙って受諾したのである。いかに引退後の安らかな生活が約束されていたとはいえ、中央政府の討伐を幾度となく退けてきた唐末の節度使のことを思えば、まさに隔世の感を禁じ得ない事件である。かくして国内の軍事的緊張は一気に解消されてゆくことになる。

節度使トップに較べれば、将校・兵士の処遇は比較的簡単であった。戦闘要員として使える優秀な将兵とそうでない者との選別が行なわれたのである。使える者は禁軍に編入され、兵士として役に立ちそうもない者は、希望に応じて「廂軍」と呼ばれる地方の労役部隊に送り込まれた。依然として彼らには給与が支払われたが、禁軍と廂軍とでは待遇に相当の格差が設けられ、また廂軍の人員整理も折に触れて実施された。不用の兵士を一斉に解雇しなかったのは、社会秩序を維持するうえで賢明な選択であったと言える。軍を離れれば生業を失う——しかも武器の扱いに多少は通じている——人々を養う廂軍は、社会の安定装置として宋代を通じて存続した。のちには刑徒も廂軍に編入され、下級兵士として労役に服するようになった。給与は、こうした刑徒にも支払われたのである。「良い鉄は釘にはならぬ、良い人は兵にはならぬ」という俚諺は、兵制のかかる実情をふまえたことばとして理解すべきであろう。

このような宋朝の軍制の頂点に立つのが、枢密使とよばれる軍政長官であった。民政長官たる宰相と並んで、文武の行政を取り仕切るこのポストには、建国当初より文官が任命された。節度使の武装解除と相俟って行なわれた軍事上の指揮命令系統の改革により、現場の将軍には実戦の指揮権のみが与えられ、発兵権は枢密使が握ることとなった。「国家は武臣を遇する際に、その俸禄は厚くし、礼遇は低くした」とは、宋代のある文人のことばである。宋朝の武人に対する姿勢を言い当てた評語として味わうべきであろう。

全体を統轄する存在として皇帝が君臨したことは言うまでもあるまい。国家のあらゆる事項について責任を負わねばならない皇帝を補佐する高級官僚は、原則的として文官のポストであり、いわゆる「文官至上主義」が実現することとなった。

宋朝の文官重視の姿勢は、科挙制度のあり方にも反映されている。一般に「科挙」と言えば、文官を採用するための文科挙を指すことからも明らかなように、武官を採用すべく行なわれる武科挙は概して低調であった。文科挙が三年に一度の割合で定期的に実施されたのに対して、武科挙は恒常的に行なわれたわけではなく、一回の合格者数も文科挙の一割以下と少なかった。また、文科挙(なかでも進士科)に上位で合格することが官界で出世するための必須条件と考えられていたのに対して、武官への道は、胥吏(無給の下級役人)で年功を積んだ者や中~高級武官・戦没者の子弟にも開かれており、数から言えば、そちらのルートから武官となる者の方が遥かに多かった。言い換えれば、武官となる者には、試験で試すほどの知識や技能は求められていなかったのである。

官界において武官と文官との人材交流が全く無かったわけではない。武官としてある程度の経歴を積んだ者は、希望すれば——そして一定の条件を満たせば——文官に転換することができ、逆に文官から武官に移ることも認められていた。但し、武官から文官に移る際には、儒教の基本経典についての試験が課された。無学の者を「文官の世界」に入れるわけにはいかなかったのである。

【コメント3】

姜報告とシュルツ報告によせて

平木 實

姜希雄報告に対するコメント

この報告は新羅時代の王権と官僚政治について考察したもので、これまでの研究の成果を十分に活用して考察した労作であると考える。

報告者は、この国際研究集会のテーマと関連して、高句麗、新羅、百済の古代三国の中で新羅の血統と地縁を基盤とする骨品制と呼ぶ特別な貴族政治体制があった点に注目し、新羅の政治体制について論及したものと理解する。その貴族政治体制の原型は、戦士団的性向の貴族政治を基本としていたという学説に賛同する立場に立って考察した論を展開している。

新羅の頭品階層の屋舎に付設することのできる馬厩の規模を定めた規定が『三国史記』にあり、また新羅の主力軍団が王京人によって構成されていたことから、建国初期から戦士団的性格をもちつつ強大になってきた国家であった形跡が濃厚であったとする。しかし、早い段階で仏教が伝播し、また中国で発達した律令制を導入しているところから、戦士団的性格が建国後どのように存続したかについては疑問が残る。例えば、新羅時代の文化的特色の一例として、花郎道という青年集団が取り上げられることが多いが、仏教による護国的加護を期待する信仰や儒教、道教的思想を学びつつ、山野を巡り、武芸を磨いたという青年たちからは、あまり初期のような戦士団的性格はうかがえないように思う。つまり、この半島における国家の交代のさいには、必ず武力によってそれまでの国家が打倒される歴史を繰り返してはいるが、ひとたび新しい王朝国家が成立すると必ず文治政策による文人国家になっていくことに注目したい。また対外的には、ほかのアジア諸国もそうであったように、中国との間に朝貢関係を結び、その枠の中で自国の安全保障を取り付けるとともに、国内的にも王権の安定を期した点に注目する必要があると考える。

いっぽうで、初期に朴、昔、金の三氏族が交代で王位についていたものが、四世紀ごろから、金氏によって世襲される傾向を見せ始め、王族は、聖骨と真骨に区別されて真骨のすぐ下には、六頭品、五頭品、四頭品というように、王族でない貴族支配階層が官僚体系のなかに存在していた。聖骨から出していた国王が、次に真骨からも出るようになり、さらに後代には王位継承争いが頻発する状況にたちいたるが、それは王権を特権として利用するようになっていたことを意味する。王族たちは、特に学問をしたわけでもなく、反対に頭品階層のなかからは、学問に秀でた人材も輩出するようになり、王族の享有する王権によって制限を加えられるところから不満を抱く者も存在し、国家の発展に一定の足かせをはめる結果になった時代であったと思われる。しかし、ほかの一方で、国民の幸福は、仏教を信仰することによって、また風水地理説によって土地の吉凶を占い、吉相の地に暮らすことによって幸福がもたらされるという説に依存する風潮も存在したことを特徴と考えることができよう。

E・シュルツ報告に対するコメント

統一新羅に代わって九三五年に高麗王朝国家が樹立されたが、この王朝国家も文治主義による政治支配体制をとり、初期には、極端な王族内の族内婚を行っていたが、九八五年に科挙制度が実施されるようになったところから、族党を基盤とする官僚貴族が台頭し始めると王族以外の貴族とも婚姻関係を結ぶようになった。その貴族たちは、王族の外戚として権勢を誇り、王権に制限を加えるほどの勢力に発展したこともあり、ほかの貴族たちと軋轢も生じた。いっぽうで、高麗初期以来文班と武班という両班体制が確立されて、国王と両班貴族による政治行政体制を継続させるが、初期から存在した文尊武卑の風潮は武官たちに不満を抱かせ、一一七〇年に鄭仲夫をはじめとする武官たちがクーデターをおこして政権を奪い取るという事件が発生した。本報告は、文治政治を伝統とするこの国において武官が政権を掌握するという特別な事象に注目して考察を加えた論考である。

政権を掌握した武臣たちは、相互に権力抗争を繰り返しながらも政権を独占し、特に崔氏政権の場合には、私兵を保有して武力を持ち、さらに教定都監を設けてその長の教定別監に就任して権力を独占するようになる。この教定別監という官職にたいする任命状は、国王から発給されることになっていたが、それは、形式的なものに過ぎず、武人政権が打倒されるまで続き、国王を頂点とする高麗の従来の統治機構は完全に虚構化してしまう。しかし武臣たちは、王朝制を廃止することはせず、王朝国家を存続させつつすべての官職や政治行政の実権を掌握していたことにこの武臣政権の特徴があると考える。

中世盛期の戦士貴族社会における紛争のルール

ゲルト・アルトホーフ〔原文、英語　服部良久訳〕

ある文化を明確に定義することは文化間の比較を行う上での必須条件です。これには抽象化と評価というステップが必要ですが、その間には個人的な観点もまた重要な役割を担っています。今日お話しする私の見解もまた、こういったモデルに沿った構成に基づいてなされていますが、その根拠についても当然議論することができると思います。そういうわけで、まずこれらの根拠とその問題点について話を始めます。

そして次に、中世盛期の戦士貴族社会と暴力との関係を考えたいと思います。これはこの社会の特徴を浮かび上がらせ、他の社会の特徴と比較することができる点で、大変良いトピックだと考えています。しかし同時にこのトピックは、ヨーロッパ的な歴史の観点ではかなり固定概念に縛られています。長年の間、野蛮から文明への発展については、暴力という理論的枠組の中で研究されてきました。大まかに言うと、文明化へのステップが進められる間、人々の暴力に対する無限の可能性は制限され、制裁に従うことを強いられ、国家による暴力の独占によって鎮圧・規制されていったのです。こういった文明化の段階以前には、暴力の精神にもとづいてヨーロッパが成立した時代とされる「暗黒時代」があります。あるドイツの出版社はこれがぴったりだと考えて、最近出た本のタイトルを変更したのでした。

事実、この時代については盲目的で無分別で、制御不能で非人間的な暴力を示す証拠が十分存在します。こうした暴力の存在は簡単に肯定されるか、あるいは容易に抑制しがたいものでした。私はなにも事実をあいまいにするつもりはありません。しかし中世についてのこの特徴づけは、誤解を招くとは言わないまでも、不十分だと思います。中世という時代は、これらの仮定から導き出されるような野蛮な時代ではないし、それは我々の生きる現代が思っているほど文明化されていないのと同じことです。この点は二〇世紀から二一世紀にかけて、ヨーロッパや世界各地で十分に証明されてきています。

私はみなさんに、どういったルールが暴力の使用を支配したか、またどういった方策が暴力を回避したり阻止したりするために用いられてきたかを具体的に例証し、中世の戦士社会についてのこれまでとは違ったイメージを示したいと思っています。

これから申し上げることは、中世社会のいくつかの部分についてのみ正当性を主張するものです。この点は前もって強調しておきたい。しかしそれらはいずれもきわめて重要な部分なのです。というのは、貴族戦士やその家臣、従僕たちについての話をするわけですが、彼らこそが中世盛期において暴力を独占し、武力に訴える権利を主張したのです。その権利は実際に無数のフェーデや紛争において行使されました。

それでも彼らは紛争の際、多くのルールに従っていました。そのことを考えあわせると、暴力の意識的な、むしろ慎重ともいえる使い方がされていたと結論づけても良いのではないでしょうか。だからこそ中世の野蛮なイメージを改める必要があると思うのです。こういったルールは貴族戦士とそこに仕える人たちの社会の中でのみ、互いの紛争の解決に適用されていました。より低い階級に属する農奴や農民が無制限な暴力の犠牲になり、史料によるとまるで家畜のように惨殺されることもしばしばであったといいます。さらに異教徒や教会の異端者に対する闘いに際しては、これらのルールには従わなくともよいと考えられていました。これもまた残虐行為へと発展する原因となり、野蛮な中世という一般的なイメージを招いた原因の一端となっています。

もうひとつ初めに強調しておきたいところなのですが、戦士社会の中でのルールは中世盛期には一度も書き残されていません。それは社会が共同生活を組織する上で守っていた習慣であり、何度も協議において人々の合意を得てきたものです。しかし書面にされなかったからといって、こういったルールの正当性に対する主張がさほど強くなかったとか、それゆえ拘束力がなかったなどという結論を導き出すべきではありません。

私の議論の重要な仮定なのですが、それでもこれらのルールが存在したと証明するための方法は、戦いの際の戦士たちの行状に関する描写や称賛、批判などを集めて分析し、それらの記述や評価を通じて戦士たちの行為を支配していたルールを再構築することをおいて他にないでしょう。この試みに際して、私は二種類の資料を情報源として使用します。ひとつは事実を記述していると歴史学者によってみなされているもの。もうひとつは文学上の資料で、あの有名な「ニーベルンゲンの歌（一三世紀初頭成立の南ドイツの大叙事詩）」です。この叙事詩は、特に残虐で冷酷な暴力行為が伝えられていることで非常に有名です。

それではこれから、右に述べたようなルールに従って行われた戦闘時の戦士たちの行状をお話ししたいと思います。具体的な資料に照らして話しますが、まず戦いの勃発の際の行為を、それから出来事を順番に考察して、最後に激しい闘争を友好的に終わらせるテクニックについて考えるという、時間に沿った形で進めていきます。たぶん何度も『ヴェルフェン家の歴史』からの例について考えることになるだろうと思いますが、これは一一七〇年頃に書かれた歴史叙述で、ある一貴族の家族史に集中して書かれた最も古いものです。その中にはフェーデの始まりから経過、そしてその収束に至るまでの記述が繰り返し現われます。

いくつかの事例を選びましたが、それらの中には同じ行動が何度も繰り返し描かれています。このことから私は重複して描かれる行為はルールに則ったものだと判断し、こうした事例の中から戦士社会の戦いのルールが導き出せると考えました。概して言えば、『ヴェルフェン家の歴史』は中世におけるフェーデやその展開についての現実的な洞察を与えてくれます。その中ではある地方全体が略奪や火災、城の壊滅的な破壊などによって荒廃する様《さま》を、まるで成功物語でも語るようにきわめて率直に述べているからです。しかしそれは戦士の行状を明快に際立たせるものでもあるのです。

ではまず、激しい戦いの勃発を前にして示される典型的な行動から見てみます。一一六三年、テュービンゲンの宮中伯フーゴがヴェルフェン家の家来たちを略奪の罪で縛り首にしたのに自分の従僕たちは処罰しなかったため、大公ヴェルフ六世は当然ながら我慢することができませんでした。しかし大公ヴェルフは武力に訴えることはせず、伯に対し自らの誤った行いについて謝罪（satisfactio）を要求したのです。

その結果受け取った謙虚な回答に（humile responsum）一旦は注意を他のことに向けましたが、しかし事態が解決できたとは思っていませんでした。武力行使の前に、暴力行為なしに問題を排除するという目的でこういった接触が行われたのです。妥当な償い（satisfactio）のための交渉というのは、中世の戦いのルールに普通よく見られる特徴であることがすぐにわかります。それは当事者もしくは仲裁役によって提案されるもので、この事例では彼の息子ヴェルフ七世がその役を担いました。「（ヴェルフ七世は）何度も不服の内容を相手に伝え、繰り返し宮中伯に勧告を行った」。やがて事件はエスカレートしますが、その理由ははっきりと記述されています。

「彼（宮中伯）は自分自身や家来の力を信頼しきれてはいなかったのだが、この件で彼をけしかけていたシュタウフェン家の大公フリードリヒの力を当てにしていた。大公フリードリヒはヴェルフェン家の名声を妬み、その名誉ある行いを貶めようとしていたのだ。そういうわけで宮中伯は謝罪のかわりに侮辱的かつ脅迫的な回答をし、それがきっかけで年若い敵対者に武器を取らせることになった。こうして最も忌まわしい不幸とシュヴァーベン（ドイツ南西部）の悲惨な荒廃がもたらされたのである」。

この詳細な描写からは、争いが非常に意識的な行為によって拡大されたことがわかります。二人の主役たちは謝罪をする代わりに相手を挑発しました。自分のほうがより強い立場にあると考えたからです。しかしこの挑発に対する若い大公ヴェルフの反応も、紛争のルールに従ったものでした。「ヴェルフは親族や友人、家来たちに、彼に突きつけられたこの見当違いの行いについて話し、みな自分を助けてくれる用意はできているかと促した」。親族、友人、家来たち、すなわち家臣という三つのグループは、中世において貴族戦士が事前に相談しなくとも助力を要求できる集団であったと説明されています。

つい先ほどお話ししたように、まず戦士が自分の抱える問題を提示し、その後支援するか否か、またどのように支援するのかについての意思決定がなされます。中には戦いの支援を要求したが拒否された例もあることがわかっています。仲間への攻撃に対しては、大ていは進んで暴力で答えようとしたことは推測できますが、それでも適切な対応についての協議は行われたということを考慮せねばなりません。受けた不正行為に対して謝罪を要求することや、次に取るべき行動について家中の者たちと協議することは、戦士社会は、暴力を不必要にする手段や方法を知っており、あるいはまたその正当性と必要性が考慮された後に最後の手段として自覚的に暴力を用いたのだということを明示しているのです。

しかし不正だと思われる行為に対して武力で答える決定がなされたとしても、自動的に戦争が始まるというわけではありません。そうではなく、軍事的な脅しは長い年月の間、自分の力と決断を考え合わせて最終的には相手方に屈服を強いる目的で、何度も用いられてきたものです。『ヴェルフェン家の歴史』にはこのやり方について非常に詳しく書かれた部分が何度かでてきます。テュービンゲン・フェーデについては次のように詳述されています。

「すると二二〇〇名の武装した男たち（三人の司教と多数の伯や辺境伯がヴェルフ七世に兵員を提供していた）が一団

となってやってきて、九月六日の夕刻、テュービンゲンの近くで野営した。みなは次の日曜日は平和に静かに過ごすことに決めていた。しかし一方の大公フリードリヒは、脅したり恩を着せたりして自分にできる限りの、あるいはそれ以上の人間を召集した。こうして集結した勢力はテュービンゲンの城に宿営した。ある者は祈りながら夜を過ごし、他の者は賠償のことを心配したり友好的に決着しないものかと気をもんだりしていた」。

これは何度も書かれていることです。つまり一方のグループがもう一方の城の外で威嚇的に野営しているという状況です。まず一番に、もし相手方が降参の意志決定をしない場合には戦いを辞さないという意志を示す意図があるのです。早い段階で、最初の血が流される前に降参すると、償いをする段階に来たとき好条件が与えられることが多かったのです。しかしもし降参の意志決定が絶望的な軍事状況になるまでなされなかった場合には、勝者はずっと厳しい条件を命令します。こうした勝負のルールが暴力の抑制に寄与していたことは明白であるといえます。

このような威嚇の意思表示は、協議する時間を与えるためのものでもあったのですが、何週間、あるいは何カ月も続くことがありました。しばらくの時間がたった後にこの「包囲」が強化され、商人やその他の人々はもう城内に入ることも許可しないようにする。こうして事態が深刻化していることをはっきりと知らしめることも、時にはあったようです。

この威嚇の局面でしばしば見られる特徴が、また『ヴェルフェン家の歴史』の中に詳しく描かれています。それは一一三三年にヴェルフェン家のハインリヒ倨傲公（ハインリヒ獅子公の父）とレーゲンスブルク司教との間に起こったフェーデの例です。戦いの初めのステップは先ほど述べたものと同じです。「レント（キリスト教の受難節）の間中、司教は親族や友人たちを訪ね、嫌われ者の大公がもし再び領土に足を踏み入れたときには、彼を追い払おうと説得してまわった。やがて大公が城（ヴォルフラーツハウゼン）の包囲に気を取られている時に、司教は軍隊を率いて近づいた。兵士たちはイーザルの平地で野営することにした。一方、対する側では大公が騎士たちに戦闘隊形を取らせ、歩兵を適所につかせて、やむをえない緊急事態の場合以外は包囲網を解除してはならないと命令した」。

このケースでは威嚇の可能性はもはや残されていません。何もかもが戦争賛成を叫んでいるかのようです。しかし全く違った出来事が起こるのです。

「とかくするうち、両者に接触のパイプを持つ頭の良い人物、宮中伯オットーが、両者の兵の配置を目にした。彼は他方の側にこちら側の兵力の方が強いと伝え、相手を震えあがらせる。友好的な平和へ導くことを意図する宮中伯は、まず彼の親族でもある教会守護のフリードリヒに降参を勧告する。すべての味方から見放されたフリードリヒは宮中伯の忠告に従うことにする。そしてフリードリヒは宮中伯を伴い大公の宿営地へと入り、大公の足元にひざまずき、ふたたび恩顧を取り戻すことになったのである。宮中伯がこれを成し遂げた後、彼は義理の息子のオットーに対し、家族の瀕している災厄を理由に降服と償いを促す」。

こうして仲裁者の働きによって戦いは回避され、大公と司教との紛争は平和的に解決されたのです。一見するとこの話は信じられない気がするかもしれません。けれども差し迫った暴力行為の直前に屈服と償いが行われることで争いが平和的に解決された例がどれほど多いか、また両当事者に接触しうる「信用に値する仲裁者」が似たような説得工作の場面に登場することがどれほど多いかと考えてみると、この紛争の展開は特徴的かつ典型的なものだと解釈できるのではないでしょうか。

しかしたとえ両者が武器を手に取る前に仲裁者が争いを収めることに失敗しても、暴力行為が勝手気ままにルールもなく行われたということにはなりません。これについてもまた、『ヴェルフェン家の歴史』に見られるテュービンゲン・フェーデの最中に偶然に発生した戦いに関する記述でも証明されています。「正午ころ、我々の兵士の何人かがうかつにもことの成り行きを考えずに野営地から飛び出してゆき、その日一日を平和に過ごそうと願っていた他の者たちはそれに気付かなかった。走り出た兵士たちは同じように早まって前進を試みてきた敵方の騎士何名かと乱闘になった。結果、こちら側の兵士たちがみな飛び上がって武器を手にとり、われ先に敵を倒しに行こうとした。……そうこうするうち、敵方の騎士は城を出て、特に安全な位置を選んだので、こちらの兵士が敵方へと攻めるには川岸から向かう峡谷のごとき困難な道筋しか残されていなかった。……それでも戦いの場にたどり着いたものは二時間にわたり非常に勇敢に戦った。とはいえ、一人の例外を除いて両陣とも倒れた者はいなかった。戦士たちはみな甲冑でしっかりと身を守っていたので、殺されるのではなく捕虜になったのだった。こうして一部の者たちが乱闘を起こしている間に、他の者たちも戦いを始めてしまうこととなり、そのために敵方に本来与えずともよい勝利をもたらし、自分たちとその子孫末裔は永遠に恥を負う羽目になったのである。……目の前の兵士たちをまるで牧草地から畜舎へと羊を追い立てるかのように、全部で九〇〇名の捕虜と膨大な戦利品を手にしたのである」。

この記録から、中世の紛争における戦いでは最後の一滴の血が流れるまで闘ったのではないかなどと想像してはいけないということがわかります。戦士が投降の可能性を利用したり、自ら捕虜となった例はこれだけではないのです。その結果として、紛争の中心的テーマは身代金の問題に移ります。財政上の破綻や、もちろん自己を豊かにすることは命を失うよりもはるかにありふれたことでした。城の包囲に関しては降伏が同様の重要な問題となります。普通、城の包囲は集中砲火を浴びせる前に解かれました。守備隊は身柄の安全と引き換えに城を平和的に明け渡すという交渉に応じたのです。そして争っている両当事者間でのこういった交渉に関しては、一人もしくは複数の仲裁者の貢献によることが多いこともわかります。

中世史研究では、最近になってやっと仲裁者という制度や、当時の仲裁者と紛争解決の関連性がわかってきました。一方、民族学者や人類学者はずいぶん以前から仲裁者のことを知っていました。仲裁者というのは異文化比較にはぴったりのテーマです。なぜなら仲裁者は法治主義以前の社会では似たような活動の仕方を示したという特徴がありますし、仲裁者が社会の中の同じような集団から選ばれており、その活動には共通する関連性が見られるからです。中世ヨーロッパでは、仲裁者は対立する当事者間のコミュニケーションを保つ役割を果たしていました。そして可能であれば、紛争の友好的収束の基盤になりうる補償の問題について交渉することで、当事者たちの暴力を自制しようとする気持ちを確かめ、またこれを彼らに持たせました。仲裁者の仕事のやり方は秘密事項でした。仲裁者の職務を担うためには信望ある人物でなくてはなりませんでしたから、自然と地位の高い人たちがその任務についていました。王が仲裁者となっている例もしばしば見受けられることからもわかるように、権力もまた役に立ちました。これまで与えてきたような恩寵を打ち切ってしまうぞといって脅し、自発的な暴力回避を強制したのです。

仲裁者はどうやって紛争を終結させるか、またどんな補償が相手方から得られるのかについて拘束力のある保証を行っていました。仲裁者に権威が与えられていたのは、彼らが強制的な手段をとることがあったからではなく、この方法こそが紛争から平和を取り戻す唯一のやり方だと社会的に容認されていたからです。それゆえ仲裁者の忠告（審判ではありません）を拒否することは難しく、そのようなことを試みる者は孤立してしまいました。このことは何度も記録に出てくる、仲裁者の意見を受容することについての説明になります。先ほどお話しした『ヴェルフェン家の歴史』からの引用もそうです。

しかしながら、武力衝突を終わらせるプロセスにおける償いの中心的な要素は deditio といわれる降服の儀式で、これは何世紀かにわたって頻繁に行われました。その儀式では一方が公衆の面前で相手の前に平伏するのです。そしてこの行為への対応のしかたはさまざまでした。敵対者を地面から起こし平和のキスを与えることに象徴される、完璧な許しの場合もありました。しかし敵を投獄することもあったのです。これらの処遇は仲裁者によって決定され保証されたのですが、公開儀式の場では聴衆には知らされていませんでした。個々の事例ごとに、行為の進め方は紛争の状況や両当事者を取り巻くネットワーク組織の強さなどに応じて異なりました。戦いの早い段階で明け渡しに応じた場合は、絶望的な状況になるまで降伏しなかった場合よりも好意的な条件を与えられました。

先ほど例に挙げたテュービンゲンの戦いの事例に関しては、『ヴェルフェン家の歴史』の中には簡単な記述しかないのですが、この降服儀式については詳しく述べられています。「まもなく宮中伯の頑固さもくじけることになった。一一六六年の懺悔の火曜日（キリスト教のレントの初日である「灰の水曜日」の前日）、彼はハインリヒ獅子公、我らの君主（ヴェルフ六世）の前に、フリードリヒ皇帝と大公フリードリヒ、そして若きヴェルフ（七世）の見つめる下で、自らウルムの会議に出席した。そして大公ハインリヒの足もとに平伏し、拘束され鎖につながれることを受け入れねばならなかった。そして一年半後にヴェルフ六世が亡くなるまで牢獄につながれていた」。

この記述では宮中伯がどのようにしてこの侮辱的な行為を受容したのかという経緯は説明されていません。私の知る限りでは、儀式の中で貴族が縛られ牢獄へと連行されたケースはこの事例ただひとつだけです。また別の記録では、彼は二度繰り返し平伏させられたとも書かれています。争いの間に敵方の名誉に与えたダメージが甚大だったのですから、補償は本質的で侮辱的なものだったと推測できるでしょう。宮中伯に取られた九〇〇名の捕虜のことを覚えていらっしゃるでしょうか。敵方としては当然、失った面目を取り戻さねばならないのです。おそらく儀式にも出席していた皇帝が仲裁者として行動していたのだと思います。皇帝はその時点でヴェルフェン家と争うわけにはいかなかったので、おそらく権威によって仲裁し、争いを終わらせたのでしょう。

他の儀式では降服する側の名誉が侵害されないようにもっと配慮がなされているのですが、それらとこの儀式の形式とを比較する可能性を考えた場合、ひとつ、特に強調すべき点があります。儀式の細目は個々の事例に合わせた形で作られていたということです。そして中世の戦士社会がこういった細目について明敏な理解をもっていたということが予見できます。

儀式にはだしで参加すべきか靴を履いてもよいかについて交渉が行われるのも偶然のことではありません。参加者の中には靴を履いたままでいるためにそれ相当のお金を払う用意さえしていた者もあるのです。その一方で争いの「犠牲者」は、物質面あるいはその他の相当な譲歩をしてまで、儀式の中ではだしで平伏させるという、相応の償いを得ようとしたこともあります。多くの史料をみると、こういった儀式が非常に芝居じみた構成になっていたと判断できます。そのうちのひとつだけを紹介しましょう。ティボリの市民が皇帝オットー三世に対して行った平伏の儀式です。征服の交渉は教皇シルベスタとヒルデスハイムの司教ベルンワルドによって成されました。

「翌日司教は注目に値する勝利の行進を率いて皇帝のもとに戻った。すべての立派な市民が下帯一枚身につけた姿で右手に剣、左手にむちを持ち、これに続いた。一行は叫びながら宮殿へと行進した。彼らと彼らの持ち物は、その命に至るまですべて、皇帝への捧げものである、皇帝は有罪と考える者を誰でも剣を持って処刑できる、そして彼が哀れみを与えた者はみなさらし台の上でむち打つことができる、と。……皇帝は平和をとりもった二人、教皇とベルンワルド司教を称える気持ちでいっぱいだったので、二人の嘆願に応えて侵害者たちに赦しを与えることにした」。

この一見無条件の降伏によって、君主の名誉は回復されたのです。中世ヨーロッパにおける数え切れないほどの争いごとが、このようなやり方で解決されていました。紛争のために作りあげられたルールが、すべての集団はこの方向に進むべきだというプレッシャーとして作用していたのです。

いろいろな時代にこの平和的な紛争解決の形がどのような挑戦を受けたのかについては、ここでは立ち入ることはひかえます。力点が寛大さから厳粛さに移行する中でより厳しい処置を求めてルールを塗り替えようとする試みが何度もなされたのに、そのたびにこの紛争解決のルールが地歩を保ち続けたという事実こそがもっと重要なのです。

ここで話題を中世の文学に変えたいと思います。ここで扱っている分野の研究では、歴史学者と文学者とが協力する素晴らしい機会が提供されています。中世の文学の中にはこうした勝負のルールに目を向けることが避けて通れないものがいくつもあるからです。もっと狭い意味での歴史資料、特に歴史叙述とあわせて考えることで、文学作品は中世の行動様式がきちんと統制されていたという点に関する豊富な証拠を提供してくれます。その一方で文学は編年誌、年代記その他の歴史叙述作品よりも難しい研究対象でもあります。

何年か前、私はこの問題をこんな問いで表そうとしてみました。詩人は社会における勝負のルールを遊びで作品に取り入れたりするか、という問いです。中世ではすでに文学は実験室と同じような場所として見られていました。つまり実験の都合上現実が理想化されて、皮肉たっぷりに批評され、風刺され、誇張され、あるいは問題があるように表現されました。たとえば「ニーベルンゲンの歌」を取りあげてみましょう。この中では囚人の処遇が理想化されています。ジークフリトとブルグント国の人々が、王も含めてデンマルクとザクセンの捕虜を連れてヴォルムスに戻ってきたとき、人々は彼らの前に贈り物や栄誉を山と積みあげました。解放のための身代金の申し出は寛大にも断られました。現代ではどこででも記述がみられるような、身代金をめぐる激しい交渉が現実に行われたことを考えると、この場面は悲しい現実に影響を与える意図で書かれた、手本のようなものと解釈することもできるでしょう。

とにかくこの研究分野におけるこれまでの経験から、詩人はその作品に関わる時代のルールに従ってただ無頓着に登場人物を動かしているわけではなく、登場人物にはより深い意味を期待してしかるべきである、ということがわかります。こういったルールを厳格に遵守することが事態にどのような結果を招くかを描いたり、これらのルールを破ることで生じる不安を作り出したり、あるいは勝負のルールに従った結果、災厄がもたらされるといった場面設定を構成することで、ルールの矛盾する本質を浮き彫りにしてみせたりする、こういったことがすべて、「ニーベルンゲンの歌」の中に描かれているのです。そしてそれについてはこれからご説明します。「ニーベルンゲンの歌」だけではありません。中世文学のさまざまな作品にも見られることです。

「ニーベルンゲンの歌」には多くの解釈があります。たくさんの登場人物の行動が平和的合意や賠償、過ちの自認、仲裁による決断によって、武力衝突の拡大を食い止める目的で行われているのですが、このことを見落としている解釈が少なくありません。この詩は私が最初に述べたような、中世における争いの解決の実情を反映しているのです。

「ニーベルンゲンの歌」の作者はもはや平和の再構築はできそうにないという状況を設定しましたが、決して暴力を理想化するようなものではなく、ただその勝負のルールやあまりにも単純にルールに従うことが不幸を招くもとになるということを批判しているのです。「ニーベルンゲンの歌」の中では、エッツェル王の宮廷において出来事が暴力や不実、復讐のみによって引き起こされているという点から、このことは特によくおわかりいただけるでしょう。暴力の拡大を適切な手段によって規制しようとする、エッツェル王の宮廷での重要な企てについてここで少しばかり再考したいと思います。同じような企ては、中世に実際に起こった紛争の中でも、数え切れないほどたくさん見受けられます。詩の作者は、先ほど私が述べたような、彼の時代に通用していた行動ルールにきっちりと従っているのです。

第三一歌章ですでに、エッツェル王の登場は仲裁を試みることに専心しており、そんなときブルグント勢が武器をもって食事をしに行くのに気づきます。すぐにこれはブルグント勢が誰かに手出しされたのだと解釈し、提案をします。「わしはあの人たちの納得のゆくまで、償いをしたいと思う。だれかがあの人たちの胸や心を悩ましたというなら、わしがひどく遺憾に思う由を十分にわかってもらいたいものだ。どんな要求をされようと、わしはすべて叶えるつもりだ」というのです。

まさに実際の戦いの場面でも、支配者が仲裁者としての役割を果たし、独裁的な決定を下すかわりに、当事者たちの要求に際して支配者としての力を貸すのです。紛争解決の成功への道はここではうまくいきません。理由はひとつ、ハゲネがエッツェル王を信用せず、武器を携行した本当の理由を口にしなかったからです。ハゲネはブルグント勢の武器について、ブルグント国では饗宴の最初の三日間は武装する習慣なのだと説明しました。この歌章ではフォルケールがフン族の一人を馬上試合の際に殺害したときにも、エッツェル王が二度目の仲裁者の役目を担っています。このときは剣を手に、上手く暴力の拡大を防ぐことができたのでした。エッツェル王の行動は仲裁者としての期待を裏切らない、実にぴったりと合うものでした。このように作者は勝負のルールをきっちりと守って書いているのです。

しかし第三六歌章で、クリエムヒルトが重大な不手際を犯し、ブルグント勢が殺害され、エッツェル王の息子がハゲネに殺され、続いて起こった戦いの中で多くの騎士が命を落とします。そこで「ニーベルンゲンの歌」では主人公による一対一の直接交渉が描かれています。長い会談の中で、グンテル、ゲールノート、ギーゼルヘルの三人のブルグントの王と、それに対するエッツェルとクリエムヒルトが、それぞれの立場を明確に述べ、行動を正当化します。貴族社会における実際の紛争でもこういった交渉と似たような例がたくさんあります。史料では「colloquium secretum（内密の協議）」などといった表現がよく使われるようです。交渉の目的は双方の妥協による解決の可能性について議論し尽くすことです。この「ニーベルンゲンの歌」の箇所でも、紛争が習慣としてどのように処理されたかに基づき、きっちりと叙述されています。

この交渉におけるブルグント勢の主張は歴史資料の中にも記述が残されていて、グンテルはブルグント勢が必要に迫られて行動を起こしたと訴えています。コルファイ修道院の修道士であったヴィドゥキントの記録によれば、一〇世紀、大公リウドルフが父親のオットー大帝との衝突の中で自分の行いを正当化しようと議論を試みていますが、これは一二世紀にミラノの住民がバルバロッサ（皇帝フリードリヒ一世）に対して行ったものとおなじようなものです。ですからこの詩の中では現実の交渉過程から標準的な議論、つまり自らの行いを正当化して、より容易に敵方と平和的合意に至るための議論を用いているといえるでしょう。「ニーベルンゲンの歌」では標準的議論はなんら決定的な効果を持たなかったことも当然です。誰も平和を望んではいなかったのですから。また暴力がさらに拡大した段階に至ってもまだ、平和的合意は可能であってそれが最良の解決だと考えていたのはグンテルでした。エッツェル王は初めからこれには反対で、彼のこうむった侮辱はブルグント勢が命をもって償うべきだと考えていました。ここでも読者または視聴者は自ら熟考し判断することを求められています。「ニーベルンゲンの歌」では、エッツェル王に関してはなんらの決定をも下していないのです。

それでも問題解決への模索は、この言葉のやりとりによってピリオドが打たれたわけではありませんでした。ちょうど同じような歴史上の事例でも繰り返し見られるように、細部にわたる交渉や議論が進められていることがわかります。この場面でも同じです。たとえばゲールノートが、少なくともより早く決着をつけられるように野外での戦いを認めて欲しいと求めます。クリエムヒルトはそれではブルグント勢の武具が涼をとり、彼らがよりよい条件を得ることになる、と主張して拒否します。一方の彼女も、いささか不誠実の気味がありますが似たような提案をします。もしもブルグント勢がハゲネを彼女の手に委ねるなら、兄弟たち（ゲールノートら）を生かしておくという可能性を排除しない、しかし彼女はハゲネの身柄を引き渡された後に助言者たちにこのことを打診するというのです。

この状況もまた現実的なもので、反目しあう者の一方が非常に優位な立場から交渉に臨むような歴史上の事例において現われます。しかし現実の世界では、義務遂行の保証は、解決策が受け入れられる前の前提として必要なルールのようなものでした。約束事の遂行は宣誓によって確実に行われ、仲裁者によって保証されていました。しかしながらここでは、自分たちに忠義を尽くしてくれる家臣を引き渡すなどという提案は、ブルグント勢にとって拒絶するしかないのは明白です。道は破滅へと向かいます。結果、クリエムヒルトは屈服せずに持ちこたえるブルグント人が集まった広間に、四隅から火を放つのです。

リュエデゲールの介入については後ほどすぐにお話ししますが、ベルネのディエトリーヒがグンテルとハゲネに対するいわゆる最後の戦いに自ら武装して臨むという不手際が重なった後でさえも、平和的な解決は現実的な選択肢の一つに考えられていました。この最後の段階になっても、ディエトリーヒはブルグント勢に非常に包括的な提案をしています。「おん身とこれなるご家来と、人質としてわしに降伏されたい。そうすればわしはできるだけの配慮をなし、ここフン族の国で何者もおん身に害を加えぬようにいたそう。わしには善意と真心のほか何物もないものと思召されよ（詩章二三三七）」。

この提案を却下したのはハゲネでした。降伏はグンテルと自分にはふさわしくないと言うのです。武力衝突における降伏は中世の戦士にとっては非常に重要な選択肢で、実際それを選ぶことも多々ありました。しかし戦いで捕虜となった多くの騎士と命を落としてしまったわずかの犠牲者とを比べてみれば、ここでハゲネが理想はもちろんのこと、一般的な合意にも従わねばならない義務はないとする立場を表していることがわかります。中世的な目からみれば、ディエトリーヒよりもハゲネのほうがこの場面の英雄として映るのはもっともなことです。

要するに、「ニーベルンゲンの歌」に描かれている戦いの経過に関する記述は、非暴力のうちに事態を収束すべくさまざまな試みが徹底的に行われたという点で、実世界の紛争の中での行為にきわめて近いものだといえます。これらの試みがすべて失敗に終わったということは、暴力行為を美化しようとする傾向の結果というよりはむしろ、第一に個人の意思決定によって生じた結果なのです。これについての作者のはっきりした判断は示されていませんが、しかし主に社会で通用していた勝負のルールではもはや切り抜けることができないような複雑な状況に基づいて判断されるべきことです。

これまでに述べてきたような社会的に認められた行動規範に近いということは、同作品の中のベッヒェラーレンの辺境伯リュエデゲールが主人公になっている部分にもはっきりと書かれています。エッツェル王の宮廷でのフン族とブルグント勢との戦いによって、彼はきわめて困難な立場に追い込まれました。なぜなら両方の陣営に非常に強い信頼と結びつきが築かれていたからです。エッツェル王にとっては家臣として、クリエムヒルトからは個人的に宣誓をしたことで、信頼を得ていました。しかし彼はブルグント勢ともつながりがあり、この結びつきはブルグント勢がリュエデゲールの宮廷に招かれているときにとり行われたギーゼルヘルとリュエデゲールの息女ディエトリントとの婚約によって、さらに強いものになっていたのです。この関係の本質と、その結果生じる義務を遂行しようとする両陣営の意図は、贅をつくした贈り物の数々に表されています。なおそのうえに、リュエデゲールはブルグント勢をエッツェルの王のもとまで連れて行き、それによって彼らを責任をもって無事に故郷に戻そうとしたのです。これ以上に親密な関係はできなかったでありましょう。

これらの関係を考えれば、争いの中でリュエデゲールがどのように行動すべきかという難しい問題が持ちあがってきます。潜在的には問題はこれらの義務に序列があるかどうかという点に関係しますし、またこの状況下では姻戚関係が封建的な結びつきよりも重要であるかどうか、あるいはその逆か、また宣誓は護送する責務よりも重要であるかといった問題を包含しています。リュエデゲールは一二〜一三世紀の貴族戦士たちが当然よく認識していたような問題に直面しているのです。当時の貴族戦士たちもまた、争いごとにおいて同じような判断を下さねばならない場面がたくさんあったでしょう。たとえば王への忠誠を示すための数えきれないほどの努力が他のいかなる義務よりも優先されましたが、これはこの世界でルールを確立するための試みがなされていたことを実証しています。しかしその試みが成功したことはほとんどありませんでした。

重要な場面であるエッツェル王とクリエムヒルトがついにリュエデゲールを、二人の立場に立って仲裁するよう説得した部分でもこのことが議論されていますが、問題の関連性を考えると驚くべきことではありません。それでもこの場面での勝負のルールについての扱い方は現実に非常に近くて印象的です。これは第三七歌章に書かれているところですが、この時点で既に戦いが長期間にわたって続けられており、暴力の拡大はかなり進んだ段階に来ています。

リュエデゲールは仲裁者としての役目を果たすべく、決意を宣言してこの場面に登場します。この目的を達するため、彼はベルネのディエトリーヒに使者を送り、平和的な紛争解決のための可能性を見出してくれることを期待します。この点に関していえば、リュエデゲールは現実世界で両方の紛争当事者に結びつきがある人間がするのと同じような行動をとっています。先ほどお話ししたとおり、彼は中立の立場を守り、解決に導くための方策を探しているのです。ディエトリーヒの返事はそっけないもので、エッツェルは調停など全く望んでいない、というのでした。全編を通じてほとんどそうなのですが、ここでも作者はこの回答に対して何も意見を表していません。それでも、反目しあう当事者たちが仲裁の申し入れを単純に拒否できたのかどうか、疑問の余地があります。拒否するのは当然簡単なことではありませんでしたから。こんなふうに拒絶するのにはそれ相応の理由がなくてはなりません。ここでもまた、エッツェルの拒絶、それは当時の現実の紛争においても当然しばしば成さねばならなかったであろう決断ですが、その正当性について読者が判断を下すことが求められています。

この中立性のために、リュエデゲールはフン族の一人から臆病であると責められます。エッツェル王から大きな力を与えられているのだから、王のために闘わねばならないのは当然だというのです。このフン族はそれをクリエムヒルトに直接話します。激怒したリュエデゲールは彼を殴り殺してしまうのです。しかしこれがきっかけとなってエッツェル王及びクリエムヒルトと言葉を交わすことになり、この紛争におけるリュエデゲールの仲裁に対する議論が、賛成も反対も含めてすべてをさらけ出すことになります。この言葉による論争のドラマを正しく評価するためには、実は議論を始めるにあたってクリエムヒルトとエッツェル王はリュエデゲールの前にひざまずいていたということを考慮しなくてはなりません。王と王妃がひざまずいた姿勢で論議を続け、意見の交換の間ずっと、二人に立ちあがるようにとの言葉はかけられませんでした。このように議論と嘆願とがひとつにあわせて描かれているのです。

このような優位者が自ら従属する身振りを示すことは、実際のコミュニケーションの中でもしばしば見いだされます。こうした身振りをもって行われる要求はいくらか拒否しがたいものになります。なぜなら優位者は自らの威信をすべてこの要求にかけているからです。この種の事例として最も有名で、きわめて稀なものは、バルバロッサ（皇帝フリードリヒ一世）がキアヴェンナでハインリヒ獅子公の前にひれ伏したというもので、このとき皇帝はイタリア出征のために獅子公の支援を得ようとしたのでした。伝えられるところによると、平伏したにもかかわらず獅子公はこの要求を断り、これによって彼は莫大なつけを負うことになります。なぜなら支配者の側が自ら従属を表示することは、事実上その要求の達成を強要するものだからです。こういった現実のコミュニケーションにおけるルールが、詩の場面のドラマ性を盛りあげるために用いられたということには、疑いの余地はないでしょう。

クリエムヒルトは議論の中で、まずリュエデゲールが彼女に対して行った宣誓のことをさらりと持ち出します。それに対抗してリュエデゲールは、「名誉や命をも捧げる」と誓ったのであって「魂まで犠牲にするとは誓わなかった」と言い返します。この饗宴の席にブルグント勢を出席させるために護衛してきたのだと理由を説明して、自分の中立性を正当化しようとしました。しばらくの間は、この点についての議論が持ち出されることはありませんでした。その代わり、クリエムヒルトはリュエデゲールに宣誓の文句を一語一句思い出させます。「私の痛手やあらゆる私の恨みを報いてくれるという誓い」、これが実際にリュエデゲールが約束したことでした。おそらくは意識的にリュエデゲールに義務を負わせるように計画されたものだったでしょう。このために、彼が唱えることができた異議はただひとつ、「私は仰せに背いたことはございません」という言葉だけでした。

そしてエッツェルがひざまずいて訴えを始めたとき、リュエデゲールは別のやり方でこの状況を切り抜けようと試みました。自分はエッツェルから奪ったすべてのものを返還してこの国からはだしのまま立ち去ろうというのです。しかし今度はエッツェルも、リュエデゲールに自分の持てる財産すべてを与え、彼を権力を備えた王にしてやると申し出ました。ここでまたリュエデゲールは、ブルグント勢に対して自分の負う義務をすべて並べ立てます。自分の居所に彼らを招いたこと、そして飲食をともにしたこと、贈り物を交わし、親族としての結びつきを固めたこと。これらすべてが、ブルグント勢とは闘わないとするもっともな理由でした。しかしクリエムヒルトが「私の心痛を哀れと思ってほしい」と訴えたことが事態を決着させました。この言葉で彼女はリュエデゲールに自分の行った宣誓のことを思い出させたのでした。

この場面の緊張感は、現実にあった問題や中世の戦いに関わる駆け引きを、言葉によるか否かを問わず、あらゆる手段をもって表現したために生まれたのです。結局は人間関係から生じた状況が悲劇的な結末へとつながっていくのですが、しかし物語の論理から見ると、最終的にリュエデゲールを親族や友人、自分が後見人をしている人々を相手に戦わねばならない状況に追い込んだものは、宣誓した文句なのです。これが暗黙のうちに、クリエムヒルトの復讐が組織的に計画されていたことを強調しています。リュエデゲールのために宣誓の言葉を作ったのはほかならぬ彼女自身だったのですから。また同時にこの物語では、こういった行動を必然的に取らせてしまうルールの意義について、批判的に考察することが求められています。ですからこれは決して批評眼のない単なる記述などではないし、もちろん暴力を賛美するものでもありません。こういった出来事が起こる原因となったルールについて再考を訴えかけているのだということを、我々はもっと取りあげて考えていくことができると思います。

歴史家が「ニーベルンゲンの歌」では戦いにおける社会的ルールがどのように扱われているかといった疑問点を念頭において本作品を読むと、その解釈のためにどのような結論が得られるのか。そのことについてはまだ、少しばかりの例をもとにして概略を述べてきたに過ぎません。そのかわりに私は「ニーベルンゲンの歌」の登場人物たちが情況に応じて行動を順応させてきた、その行動パターンについて問いを投げかけました。その答えは比較的明白なもので、ほんの少しの例によってではあるけれども説明できたことだろうと思います。それは「登場人物たちは多くの場合、一二世紀西洋社会における実際の勝負のルールに従って行動している」ということです。意思決定の結果は読者に提示されています。しかしはっきりいえることですが、これらの意思決定がなされた理由を批判的に検討し、それが唯一の可能な行為であったのか、あるいは他にとるべき道があったのではないかと考察することが、読者側に求められているのです。通常の勝負のルールではもはやポジティヴな助けにはならない、そのような状況が築かれてしまったのですから、そのルールに関しても批判的な見方が要求されているわけです。

全体として、この種の解釈はこの物語の暴力との関連について新たな見地をもたらします。死ぬまで忠義を尽くすことを奨励するのではなく、壊滅にいたるまで復讐することの義務や名誉を称賛するのでもない、そのかわりに「ニーベルンゲンの歌」の中には一二世紀の現実社会において暴力を回避するために用いられたメカニズムがはっきりと描かれている、とする解釈です。まさにこれらの暴力の拡大を食い止めるためのメカニズムが効力を発揮せず、平和的結末が得られなかったということは、部分的には個々人の意思決定のせいであるとも説明できますが、しかし通常の規則ではもはや問題解決に導くことができないほどの事件を発生させ組み立ててしまったという点も、理由の一つなのです。最近のドイツの研究関心とうまく共存していけるのは「読むこと」であると、私は考えています。ですから勝負のルールについての問題提起は、中世に関する異なる専門分野を、少なくとも同じ作品、同じトピックにおいて議論することによってひとつに結びつけるためにふさわしいと思われます。

中世の生活と中世の文学の中に見られる武器や暴力の使い方に関するルールは、非常に類似点が多いように思えます。


時間も少なくなってきましたので、私が特に関心を寄せている事柄についてもう一度要約し、概要を述べたいと思います。中世ヨーロッパにおいて武力衝突は一定のルールに従っていた、という事実に焦点を当てることで、暴力的で、それゆえ暗黒の野蛮な中世、といった月並みな常套表現に対して議論を投げかけようと考えました。ここで紹介した、明らかに暴力を抑制する目的でのルールの存在は、大体において、中世研究家の間でも議論の余地のない明白な事実とされています。しかしこれらのルールの正当性や人々がどの程度までそれに従ったのかについては、確かに議論の対象となっています。ここでもう一度はっきりさせておきたいのですが、ルールは貴族戦士社会に属する人々にのみ適用されたもので、社会的により下層階級の人々や異教徒、信仰を持たない人、あるいは教会の異端者に対してはこのルールに従う義務はありませんでした。

私はフランク・ドイツ王国における紛争の分析から、これらのルールを導き出しました。そこではルールに正当性があり、それは「ニーベルンゲンの歌」から例を挙げたように、中世文学の中にも見受けられました。これらのルールが他のヨーロッパの国々でも適用されたとはいえませんし、そう主張するつもりもありません。しかし全体としてこのようなルールがあったように思える形跡が見られます。フランスの歴史学者ジョルジュ・デュビーもフランス地域でも同じような様相が見られると強調しています。けれども同時に地域的な特徴を示すものも見られるのです。たとえば南イタリアのノルマン人のルールは過酷で、暴力を容認していました。

「古」ヨーロッパの貴族戦士社会では、どんな場合でも暴力を注意深く用いる術を知っていましたし、はっきりした脅しによってずいぶん以前から暴力に訴えることを警告し、戦いを放棄するための時間とチャンスを相手に与えることを理解していました。彼らは暴力を非常に上手く調整した代償手段に置き換えることで、紛争を平和的に終わらせる独自の方法を持っていたのです。これらのルールもまた崩れたり違反されたりしたということ、いくらかの事例では暴力回避の手段は功を奏しなかったということは、私も率直に認めるところです。それでもこれらのルールは、盲目的に暴力を振り回したのではないという、貴族戦士独自の特徴としての価値を失ってはいないのです。

【コメント1】

貴族の集団形成と紛争のルール

早川良弥

ヨーロッパ中世の貴族は、基本的に戦士貴族である。その戦士貴族が、各地域で自立的な固有の支配領域の形成に努め、また王国の統治にも関与した。さらに、彼らの家族ないし一族の者が、高位の聖職を握り、聖界貴族をなした。以下、「貴族」の用語は、原則として「戦士貴族」の意味で使用する。

アルトホーフ教授の報告の要旨は次のとおりである。ヨーロッパ盛期中世における貴族の社会では、暴力は無制限・無制約に行使されるのではない。武力の使用にあたって一定のルールが適用され、暴力を回避ないし抑制する戦略が知られ、利用された。このルールに従って、仲介者をとおして紛争当事者間にコミュニケーションが維持され、和解による闘争の終結が図られた。このルールは、成文化されない慣習ではあったが、それでも拘束的に作用した。闘争の開始から、その経過、そして決着にいたるまで、それぞれの局面に対応した技術・作法があり、貴族はこの規則に義務づけられていた。

こうした紛争のルールの適用は、アルトホーフのこれまでの諸研究に即してみても、同時期の社会および王国のありようと構造的に関連していたと思われる。すなわち、ひとつには、二〇世紀前半以降の研究が明確にしたように、ヨーロッパ中世には近代的観念によって説明できるような制度的国家は存在しない。中世の王国は、人的結合に基づく集団、つまり、主従の関係を成立させるヘルシャフト的結合、同格者仲間の間で結ばれるゲノッセンシャフト（共同体）的結合、および家族的結合、この三結合を原理とするさまざまな集団から構成される。そして、国王が介入しうるのは彼と直接的結合関係にある人物たちに対してのみである。この条件の故に、国王は王国統治にあたってそれらの人物の服従だけではなく、むしろ彼らの援助と同意を必要とし、国王の権力行使は制限される。国王裁判による紛争の決着も困難であり、仲裁と和解による決着にアクセントが置かれる。

他方、貴族は親族、家臣、友人の支持を得て効果的な支配を行い、権力と地位を高め、維持する。闘争にあたっては、友人からの援助を求める。しかし、そのために、彼らとの協議と合意が求められ、その行動に制約を受ける。そのさい、友人関係をとおして敵対者との交渉も可能となる。なお、中世における友情は感情的結合ではなく、契約的性格を持つ結合、友情同盟である。二人以上の人物が結合する場合には、それはゲノッセンシャフト的結合となる。

貴族史の理解について、アルトホーフは、従来の研究がこのようなさまざまな人物関係の意義を十分に考察し評価してこなかったことを指摘する。そのうえで、彼は、家族・親族集団および家臣・従者の集団に加えて、友情同盟・ゲノッセンシャフト的結合に基づく集団が貴族支配の人的基盤を広げたことを強調する。そこで、貴族の集団形成に関するアルトホーフの研究を簡単に紹介するが、それにさきだち、基本史料となる記念資料について説明しておく。

最近（二〇世紀後半）のドイツにおける中世貴族史研究を推進させた最も重要な基礎作業のひとつは、記念資料（Gedenküberlieferung, Memorialüberlieferung）の利用である。というのも、通常の史的史料では、貴族は個人として登場するのであって、集団として記述されることはない。それに対して、記念資料には貴族が集団として記録されている。ここで記念資料というのは、宗教施設、とりわけ修道院が祈禱を行うときに使用する人名記録簿である。日本の過去帳と比較し得る資料である。ヨーロッパ中世の修道士集団は、幾つもの修道院との間で、死後の魂の救済・平安を得るため互いに相手のために祈禱すること、すなわち祈禱援助（Gebetshilfe）を提供しあう盟約、いわば祈禱において兄弟になるという祈禱兄弟盟約を結んだ。盟約は、仲間のひとりが死亡した時に行うべき祈禱行為を約束して結ぶのだが、その時に、修道士たちは、相互にそれぞれの修道士集団を構成する人名リストを交換し、場合によってはこれを記録した。

この盟約には俗人である貴族も参加し得た。ただし、俗人は、祈禱能力を持たず、したがって自ら祈禱援助を提供することはできない。そこで、彼らは、修道院への物的贈与に対する返礼として、たいていはもちろん土地寄進に対する代償として、祈禱援助を約束され、修道院の祈禱仲間に加えられた。盟約を結ぶ貴族は、殆どの場合、彼の属する集団を代表しており、彼の理解する集団のリスト、それ故に時には死者をも含めた集団のリストが提示された。

記念資料には二つの主要な形式がある。ひとつは、「祈禱兄弟盟約者名簿（Liber vitae, Liber memoriales）」で、伝来するものはそれほど多くない。いずれも、八世紀後半ないし九世紀前半に作成され、一〇世紀まで使用された。最初はこの記録簿を作成する修道院ごとに何らかの編集方針があり、例えば身分別に、あるいは男女別に、あるいは生者と死者を区別するなど、人名を分類して記録していた。しかし、この構想はまもなく維持されなくなり、修道院は盟約相手の人名リストを編集することなく書き写した。その結果、盟約者名簿には、死者と生者を含めた多様な集団の、その時々に彼らが意識する集団構成がそのまま記録されることになった。

記念資料のもうひとつのタイプは、「ネクロロギウム（Necrologium）」である。これは、カレンダー形式による死亡者記録である。一頁を数日ないし十数日に配分した一年のカレンダー帳を作成し、または、同じくカレンダー形式の「殉教者祝日表」の余白を利用して、日付ごとにその日の死亡者の名前を記載する。ここでは、死亡者を命日ごとに個人として記載するのであるから、直接的に集団が記録されているわけではない。しかし、記載された人物を同定することによって、ネクロロギウムを集団の記録として捉え得ることもある。（他に、年表形式で死亡者を死亡順に記録する「死亡者年譜」があるが、極めて例外的である。）

記念資料の構造を明確にし、これを歴史研究の史料として開拓したのは、カール・シュミート（Karl Schmid）であった。シュミートは、とくに「祈禱兄弟盟約者名簿」に記載された俗人を主体とする人名リストの中に多様な貴族の親族集団を発見し、その検討と分析に基づいて、貴族史研究に関する史料を豊かにするとともに、中世における貴族の構造について鋭い洞察を行った。中世初期の貴族と中世盛期の貴族の間に見られる構造転換、すなわち、双系的親族集団から男系的家門へという貴族の家族的集団に関する自己理解の転換、そしてそれに対応する領域的支配権力の確立、の指摘である。このシュミートの見解は、詳細における修正や批判は免れないとしても、中世貴族史を理解する基本的シェーマとして認めておかねばならない。

さて、記念資料開拓に関するアルトホーフの業績は、二つに分けることができる。ひとつは、「祈禱兄弟盟約者名簿」に関するものである。盟約者名簿に記載される俗人の人名リストは、実はすべてが貴族の親族集団を示すわけではない。むしろ、貴族の家族を中核としながらも、彼らの血縁関係や結婚結合だけでは説明できない、そして一般的には親族集団よりも規模の大きい集団のほうが、圧倒的に多く記載されている。アルトホーフは、これらの集団を、通常の史料で amicitia, pactum その他の名称（pax, foedus, coniuratio など）で呼ばれる Bündnis, Einung、すなわち（友情、友好）同盟ないし盟約を結ぶことによって結合したゲノッセンシャフトまたはその性格を持つグループであると推定した。このようなリストの記載は、九世紀の後半から増加し、一〇世紀初期、国王ハインリヒ一世期（九一九～九三六）に最大となり、記載の「波」あるいは「運動」と形容し得るほどとなる。ところが、次王オットー大帝期（九三六～九七三）になると、その運動は途絶え、以後、この種の記載は皆無ではないが、極めて少なくなる。そこで、この現象が、ハインリヒ一世の政策あるいはその時期の政治史と関連付けて、次のように説明されることになる。

ハインリヒ一世は、カロリング帝国解体の直後に王位についた。彼の直面する最大の政治課題は、政治的社会的混乱を招いてきた要因に対処すること、つまり、王国内部の政治的対立を抑えて王国の統合を固めることと、東からのマジャール人（ハンガリー人）の襲撃を防衛することの二つであった。

これに対するハインリヒの統治を、同時代の歴史記述は、「盟約」と「平和」の二つの概念で特徴づけている。実際、ハインリヒが盟約ないし同盟を盛んに締結したことは周知のことである。彼は、外国の王たちと amicitia（友情同盟）を結んだだけではなく、王国の大公（彼の王国は四ないし五大公領より構成される）たちとも amicitia を結んだ。国王とその家臣である大公との間にはヘルシャフト的結合関係がある。その結合を、ゲノッセンシャフト的な友情同盟が補完し、いっそう強固にしたわけである。さらに、これは直接的証拠があるわけではないのだが、ハインリヒがグラーフ（伯）や司教たちと、さらにはより低位の者たちと盟約を結んだ可能性もまったく否定することはできない。

次に、対マジャール政策に関しては、ハインリヒは、九二六年にマジャール人との間に九年間の休戦協定を結び、この休戦期間を城砦建設ないしは城砦の防御施設を強化するために利用した。そのさい、この城砦勤務にあたる者たちに、ハインリヒは、集会、祝祭、会食を防備された城砦の中で行うよう命令する。このことは、城砦勤務者たちがゲノッセンシャフト的集団を形成していたことを予想させる。また、城砦建設には修道士たちも携わり、場合によってはこれをとおして城砦勤務の集団と修道士集団との結合が成立した可能性も考え得る。ともかく、防衛の準備は順調に進んだらしく、九年を待たずして、ハインリヒは九三二年に休戦協定を破棄する。このときにハインリヒは populus（王国の住民）との間に pactum（協定）を結んだ、と伝えられている。マジャール人に対する戦いにおいて国王を援助すること、教会財産への侵害を拒絶すること、さらには財政援助によってこれまで侵害されてきた教会の再建あるいは改善を助けること、などが協定の内容である。これに対して、教会は、そのような改良のための援助を行う者のために、および彼らの祖先のために、祈禱援助を行うことを決定した。

つまり、ハインリヒ一世の盟約と平和に基づく統治、とりわけマジャール人襲撃に対処する一連の措置が、もちろんそれが唯一の原因ではないが、祈禱兄弟盟約書における俗人集団の「記載の波」をもたらす極めて重要な契機であった。アルトホーフのこの説明をとおして注目しておかねばならないのは、社会的政治的危機にさいして、貴族たちが盛んに共同体的集団を形成したと仮定し得るということである。

記念資料に関するアルトホーフのもう一つの業績は、ネクロロギウムを貴族研究の史料として開拓したことである。そのさい重要なのは、貴族家が建立した家修道院（Hauskloster）のネクロロギウムである。家修道院は、建立家の墓所となり、家門の精神的中心としての機能を果たす。つまり、家修道院は、建立家の家族・祖先・親族を記憶し、彼らのための記念祈禱を行い、家門の歴史意識を育む。さらに建立家は、親族者以外にも、彼らが祈禱援助を約束した他の人物たちのための祈禱をも、その家修道院の修道士集団に託した。これにより、修道士たちはネクロロギウムに、自分たちの死亡仲間とともに、祈禱を託された建立家家族とその関係者たちの名前を記載した。そこで、そのようなネクロロギウムの構造やそこに記載された人物たちの相互関係を分析・検討することによって、当該貴族家研究の素材を得ることができる。アルトホーフは、具体的には、例えば、一〇世紀末期から一一世紀を通じてザクセン大公家であった「ビッルング家(Billunger)」の家修道院のネクロロギウムを検討し、ビッルンガー史の再検討を迫る新たな視角と素材を提示した。

ビッルンガー史について語るのは、ここでの課題からはずれる。ただ、貴族の集団形成に関連する事実をひとつだけ取り上げる。それは、一〇世紀初期から八〇年代までの死者としてこのネクロロギウムに記載された人物の中心をなすのは、ビッルンガー大公家の祖先たちと、そして彼らがオットー大帝に対して共に戦った反乱の参加者たちである、ということである。このことは、当時の反乱参加者が互いに祈禱援助の提供を約束していたこと、かつ彼らがその約束した義務を果たしていたことの証拠とみなすことができる。

この観察が、反乱者たちを組織づけている結合原理について示唆を与える。一〇世紀には、オットー大帝期およびそれ以後、しばしば、国王たちの兄弟・息子・従兄弟を首謀者とする反乱(coniurationes)が起こった。この一連の反乱については、次のような事実が注目される。すなわち、反乱に参加したのは最高位の貴族たちであるが、彼らの一部は王家と親族関係にあり、それ以外の者も王家ないし宮廷と密接に接触していた。また、反乱に加わる人物の範囲は比較的固定しており、同じ人物が幾つもの反乱に参加し、あるいは同じ家族の異なった世代が新たな反乱に参加した。次に、少なくも一部の反乱については、反乱者たちは、蜂起にさいして、特定の場所に集まり、その場所で集会を開き、共同の会食(convivium)を催した。そして、反乱者たちは、ネクロロギウムからの知見が示すとおり、相互に祈禱援助を約束していた。

最近の研究によれば、誓約・会食・死者記念が、ゲノッセンシャフトの構成的要素である。そこで、次のように考えることが可能となる。すなわち、一〇世紀の国王に対する反乱者は、蜂起の時々に何らかのそのとき限りの理由(例えば、政治目標や利害関係の一致、首謀者からの報酬の約束)によって集まるのではない。彼らは、祈禱援助を含む広範な相互援助を約束するゲノッセンシャフト的集団を形成して、それを比較的長期に持続させており、その集団のメンバーとして、つまり、そのメンバーが負う援助義務を果たすものとして、反乱に参加したのであった。なお、このような推定が、上記の祈禱兄弟盟約者名簿に記載された俗人の集団をゲノッセンシャフト的集団と仮定するひとつの根拠である。

最後に、アルトホーフの論じる前期中世の集団形成と紛争のルールとの関連を整理し、あわせて、盛期中世への移行にさいしてさらに問われるべき問題点を指摘しておきたい。

貴族のゲノッセンシャフト的結合を示唆する証拠は、記念資料以外のところでは見出せない。そのため確実とは言い難いが、推測するならば、貴族の共同体的集団形成は、九世紀後半から、つまり社会的政治的危機が深まる時から盛んとなったのであろう。危機的状況を背景とするその集団の目的や期間は、アルトホーフの言うとおり、特定されることのない、死者記念を含めた広範なものであったと考えられる。勢威を失ったカロリング末期の王権や、王家としての権威を確立し得ていない一〇世紀初期の国王たちは、共同体として結合する貴族に大きく制約される。これに対応するのが、盟約に基づく有力貴族との和合を目指す上述のハインリヒ一世の政策であった。この政策は一定の成功を収め、ハインリヒは彼の獲得した王位を子孫に継承させることができた。しかし、彼の息子、オットー大帝は、父王の政策を継承しなかった。彼は、貴族を友情盟約のパートナーとなり得る同格の仲間とは認めず、家臣としての貴族に対して自己の決定権を貫徹しようとした。この政策が反乱を招き、そして、その反乱は親族集団およびゲノッセンシャフトを基盤として拡大した。強力な反対勢力の故に、反乱を終結させるときには、オットー大帝も紛争のルールに従う技術と手続きを適用しなければならなかった。

だが、その後、貴族の構造転換が進展する。一一世紀後半ないし一二世紀以降、各貴族家の支配権が確立し、それとともに貴族層内部の政治的階層秩序が固定する。この段階にいたっても貴族のゲノッセンシャフトが形成されたのか否か、はさらに検討が必要である。いずれにしても、貴族相互の結合は、目的と期限を特定した、攻守同盟に近い同盟関係に重心を移す。そのような変化は、紛争のルールの内容と意味に何らかの変化をもたらしているのだろうか。

【参考文献】（以上の議論に関するGerd Althoffの主要著作）

Adels- und Königsfamilien im Spiegel ihrer Memorialüberlieferung. Studien zum Totengedenken der Billunger und Ottonen, 1984

Verwandte, Freunde und Getreue. Zum politischen Stellenwert der Gruppenbindung im früheren Mittelalter, 1990

Amicitia und Pacta. Bündnis, Einung, Politik und Gebetsgedenken im beginnenden 10. Jahrhundert, 1992

Spielregeln der Politik im Mittelalter. Kommunikation in Frieden und Fehde, 1997

【コメント2】

中世ヨーロッパにおける紛争解決とコミュニケーション――ゲルト・アルトホーフの研究にふれて――

服部良久

はじめに

時代、地域を問わず紛争のない社会は存在しないといってよい。存在するのは潜在的な紛争がどのようなかたちで、またどの程度の頻度と激しさをもって顕在化するか、そしてそれがどのようにして解決されるのか、それらの差異である。そうした特質と差異をその社会と文化のコンテクストにおいて読みとることに、紛争史研究の目的と意義がある。戦士貴族社会としての性格の濃厚な中世のヨーロッパにおいては、自力救済的慣行（フェーデ）にともなう暴力・紛争は、領主層のみならず、社会全体に広がっていた。またそうした社会では紛争は個人の問題にとどまらず、当事者と様々な紐帯で結ばれた人々をも否応なく巻き込む。フェーデは個人ではなく集団間の問題であった。しかしそれはこの社会が無秩序だったことを意味せず、機能主義的な表現をすれば、暴力・紛争をもその構成要素とする、いわば前国家的秩序が存在したのである。

周知のようにO・ブルンナーは、『ラントとヘルシャフト』の第一章「平和とフェーデ」において、主権的権力を欠く前近代の政治秩序の特質を明らかにするために、フェーデが貴族領主の政治的・法的手段と認識されたことを強調した(1)。以後のフェーデ研究は、法人類学的な研究をも含めて、基本的にフェーデを中世の社会と政治の秩序における重要なファクターとして位置づけようとしてきた。かつてはフェーデを克服する運動や法と見なされた、「神の平和」と「ラント平和令」についても、近年の研究によれば、それらの目的は、フェーデの被害が非武装の人々に及ばぬように様々な限定を加えることであったとされる(2)。フェーデは潜在的な紛争をオープンにし、その調整・解決のために社会を動かす契機となったのである。

ではこのような、紛争を構成要素として含み込んだ社会、政治秩序とはいかなるものか。フェーデが「略奪と放火」を常套手段としたように、物理的暴力をもともなう紛争はそれ自体社会の危機的局面であることには相違ないとすれば、それは如何にして抑制ないし克服されるのか。そうした問題の考究により、その社会の構造的特質を明らかにすることに、紛争と紛争解決の研究の目的と意義がある。

アメリカの中世史家ローゼンワイン、ギアリやホワイトらの紛争研究は、裁判制度と権力秩序が希薄化するポスト・カロリング期のフランスについて、修道院とその周辺社会の多様な相互関係を対象とし、地域社会の中心的地位を占める有力修道院がその権益保全のためにも、周辺領主たちとの紛争の平和的解決に多大の努力を払ったこと、またそうした修道院の紛争調停活動は、広く地域の貴族間の紛争に及んでいたこと、こうした紛争が社会の構造・秩序と相互関係にあり、紛争は、修道院を中心とした地域社会の持続的な社会的・文化的関係と軋轢の表現であったこと、紛争解決は修道院が自身をも含む在地貴族たちのネットワークを機能させ、コミュニケーションを促したことによって可能となったこと等を明らかにしている。したがって紛争解決の仕方は、その地域の権力関係や社会構造、さらには人的結合のありように規定されたのだが、同時にまた紛争解決とそのプロセスは、地域社会の秩序を再編し、明確化することにも作用したとのホワイトらの指摘は注目に値する。(3)

ギアリが述べるように、紛争と紛争解決の多様な実践の意味を当該社会の価値意識や慣習の中で読み解いていくためには、狭く紛争や裁判の局面に限定した考察では不十分であろう。最近の社会史研究における今ひとつのキーワードとして「コミュニケーション」をあげることができる。この「コミュニケーション」を単なる情報伝達ではなく、社会における意志伝達・意思表明、相互理解、合意形成といった人間の行為として理解するなら、紛争・紛争解決という行為もまた、社会を構成するコミュニケーションの重要な部分をなすものといえよう。この意味で一九九〇年代からドイツ中世政治史をコミュニケーションの視点から最解釈しようとしてきたG・アルトホーフの研究は、注目に値する。以下ではアルトホーフの一連の研究業績を総括的に紹介し、国王・貴族を担い手とするドイツ中世政治史における紛争研究の意義と課題を示してみたい。(4)

1　アルトホーフの中世史研究：全般的特色

一九八〇年代までアルトホーフは、祈禱兄弟盟約簿やネクロロギウムを用いて、人的結合の視点からオットーネン時代の政治史を考察してきたが、九〇年代以後、アルトホーフは、より広くコミュニケーションの視点から、中世政治史の特色を明らかにしようとしている。そのためにアルトホーフは、法や証書などからは十分に読みとれない中世貴族、国王のインフォーマルな行為を、主として年代記など叙述史料に基づいて考察するのだが、このような中世政治史へのアプローチは、次のような認識を前提にしている。

まず一〇世紀から一二、一三世紀までのドイツ（神聖ローマ帝国）をアルトホーフは、人的結合国家として、つまり制度的な領域国家ではなく、パーソナルな結合に依存した国家と考える。そしてそこでは縦の封建関係よりも、親族関係や友好関係などの、法や制度に規定されない、多様な人間の結合が重要な意味をもっていたことを強調するのである。

また中世社会では一般に法秩序が弱く、後で述べるフェーデのような暴力に満ちており、そのために野蛮な社会のイメージをもって理解されがちであるが、こうした中世社会においても、社会秩序のための独特の行動ルール（これをアルトホーフは Spielregeln, rule of the game と表現する）が存在した。この不文のルールは絶対的なものではないとはいえ、中世人の行動を強く拘束した。このようなルールにそった行動においては、言葉以上に、シンボリックな儀礼的行為が重要な役割を果たしたとアルトホーフは考えている。

こうした儀礼的コミュニケーションの意味がとくに明確に現れるのは、紛争とその仲裁・降伏・和解など、紛争に関わる行為においてであった。アルトホーフの予定されていた報告も歴史記述を手がかりとして、中世盛期における戦士貴族の紛争とその解決のルールないし、不文の慣習を明らかにしようとするものであった。

以下では、報告予定原稿の内容をもふまえて、主として貴族社会における紛争ルールに関するアルトホーフの研究を紹介し、若干のコメントを加えたい。

2　政治的コミュニケーションにおける儀礼的・象徴的行為

まずアルトホーフが指摘する、中世貴族の政治的意思形成や紛争と紛争解決において頻繁に現れる、いくつかのコミュニケーション行為をあげておこう。

国王や貴族の間の政治的合意形成のためには、まず個別的に（例えば国王と個々の有力貴族、諸侯の間で）内密の協議 colloquium familiare が行われ、ほぼ合意が成立した後に、全体の集会で確認のためのオープンな見解表明 colloquium publicum が行われた。典型的には国王選挙において、このような合意形成のプロセスが確認されるのだが、紛争解決のための仲裁人による交渉も同様であった。敵対貴族が国王と和解する場合、まず仲裁者の活動を通じて、和解の条件について双方の合意が成立した後、おおやけの場で、一種の演出された行為として、降伏の儀礼 deditio が行われた。衆人環視の中で、国王の足下に伏して謝罪する行為 deditio を行った者に対して、国王は慈悲と寛容を示すのが、いわば不文のルールであると認識され、この行為を行うことができた者には、通例国王の恩顧と元の地位回復が保証されたのである。こうした儀礼的な降伏と和解の行為は、一二世紀後半、神聖ローマ皇帝フリードリヒ・バルバロッサのイタリア遠征において頻出する。その際、降伏するイタリア都市（コムーネ）の住民は懺悔服に裸足で、抜き身の剣を首に当て、鞭をもち、聖職者は十字架を担いでバルバロッサの前に出頭した。そこには明らかに、宗教的な贖罪行為との類似性がみとめられる。こうした公の場での儀礼的行為により、双方が合意した和解条件の遵守を義務づけられたのだともいえる。

deditio は降伏・和解以外にも様々なシチュエーションにおいて用いられ、場合によっては国王自身もこれを敢えておこなった。一一世紀前半の国王コンラート二世は、敵対貴族を断罪するために息子ハインリヒの協力を要請し、これを拒否したハインリヒの足下に伏して涙と共に哀訴したと伝えられる。国王ハインリヒ四世が教皇グレゴリウス七世に対してカノッサで行った deditio は良く知られた事実である。

アルトホーフによれば、制度化されたコミュニケーション手段が未発達な中世社会においては、シンボリックなデモンストレーションの行為は、誤解のない、明確な意思形成や意思表示の手段であった。年代記などの叙述史料には、国王や貴族が公的な場で落涙したり、過度の怒りを示すなどの記述がよくみられる。ホイジンガやエリアスは、中世の人間は感情をコントロールできず、無統制な感情が政治をも左右したと述べている。しかし、そうした感情表出もまた明確な意思表示のための象徴的な行為であり、政治的コミュニケーションの手段であった。アルトホーフによれば、このようなシンボリックな言葉と行為によるコミュニケーションは全体として、フェーデや紛争の拡大を抑制し、平和の回復・維持に大きく貢献していたのである。

3　政治史における紛争と紛争解決

典型的な戦士型社会であるヨーロッパ中世、とくに一〇～一二、一三世紀においては、国家的な制度や法秩序が弱く、貴族領主たちはしばしば武力行使によって自分の財産・権限、そして名誉を維持し、拡大しようとした。ドイツ史ではフェーデと呼ばれるこうした実力行使（自力救済）は、しばしば流血をともなう、当事者間の報復の連鎖を生み出し、「野蛮なヨーロッパ中世社会」のイメージをつくり出すことになる。

しかし同時に中世には、暴力を回避し、その拡大を抑制するためのルール（慣行）も存在した。先に述べたコミュニケーション行為の重要性をふまえて、中世の人々にとって最も重要な問題であった紛争と紛争解決の不文のルールを明らかにしたことは、アルトホーフの政治史研究への大きな貢献であるといえよう。一般に戦士貴族の生得的権利（身分的特権）と考えられていたフェーデは、国王や諸侯の治安法令であるラント平和令 Landfriede と、公的な裁判制度の発展によって、徐々に克服されていくと考えられている。しかし実際にはフェーデは慣習として近世まで存続し、その克服は国家権力にとっても容易なことではなかった。有力貴族、諸侯は不利が予想される国王裁判をしばしば忌避し、また裁判を支える公的な強制権力が不十分である故に、判決執行は当事者に委ねられた。そもそも裁きを受けること自体、誇り高き戦士貴族の名誉意識とは相容れないものであったといえよう。

しかし他方で封建貴族のフェーデは通例、平和的な手段による解決の可能性を前提とし、有利なかたちの決着に至ることをめざして行われたのであり、決して破滅的な戦いへと向かうものではなかった。したがって、こうした貴族の紛争においてはむしろ裁判以外の、仲裁・和解などインフォーマルな形での解決がより有効であり、とりわけ諸侯や有力貴族のかかわる紛争の解決は、このやり方が一般的であったと思われる。たしかに裁判は行われたが、それは近代の裁判のような自立した組織をもつ法的制度ではなく、実際には裁判と裁判外の仲裁は、容易に相互に移行する、流動的な関係にあった。ではこのような貴族社会における紛争解決の実態は、中世ドイツにおいては時代的にどのように推移したのだろうか。

(1)カロリング時代〜一一世紀

カロリング時代の国王は貴族の紛争に対して、これを超越した存在として、裁判を行った。とくに王権を損なう反乱などの大罪は、死刑、盲目化、修道院送りなどに処され、すくなくとも恩赦による元の地位の回復はあり得なかった。しかし一〇世紀以後、貴族、諸侯の選出と支持によって即位するドイツの国王（ないし皇帝）は、貴族との協力関係を必要とし、貴族とともに友好・同盟関係 amicitia を形成した。したがって国王と貴族は、いわばおなじ結合と紛争のルールの中にあり、国王は貴族の紛争に対して仲裁による和解を優先し、かつ国王も貴族との紛争において仲裁を受けたのである。仲裁においては親族関係・友好関係とともに、紛争当事者のプレスティジ dignitas が考慮された。国王が敵対貴族に対しても概して寛容な措置をとったことは、オットーネン時代における反乱の事例が示すとおりである。国王の反乱貴族・諸侯に対する武力行使は、城塞の部分的破壊など限定されたものであった。これと並行して仲裁者による、とりなしと和解への道が準備され、服従と和解、恩寵回復の儀礼によって、こうした敵対貴族にも、しばしば元の地位・レーエンが回復されたのである。

法制史家ハインリヒ・ミッタイスは一一世紀以後、国王と貴族の紛争は裁判で解決されるようになると述べた(5)。たしかにザリア王権のもとでは仲裁と和解よりも、裁判権の行使を重視する傾向はみられる。しかし国王宮廷裁判において集団で判決を導くべき諸侯が、同輩諸侯に対する判決を拒否する場合もあり、アルトホーフは、全体として一〇〜一一世紀には、仲裁と和解の慣習が連続していたと考えている。

このような紛争解決の慣習の背景となる国王と有力貴族の権力関係については、詳しく論じる余裕はないが、アルトホーフは、カロリング末から一〇世紀初の危機を通じて貴族社会の中に共同体（ゲノッセンシャフト）関係や友好関係が浸透し、国王と貴族が接近したこと、他方で封、官職の世襲により、貴族社会の階層秩序が固定化しはじめ、これに対する王権の介入が困難になったことなどを指摘する。なおヘルマン・カンプの、中世初期と盛期における仲裁活動に関する詳細な研究によれば、諸侯の政治的成長と彼らの帝国に対する責任意識に基づき、むしろ一一世紀に、聖俗の諸侯による仲裁活動がより明確なかたちをとるのである。(6)

(2)一二世紀：シュタウフェン朝時代

法制史研究者は一般に、一二世紀のシュタウフェン朝時代には、国王裁判の機能が強化され、また活用されたと考えているように思われる。しかしアルトホーフは、この時代においても、国王と諸侯の、そして諸侯間の紛争が、裁判と判決を極力避け、忍耐強い仲裁活動によって克服されたことを明らかにしている。そのような例としてアルトホーフは、シュタウフェン朝時代の最も有力な諸侯であり、またシュタウフェン家に対抗する勢力であったヴェルフェン家の家系記述(一種の家年代記 Historia Welforum)を史料として用い、ヴェルフェン家をめぐる紛争の過程で現れる紛争収拾、仲裁活動を事例として、紛争のルールを考察している。以下ではそうした事例をいくつか紹介する。

シュタウフェン朝初代の国王コンラート三世は一一三八年の即位早々に、王位承認を拒否するヴェルフェン家のハインリヒ倨傲公と争わねばならなかった。王権のシンボル insignia を引き渡そうとしないハインリヒに対し、国王コンラートは、判決による断罪ではなく、仲裁者 mediatores をたてて、宮廷集会への出頭と和解交渉を促す。これは伝統的な紛争解決の手順であるが、ハインリヒは三度におよぶ召喚にも応じなかった。そこで宮廷集会における諸侯の判決は、ハインリヒに平和喪失＝アハトの罰を宣告する。しかしこの判決も、ザクセンを拠点とするハインリヒの強力な支配基盤を揺るがすことはできなかった。国王はザクセンへの遠征を試みるのだが、逆に司教たちは戦闘を妨げ、仲裁を行おうとしたので、国王は休戦を余儀なくされたのである。この場合、いったん下された判決によるアハトの宣告も、和解交渉の継続を妨げなかったといえる。この後、ハインリヒの急死により、コンラートの相手は、ハインリヒの兄弟、ヴェルフ六世に移る。

なお帝国直属の高位聖職者にして諸侯でもある司教たちは、一〇世紀以来、ドイツにおける紛争の仲裁者として重要な役割を果たしてきた。しばしば司教の列聖を意図して記されたその伝記(司教伝 vita episcoporum)では、そうした平和のための活動は聖人的司教に相応しい行為として賞賛されている。

さてヴェルフ六世は、バイエルン大公領を要求して、国王コンラート三世とフェーデを行うのだが、このときには両者の甥にあたる、後に国王となるフリードリヒが仲裁し、和解を実現している。従来、裁判が重要な役割を果したとされてきた、コンラート三世とハインリヒ獅子公の争いにおいても、コンラートは繰り返し宮廷集会に獅子公を召喚し、出頭しない獅子公に対して欠席裁判を行うことなく、ザクセンに対する小規模な軍事行動を行うにとどまっている。

このようにアルトホーフによれば、叙述史料を子細に検討すれば、一二世紀の国王と有力諸侯の紛争のプロセスにおいても、和解を目指して行われる仲裁と交渉が、裁判以上に重要な意味をもっていたことが、明らかになるというのである。

同様にヴェルフェン家の家年代記に現れる、ハインリヒ倨傲公とレーゲンスブルク司教のフェーデにおいて、双方はイーザー河をはさんで陣を整えた。そこでヴィッテルスバハ家の宮中伯オットーが、仲裁者として重要な役割を果たすことになる。双方に結びつきを持つ知恵者オットーは、両軍を観察した上で、ハインリヒの軍事力が上回っているとの情報を司教側に流し、戦闘開始を躊躇させた。さらに司教軍に加わっている、自分の親族でもあるフリードリヒに状況を説明し、降伏を勧める。フリードリヒはこれに応じて、ハインリヒ倨傲公の陣営を訪れ、その足下に伏して恭順を誓い、ハインリヒの側に受け入れられた。これは先に述べた、事前交渉に基づく降伏の儀礼 deditio である。宮中伯オットーはさらに、自分の義理の息子でもあるオットーをも説得し、オットーはこの勧告を容れて、自分の城塞と我が身をハインリヒの手に委ねた。オットーはハインリヒにより、バイエルンからの追放を宣言され、ハインリヒの家臣の下に拘禁されるが、まもなく赦されて元の地位を回復される。このような宮中伯オットーの仲裁活動により、レーゲンスブルク司教とヴェルフェン家のハインリヒ倨傲公の間の武力衝突は回避され、まもなく両者の紛争の原因となった問題も解決されて、和解が成立したのである。

この事例において重要なのは、仲裁人の役割と、和解成立のための、何らかの賠償行為をともなう降伏儀礼 deditio である。deditio は先にもふれたが、これを行う者に、紛争相手の被害状況によっては、かなり厳しい償いを強いた。同じくヴェルフェン家の年代記に記された、ヴェルフ六世とテュービンゲン宮中伯のフェーデは、皇帝フリードリヒ・バルバロッサの仲裁により決着をみた。宮中伯は懺悔の火曜日にウルムの集会において、皇帝やヴェルフェン家の面々の前で鎖を体に巻き、身を伏して謝罪したが、なおその後一年半の拘禁に堪えねばならなかったのである。

さて、仲裁人に話を移すなら、適当な仲裁人を得られぬ場合、紛争は長引き、政治秩序の危機をもたらすことになる。叙任権闘争時代のドイツがその例である。先に述べたように、効果的な仲裁を期待され、またなしえたのは、国王自身を別にすれば、第一に司教など高位聖職者であった。ドイツの司教は国王との密接な結びつきと、その高位聖職者としての信望と権威において、一般に仲裁人として適任であると見なされた。さらに一一世紀末以後は、王国の政治的担い手として成長しつつある世俗諸侯も、仲裁者の役割りを果たし、一二世紀には先の事例の宮中伯オットーのように、シュタウフェン朝と密接な関係にあるヴィッテルスバッハ家や、バーベンベルク家、そしてヴェルフェン家自身も、様々な紛争の仲裁役を務めている。

仲裁人は紛争当事者間のコミュニケーションを維持するため、双方からの信頼を不可欠とし、またそれなりの権威をも必要とした。しかし仲裁者としての権威は、自身の強制力よりも、むしろ社会による仲裁の必要ないし受容に由来するものであった。紛争当事者を含めた社会による仲裁の選択、仲裁人とその仲裁の受容は、結局はこうした戦士型社会における、秩序維持のための慣行ないしルールであったといえる。もちろんそれは絶対的な強制力を持つ規範ではないが、当事者がこれを拒否するなら、かなりの不利益を被ることを覚悟しなければならなかったのである。

仲裁ないし調停活動は、今日の世界における民族紛争や国際紛争において決定的な重要性をもっているが、アルトホーフは、紛争収拾に不可欠の存在であった仲裁人の活動は、異文化間比較に適したテーマであると述べている。この点には最後にもう一度ふれることにしたい。

（３）一三世紀における紛争解決

このように一二世紀の紛争プロセスにおいても、様々な段階でその拡大を抑止し、また和解に至らせるための、インフォーマルな活動が行われていた。裁判は仲裁・和解と明確に区別される行為ではなく、裁判への召喚は当事者を和解交渉に応じさせるための手段でもあった。このような紛争に関するルールは、決して一二世紀でついえるものではなく、制度化の傾向を示しながらも存続していく。最後にアルトホーフが取り上げた、一三世紀の国王ルードルフ・フォン・ハプスブルクとベーメン（ボヘミア）王オットカールの紛争を紹介する。一二七四年、ルードルフは、忠誠誓約を拒否してオーストリアを占拠したオットカールを、宮廷裁判において告発する。諸侯から判決案の提示を求められたライン宮中伯は、オットカールの帝国レーエン（封土 fief）の没収を判決とする。そこで国王はオットカールを召喚したが、オットカールは不出頭を続けたので、二度にわたってアハトと破門が宣告された。これをうけて一二七六年、ルードルフはオーストリアに遠征する。しかしウィーンでは戦闘の直前まで、双方の側を代表する四人の諸侯が仲裁の交渉をかさね、和解が成立した。この仲裁人団には、先に判決を提示したライン宮中伯も加わっていた。最終的にはオットカールの契約不履行により決裂し、戦いにおいてオットカールは敗死する。

この事例についてアルトホーフは次の点を指摘している。

紛争当事者の一方が国王であることはあまり意味を持たなかった。諸侯には、国王に対する反逆者に公的処罰を下すという意識はなく、いわば私的な紛争のごとく仲裁につとめた。したがってアハトや破門という判決や措置も、和解交渉の妨げとはならず、和解が成立すれば判決は取り消されたのである。しかし双方の合意によって構成された仲裁者団の裁定に違反することは、裁判の拒否以上に、重大な行為と見なされた。かくしてアルトホーフによれば、仲裁による紛争解決の慣行は、一層その輪郭とルールを整えつつ、一三世紀にも存続していった。インフォーマルな仲裁活動は中世後期には、より制度化された仲裁裁判 Schiedsgericht へと発展していくのだが、なおこうした制度と併用されつつ、その存在意義を持ち続けたのである。

4　意義と問題点

以上に紹介したアルトホーフの研究は、主として叙述史料に基づき、法や制度の外にある、インフォーマルなコミュニケーション行為から、政治史を読み解き、このような行為やそれをコントロールする規範・慣習を含めて、中世独自の政治秩序を考えようとする点に、その特色があるといえよう。紛争の歴史人類学的な研究や、中世における儀礼とシンボルに関する研究は、すでに欧米でかなりの蓄積があるが、それらは主としてローカル・コミュニティ内の紛争や、国王儀礼に関するものであった。これに対し、広く国王をふくめた貴族社会の紛争や、コミュニケーション形成の様々な儀礼的行為を対象としていることに、アルトホーフの研究の意義がみとめられるのである。

つぎにアルトホーフの紛争研究の問題点を指摘しておこう。アルトホーフの関心は、紛争解決のプロセスに集中している。そのため、暴力、とくにフェーデ自体が、政治的意思表示の手段であり、コミュニケーションの手段であるという認識が不十分であり、したがって紛争主体の意識や行動に対する考察も十分ではない。

またアルトホーフは、紛争解決における仲裁と和解の優先を、プリミティヴな社会に広く見られる慣習であり、ヨーロッパでは少なくとも一二、一三世紀ごろまで一般的であったと考えている。しかしアルトホーフの研究が、ドイツの史料のみを典拠としていることは明らかである。イギリスのドイツ中世史研究者T・ロイターは、やはり国王フリードリヒ・バルバロッサが裁判ではなく、仲裁を優先したことに注目している。そして当時のドイツ国王に期待されたのは、判決ではなく仲裁であり、フェーデの排除ではなく、利害の調整であったと述べる。ロイターはそのうえで、このような王権のあり方は、ドイツの特有の道 Sonderweg ではないか、と問いかける。(7) アルトホーフがドイツの事実に即して説くところは、同時代のヨーロッパにおける貴族社会の紛争解決のあり方に照らせば、どのように特徴づけられるのだろうか。またドイツ中世が主たる対象であるとしても、アルトホーフが述べるところのリチュアルや紛争仲裁は、一〇世紀から一三世紀を通じて変わりなく慣習として存続したとは考えがたい。当然ながら叙任権闘争期をはさんだ国制史上の変化、すなわち貴族・諸侯権力の実態、国王の支配基盤、王権理念等の変化と関連させつつ考察する必要があろう。

　マルク・ブロックは、人がいかに裁かれるかに、その社会のシステムが最もよく示されると述べた[8]。ドイツ特有の道であるか否かは別にしても、紛争と紛争解決の比較史研究は、様々な地域と時代における統治者の権力や権威の性格、社会を構成する人々の相互関係から宗教文化に至るまで、広いパースペクティヴにおける比較につながる可能性をもっているといえよう。

　さらに筆者自身の関心を付記するなら、紛争調停・和解という貴族・諸侯・国王の間のコミュニケーション行為が、同時代の政治秩序、国家統合において持つ意味を考えることである。とりわけ一二、一三世紀には王権から自立的に展開する、各地域における諸侯の紛争仲裁のネットワークと、国王宮廷における裁判や仲裁の相互関係を明らかにすること、それによって紛争解決を軸として、中世盛期の政治秩序を再検討することを課題としているのだが、これはアルトホーフの関心とはいささか異なるものであるかもしれない。アルトホーフは何よりも、リチュアルな、またシンボリックな言葉と行為によって成り立つ中世の公的（政治的）なコミュニケーションが、すくなくとも中世前期（一二世紀ころまで）のヨーロッパ封建社会において重要な意味を持ち、そうしたコミュニケーションによって、自力救済的な暴力に満ちた戦士貴族社会においても独自の政治秩序が維持されたこと、すなわち、紛争と紛争解決という、中世の領主・貴族の、そして社会全体の最も困難かつ重要な行為において、このような儀礼的で象徴的なコミュニケーションが本質的な役割を担っていたことを、その細部にわたって明らかにしようとしたのである。

（1） Brunner, O., *Land und Herrschaft*, 5.Aufl., Köln/Wien 1965, S.1-110.

（2） 「神の平和」については Head, Th./Landes, R. (ed.), *The Peace of God. Social Violence and Religious Response in France around the Year 1000*, Ithaca 1992. 「ラント平和令」については Buschmann, A./Wadle, E. (Hg.), *Landfrieden. Anspruch und Wirklichkeit*, 2002.

（3） White, S.D., "Pactum....legem vincit et amor judicium" The Settlement of Disputes by Compromise in Eleventh-Century Western France, in: *The American Journal of Legal History* 22, 1978, pp.281-308; Id., Feuding and Peace-Making in the Touraine around the

Year 1100, in: *Traditio* 42, 1986, pp.195-263; Cheyette, F.L., Suum cuique tribuere, in: *French Historical Studies* 6, 1970, pp.287-299; Rosenwein, B.H./Head, Th./Farmer, Sh., Monks and Their Enemies, in: A Comparative Approach: *Speculum* 66, 1991, pp.764-796. P・ギアリ「紛争に満ちたフランス中世社会」(杉崎泰一郎訳)『死者と生きる中世』白水社、一九九九年、一三〇～一六一頁。

(4) 以下のアルトホーフの研究に関する記述は、次の文献全体の要点を整理したものである。Althoff, *Verwandte, Freunde und Getreue. Zum politischen Stellenwert der Gruppenbildungen im früheren Mittelalter,* 1990; Ders., *Spielregeln der Politik im Mittelalter. Kommunikation in Frieden und Fehde,* 1997. 本書に収められた論文は Konigsherrschaft und Konfliktbewältigung im 10. und 11.Jahrhundert; Konfliktverhalten und Rechtsbewusstsein. Die Welfen im 12. Jahrhundert; Rudolf von Habsburg und Ottokar von Böhmen. Formen der Konfliktaustragung und -beilegung im 13. Jahrhundert; Das Privileg der deditio. Formen gütlicher Konfliktbeendigung in der mittelalterlichen Adelsgesellschaft; Staatsdiener oder Häupter des Staates. Fürstenverantwortung zwischen Reichsinteresse und Eigennutz; Colloquium familiare — colloquium secretum — colloquium publicum. Beratung im politischen Leben des früheren Mittelalters; Verwandtschaft, Freundschaft, Klientel. Der schwierige Weg zum Ohr des Herrschers; Huld. Überlegungen zu einem Zentralbegriff der mittelalterlichen Herrschaftsordnung; Demonstration und Inszenierung. Spielregeln der Kommunikation in mittelalterlicher Öffentlichkeit; Empörung, Tränen, Zerknischung. Emotionen in der öffentlichen Kommunikation des Mittelalters; Ungeschriebene Gesetze. Wie funktioniert Herrschaft ohne schriftlich fixierte Normen? この他に Althoff, Gewohnheit und Ermessen. Rahmenbedingungen politischen Handelns im hohen Mittelalter, in: Leidinger, P./Metzler, D. (Hg.), *Geschichte und Geschichtsbewusstsein.* Festschrift f. K.E.Jeismann zum 65.Geb., Göttingen 1990; Ders., Genugtuung (satisfactio). Zur Eigenart gütlicher Konfliktbeilegung im Mittelalter, in: Heinzle, J. (Hg.), *Modernes Mittelalter*, Frankfurt/Main 1994; Ders., Heinrich der Löwe in Konflikten. Zur Techinik der Friedensvermittelung im 12. Jahrhundert, in: Luckhardt, J./Niedhoff,F. (Hg.), *Heinrich der Löwe und seine Zeit,* Katalog der Ausstellung, Bd.2, 1995; Ders., Zur Bedeutung symbolischer Kommunikation für das Verständnis des Mittelalters, in: *Frühmittelalterliche Studien* 31, 1997; Ders., Ira Regis. Prolegomena to a History of Royal Anger: Rosenwein, B.H. (ed.), *Angers'*

Past. The Social Uses of an Emotion in the Middle Ages, Ithaca 1998; Ders., Veränderbarkeit von Ritualen im Mittelalter, in: Ders. (Hg.), *Formen und Funktionen öffentlicher Kommunikation im Mittelalter,* Sigmaringen 2001; Ders., Recht nach Ansehen der Personen. Zum Verhältnis rechtlicher und außerrechtlicher Verfahren der Konfliktbeilegung im Mittelalter, in: Cordes, A./ Kannowski, B. (Hg.), *Rechtsbegriffe im Mittelalter,* 2002; Ders., *Inszenierte Herrschaft. Geschichtsschreibung und politisches Handeln im Mittelalter,* Darmstadt, 2003; Ders., *Die Macht der Rituale. Symbolik und Herrschaft im Mittelalter,* Darmstadt, 2003.

（5） Mitteis,H., Politische Prozesse des früheren Mittelalters in Deutschland und Frankreich, 1926

（6） Kamp, H., *Friedensstifter und Vermittler im Mittelalter,* Darmstadt, 2001, S.177-184.

（7） Reuter, T., The Medieval German Sonderweg? The Empire and its Rulers in the High Middle Ages, in: Duggan, A. (ed.), *Kings and Kingship in Medieval Europe,* 1993, pp.179-211.

（8） マルク・ブロック（堀米庸三監訳）『封建社会』岩波書店、一九九五年、四四五頁。

Ⅱ

王権と儀礼

中国周代の儀礼と王権

郭　斉　勇［原文、中国語　官文娜訳］

西周（紀元前約一一世紀中期～紀元前七七一年）、東周（紀元前七七〇年～紀元前二五六年）時代の礼は非常に複雑でした(1)。大まかに言っても葬礼、祭礼、射礼、御礼（天子に対する礼）、冠礼（当時の男子が二〇歳になった成人式）、婚礼、宴礼、饗礼（天子が諸侯をもてなす礼）、狩の礼、朝覲の礼（天子に謁見する時の礼）、聘問の礼（自国の代表として他国を訪問する時の礼）等があります。これらの礼節は、冠礼を始めとし、婚礼を根本とし、葬礼と祭礼を重んじ、朝礼（朝廷への礼）と聘問の礼を尊び、射礼と酒礼によって親密にしました(2)。これら複雑な礼は大別すると五種類に分けられます。つまり吉礼、凶礼、賓礼、軍礼、嘉礼です。吉礼によって国家の天神、祖霊、地神を祭り、凶礼によって国家の苦難を哀悼し、救う。賓礼によって周王室と他国あるいは国家間を友好親善たらしめ、軍礼によって国家同士を協調させ、嘉礼によって万民を互いに親しませる(3)。

私はここで皆さんに冊命の礼、朝覲の礼、聘問の礼を紹介しようと思います。この三種の礼はすべて賓礼に属します。もし間違ったところがありましたら、どうぞご教示をお願いいたします。

一　冊命の礼(4)

周王室は、王位を継承し、諸侯を分封し、官職に任命し、臣下に賞や戒めを与える場合、必ず盛大で厳かな冊命の礼を行いました。周王は厳粛な儀式を通じて諸侯や臣下に土地、奴隷、人や物、官職、祭器、貝、旗、圭（天子や諸侯が儀式のときに持つ玉で、下が四角で上が尖っていた）、珍宝、車馬、衣服、武器、楽器などを与え、財産や権力の分配または再分配を行い、君臣間の名分とその名分に伴う権利や義務を表明しました。天子がこれらの命を賜う儀式では、今日でいう文書、証書、命令書などが読みあげられ、発布されました。これら文書、証書、命令書は当時竹簡または木簡に書かれ、それらをひもで編みました。これを策、または冊と呼びます。そのため、「賜命」は「策命」「冊命」とも言います。

古代の明君は、功績のある者に爵位や禄を与える場合、必ず太廟で儀式を行い、これは祖先の神々の命によるものであってみずからの独断で行うものではないことを示しました。そのため祭祀を行う日には、国君はまず初めにかたしろ（祭られた死者を代表する子孫。祭られた者が男であればその子孫の男の子を、祭られた者が女であればその子孫の嫁をかたしろとした）に酒をささげ、その後堂を下りて阼階（東側の石段、主人が賓客に接する時この位置に立つので主階ともいう）の南側に立ち、南面します。爵位や禄を受ける人は北面して立ちます。史官は国君の右側に立ち、策命書を読みあげて国君の命令を宣告し、受命者は再拝稽首の礼（頭を地につける礼）を行って策命書を受け取り、それを自宅に持ち帰って、一族の祖先を祭った廟に祭ってそのことを祖先に報告するのです。これが官職や褒賞を授与する方法でした。

王が諸侯に賞や土地を与える場合、大宗伯が儀式の「儐」（司会）となって受命者に礼の手引きをし、王が卿や大夫、士に爵禄を与える時には小宗伯が「儐」となります。いずれも内史が策命書を読みあげ、命令を宣告しました。大宗伯は宗廟の事務をつかさどる長で、国家の祭祀の典礼を管理する六卿の一つです。小宗伯は礼官の副官で、大宗伯を補佐する役目です。冊命の礼では受命者は左側、儐は右側に立ち、儐は受命者が中門を入り、中庭に立ち、北面して冊命を受け取るよう手引きする責任を負いました。

冊名の礼と西周の宗法制度とは密接な関係があります。西周の宗法制度の中心的内容は、嫡男相続制、封建制及び宗廟祭祀制などです。周公は礼楽を制作し、周王室は殷末の制度を継承して、嫡子相続の制度や分封の制度を推進しましたが、それは権力の帰属先を早期に決定することによって兄弟が王位を争って災いを引き起こすのを避け、また父子の血縁感情を利用して王室の権威や政治の安定を維持したのでした。周の天子及びその継承者は、政治的には天下共通の君主でありかつ最高の統治者であり、宗統的には天下の大宗であり、宗族の長であり、宗主でした。天子・諸侯・卿大夫・士というのが統治者の四つの等級ですが、嫡子は年長者を立て、子は高貴な者を立てるという原則にのっとって、嫡男が（最年長の嫡子が男でなかった場合は庶子の中の高貴な者）その位を継承して大宗（宗族の長）となり、その他の庶子は一等下の統治者に封ぜられて小宗（大宗の補佐）となりました。

当時は「同姓不婚」という族外婚制が行われ、同じ身分の貴族同士で異姓の女子を娶りました。姫姓の周王室は同姓や異姓の諸侯（異姓の諸侯とは主に婚姻関係の姻族または功績のあった臣下または伝統的な勢力を持つ異姓の貴族など で、一般に周王室の土地の周辺に分封された）を分封し、諸侯はまた同姓や異姓の卿、大夫を分封し、卿や大夫はまた……というように、宗法や姻戚等の関係に基づいて、それぞれの階級ごとにそれぞれのレベルで分封が行われました。周王室は国家を封建し、諸侯国を周王室を守る藩屏としたのです(5)。諸侯が受封する際は天子の祖廟で前述した冊命の礼を行う必要があり、土地と民を授けられ、儀杖、礼器、宝物及び祝、宗、卜、史や官吏などが与えられました。

受封後の諸侯は地方国家の君主となり、それなりの独立性を持っていましたが、しかし完全に独立していたわけではありませんでした。周の天子と諸侯との関係は、大宗と小宗との関係でもあり、また君主と家臣との関係でもあり、中央と地方との関係でもあって、お互いにそれぞれに応じた権利と義務がありました。例えば天子は諸侯国を統率し、巡視し、賞罰を与え、討伐する権利を持つと同時に、彼らの権益を内乱や外患による侵害から保護する義務を負いました。諸侯国は土地、労働力、物産資源を保有し、官吏を任命し、国家を管理する権利を持つと同時に、天子に政務状況を報告し、貢ぎ物と租税を納め、王室の派遣命令に従い、中央王室を護衛する義務を負いました。

例えば、周の武王は弟の周公旦を魯の地に封じました。成王の時に、周公が叔父の身分によって成王を補佐して摂政政治を行うようになると、周公は自己の長子である伯禽を魯侯に封じ、伯禽は魯の国を建国しました。周公は魯公伯禽に大路（豪華な車、車中の一部の装飾に銅が使われている）、大旗（二頭の竜が交差している画が描かれた大きな旗、車上に立てられる）、夏后氏の珍しい礼器である玉（半円形の玉で身に付けた）、封父国の精巧な弓を与えました。また、もと殷の王畿に住んでいた殷国の六貴族―条氏、徐氏、蕭氏、索氏、長勺氏、尾勺氏―を魯公に授けて、これら殷の貴族に大宗を率いさせ、その小宗を集め、その部下である奴隷を統治させ、魯の地に移転させ、周公の法令に従わせ、周王朝に帰属させ、魯国のために働かせて、周公の明徳を広めさせました。

また魯公に山川、土地及び付庸の小国を与え、さらに祭祀で神への賛辞を詠む太祝、宗族の祭礼をつかさどる宗人、卜筮の事務をつかさどる太卜、史実の記録や典籍・天文・暦をつかさどる太史、日常の器物、典籍、さまざまな官職の官吏、彝器を与え、魯公に魯の地の原住民である商奄国の民を安撫させました。また、周公は「伯禽」という訓告文を用いて魯公を戒め、彼を古代の聖王であった少皞《しょうこう》の都、曲阜に封じたのでした[6]。

周王室は殷の都の貴族を封建君主に分け与えただけでなく、殷の地方に住んでいた貴族や付庸の小国をも分け与え、それによって彼らを管理し、彼らの反乱を防ぎました。また彼ら旧貴族の力を借りて政治、経済、軍事面で封建君主を支え、さらに周王朝を支えたのです。冊命や分封の訓告文は、一般に天命や祖先を畏れ敬い、徳による統治を強調し、政策について説明し、刑法を厳守するように要求し、危機意識を持って、厳しく自己を律し、政務に勤めて民を愛し、政治的統一を維持するよう訓戒するものでした。

以上を要するに、冊命の儀式の礼は非常に厳粛で、天や天命、祖先の神々に対する畏敬の念に満ち、周王室の神聖性や権威性を表現するものでした。このような礼を通して、諸侯国に政治的合法性を与えました。実際には、天子の諸侯に対する任命や褒賞を通して、君臣間の関係を血縁、姻戚関係という紐帯の基礎の上に置き、財産や権力資源の分配、分割を明らかにしました。このようにして彼らの位を定め、相互の権利、責任、利益に対して約定や制限を与え、相互に承諾を与えたのです。分封は当時、周王朝が天下国家を治めるなかで模索しつつできてきた最良の管理方法であり、周王朝による政治、経済、軍事の効果的な管理の総合的な産物であり、基本的な制度となりました。冊命の礼はこれらの制度を形式化した象徴であり、その目的は王権の維持にありました。周王自身の王位継承については、王室の祝、宗、卜、史や重要な官吏に対するあり方は、諸侯の卿大夫に対する、卿大夫の士に対する冊命や褒賞のあり方から類推できます。もちろんその内容や形式はみな異なるところがあったでしょうけれども。

二　朝覲の礼

いわゆる「朝聘」とは、王と諸侯の間の、または諸侯間の往来あるいは会見の礼です。その起源は、原始社会における諸々の集落間の物品の交易や贈答の往来という風俗習慣にありました。西周になると、このような習俗は宗主と他国または国家間の礼へと次第に変化し、徳や刑罰などの内容が加わって、さらに舞踊や音楽と組み合わされました(7)。

諸侯が天子に謁見したり、大夫が国君に謁見したりすることを「朝」と言い、諸侯の国同士が会見することも「朝」と言い、上位者が下位者を召集して会議を開くこともまた「朝」と言いました。諸侯が周王に謁見する場合について言うと、「朝」は通称であって、それを細分すれば「朝」「宗」「覲」「遇」「会」「同」などがあります。

「朝」「宗」「覲」「遇」はすべて「朝見」で、形式的な礼儀にはまったく違いがなく、実質的にはすべて王室の権威を高め、相互の理解と交流を深めることが目的でした。不定期の謁見を「会」と言い、その多くは叛乱を征伐するためのもので、諸侯が兵を率いて討伐を助けました。また「同」は、諸侯が、あるときは異民族も一緒に、集団で謁見することを言いました。「覲」は「見」という意味で、「覲」とは諸侯が天子に朝する場合に限って用いられる専称です。朝見と覲見では礼の上で同じところも異なるところもありますが、同じところの方が異なるところよりも多く、一般に「朝覲」と通称します[8]。

「朝礼」は現在に伝わっていませんが、経書の『儀礼』の中にまだ「覲礼」一篇が残っており、この篇を通して諸侯が天子に謁見する際の礼を大体知ることができます。沈文倬氏は、「覲礼」は西周の遺文であり、今文（漢代の通用文字である隷書）で書かれた『尚書』や青銅器銘文と合わせて考えることができるとしています。先秦時代の古籍である『左伝』なども、西周時代や春秋時代の朝覲制度の証拠とすることができます[9]。諸侯が天子に朝覲する時の礼の順序は以下の通りでした。

第一は、郊外での慰労です。諸侯が王城の近郊に着くと、天子は使者に玉璧を持たせて派遣してその労をねぎらい、諸侯はこれを天幕の外に出て迎えます。諸侯は使者に拝し、使者も揖（両手を前でこまぬいて上下に動かす）をしてこれに応えます。使者は天幕の中に入り、西側の土で作られた階段に立ち、東面して王命を伝えます。諸侯は東の階段に立ち、西面して恭しく聞き、その後、土で作った祭壇の下で叩頭の礼を行い、祭壇に上って使者の手から玉璧を受け取ります。使者は左向きに回って南面して立ち、諸侯も南面して玉璧を使者に返します。諸侯は二度叩頭の礼を行い、天子が使者を派遣して労をねぎらってくれたことに感謝します。諸侯は使者に束帛や馬を贈ります（一般に五匹〈古代の単位、一匹は四〇ヤール〉の絹と四匹の馬）。使者と諸侯は相互に拝し、諸侯は使者にしたがって入朝します。

第二は、宿泊所の提供です。天子は使者を派遣して諸侯に宿泊所を与えます。諸侯は再拝の礼をして感謝を表し、使者に束帛と馬を贈って敬意を表します。

第三は、謁見する時期の告知です。天子は大夫を派遣して謁見の時期を告知します。諸侯は二度叩頭の礼を行います。

第四は、正式な謁見です。朝見に来た諸侯は、謁見の前日にみな宗廟の門外にある宿泊所に来て休息し、謁見の時を待ちます。同姓諸侯の宿泊所は西向きで、北側を上座とします。異姓諸侯の宿泊所は東向きで、やはり北側を上座とします。諸侯の身分の尊卑や天子との血縁の濃い薄いによって宿泊所が手配されます。これは翌日の謁見の順序でもあります。謁見当日、諸侯は裨服（裨は「卑」に通じ、天子の六種の礼服中で最も等級の低いもの）を着て、冕冠をかぶり、まず宿泊所で幣帛（幣も帛の一種であり、幣または幣帛・幣貢とも言う。いわゆる幣帛とは通常、玉・圭・絹・馬・獣の皮などの贈り物を指す。馬を贈る場合は幣馬と呼ぶ）を随行する斎車（祖先の位牌を祭っている車）の前に載せ、斎車上に供えてある自分の祖先の位牌（神主）に向かって礼を行って祈禱をした後、色彩画のない墨車（これは本来大夫が使用したもので、諸侯がこれに乗る時は天子を尊び、みずから謙る意味があった）に乗ります。車には二匹のからみあった竜が描かれた旗と、旗をひろげる竹弓、弓にかぶせる覆いを入れて、祥瑞の使者の印としての玉器（圭、玉）等を持って謁見に向かいます。

玉器にはすべて絹織物で装飾されたお盆が付いています。天子は堂上にいて、美しい搨衣（天子の六種の礼服中、第二等級のもの）を着て、冕冠をかぶり、屛風を背にして立ちます。斧の形をした模様を刺繡した屛風は南壁の門と窓との間に立てられ、その両側には玉を置くための台があります。諸侯は天子の接見の要求を上介（訳者注：役職の名で、第三節「聘問の礼」に説明が出てきます）に告げ、数人の取り次ぎを経て、末擯の慊夫（慊夫は官職名）がこれを上擯に伝えて、上擯が天子に報告します。天子は「他人ではない、伯父が来られたのだ。私は彼をたたえよう。中に入れなさい。私は彼に会おう」と言い、諸侯は門を入って右側に立ち、ひざまずいて圭を置き、天子に向かって二度叩頭の礼を行います。上擯が天子の話を諸侯に伝え、諸侯はひざまずいて圭玉を取り、堂に上って天子に命を奉じ来朝した旨を述べます。天子は圭玉を受け取り、諸侯は堂を下り、西階の東側で北面して二度叩頭の礼を行います。擯者は諸侯の後ろで「堂にお上りください」と告げ、諸侯は堂に上って二度叩頭の礼を行ってから門を出ます。

第五は、三度の貢物の献上です。諸侯は太廟で三度供え物をします。これらはすべて束帛の上に玉璧を載せたものです。宮廷の庭に並べられた貢物は、諸侯の国で産出されたものです。諸侯はさらに上等の絹や玉、毛色が同じ馬を一〇匹献上します。擯者は天子の言葉を伝え、「貢物をいただこう」と言います。諸侯は堂に上って天子に挨拶し、天子は玉璧をなでて貢物を受け取ったことを表します。諸侯は堂を下り、二度叩頭の礼を行います。

第六は、諸侯が政務状況を報告して罪を請い、天子がこれを慰労します。諸侯は右の襟を開き、右肩を出して太廟の門外の東側に立ちます。これは天子の処分を待つしるしです。諸侯は門を入って右側に立ち、北面して立って、上擯にお願いして「我が国は罪を得るところが甚だ多く、天子の処置にお任せいたします」と天子に伝えてもらいます。天子は諸侯に対して「伯父に過失はない。安心して帰国し、貴国を統治されよ」と述べます。諸侯は二度叩頭の礼をして門を出て、その後、門外の屏風の南側から門の西側に回り、服を着なおして、また門の左側から中に入り、北面して立ちます。天子は彼を慰労し、諸侯は二度叩頭の礼を行います。上擯は再び諸侯に堂に上るよう指示し、諸侯は堂に上って二度叩頭の礼を行い、堂を下りて出て行きます。

第七は、天子からの車服の授与です。天子は使者を宿泊所に派遣して諸侯に車や服を与えます。諸侯は使者を大門の外でこれを出迎えます。贈り物の車は一両一両東に向かって並べられ、貴重な贈り物は数え切れないくらいの数です。諸侯は堂に上り、西面して立ち、太史が天子の命令書を読みあげます。その後、諸侯は堂を下りて二度叩頭の礼を行います。使者が門を出ると、諸侯はそれを見送り、使者と太史にそれぞれ束帛と馬を贈ります。

天子または天子の使者の諸侯に対する呼称ですが、同姓の大国の諸侯は「伯父」と呼び、異姓の大国の諸侯は「伯舅」、同姓の小国の諸侯は「叔父」、異姓の小国の諸侯は「叔舅」と呼びました。

朝覲の礼は「饗礼」をもって終わります。これは天子みずからが宴会を開き、諸侯をもてなす礼です。天子が都合によって出席できない場合は、官吏を派遣して諸侯に幣帛を贈ります。諸侯はこれが終わってから、ようやく自国に帰るのです(10)。

『礼記』曾子問篇の中に、諸侯が天子に朝見する場合、または他国の諸侯と会見する場合の出発前と帰国後の礼について孔子が述べた記録があります。孔子は周の礼に精通しており、彼の話の意味は次のとおりです。諸侯は天子のところに朝見に行く前に、必ずまず宗廟に行き、祖先と父の位牌の前で束帛を献上し、行き先を報告する。それから祝史に命じてこれから天子に朝見に行くことを社稷、宗廟、山川の神に報告させ、ついで事務をとりしきる五大夫に指示を下し、それから出発する。それから裨服（朝廷に出仕するときの服）を着て、冕冠をかぶり、朝廷に出仕して政治に関する報告を聞く。それから祝史に命じてこれから天子に朝見に行くことを社稷、宗廟、山川の神に報告させ、ついで事務をとりしきる五大夫に指示を下し、それから出発する。国都の城門の外に出ると立ち止まり、車馬の列を整え、酒や干し肉を並べて、路神を祭る。祭りの前に必ず小さな土山を築いて、これを路神の位牌とし、犠牲を殺してその上に置く。祭りが終わると、車馬で土山と犠牲の体の上を踏みつけて通り、そうしてようやく正式に出発して旅路につく。

出発前に告ぐべき神には五日以内にすべて告げなければならず、五日を過ぎると礼に合わない。およそ神に告げる祭りを行う場合には、すべて犠牲を殺し束帛を用いなければならず、帰国後に神に報告する礼も同様である。他国の諸侯と会う場合にも、まず父親の位牌を祭っている禰廟で祭祀を行い、その後、朝服に着替えて朝廷に出仕して政治に関する報告を聞き、祝史に命じて五廟とこれから通過する山川の神々に報告させ、やはり政務をとりしきる五大夫に指示を下し、路神を祭ってから出発する。帰国後もみずから祖廟と父廟に報告せねばならず、ついで祝史に命じて出発前に報告した神々に同様に報告させ、それから朝廷に出仕して政治に関する報告を聞く[11]。天子が「依」を背にして立ち、諸侯が北面して天子に謁見することを「覲」と言います。「依」とは斧依のことで、今日の屛風に似ており、斧の絵が描いてあります。「依」は明堂と後室とがつながる南壁の門と窓との間、つまり堂の真中に置かれます。「寧」は路門（天子のいる部屋）の外の屛風と向かい合う位置に置かれます。この道は諸侯や大夫の車が通ることができます。天子は路門の外とつながっている朝堂で謁見を行い、朝堂の中央に立ち、諸公は天子の西側に東面して立ち、諸侯は天子の東側に西面して立ちます。これを「朝」と言います。諸侯が時間や場所を約束せずに会うことを「遇」と言い、約束した時間に両国の辺境で会うことを「会」、諸侯が大夫を派遣して他国の諸侯を慰問することを「聘」、諸侯が言葉を用いて約束を取り交わして信用しあうことを「誓」、神の前で犠牲を殺し条約を結ぶことを「盟」と言います。諸侯が天子に謁見する時はみずからを「臣某侯某」と称しました。諸侯の死後、位を継いだ嗣君は三年の喪に服してはじめて天子に謁見することができ、天子の命を受けて正式に諸侯に列します。たとえ前任の諸侯が埋葬され、喪に服してまだ三年がたっていないときに、天子の巡守のために嗣君が天子と会見しても、天子に謁見する正式な礼を行うことはできず、玉圭を使用することができず、皮や帛しか使用できませんでした。これは諸侯が天子に謁見する礼に類似しているので、「類見」と言います。

表情やものごしについては、天子はうかがい知れないほど深く、諸侯は荘重で気高く、大夫はゆったりと折り目正しく、士は洒脱でのびやかに、庶人はせかせかと忙しそうな表情をしました[12]。

国内外に災難、戦争、弔事がない正常な状況下で天子が諸侯を引見することを「朝」と言います。朝見の時、天子は諸侯国の礼を調べ、諸侯国の法律を定め、諸侯の徳行を整え、そうすることによって彼らの尊敬を集めました。天子は諸侯に楽器を与える場合、使者に柷（木製の打楽器、形は四角い升に似ており、上が広く下が狭い）を持たせ、諸侯に挨拶をさせてこれを与えます。伯、子、男（いずれも爵位の名称）に楽器を与える場合は、使者に鼗（今日のでんでん太鼓に似ている）を持たせ、挨拶をさせて与えました。諸侯は天子から弓矢を与えられてはじめて出兵して討伐する権限を有し、斧鉞（古代、軍法によって刑を執行する場合に用いられた斧）を与えられてはじめて隣国の礼に反した臣下（臣下が君主を殺し、子が父を殺すような情況）を誅殺する権力を有し、圭瓚（柄が圭玉に似た玉のさじ、酒を汲むために用いられた）を与えられてはじめて鬯という祭祀用の香酒を醸造することができました。圭瓚を与えられなかった諸侯は天子のところからその香酒を手に入れました[13]。

天子が諸侯のところに巡視に来ると、諸侯は天子にすすめる料理には子牛を一頭しか殺しません（天子は子をはらんだ家畜を食べなかったため）。諸侯が天子のところに朝見に来ると、天子は太牢の礼を賜い、牛、羊、豚の三種の犠牲を用いて諸侯をもてなしました。これらはすべて誠を尊ぶ精神を体現したものでした。

諸侯は黒い帽子をかぶって宗廟で祭祀を行い、裨服と冕冠を着用して天子に朝見しました。毎月一日は白鹿の皮で作った弁（冠の一種）をかぶって太廟で政務を処理し、平日は朝服を着て内朝で政務を処理しました。群臣は空が明るくなる頃に入朝します。君主は太陽が出てくる頃に群臣に会って、正寝に戻って政務に関する報告を聞き、大夫らを召し出して討議し政策を決定しました。大夫らが退出した後、君主は再び正寝に入り、朝服を脱いで休息したのでした。

以上に紹介したのが朝覲の礼の一般的な情況です。ここからわかることは、朝覲の礼とは王権の尊厳と君臣関係を体現することに重きをおいたものであったということです。朝覲の礼を行うことによって、諸侯を教育し、いかに天子の臣たるかを教えたのです。この礼を通して、周王と諸侯の間、すなわち君臣間の道義を明らかにする、つまり後に儒家が主張した「君臣に義有り」「君は恵にして臣は忠たり」ということを明らかにしたのでした。儒家は「以て君臣を正す」と主張しましたが、それはつまり君臣関係を正しくし、かたよりがなく、互いに侵害しあうことがないようにするということです。それはもちろん第一に臣下が君主に服従し、みずからの位に安んじて権力闘争を起こさないことでした。

土地、財産、権力の再分配が変化するにつれて、周室の王権は西周後期になって衰え始め、朝覲の礼もまたそれに伴って変化していきました。諸侯、大夫の僭越現象が発生し、周王の尊厳は勢力の強い諸侯の挑戦を受け、諸侯の尊厳は勢力の強い大夫の挑戦を受けるようになります。これらは後で話すことにしましょう。

三　聘問の礼

「聘」とは「問」のことです。「聘」「聘問」とは訪問、挨拶または慰問という意味です。天子が使者を派遣して諸侯国を訪問させることを「聘」と言い、諸侯が使者を派遣して天子に挨拶することも「聘」と言い、諸侯が卿や大夫を派遣して他国の諸侯を訪問させることもやはり「聘」と言います。王が使者を派遣して諸侯国を慰問または視察する場合について言うと、「聘」とは通称で、細分すると「聘」「覜」「存」「問」「省」等があります。一二年ごとに王はみずから諸侯国を訪問、視察し、これを「巡守」と呼びました。聘問の礼の主な機能と目的は、天子と諸侯の間、諸侯国間の相互の友好を深め、互いに尊重しあうことにありました。これは、朝覲の礼の機能と目的が「君臣の義を明らかにする」ことであったことと少し異なります。

周王室と諸侯国との間の礼について言うと、聘問と朝覲の礼は交錯して行われ、密接な関係を持っていました。周王は、「大行人」という、朝覲にやってきた諸侯や卿大夫を接待する責任を負う官吏を用いて、諸侯と親密で友好な関係を維持しました。朝、覲、宗、遇および諸侯・卿大夫と個別にあるいは同時に会見すること以外にも、一連の聘問の礼がありました。例えば「時聘」とは、天子のところで行事があって、諸侯が卿を派遣して挨拶に伺い、天子が礼をもって接見することで、「殷覜」とは定められた朝覲以外に、多くの諸侯が卿に聘礼（敬意を表すための贈り物）を持たせて派遣し、天子が礼をもって接見すること、「間問」とは天子が一年おきに臣下を派遣して諸侯を訪問させること、「帰脤」とは天子が人を派遣して宗廟や社稷の祭祀に使用して余った肉を贈ること、「賀慶」とは諸侯国に祝い事があって、天子が人を派遣してこれを祝うこと、「致禬」とはある諸侯国で飢饉や災害が発生した時に、天子やその他の諸侯が物資を集めてこれを慰問、救助することです。これらはすべて天子と諸侯との間の友好関係を強化し、各国の不正を除き、諸侯の志向を理解し、互いに挨拶を交わし、感情を通じ合わせるためのものでした。周王はまた「小行人」という、周王室が賓客を接待する礼を記した「礼籍」（「礼籍」とは各諸侯や爵などが用いた礼儀を記載した帳簿）を管理する官吏を用いて、各地の諸侯が派遣してきた使者をもてなしました。

天子は諸侯国を安撫するため、一二年に一度巡守を行い、巡守した後の一年目、三年目、五年目に卿大夫を各国に派遣して聘問（それぞれ「存」「覜」「省」と言います）を行います。七年目には異なる言語に精通した官吏を各国に派遣して言葉を教え、言葉遣いを調整させます。九年目には楽官と史官を各国に派遣して文字を教え、音楽の音律について調べさせます。一一年目には各国で用いている瑞節（天子が諸侯に与えた玉器の一種）を検視し、度量衡および賓客に犠牲と穀物を贈る制度を統一し、法令を修改します。一二年目には天子が各国をあまねくめぐるか、あるいは王畿の諸侯国を巡守して各地の諸侯を召集しました。およそ諸侯が天子の命を奉じて謁見に来た場合には、「大行人」が責任をもって各諸侯の朝廷での位置を決め、爵命の等級・順序に基づいてそれに応じた礼の段取りをし、擯相となって朝見の礼を手助けしました。また周王室に大きな弔事があると、いかなる礼を行うべきかについて諸侯に告げる責任を負い、各地の諸侯国が戦争等の被害にあって助けを求めて来た場合には、使者が持って来た贈り物を受け取って、その陳情を聞く責任を負いました。

諸侯間の往来に関する決まりには、毎年大夫を派遣する小聘と、二、三年おきに卿を派遣する大聘があります。

国君が交代した場合、後を継いだ嗣君はみずから他の諸侯国に出かけて聘礼を行わなければなりません。大聘は卿が使者の役目を担当し、贈り物も多く携え、聘問先の国の接待も盛大でした。小聘は大夫が使者の役目を担当し、贈り物も少なく、聘問先の国の接待もずっと簡単になります。従って、諸侯国にとって、聘問の礼は国家間の外交の礼にほかならず、その目的は諸侯が相互に尊重しあうことにありました[14]。

現存する『儀礼』中の「聘礼」と『礼記』中の「聘義」は、天子と諸侯との間の聘問の礼について言及しておらず、主に諸侯国間の聘問の礼について述べています。その礼は次のとおりです。

（1）国君が朝廷に出仕した時に他国に聘問に行くことを諸卿と相談し、使者と上介（上介とは副使のことで、使者が卿ならば副使は大夫である）を決定・任命する。

（2）贈り物を準備して並べ、国君と宰が贈り物を授ける儀式に出席する。

（3）使者と副使は出発前にそれぞれ禰廟で出発報告の儀式を行う。

（4）国君と宰は治朝で正式に使者の一行に命令を下し、使者は君主の命令を復唱する。使者は国家を代表する、使者の印としての圭、その国の国君を代表する玉、国君夫人を代表する璋（儀式のときに手に持った玉で、圭を半分に割ったもの）と琮（儀式に使用された平面三角形の玉器）を受け取り、命を受けて出発する。

（5）途中他国を通過する場合、借道の礼を行う。

（6）国境に入る前に聘礼の予行演習をする。

（7）入境して礼を行い、贈り物を点検する。

（8）都郊に来ると、訪問先の国君は卿に束帛を持たせて慰労に遣わし、使者は皮と束錦で謝礼をする。国君夫人は下大夫を慰労に派遣する。大夫は君主の命を奉じて使者を宿泊所に案内する。上卿はここで礼をし、挨拶の言葉を述べ、使者は二度叩頭の礼を行う。宰夫は宴席を設けて使者をもてなす。

（9）下大夫は宿泊所で賓客（使者）を迎え、皮弁服（白鹿の皮で作った服と冠）を着て外朝に行き聘礼の準備をする。衆介（随行員）は廟門の外で持ってきた贈り物を並べる。訪問先の国君は卿を上擯、大夫を承擯、士を紹擯とし、賓客を接待する。上擯は客を門に入るよう手引きし、訪問先の国君は皮弁服を着て大門の中で客を出迎え、使者は門を入って左側に立つ。国君は礼を行い、使者はこれを辞退して恐縮の意を示す。国君と使者は揖礼（両手を前でこまぬいて上下に動かす礼）を行う。門に入ったり、曲がり角に来るたびごとに、国君が先に立って案内し、揖をして合図をする。

廟門の前につくと、国君は揖をして先に入り、中庭に立つ。使者は門を入ると西塾に近いところに立つ。国君は内庭に入る。随行員は厳かに几席の上で圭を取り出し、副使はそれを使者に渡し、使者は上着を一枚羽織って、厳かに圭を取る。上擯は国君に報告し、また使者に対して圭玉を辞退し、謙譲の意を示す。上擯は使者を内庭へと案内し、門の左側に立ち、北面する。国君と使者は三度たがいに揖を行い、階段の前まで行き、三度譲り合う。国君が先に階段を二段上り、それから使者が一段上る。堂上の西側の楹柱（昔、邸宅の前に立てた二本の丸い大柱）の西まで行き、東面して立つ。使者は自国の国君を代表して挨拶をする。訪問先の国君は使者に再拝の礼（二度頭を下げる礼）を行い、使者は三度後ろに下がって辞退する。訪問先の国君は皮服の上にさらに一枚上着を羽織る。使者は東面して圭を渡し、国君は西面してこれを受け取る。擯者と使者は相次いで退出する。国君はみずから圭を宰に授け、それから上着を脱いで、堂を下りて庭に立つ。

ここからは行享（献）の礼に移る。擯者は門を出て使者に用事がないかたずねる。使者は上着を脱ぎ、五匹の絹を捧げ、その上に璧を載せ、国君に献上するしぐさをする。擯者は門を入って国君に報告し、国君は中に入ることを許可する。贈り物の中に獣皮がある場合は、左手でその前両足を持ち、右手で後両足を持ち、それを内側に二つ折りにして再度庭中に置く。使者は門を入ると左側に立ち、ついで国君と先にやったように互いに揖をして譲り合う。使者は堂に上って挨拶し、二つ折りした獣皮を開く。国君は再拝の礼を行った後、幣帛を受け取り、士が獣皮を受け取る。使者はこの後退出する。国君はみずから幣帛を宰に手渡す。夫人を訪問する時は、玉器は璋《しょう》を用い、夫人に献上する玉器には琮を用いる。その儀礼は先の国君に対する行聘、行享の礼と同じである。

(10) 使者は個人の名で国君に謁見し、国君は最初辞退して、それから同意する。国君は賓客を庭で迎え、漆の几を授けて、醴酒を受け取る。醴酒を受け取る時、使者は祖先を三度祭らなければならない。国君は馬と束帛を使者に贈り、使者は遠慮し再拝の礼をして受け取る。国君は使者に敬礼し、使者の私的な訪問と贈り物（綿の反物と四匹の馬）を受け取る。その後さらに副使が国君を訪問する儀式がある。

(11) 卿と大夫がそれぞれ宿泊所に使者を訪問し、国君の命を奉じて牛、羊、豚、魚、塩漬けした干し肉や羹、醬など、および各種の食糧、柴、草を贈る。さらに副使を訪問する。

(12) 使者の一行に宗廟・室内を参観してもらう。

(13) 国君夫人が下大夫を派遣して返礼をする。

(14) 国君と夫人が使者の一行を宴席に招待する。

(15) 使者、副使がそれぞれ卿、大夫を訪問する。

(16) 使者の一行が本国へ帰る時、国君は卿に皮弁服を着せて宿泊所に派遣して盛大な儀式を行い、それぞれ玉器の圭、璋や聘礼用の璧玉、束帛、四枚の獣皮などを返す。

(17) 訪問先の国君が宿泊所まで赴いて見送りをする。使者はこれを避け、副使が使者に代わって命を聞く。訪問先の国君は、使者にその国君と夫人への挨拶を言付《ことづ》け、贈り物を渡す。国君は退出するが、使者はその後についていき、朝門の外で指示を請う。国君はこれを辞退し、使者は戻る。

(18) 卿大夫は君命を奉じて使者を見送り、贈り物を渡す。
(19) 使者の一行は帰国して朝廷に出仕し、自己の国君に礼を行い、訪問先の情況を詳しく報告する。受け取った公的な贈り物と私的な贈り物をすべて朝廷に並べる。宰は使者と副使の手からそれぞれ圭、璋および聘礼を行うための贈り物を回収する。国君は彼らを慰労し、使者は二度叩頭の礼を行う。国君は使者や副使、随行員らに褒賞を与える。
(20) 使者、副使は家に帰り、門神を祭り、再度禰廟で報告の祭をする。また自己に随行した家臣に報酬を与える。[15]

聘礼には深い文化的内容と意義が含まれていました。つまり「貴賤を明らかにす」「礼もて譲る」「敬を致す」「賓客君臣を明らかにす」「礼を重んじ財を軽んず」などです。『礼記』聘義篇はこう指摘しています。天子が定めた聘問制度は、諸侯間は一年に一度小聘を行い、三年に一度大聘を行い、礼によって相互に励ましあう。このようにすれば対外的には諸侯が相互に侵犯しあうこともなく、国内では君臣間で相互に欺きあうこともない。天子はこれによって諸侯を慰撫し、武力に訴えることなく諸侯にみずから正道を行うように導いたのです。むかしは財物が豊かでなかったにもかかわらず、聘礼では多くの財物を使う必要がありました。これは心を尽くして礼を行うことを表現するためであり、内外に安定した等級秩序を作るためです。そのために天子は聘礼を定め、諸侯は力を尽くしてこの礼を実行したのです。

四　王権の衰退と礼節の崩壊

西周の前中期は、周王室の勢力が非常に強く、「溥天の下、王土に非ざる莫し。率土の浜、王臣に非ざる莫し（遍く天下、王土でない所はない。地の果てまで、王臣でない者はいない）」（『詩経』小雅・北山篇）と謳われました。王室に権威があった時は、「礼楽征伐、天子より出づ」（『論語』季氏篇）という状態でした。これまで紹介してきた冊命、朝覲、聘問制度はほとんど西周の前中期に形成され、実施されたもので、それは上流貴族社会の交際の規則、秩序であり、周王朝隆盛期の王権の実力を反映するものでした。これらの礼は大量の青銅器銘文に残されており、先秦時代の典籍にも記載されています。

西周後期および春秋時代（一般に紀元前七七〇年から紀元前四七六年までを春秋時代と呼ぶ）は、周王室が次第に衰退していった時代です。強い勢力を持つ諸侯国は古い礼節を守らなくなり、周王室から離れてより強い独立性を有するようになりました。強い勢力を持った大夫も同様に諸侯から離れ、みな新たに実力に応じて土地や財産、権力の再分配を行うよう要求しました。春秋時代は礼楽が崩壊し、臣下が君主を殺し、子が父を殺しました。もちろん、このような情況になるまでにはその形成過程がありました。礼節は王権の没落と下降に伴って変化していったのです。冊命、朝覲、聘問の礼もまた、周王室の衰退に伴って衰微していきました。

西周の前中期には、天子は堂を下りずに諸侯と接見しました。西周後期の周の夷王（紀元前八八五年から紀元前八七八年まで在位）のときから天子は堂を下りて諸侯と接見するようになりました。これは事実上周の政治が衰退しはじめた表れであり、王権が衰退してはじめていわゆる天子が礼を失し、君臣が礼を失するということが出てきたのです。礼は王権の象徴でした。

『左伝』桓公五年によると、春秋初期、周の桓王一三年（紀元前七〇七年）に二つの事件が発生しました。第一の事件は夏に起こりました。それは、大国の雄である斉侯（僖公）と鄭伯（荘公）が一緒に紀国を訪問して、その機に乗じて弱小国である紀を襲撃しようと企み、紀国の人間に察知されてしまったという事件です。この事件は、朝聘にそもそも含まれていた諸侯国間の互助友好という意義が失われ、変化してしまったものにほかなりません。

第二の事件は秋に起こりました。当初、鄭伯と虢公は左右の卿士で、共同で王政にあたっていました。周の天子は鄭伯が座して強大になっていくのに耐えられず、彼の権力を取り上げてすべて虢公に与えようとし、鄭伯を王政に参与させませんでした。それで鄭伯は朝覲しなくなりました。秋になって、周天子の桓王が中軍を率い、虢公林父が右軍を率いて、蔡軍と衛軍が右軍に隷属し、周公黒肩が左軍を率いて、陳軍が左軍に隷属し、共同で鄭を討伐しました。鄭伯は子元の計を用いて、左右二つの方陣（兵士を方形に配列した陣）に「大旗がはためいたら、太鼓をたたいて進軍せよ」と命令し、弱いところを攻撃すると、蔡・衛・陳軍はすぐに逃げ出し、周の軍も足並みを乱して、そこに鄭軍が両側から挟み撃ちして包囲し、周軍は大敗してしまいました。祝聃が周天子の肩に矢を命中させましたが、幸いにもたいした傷ではなく、天子はなお軍隊を指揮することができました。鄭伯は適当なところで進軍を止め、それほど深く追いつめることはしませんでしたが、これはただ我が身を救い、国家を滅亡の危機から免れさせるために、天子を害することができなかったにすぎません。そしてその夜、鄭伯は祭仲足を派遣して周の天子とその左右の従者らを慰問しました。(16) この事件では、周室内部の政治に問題が発生し、廷臣（そして地方の実力者）たる鄭伯の存在を憂え、鄭伯が朝覲しないことを理由に鄭を討伐し、その結果失敗に終わったわけです。

このことから明らかなように、天子の権威は弱まり、朝覲制度を完全に維持することはできなくなってきました。天子はもはや勢力の強い諸侯に対して朝覲しないことを理由にその爵位をおとしたり、その土地を削ったり、六師を用いて支配地を移転させたりすることはできなくなりました。「しかし春秋時代には、斉の桓公や晋の文公のような覇者はまだ王への朝覲を諸侯に号令をかける一つの手段としていた。そのため、諸侯の朝覲はまださかんに行われていた(17)」。これは、朝聘の礼制度がさらにある種の安定性と持続性を保ち、「礼楽征伐、諸侯より出づ」という乱世に至ると、覇者たちはある種の利益のためにこうした形式を利用しないわけにはいかなかったということを説明しています。もちろんそこに内在する意義は変わってしまいましたけれども。

『左伝』の作者はなお周の礼によって春秋の歴史を評価し、一部の史実に対して「礼」と「非礼」の判断を下しています。例えば荘公一八年の記載を見ると、この年、つまり周の恵王元年（紀元前六七六年）の春、虢公と晋公が周の天子に朝覲して、周の天子が醴酒で彼らをもてなし、また彼らが自分に酒を勧めることを許しました。同じく彼らに玉五対と馬三匹を与えました。『左伝』の作者は、これは礼に合わない。虢公と晋公は身分が違うのだから、二人に同じ贈り物を贈るべきではない。周の天子が諸侯に策命を与える場合、名称や地位が異なれば、礼の等級も異なるのであり、いい加減に人に礼を授けてはならない、と評しています。

襄公元年の記載には、この年、つまり周の簡王一四年（紀元前五七二年）に魯の襄公が即位し、衛侯は子叔を、晋侯は知武子を魯国へ派遣し聘問を行いました。『左伝』の作者は、これは礼にかなっている。およそ諸侯が即位すると、小国は朝見に来て、大国は聘問に来て、友好関係を保ち、信頼を得て、国政について相談し、欠けているところを補正する、これが礼の中で重要なことなのだ、と評しています[18]。

『礼記』郊特牲篇はさらに大夫が私的に会見するという現象を批判しています。諸侯が諸侯に朝覲する場合に、それに随行してきた大夫が私的に訪問先の国君と会うのは礼にかなっていない。大夫が圭を持って使者として派遣されたならば、訪問先の国君と会って誠意を伝えることができる。臣下たる者が私的に贈り物を持って他国の君主と交際を結びに行き、私的な外交を行うことは、本国の国君に対して忠誠でないことの表れである、と。

魯国は昭公、定公の時代（紀元前五四一年から紀元前四九五年まで）に三桓氏（仲孫、叔孫、季孫）が立ち上がり、公室を三分しましたが、魯の君主の権力はすでに衰退していました。天子の権力が衰退すると、諸侯は僭越な礼を行う。大夫の勢力が強くなると、諸侯は脅迫される。このように上下間の尊卑が同等になると、会うと互いに贈り物をし、財物を用いて互いに賄賂を贈りあい、天下の礼が乱れる。諸侯は天子の祖先を祭ることはできないし、大夫は諸侯の祖先を祭ることはできない。国君の祖廟が大夫の家に建てられるというのは礼にかなっていないが、それが魯国では三桓氏から始まった[19]。彼等は魯の桓公の廟を家の中に建てました。魯の国でもこのような有様でしたから、その他の各国ではなおさらです。これより、権力を持つ臣下が諸侯に取って代わるという、いわゆる「陪臣が国命を執る」現象が出現し、朝覲聘問の礼は次第に衰退していきました。

『礼記』経解篇にはこのようにあります。礼は国家を治める尺度であり、法則である。礼はもちろん単に形式化された儀礼であるだけでなく、外在的な煩瑣な礼儀であるだけでなく、その中には深い文化的内容と意義が含まれている。礼の人に対する教化というのはかすかではっきりとは目に見えないもので、それは邪悪なものを未然に防ぎ、人をそれに慣れさせて気づかず、知らず知らずのうちに善に向かい悪から離れさせるものなのである。朝覲、聘問などの礼が廃《すた》れると、君臣関係が崩壊し、諸侯（あるいは大夫）は悪事を行い、裏切りや侵略などの禍いが発生する、と。

春秋の衰乱の世は、王室の実権がすでに失われ、諸侯は勝手気ままに振舞って、天子の権力は王畿の外を出ませんでした。諸侯の位の簒奪や君主の殺害が頻繁に発生しても、周王にはそれを討伐する力がなく、後継ぎが位を継いでも、周王はそれに関与する力がありませんでした。このような状態でしたから、冊命の礼はほとんど廃止されたも同然でした。

魯の国は周王室と最も密接な国でしたが、『春秋』に記されている魯の一二公のうち、王室の「賜命を受けた者は桓、成、文の三君だけであり、そのうえ桓公の受けた命は彼の死後に追贈されたものであった。列国諸侯が賜命を受けたことが『春秋内外伝』に見えるのは、わずかに衛の襄公、斉の桓公・霊公、晋の武公・恵公・文公の六君のみであり、そのうち衛の襄公も死後に追贈された命であった。しかも以上の賜命はすべて王室が使者を派遣して伝えたものであり、諸侯が天子に謁見して王がみずから命じたものではなかった[20]」。

魯の桓公は君主を殺した賊でしたが、周王はこれを討伐することができなかったばかりか、その死後にさらに彼に土地を封じているのです。しかも以上の賜命は使者を派遣して与えたものであり、諸侯が周王室のもとに赴いて謁見した際の冊命ではありません。このことから王朝の綱紀が地に落ちたことが分かります。

しかしその一方で、すでに述べたように、朝覲や聘問が途絶えることはありませんでした。あるものは飾りとなり、あるものは利用する道具となりましたが、依然として礼制は堅持されました。衰乱の世では、朝聘の礼が全く行われなかったわけではありません。『詩経』大雅・韓奕篇にあるように、韓侯は圭玉を持って周の宣王に朝覲し、享礼を行い、背の高い馬など本国で産出される宝物を献上し、宣王は彼に二匹の竜がからみあう図案の旗や彩色された車の装飾品などを贈りました。

戦国時代になると、朝聘制度はさらに崩壊し、天子への朝覲聘問の礼は行われなくなりました。各国は独立国家にかなった朝礼を形成し、礼官の設置や選定および礼制そのものの改革を進め、礼はよりいっそう簡素化し、融通の利くものになりました。各国の聘問の礼は次第に遣使外交制へと変化していきました[21]。

以上を要するに、冊命、朝覲、聘問の礼は周王朝と諸侯との関係を反映し、同時に天子と諸侯、諸侯と諸侯の間の関係を調整するものでした。これらの礼制は根本的に西周の宗法や封建制度に服従し、周王室の王権を擁護し、大宗と小宗、宗主と諸侯、諸侯と諸侯の間の等級秩序を維持するものでした。その中で貫かれているものは親親尊尊（親を親とし尊を尊とする）の原則でした。朝聘は実際には王権を強化する手段でした。朝聘の中で解決すべきことは、軍事、政治、経済面での協調と統一の問題で、それは行政、租税、司法等におよび、かつ情報も交換しあいました。王権の弱体化とともに、これらの礼も衰退または変化していったのです。

（1）　楊寛『西周史』、上海人民出版社、一九九九年、前言二頁、本文三六二頁。
（2）　『礼記』を要約。原文と訳文は楊天宇の『礼記訳注』上下冊（上海古籍出版社、一九九七年）に拠る。

（3）『周礼』および訳文を引用。銭玄等注訳『周礼』（長沙・岳麓書社、二〇〇一年）に拠る。
（4）本節は斉思和「周代錫命礼考」（『燕京学報』第三二期、一九四七年、のち陳其泰等編『二十世紀中国礼学研究論集』、北京・学苑出版社、一九九八年）三八〇～四〇七頁、楊寛『西周史』八二〇～五頁、楊志剛『中国礼儀制度研究』（上海・華東師範大学出版社、二〇〇一年）七四～八二頁を参考にした。
（5）王国維「殷周制度論」（『観堂集林』巻一〇、のち『二十世紀中国礼学研究論集』）二八八～三〇二頁を参照。
（6）詳しくは、楊伯峻編著『春秋左伝注』（北京・中華書局、一九八一年、第四冊）一五三五～七頁、沈玉成訳『左伝訳文』（北京・中華書局、一九八一年版）五二二頁。
（7）楊向奎『宗周社会与礼楽文明』（修訂本、北京・人民出版社、一九九七年第二版）二五〇～二六三頁を参照。
（8）劉家和『三朝制新探』、載劉『古代中国与世界』（武漢出版社、一九九五年）、銭玄等編著『三礼辞典』（南京・江蘇古籍出版社、一九九八年）八一七～九頁、彭林注訳『儀礼』（長沙・岳麓書社、二〇〇一年）二七〇頁。本文は『儀礼』を引用し、彭林の注訳に拠る。
（9）沈文倬『観礼本義述』、載沈『宗周礼楽文明考論』（杭州大学出版社、一九九九年）。
（10）以上、詳しくは、彭林注訳『儀礼』二七〇～八頁、楊志剛『中国礼儀制度研究』三八五～六頁、李景林等注訳『儀礼訳注』（長春・吉林文史出版社、一九九五年）二四二～九頁、楊向奎『宗周社会与礼楽文明』（修訂本）三一四～三二二頁、陳戍国『先秦礼制研究』（長沙・湖南教育出版社、一九九一年）二二六～二三〇頁。
（11）詳しくは、楊天宇『礼記訳注』上冊、三〇三～五頁。
（12）同右、五五～六〇頁。
（13）同右、二〇二～三頁。
（14）以上、詳しくは、銭玄等注訳『周礼』三六〇～七頁。
（15）以上、詳しくは、楊志剛『中国礼儀制度研究』三八九～三九一頁、彭林注訳『儀礼』二〇八～二四〇頁、李景林等注訳『儀礼訳注』一九二～二二七頁。
（16）詳しくは、楊伯峻編著『春秋左伝注』第一冊、一〇四～五頁。
（17）劉家和『三朝制新探』、載劉『古代中国与世界』三五七頁。
（18）詳しくは、勾承益『先秦礼学』（成都・巴蜀書社、二〇〇二年）一四八～九頁、沈玉成訳『左伝訳文』五二一・二五三頁。
（19）楊天宇『礼記訳注』四二〇～三頁を参照。

(20) 斉思和「周代錫命礼考」(『二十世紀中国礼学研究論集』所収)四〇三〜四頁。
(21) 詳しくは、李無未「戦国時期朝聘制度的破壊」(『社会科学戦線』二〇〇一年第四期、長春)。

【コメント1】

儀礼と王権、その在り方

藤善眞澄

郭先生のご発表を拝聴してまず感じたのは、さすがに一字一句を忽《ゆるが》せにしない慎重な分析であり、アプローチの仕方であるということ。対象とされる時代が時代だけに、一字に拘泥せねばならないという無理からぬ面があり、資料にも限界があるため、さまざまな角度からの議論や見解が出されるであろうとの予感を抱く。郭先生が注目された朝聘儀礼は、確かに王権のありようを考察する上で、欠かすことのできないキーワードの一つであり、時代によっては国体そのもの、といっても過言ではない性格と内容を持つが、それも古典の世界では事情がかなり違ってくる。

郭先生は言及されなかったが、甲骨文字の中に朝聘の雛形とも称すべき貢納の資料が出てくる。殷代の社会では、血縁を主体とする氏族を基本単位に邑が形成され、邑と邑の力関係、力量の大小によって支配と被支配、ないし従属関係が生じていたとの基本認識がある。その頂点に立つ殷王朝の支配は都城周辺の直轄地いわゆる内服、内服の周辺に割拠する外服、さらに外服の彼方、方と呼ぶ独立国群、つまり距離の遠近によって分ける三種の支配構造から成っていたといわれるが、支配・被支配の関係が成立していく過程についての見解は分かれ、婚姻関係のほか、祭祀あるいは多子・田帚集団と呼ばれる世襲の特殊技術や、職業団体の存在などが注目されている。コメンテーターの院生の一人に殷王朝の支配、王権のありようを、貢納関係の卜辞より解明しようと試みる者がいる。その見方は核心を突くものと期待しているが、入・乞・示といった記事刻辞に盛り込まれた亀甲、牛骨などの徴収や貢納、そして関係する氏族集団がクローズアップされ、殷王朝の支配構造にリンクしていくという次第である。まさに王権の萌芽、郭先生が扱われた周代のベースとなっており、その意味で権力の象徴ともなる朝聘の儀礼が、原始社会の村同士における物々交換や贈答の習慣に始まった、とする説明に通ずるものがある。

ところで郭先生は、周王室の王権を儀礼の分析によって浮き彫りにされた。王位の継承、諸侯の封建、官吏の任免、賞罰にいたる冊命の礼、王と諸侯、諸侯間の従来における朝覲儀礼、および聘問の礼などを手がかりに西周時代の支配力、王室の権威や秩序の強大さを明らかにする一方、周王朝の権力が衰え春秋・戦国の時代に入ると、実力のある諸国が古い礼節否定、すなわち周朝の権威を認めなくなった。つまり王権の失墜は、とりもなおさず礼節の崩壊、ないし質的変化を促していった、とみる。西周末の夷王が、はじめて堂を下り諸侯と接見した話は、王権の衰えを示すものとして特筆されるが、こうした資料を駆使しての論証には、実に興味深いものがある。

問題なのは、先に指摘した卜辞などの場合、解明が不十分とはいえ生きた資料であり、その分析は当時の史実に直結するものとして疑いようがない。郭先生が扱われた簡牘や青銅器なども同様である。ところが周代の礼制の大部分は、編纂に編纂を重ねた経典類に描き出されたもの。歴代の王朝が常に理想として憧れ、王政はたまた政治の要諦とした古典に依拠せざるを得ない事情がある。後世の王権を考え、礼制の実態を知る資料とはなりえても、『周礼』ほか『左伝』等に及ぶ編纂史料と、往時の礼制や史実との間で、どれほどの整合性を求め得るのか。従来も吟味されつづけてはきたが、今回の御発表にも改めて問い直されようし、また問う必要がある。

一例をあげれば礼制における五礼、いわゆる吉礼、凶礼、客礼、軍礼、喜礼は、唐の『開元礼』などにも直結しうる内容であるが、そのままを西周代のものと即決すべきか否か。五礼という形そのものに、すでに作為的で意図的な臭みを感ずるというのも、無理からぬものがあり、況や細目においてをやである。是非とも今後の考古学的成果との整合が行われることを期待したい。


【コメント2】

「礼」と「家・国一体化」及びその文化の特質

官　文娜

郭斉勇氏の報告は中国紀元前一一世紀中期から紀元前三世紀中期までの周王室の権力と密接な関連のある冊命・朝覲・聘問という三つの賓礼を詳しく論述したものである。郭氏の報告の主旨は、周王室と諸侯の間の関係がこの三つの賓礼の中で確立し、協調したものであると説明するところにある。郭氏は賓礼の根本はすべての臣下や庶民を周の宗法分封制度に服従させ、周王室の王権を守らせ、大宗と小宗、宗主と諸侯及び諸侯の間の等級秩序を維持することであると強調した。ここでは周の賓礼を中心に、「礼」と「家・国一体化」及びその文化の特質について述べたい。

1 「礼」と「家・国一体化」

まず、郭氏の紹介した「冊命」礼から、われわれは中国最初の国家機関は、周王が厳粛な「冊命」という儀式を通じて建てたものであることが理解できる。つまり周の王室は、王位の継承、諸侯への領土の分封、官職の任命、また臣下に対する賞罰の際に、必ず盛大、かつ厳粛な「冊命」の儀式を行う。この「冊命」の儀式では、各等級の諸侯や臣下に対してそれぞれ異なった等級、異なった土地と住民の数、官職、彝器（鐘鼎）、貝、旗、圭、珍宝、車馬、衣服、武器、楽器などを与えることになっている。これによって財産や権力の分配と再分配を行い、またそうした礼儀の下で各君臣の身分・地位と、それに伴う権利・義務を明らかにする。この儀式は各等級の諸侯と臣下の身分・地位に応じて行ったので、これを「冊命」礼という。そしてここで注意しなければならないのは、「冊命」の対象と「冊命」の儀式を行う場所である。

「冊命」とは、郭氏も紹介したように、周の天子が諸侯に対して領土の分封や官職の任命、また臣下に賞罰を与える際に行う「冊命」の儀式において読み上げられ、発布される命令、あるいは任命書のことである。したがって、「冊命」すなわち命令、任命の対象は、すべて分封される諸侯と任命される臣下になる。周の天子は自らの命令に服従し、定期的な朝貢及び軍役を義務・条件として、血縁親疎、または軍功の大小によって、地域の重要度や土壌の肥沃度の異なる土地と異なる数量の住民及び一連の権力とその権力の世襲権を、それぞれ先王の後裔や自らと一緒に政権を建てた軍功の大なる者（特功者）及び自らの息子・兄弟などの一族の男性に授与し、異なる等級、すなわち公・侯・伯・子・男という五等の諸侯国を立てた。そしてこれらの諸侯はまた同様の方法で自らの諸侯国内において、子弟と功業を立てた者に「采邑」という田宅を分封し、卿・大夫を設けた。

前述した「冊命」の対象、すなわち分封された先王の後裔、軍功の大なる者及び自らの息子と兄弟などの一族内の男性という三種類の人間の中で、周の天子に最も信頼されたのはやはり本人と近い血縁関係にある者たちであった。故に、天子の子弟たちは皆重要な地域に分封され、最も土壌の肥沃な土地を与えられたし、周一族の男性メンバーはこぞって周王朝の重臣となった。

このような分封の結果、周王室の下で大小の封国が成立すると同時に、公・侯・伯・子・男五等の諸侯と諸侯国内の卿・大夫という宗法血縁に基づく等級秩序も成立した。郭氏が述べたように周の天子及びその継承者は、政治的には天下の君主であり、大小諸侯の最高の統治者でもある。また階層的宗法血縁に基づく等級秩序の中で、周王は天下の最大の宗法等級秩序組織の宗主である。周の天子と諸侯との関係は、大宗と小宗との関係であり、また君主と家臣との関係でもあり、中央と地方との関係でもあったのである。したがって、諸侯が天子に謁見する際、天子は同姓の大国の諸侯王を「伯父」（父親の兄の意。中国では父の兄は自分と同姓である）、異姓の大国の諸侯王を「伯舅」（同姓不婚の中国では、母親の兄は異姓であり、「舅」「伯舅」と称する。周王は母親の兄である異姓の大国の諸侯、あるいは母親の兄ではない異姓の諸侯を母親の兄と同じように「舅」「伯舅」と称した）、同姓の小国の諸侯王を「叔父」（父親の弟を叔父と称する）、異姓の小国の諸侯王を「叔舅」（周王の母親の弟、あるいは母親の弟ではない異姓の諸侯を母親の弟と同じように「叔舅」と称した）と呼ぶ。大夫が諸侯王に謁見する際もこのような呼び方を模倣して呼ぶ。これは血縁の親疎・秩序による階級的分封そもそもの起りである。

また「冊命」の儀式は必ず周王室の太廟で行い、「冊命」書を受け取った者はそれを自宅に持ち帰り、家廟に祭ってそのことを先祖に報告するのである。なぜなら、天子の権力は先祖の霊から賜ったものであり、天子が先祖の霊に代わって権力を行使するのであって、独断で行うものではないことを表すためである。その時代の人々の天や天命、先祖の霊への強い畏怖感の中において、前記の儀式を経ることで天子の権力は神聖、かつ権威的なものとなり、周王室は各諸侯国に、「天下一家」の天子による政治統治の合法性を示すことができたのである。「冊命」の儀式を周の王室の太廟で行うこと、及び諸侯が「冊命」書を自宅の家廟に祭ることは、いずれも「家」は国、「国」は「家」のシンボルだということを意味しているのである。

このような「冊命」の対象と「冊命」礼を行う場所から分かるように、中国では国家とは、そもそも「冊命」の儀式を通じて、宗法血縁に基づく等級秩序の下で築かれた大きな「家」であり、また「家」は縮小された「国」であった。諸外国の古代国家は、一般的に血縁親族関係を乗り越えた上で建てられたものが多い。しかし中国の最初の国家は、このように血縁親疎による階層的分封によって建てられたのである。またその国家機関内の臣下の等級はすべて、「冊命」礼の中で確立し、等級ごとの「礼」によってその関係を協調し、調整したのである。これは中国早期の国家機関の特徴の一つであると考えられる。

中国早期の国家におけるこのような特徴を一層明らかにするために、日本の大化の改新、つまり律令制以前の政治形態と支配層の構造及び日本古代国家の成立過程をここで考察してみたい。

まず、中国では周王自らが一族の男性を任命し、直接諸侯国を成立させていた。これに対して、律令制以前の日本では、固有の職能を持った各ウヂ集団の首長が直接中央の官司（制）に編成されていたわけではない。各地に散在する豪族の首長（氏上）が氏人・部民を従え、それぞれのウヂの職掌を持って、大王（天皇）に奉仕し、大王は臣・連といった姓をこれらの氏上に与えられていたのである。この時点で中央集権は実現しておらず、国家の機能は、各氏族の持つ職能が首長を通して個別に吸収されることによって、果たされていた(1)。

この時代の大王（天皇）は中国の周天子や後の皇帝と異なって、家長ではない。また、大王（天皇）とその一族は姓を持たず、賜姓と冠位の授与の主体として諸臣・諸豪族を超越した特別な身分集団であった。それは弘仁五年（八一四）に桓武天皇の延暦一八年一二月戊戌勅(2)によって作られた『新撰姓氏録』から分かるように、当時の一一八二ウヂは皆出自〇〇天皇、〇〇皇子之後、〇〇と同祖、あるいは出自〇〇神という形で自らの先祖を記載した。すなわち各ウヂに出自は「皇別」「神別」「諸蕃」によって分類した、そして「皇別」に属したウヂの数が多かった。この分類は当時の人々の意識中で大王（天皇）の一族は神と同格であって、一つの特別の存在であると説明していた。したがって、氏姓制にせよ、推古朝の冠位制や後の賜姓・改賜姓にせよ、大王（天皇）及びその一族は、氏姓、冠位十二階、賜姓の枠外に位置し、賜姓と授位を行う特別な存在であった。この構造は別図の通りである。つまり、紀元前、今から三〇〇〇年前の周の天子が「神」ではなく、天下の家長、族長として先祖の霊に代わって権力を行使していたのに対して、日本古代の大王は後の天皇も神と同格とみなされた特別な人間であった。

次に、さらに一歩踏み込んで、中日両国の初期国家の内実を比較・分析し、それぞれの特質をさらに明らかにしたい。

周王が、自らの一族の男性メンバーを中心とする階級的な分封を行ったもともとの意図は、諸侯国を周王室の藩屏にする一方、周の子弟や親戚、先王の後裔、軍功のあった臣下らを慰撫するところにあった。しかし、その分封は土地や住民だけではなく、一連の権力とその権力の世襲権も授封者に授与されるものであった。世襲的な統治権を持った諸侯は、天子の血縁関係者であっても、年代が下がるにつれて分裂・割拠に向かうという遠心力が強く働き、いわゆる群雄（諸侯）割拠の傾向は容易に避けられなかったのである。この遠心力を制限・超克するために、周以後、春秋・戦国時代の「群雄割拠」の局面を経て、秦の始皇帝にその典型を見る皇帝独裁的な中央集中体制が、次第に完成されていったのである。

しかし前述のように日本では大王（天皇）は家長ではなく、一つの特別な存在として職掌を持っていた各氏上に姓や冠位

別図

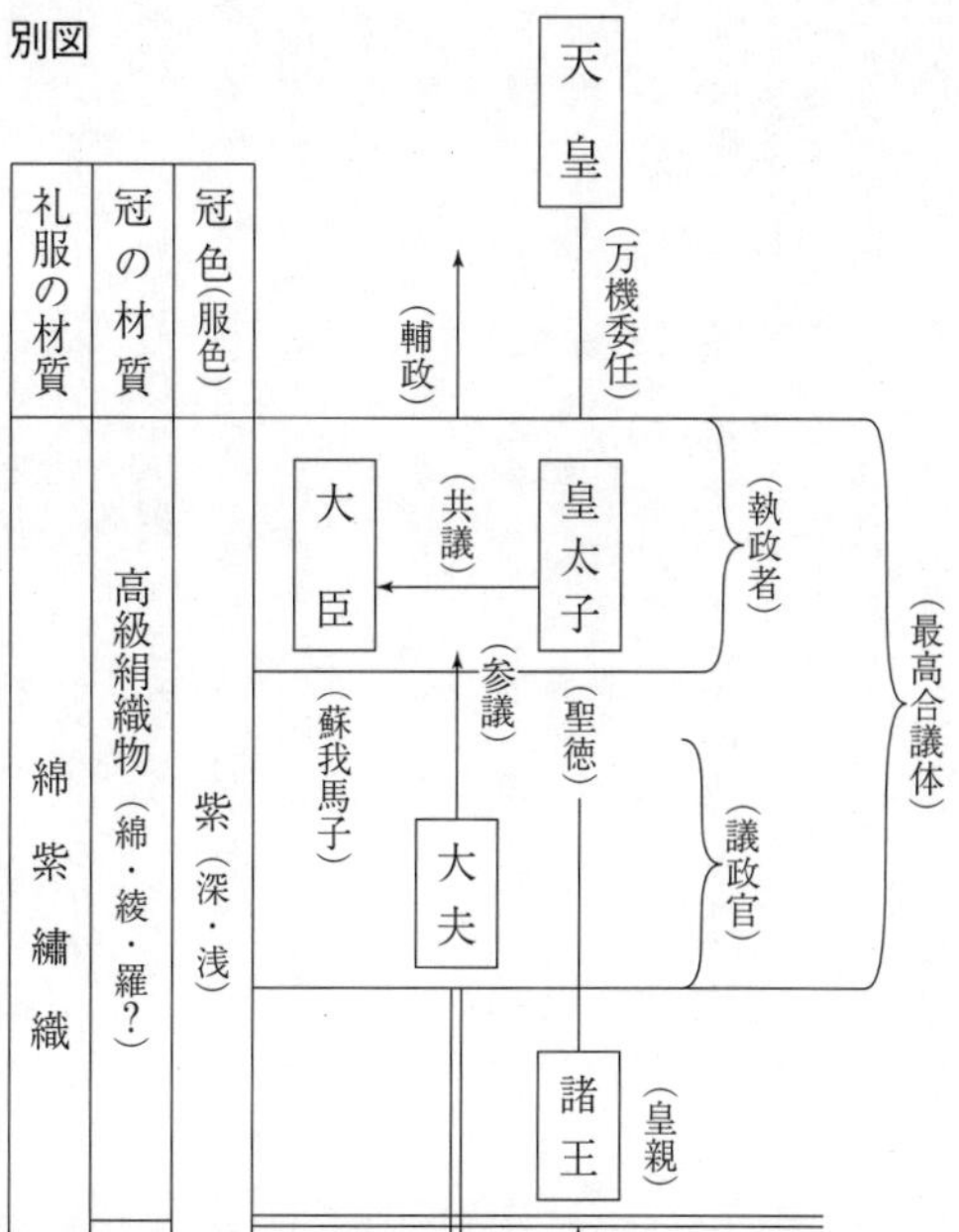

出典：宮本救「冠位十二階と皇親」（竹内理三博士還暦記念会編『律令国家と貴族社会』，吉川弘文館，1969年，33頁）.

を授与し、序列づける存在であった。これによって天皇と諸氏集団との対抗関係は否定され、両者の相互依存が起こり、共通利益のもとで求心力が主流になりつつ、合議体制が名実ともに確立した。このような構造は長く続いた。一〇～一一世紀の摂関政治と院政時代の天皇と藤原摂関家、天皇と上皇という二重構造もこのような集団統率体制の復活と見なせるし、中世～近世の天皇と幕府との構造もこのような形の変型と考えられよう。中国では長い歴史における中央集権体制の中で、皇帝の独裁によって自らの権力の神聖性・権威性を守らなければならなかったのとは異なり、日本の各時代の、大王は豪族に、天皇は藤原摂関家に、上皇は天皇に、また天皇は幕府に対して、いずれも「自由な立場で、権力の持つ、いわば暴力的、非道徳的な要素を受け持ち、それを発散することで、天皇の聖性・権威を保証する役割を果たした」[3]のである。つまり、日本の初期国家において、特別な存在であった天皇一族と豪族との間の構造は、村井康彦氏の報告で述べられた、王権の「柔構造」の歴史的、文化的な基盤をなしていたのではないか。日本の王権の特徴は、権力の部分をその時々の政治的実力者が掌握し、行使することで、天皇の権威を保証する構造が成立していたこと、さらに王権の権威と、権力の分化との相互補完の関係が、その王権の永続性を保証したことにあるのである(4)。

2　「礼」と「家・国家一体化」の特質

郭氏の報告から分かるように、中国最初の国家は、「礼」つまり「冊命」礼の儀式を通して生まれ、また周王は「朝覲」礼と「聘問」礼を通じて各諸侯、臣下との間の身分や地位を確立し、その間の関係を協調、調整していた。したがって、ある意味では「礼」を十分に理解できなければ、中国数千年の国家体制の由来も本質も、さらに中国文化そのものも理解できないといえる。

郭氏は報告のはじめに『礼記・昏義』の

夫禮始㆓於冠㆒、本㆓於昏㆒、重㆓於喪祭㆒、尊㆓於朝聘㆒、和㆓於射郷㆒。此禮之大體也。（始猶㆑根也。本猶㆑幹也。郷郷飲酒。）

夫れ禮は冠に始まり、昏に本づき、喪祭に重くし、朝聘に尊くし、射郷に和らぐ。此れ禮の大體なり。（始は猶ほ根のごときなり。本は猶ほ幹のごときなり。郷は郷飲酒なり。）

という部分を引用した。ここでいう「礼」とは単なる礼儀ではなく、同時に「礼制」のことも含まれている。「礼」が単なる礼儀であれば、子供にも分かるはずである。しかし「礼制」は成人にならなければ理解できない。「夫禮始㆓於冠㆒」、「礼」は成人式の「冠礼」から始まる、故に礼は冠礼を根とするのである。

「礼」は単なる礼儀ではない、とする説については、フランスの中国学研究者であるLéon Vandermeerschも次のように指摘している。

「礼制とは社会を統治するための一つの特殊な方法である。中国以外に、これに類似する方法で社会関係を調整し、社会秩序を維持した国はなかった。これは礼儀というものが中国固有のものだというのでは決してない。むしろ普遍的に存在し、如何なる文化もこれをもっている。……しかし中国の伝統においてのみ様々な礼儀が大変厳格に、そして完璧に作り上げられ、社会活動における人と人との関係の規範システムとなったのである(5)」。

ここでLéon Vandermeerschが強調したのは、「礼」といっても礼儀ならば、なにも中国特有の現象ではなく、中国伝統文化の「礼」の特徴は「礼制」にあるということである。そしてこれに基づいてLéon Vandermeerschは中国伝統の礼制と西洋の伝統のjus（法権）制度の比較研究を行っているが(6)、それも極めて有意義な研究である。

しかし中国の統治者はなぜ「礼」を利用して家の上に君と臣の相互関係、また国家機関を建てて国を治めようとしたのか。また、「礼」はなぜ中国における人と人との関係の規範システムとなったのか。「礼」とは一体何か、また「礼制」とは一体何なのか。その文化的意義はどこにあるのか。ここではさらに一歩踏み込んで「礼」の本質についてすこし分析してみたい。

まず荀子の論説を見てみよう。

禮起二於何一也。曰、人生而有レ欲、欲而不レ得、則不レ能レ無レ求。求而無二度量分界一、則不レ能レ不レ争。争則亂、亂則窮。先王惡二其亂一也。故制二禮義一以分レ之、以養二人之欲一、給二人之求一、使下欲必不レ窮二乎物一、物必不上レ屈二於欲一、兩者相持而長上。是禮之所二以起一也(7)

禮は何に起るや。曰く、人生れながらにして欲有り、欲して得ざれば、則ち求むること無き能はず。求めて度量・分界無ければ、則ち争はざること能はず。争へば則ち亂れ、亂るれば則ち窮す。先王は其の亂を悪む。故に禮義を制して以て之を分ち、以て人の欲を養ひ、人の求を給し、欲をして必ず物を窮めず、物をして必ず欲を屈さざらしめ、兩者相持して長ぜしむるなり。是れ禮の起る所以なり。

また、

先王案爲レ之制二禮義一以分レ之、使二貴賤之等、長幼之差、知賢愚能不能之分一、皆使下人載二其事一、而各得中其宜上。然後使二愨祿多少厚薄之稱一、是夫羣居和一之道也。故仁人在レ上、則農以レ力盡レ田、賈以レ察盡レ財、百工以レ巧盡二械器一、士大夫以上至二於公侯一、莫レ不下以二其仁厚知能一盡中官職上、夫是之謂二至平一(8)

先王案ち之が爲に禮義を制して以て之を分ち、貴賤の等、長幼の差、知賢愚・能不能の分あらしめ、皆人をして其の事を載ひて、各〻其の宜しきを得しめ、然る後愨祿の多少・厚薄をして之れ稱はしむ、是れ夫の羣居・和一の道なり。故に仁人上に在れば、則ち農は力を以て田に盡し、賈は察を以て財に盡し、百工は巧を以て械器に盡す、士大夫以上公侯に至るまで、其の仁厚知能を以て、官職に盡さざる莫し、夫れ是を之れ至平と謂ふ。

つまり中国古代の聖哲は「礼」の下で天下の人々を「貴賤之等」「長幼之差」に着かせておけば、国家の安定、社会の平和が実現できると考えた。郭氏の報告が指摘するように、「朝覲」や「聘問」などの礼を廃棄すれば、君主と臣下、君主と諸侯、諸侯と大夫との相互関係が崩れる。そうすれば諸侯や大夫らは悪事を企み、謀反や諸侯国間の侵略などの乱が起こることになる。

同様に『礼記・経解』も「禮之於レ正レ國也、猶下衡之於二輕重一也、繩墨之於二曲直一也、規矩之於中方圜上也。……聘覲之禮廢、則君臣之位失、諸侯之行惡、而倍畔侵陵之敗起矣」（礼によって国を正しく治めることは、権衡によって軽重を量り、墨縄によって曲直を正し、コンパスや定規によって方円を描くのと同じ。……聘問や朝覲の礼が廃れると、君臣の間に地位がなくなり、諸侯は悪事を行って天子に背き他国を侵す敗乱が生じてくる）と指摘している。

したがって周の天子以来中国歴代の皇帝は、いずれも法律よりも「礼」の重要性を強調し、あるいは「礼」をもって法律に代え、国を治めることにつとめた。この事実からも「礼」は単なる儀礼やただの煩わしい儀式ではなく、国家を治める尺度や法則であったことが分かる。

前掲の荀子の論説から、われわれは、「礼」の本質は、人為的に変えることができない生来の宗法血縁に基づく等級秩序によって、統治の秩序を確立させることにある、と認識できる。これは言い換えれば、「礼」の本質とは、すなわち支配者が血縁親疎によって定めた身分制をもって、現実の統治を維持することができるということにほかならない。

つまり血縁身分制は「礼」の本質であり、「礼制」とはまさに宗法血縁に基づいた身分等級制そのものである。したがって「礼」は「本二於昏（婚）一」、すなわち婚礼は礼の「幹」である。ここには血縁家族の重要性がよく表われている。『礼記・昏(婚)義』はまた次のように述べる。

敬愼重正、而后親レ之、禮之大體、而所下以成二男女之別一、而立中夫婦之義上也。男女有レ別、而后夫婦有レ義。夫婦有レ義、而后父子有レ親。父子有レ親、而后君臣有レ正。故曰、昏（婚）禮者禮之本也。言子受二氣性一純則孝、孝則忠。

敬愼重正して、而る后に之を親しむは、禮の大體にして、男女の別を成して、夫婦の義を立つる所以なり。男女別有りて、而る后に夫婦義有り。夫婦義有りて、而る后に父子親有り。父子親有りて、而る后《のち》に君臣正有り。故に曰く、昏（婚）禮は禮の本なりと。言ふこころは子氣性を受くること純なるときは則ち孝なり。孝なるときは則ち忠なり。

ここでは正しい君臣の関係は、親しい父子関係の上に、父子の間の緊密な関係を模倣して成立するのであり、国は「夫婦の義、父子の親」、つまり家族メンバーの正しい関係や家族の和やかな雰囲気の延長線上にあることを一層明らかにしている。婚礼は家族メンバーの正しい関係、また家族の和やかな雰囲気を成立させる出発点である。これこそ中国歴代の統治者が唱えた「修身・斉家・治国・平天下」という国を治める方針のおおもとである。その意味において婚礼はまさに家族の諸礼の根本であるといえる。また血縁の親疎に基づく身分制は家族制度を通じて深く人の心をとらえており、人々を教化するのに大いに役に立ったのである。

「礼」の重要性は、人々を教化する力にある。それは目に見えない形だが、「修身・斉家」という礼教の下で、天下の人々を「貴賤之等」「長幼之差」に着かせ、邪悪なものを未然に防ぎ、気づかないうちに人々を少しずつ「私欲」という「悪」から引き離し、統治の現実に満足するという「善」にと向かわせることで、「治国・平天下」という統治者の目的をから見て、平安貴族たちが世代差を無視し、祖父が孫を養子にすることは極めて普遍的であり、中世〜近世になれば非血縁の異姓養子はさらに多くなっている。だから日本は身分社会ではあっても、その身分は生来不動のものではなく、人為的に変えることができたといえる。それは明らかに中国の「礼制」に基づいた生まれつきの身分制、及び「修身・斉家・治国・平天下」という「家・国一体主義」の価値観と異なる。

また、中近世、特に江戸時代の日本社会では武士階層の養父子間の「養子願書」、及び一般庶民間の養父子間の「養子証文」を詳しく分析すれば、それは人々の自らに関する契約書であると考えられる。つまりその養父子関係は「養子願書」、あるいは「養子証文」により結び、または解除することができた。そしてこの中から権利と義務に基づく個人主義の文化的因子も見えている[12]。日本には古代から中国のような宗法血縁に基づく等級秩序という構造が根づかなかった。またそれと相互に補完する「礼」の文化、つまり「礼制」の下での社会活動における人と人との関係の規範システムも成立しなかった。これこそ日中両国の文化的差異の最大の根源を見ることができる。

紙幅の制約上、日本の歴史における血縁親族集団についての考えを全面的に展開することができなかったが、以上、中国の周時代からの「礼」と関わる国家の体制、および「礼」という文化の特質について、いささかながら私見を述べた。

達することができる。ここがすなわち中国最初の統治者から歴代の皇帝に至るまで、「礼」を深く認識し、また利用する理由である。

このような血縁の親疎に基づく、自然的・生来的・人為的に変えることができない身分制のもとで、「修身・斉家」で教化された人間は、家の「一体主義」、国の「一体主義」という価値観の烙印を深く刻み込まれるに等しいということが見てとれる。このような文化の中では、権利と義務に基づく西洋近代化への過程における個人主義の文化的因子を生み出す温床は存在しない。また宗法血縁に基づく等級構造の国にとっては、国は家であり、家は国であり、君は父であり、臣は子であり、君は天下の人々の家長で、君権と族権がつねに合一の状態にあり、つまり一族の家長権と一国の統治権が緊密に結合しているのである。そのため階層的に構成された専門的な人材が規則に従って行政を司る純官僚（官僚が世襲などによって選ばれない）的政権組織が存在しにくいばかりか、同時にいわゆる法権や法治の意識も生まれにくい[9]。

日本の古代社会における親族集団は、宗法血縁に基づく親族構造とは異なり、父・母の血統は未分化で、また混合一体化した無系的な親族構造を有している[10]。このような親族集団構造の下では、人々の流動性が相対的に著しい。日本歴史における血縁親族集団の擬制的な親関係、特に養子研究の結果[11]

（1）村井康彦「天皇・貴族・武家」（村井康彦編『公家と武家——その比較文明史的考察』、思文閣出版、一九九五年、七頁）。

（2）天下臣民、氏族已衆。或源同流別、或宗異姓同。欲レ拠二譜諜一、多経二改易一。至レ検二籍帳一、難レ弁二本枝一。宜下布二告天下一、令上レ進二本系帳一。三韓諸蕃亦同。但令レ載二始祖及別祖等名一、勿レ列二枝流並継嗣歴名一。若元出二于貴族之別一者、宜下取二宗中長者署一申上レ之。凡厥氏姓、多二仮濫一。宜レ在二確実一、勿レ容二詐冒一。来年八月三十日以前、惣令二進了一、便編入録。如事違二故記一、及過二厳程一者、宜下原レ情科処、永勿中入録上。凡庸之徒、惣集為レ巻。冠蓋之族、聴二別成一レ軸焉。

（3）村井康彦氏の報告を参照。

（4）同右。

（5）Léon Vandermeersch「礼制與法制」（中国孔子基金会、シンガポール東アジア哲学研究所編『儒学国際学術討論会論文集』上、斉魯書社、一九八九年、二〇七頁）。

（6）前掲注（5）を参照。

（7）『荀子・礼論』（新釈漢文大系、明治書院、一九八七年一七版）。

（8）『荀子・栄辱篇』（同右）。

（9）法権と法治の定義については、前掲注（5）を参照。

（10）官文娜「古代社会の婚姻形態と親族集団構造について」（笠谷和比古編『公家と武家——「家」の比較文明史的考察』所収、思文閣出版、一九九九年）。

（11）官文娜「日本歴史上的養子制度及其文化特徴」（中国社会科学院『歴史研究』二〇〇三年第二期）。

（12）同右。

王、カリフもしくはスルタン
――一九二〇年、シリアはなぜ王政を選んだのか――

アブドゥルカリーム・ラーフェク〔原文、英語　佐藤次高訳〕

はじめに

王政は、中東で最古の政治体制である。「マリク（malik）」という称号には、セム系言語に様々なバリエーションが存在する。これはユダヤ・キリスト教世界において、支配者を表す言葉として長く用いられてきたものである。王政はその長い歴史の中で、支持と拒絶を幾度となく経験してきた。そして王位は聖俗両方と結びつき、力の大小にかかわらず、世俗的支配者が、いや強大な権力を誇る女性支配者までもがそれを求めてきたのである。マリクという称号は、すでに紀元三二八年にアラブ世界に登場していた。アラブの詩人、イムルルカイスの墓がナマラにあるのだが、その碑文の中で、彼はアラブの王と称されている。イムルルカイスは、メッカのカーバに掲げられていた七つの長詩カシーダの一つ、ムアッラカート（mu'allaqāt）の作者である。彼の出身部族キンダは短命に終わったが王国を築いたこともある。しかし、アラビアの部族の間に王政が根付くことはなかった。

イスラム教においては、王の称号に相応しい存在は神だけとされ、自らを王と呼ぶ者は暴君として非難された。アラブのイスラム教徒は、王という言葉を、基本的にはイスラム教徒以外の支配者を呼ぶ際に限って使った。アラブのイスラム教徒支配者を王と呼ぶこともあったが、それは皮肉としてであり、彼らをイスラム教徒として認めていないことを示すものだった。しかし非アラブ人イスラム教徒の支配者、そしてごく一部のアラブ人イスラム教徒支配者も、王という称号を名乗って権力を誇示し、自分たちより力の弱いカリフに対する優位を主張することがあった(1)。

その後イスラム教では、マリクという称号を、アラブ人か否かにかかわらず、強大な力を持つイスラム教徒支配者に対して使うようになった。たとえば、マムルーク朝およびオスマン帝国時代、シリアの年代記史家や伝記作家は、イスラム教徒支配者に言及する際、マリクという称号を単独で、またはスルタンやシャーの称号と組み合わせて使った。かくして、オスマン朝のスルタンは、マリク・アルルームと呼ばれるようになった。

「ルーム」はもともと「ギリシア人」を意味する言葉だったが、やがてアラブ人イスラム教徒がビザンティン帝国の人々を指して使うようになり、その後、ビザンティン帝国の後を受け継いだオスマン朝の人々にも適用されるようになったものである。同様に、マムルーク朝のスルタンは、アルスルタン・アルマリク、もしくはアルマリク・アルスルタンと呼ばれ、サファヴィー朝のシャー（shah）はマリク・シャーと呼ばれた(2)。

これらの支配者が自らマリクを名乗ったわけではないが、地元の著述家が、単なる称号としてではなく、尊敬の念を込めて、彼らをそう呼んだのだ。この言葉はそのまま廃れることなく使われ続け、やがて二〇世紀初頭には、アラブ諸国において正式な称号となった。

かたやカリフという称号は、もともとイスラム教と深く結びついた言葉である。当初は、イスラム社会の最高権威者（アミール・アルムーミニーン／amīr al-mu'minīn）としても知られる、預言者ムハマンド（マホメット）の後継者（ハリーファ／khalīfa）に対して用いられた。カリフは、イスラム教のイマーム（「礼拝の指導者」の意味）を務めながら、イスラム教を広め、その規律を執行する役割を担っていた。最初の四人のカリフは、紀元六三二年から六六一年の間、つまり正統カリフ（ラーシドゥーン・カリフ／Rāshidūn Caliphs：「正しく導かれた者たち」の意味）の時代に、イスラム社会の長老たちによって選ばれた。カリフとその制度は、ウマイヤ朝、アッバース朝およびファーティマー朝、ならびに短期間ではあったが、オスマン朝といった支配王朝で用いられた。

アラブにおけるカリフの制度は、一二五八年、アッバース朝がモンゴル人によって滅ぼされたときに消滅した。その際、アッバース朝カリフ後裔はマムルーク朝の首都カイロに逃れ、政治的権力を失ったまま余生を送る。このような状況は、アッバース朝の最後の後継者である、第五五代カリフ、アルムタワッキル・アラー・アッラーフ・ムハンマド・ヤークーブ（al-Mutawakkil ʿalā Allāh Muḥammad Yaʿqūb）が、イスラム暦九五七年八月一一日（西暦一五五〇年八月二六日）に亡くなるまで続いた[3]。

一五一七年にオスマン朝がカイロを占領すると、アッバース朝のカリフは、マムルーク朝スルタン・カーイトバイ（Qāyitbay）と対立するスルタン・セリム一世の側についたといわれている[4]。一八世紀からの言い伝えによれば、「アッバース朝カリフ、アルムタワッキル（al-Mutawakkil）は、イスタンブールのアヤソフィアのモスクで行われた式典で、スルタン・セリムとその後継者に、カリフの位を正式に委譲した」とされている。ただし、ハリル・イナルジク（Khalil Inalcik）は、現在残っている記録にこの言い伝えを裏付ける証拠は存在しないという[5]。

いずれにせよ、スレイマン一世（大帝）の時代（一五二〇〜六六）に、オスマン朝のスルタンはムハンマドの属していたクライシュ族の流れを汲む者ではないため、イマームおよびカリフの称号を名乗ることは許されないのではないか、という疑問が浮上した。これに対しイナルジクは、スルタンはイスラム世界における事実上の主権者として、カリフを名乗ることができると述べる[6]。事実、オスマン朝が国の正式な法学派として認定したハナーフィ派は、カリフはクライシュの子孫に限られるとは言っていない。

イナルジクによれば、一八世紀になってオスマン朝の権威が衰え始めると、スルタンは、アッバース朝が権威を誇示するために利用したカリフの理論的概念に頼るようになったという。例えば一七二七年のサファヴィー朝との条約、および一七七四年のロシアとのキュチュク・カイナルジャ条約を締結した際に、そうした姿勢が見られたとのことだ。[7] スルタン・アブデュル・ハミト二世（Abdul-Hamid II, 1876–1909）は、オスマン朝のスルタンとして初めて、正式に、かつ公然とカリフを名乗り、汎イスラム主義者に対して、イスラムのリベラル勢力と戦い、イスラム教徒を支配するヨーロッパ諸国の脅威になろうと呼びかけた。

シリア征服後、オスマン朝は、ハーディム（Khādim）もしくはハーミー・アルハラマイン・アルシャリーファイン（Ḥāmī al-Ḥaramayn al-Sharīfayn：「二つの神聖なる場所の従者または保護者」の意味）というイスラムの称号を用いるようになった。これは、イスラム暦九二二年八月（西暦一五一六年九月三日）にアレッポで行われた金曜日の礼拝において、演説者（ハティーブ／khaṭīb）がスルタン・セリム一世（Selim I）に与えたものである。[8] この名誉ある称号がスルタンに与えられたのは、ヒジャーズへの巡礼に便宜を図ってほしいとの思惑からだった。実際、この称号はオスマン朝の勅令（カーヌーン）八の前文に登場している。皮肉なのは、このように重みのある称号をもらい受けながら、オスマン朝のスルタンは誰ひとり巡礼に出かけなかったということである。[9]

オスマン朝の支配者は、つねにスルタンの称号を名乗った。スルタンというアラビア語は権威を意味し、最初はアッバース朝のカリフがバグダッドの事実上の支配者、セルジューク族（およそ一〇五〇～一一五〇）に与えたものである。その後、カリフの中にも、権威と権力を誇示するためにスルタンを名乗るものが現れた。時にスルタンという称号はマリクの称号と組み合わされ、スンナ・シーア両派の指導者によって使われた。[10]

一　二〇世紀初頭の支配者の称号

一九〇九年、青年トルコ党により結成された統一進歩委員会（CUP）がスルタン・アブデュル・ハミト二世を退位に追い込んだが、その後もオスマン朝は権力を維持し、オスマン朝のスルタンは、スルタンの称号だけでなく、カリフの称号も名乗り続けた。ダマスクスとメディナの間にヒジャーズ鉄道（一九〇一～〇九）を敷いたスルタン・アブデュル・ハミト二世は、「二つの聖都（メッカとメディナ）」の従者、そしてカリフとしての地位を確固たるものとしていた。この鉄道建設の表向きの目的は、メッカ巡礼に便宜を図ることであったが、この鉄道の完成によって、第一次世界大戦中のヒジャーズへのトルコおよびドイツ軍の物資輸送が容易となり、結果として両国は、紅海におけるイギリスの利益を脅かしたのである。

これに対してイギリスは、ヒジャーズ王、シャリーフ・フサイン（Sharīf Ḥusayn）に対して、オスマン朝に叛旗を翻し、ヒジャーズ鉄道を破壊するよう説得した。イギリスは王に対し、シリア、イラクおよびアラビアの独立を認め、カリフの称号の下、彼をこれら三国の支配者にすると約束した。シャリーフ・フサインは一九一六年六月一〇日に反乱を起こした。イギリスからの支援と、T・E・ローレンス（アラビアのロレンス）からの助言を受け、シャリーフ・フサインの息子アミール・ファイサル（Amīr Fayṣal）と、ベドウィンで構成された軍隊は、ヒジャーズ鉄道を破壊した。ベドウィンがヒジャーズ鉄道の破壊に協力したのは、ヒジャーズへの巡礼者輸送をめぐって、この鉄道が競争相手となるからであった。

第一次世界大戦でオスマン朝が敗れると、同国の将校ムスタファ・ケマル（Mustafa Kemal）は、トルコを占領していたヨーロッパ列強との条約締結に成功した。彼は、一九二二年一一月一日にスルタンを、さらに一九二四年三月八日にはカリフを廃止してトルコ共和国を建国し、自らが大統領となった。ここに、オスマン朝は終わりを告げたのである。

イギリスにカリフの地位を約束されていたシャリーフ・フサインは、トルコでのカリフの廃止に乗じ、自らをカリフと宣言した。この行為は、ライバルのアブドゥル・アジーズ・イブン・サウード（ʻAbd al-ʻAzīz Ibn Saʻūd）というナジュドのスルタンを激怒させた。イブン・サウードは、忠誠心の強いイフワーン軍を率いて、一九二五年にヒジャーズを占領し、シャリーフ・フサインを追放した。この結果、イブン・サウードは、ナジュドのスルタンであるだけでなく、ヒジャーズの王にもなったのである。一九三二年、彼はサウジ・アラビア王国を建国する。自らの宗教上の威光を誇示するために、彼はその後、さまざまな称号に加えて、ハーディム・アルハラマイン・アルシャリーファイン（Khādim al-Ḥaramayn al-Sharīfayn：「二つの聖都の守護者」の意味）を名乗る。

当時、カリフについては、綿密な再評価が行われていた。シリアの学者、ムハンマド・ラシード・リダー（Muḥammad Rashīd Riḍā, 1865–1935）はカイロに住み、エジプトのムフティー（法学者）であるアズハル学院のムハンマド・アブドゥフ（Muḥmmad ʻAbduh, 1849–1905）の弟子として広く知られていた。彼は、自らが定期的に発行する『マナール（*al-Manār*）』誌で、イスラムの近代化と改革を訴えた。そしてカリフの復活、およびサラフ（先祖）の頃の純粋なイスラム教への回帰を主張した（サラフ主義）。彼がワッハーブ派、つまり極めて優れたサラフ主義者を賞賛していたのはこのためである。

リダーは、当時、アラブ民族主義とカリフへの忠誠との間に緊張関係が存在していることを知っていた。彼はトルコに対してアラブを擁護し、オスマン朝が権力を失った今こそ、アラブ人がカリフを取り戻すべきだと主張した。さらに彼は、アラブ人とトルコ人の和解を図ろうとした。しかしながら、ヨーロッパの保護を受けたアラブ人カリフは認めず、その理由から、シャリーフ・フサインがカリフを名乗ることには反対したのである。[11]

一方、ムハンマド・アブドゥフの弟子アリー・アブドゥル・ラッザーク（ʻAlī ʻAbd al-Razzāq, 1888–1966）は、自らの著書 *al-Islām wa-Uṣūl al-Ḥukm*（イスラムおよび政治的権威の基盤）の中で、カリフという地位は本来神聖なものではないため、復活させるべきではないと主張した。この主張は激しい議論を呼んだ。[12]

スルタンという称号は、オスマン朝の支配者が何世紀にもわたって名乗ったものだが、二〇世紀初頭になると、ナジャドのスルタン、イブン・サウードやオマーンのスルタンを始めとするアラブの支配者も名乗るようになった。一九一四年、イギリスが、ドイツ側についたオスマン朝への報復措置として、エジプトに対する同国の宗主権を剥奪し、エジプトを自国の保護国とした時、彼らはエジプトの支配者の称号を、オスマン朝のスルタンが一八六七年にイスマイルに与えたヘディブ（khedive：ペルシャ語で「王」の意味）から、スルタンへと変更した。しかし一九二二年、イギリスはエジプトに対し、条約関係に基づく形式的な独立を認め、その際、エジプトの支配者の称号をスルタンからヘディブへと変えたのだった。

二　一九二〇年三月八日、ファイサルがシリア王を宣言する

一九一六年六月一〇日にアラブ民族主義者による反乱が勃発し、ヒジャーズ鉄道が破壊された後、アミール・ファイサルはシリアを目指して北へ向かった。彼は、パレスチナから進んできたアレンビー（Allenby）司令官率いるイギリス軍と合流し、一九一八年一〇月四日にはダマスクスへ入城した。当時、フランスはベイルートを占領し、一九一六年五月一六日のサイクス＝ピコ協定を実行するために、シリア沿岸を北上していた。シャリーフ・フサインの代わりを務める息子のファイサル、およびイギリスを代表する軍政長官の下に置かれたアラブ政府が、ダマスクスで設立された。その支配権は、北はアレッポおよびデイル・アッズール（Dayr al-Zūr）にまで達するシリアを含む東部地帯に及んだ。イギリスが任命した軍政長官は、ダマスクスの名士リダー・パシャ・アルリカービー（Riḍā Pasha al-Rikābī）であった。

ファイサルとアルリカービーの両者が支配権を握るという二元構造は、ダマスクスのアラブ政府にとって足かせとなった。九月一五日、イギリスはフランスとの間で条約を締結した。それに基づいて、イギリスはシリアから撤退し、代わりにフランスがシリアに入ることとなり、イギリスを代表する軍政長官の職は廃止された。ファイサルとアラブ政府は、フランスおよび国内のオスマン支持派の名士の抵抗に直面した。名士とは、大地主や宗

教学者（ウラマー／ʻulamāʼ）のことで、彼らは民族主義に反対していた。

一九一七年四月にドイツに宣戦布告を行い、大戦後のパリ和平会議に出席したウィルソン大統領によって、キング・クレーン委員会（King-Crane Commission）として知られるアメリカの調査委員会がシリアに派遣された。一九一九年の六月から七月にかけてのことである。この委員会は、民族自決権に関するシリア人の希望を確認するためのものであった。イギリスとフランスはこの委員会をボイコットした。委員会は、シリアの団結は強く、同国の分割は容認できないと結論づけた。さらに、統一されたシリア国家にパレスチナを含めるよう勧告し、パレスチナへのユダヤ人移住というシオニズムの計画を民族自決権の侵害と見なした。委員会の勧告は、英仏両国から無視されたまま、一九二二年に公表されるまで棚上げにされた。その当時、すでにアメリカは国際連盟を脱退していた。

一九一九年に選挙で選ばれたシリア全体会議（al-Muʼtamar al-Sūrī al-ʻĀmm）は、和平会議において英仏両国による陰謀を知り、一九二〇年三月八日に会合を開くと、立憲君主制国家シリア（レバノンおよびパレスチナを含む）の独立を宣言し、ファイサルを国王とする旨の決議を採択した。同会議はさらに、シリアとイラクの経済的統合を求めた。イスラム教徒議員の過半数に加えてキリスト教徒およびユダヤ教徒を含む民族主義者は、以前に比べて現実的になっており、シリア・イラクおよびヒジャーズからなるアラブ独立国家建設という夢については実現をあきらめていたのだ。しかしシリア全体会議は、なぜカリフやスルタンの制度ではなく、王政を選択したのだろうか。

当初ファイサルは、シリア・イラクおよびヒジャーズからなるアラブ王国を建国し、父を最高位にすえ、自らはシリアを担当しようと考えていた。ダマスクス商業裁判所（the Commercial Tribunal in Damscus/al-Maḥkama al-Tijārīya）の記録によれば、イスラム暦一三三七年一月一日（西暦一九一八年一〇月七日）にアラブ国家（al-Dawla al-

'Arabiyya）の建国が正式に宣言された。ファイサルがダマスクスに到着してから三日後のことである。[13] さらに同裁判所は、アラブ王、フセイン一世（Malik al-'Arab Ḥusayn al-Awwal）の名において判決を下すようになった。さらにフセインに対し、アラブの王およびイスラム教徒のカリフ、もしくはアラブのスルタンおよびイスラム教のカリフという称号も与えた。[14] ダマスクスのイスラム教裁判所（al-Maḥkama al-Shar'iyya）は、シリア市民は信条に関係なく、アラブ・シリア国家（at al-Dawla al-'Arabiyya al-Sūriyya）に属すると明言した。

　同裁判所の記録文書においては、アラブ・シリア国家という名称に、伝統的にオスマン朝だけが使用していた、al-'āliyya（「高貴な」の意味）という形容詞が付け加えられることもあった。[15] ダマスクスのイスラム裁判所は、裁判記録の見出しに、トルコ語ではなくアラビア語を使用するようになり、イスラム暦一三三七年一月一九日（西暦一九一八年一〇月二五日）に判例の一覧表を新たに作成し始めた。これは、一九二〇年一二月三〇日まで続いた。一九二〇年七月二四日、フランスはダマスクスを占領した。さらに一九二一年一月三日、フランスは、新たにアラビア語による裁判記録目録の作成を開始した。[16]

　アラブ民族国家におけるインフラストラクチャの整備の必要性を感じたファイサルは、一九一八年一〇月六日、立法機関として、諮問評議会（Majlis al-Shūrā）を設立した。同評議会の評議員の三分の一はキリスト教信者で、このことは、ファイサルの寛容な政策の表れでもあり、キリスト教信者の行政能力を示すものでもある。シリア社会の多元的性質、アラブの民族主義運動（al-Nahḍa al-'Arabiyya）にキリスト教信者が果たす大きな役割、および政教分離国家であることをヨーロッパに印象づける必要性から、ファイサルは、宗教に対する寛容な態度を自らの政策の柱に据えたのだった。トルコでの虐殺を逃れたアルメニア難民が、彼らによって自らの経済的利益が脅かされると感じたアレッポのイスラム教徒から嫌がらせを受けると、ファイサルは一九一九年六月にアレッポまで出向き、アラブ・クラブ（al-Nādī al-'Arabī）で講演を行った。

彼はその中で寛容の精神の必要性を説き、次のように語った。「私に言わせれば、我々には多数派も少数派も存在しない。我々を分かつものは何もない。我々は一つなのだ。宗教も宗派も存在しないことは、暫定政府の活動が証明している。なぜなら、我々は、モーゼ、ムハンマド、キリスト、そしてアブラハムが現れる前からアラブ人だったのだから。我々アラブ人は生涯共にあり、死が我々を分かつにすぎない。我々が分かたれるのは、土に帰る時だけなのだ[17]」。

すべての国民を信条に関係なく結びつける基盤としてのアラブ主義を強調することで、ファイサルは政教分離国家の基盤を確立した。この政策がもとで、ファイサルはイスラム教保守主義者の不興を買うことになる。しかし、多くのキリスト教信者からなる民族主義者からは、尊敬と支持を得ることができたのである（ファイサルは、一九二一年から一九三三年に亡くなるまでイラク国王の地位にあったが、その間、宗教上および民族上の少数派に対しても、寛容政策を採った）。それにもかかわらず彼は、シリアの宗教学者（ウラマー）からの支持を得ようとして、彼らを政府の要職に就けた。また、大多数の人々に益する経済的規制を実施した。ファイサルの命令に基づき、諮問評議会は、軍事費を調達するための特別税を課していた法律（Qānūn Wīrkū al-Ḥarb）、ならびにイスラム暦一三三〇年度（西暦一九一一〜一二）予算の不足分を補うためのオスマン法（Qānūn Sadd 'Ajz Mīzāniyyat 1330）を、一九一八年一一月三日に廃止した。

シリアでのファイサルの人気は高まり、彼はシリア国王に選出された。彼を国王に選んだシリア全体会議は、トリポリの代表であるムハンマド・ラシード・リダー（Muḥammad Rashīd Riḍā）の指揮のもと、一九一九年六月三日に初めて召集され、ハーシム・アタッシー（Hāshim Atassī）というホムス代表を議長に選出した。一九二〇年三月に会議を召集したファイサルの目的とは、シリアでの自らの地位を合法化し、国王として選出されるための道を開くことだった。当時、アラブの広範囲におよぶ統一という構想は、実現不可能と思われた。

会議には二つのグループが生まれていた。ファイサルを支持する民族主義者のグループと、彼に反対する保守主義者のグループである。民族主義者はさらに、過激派と穏健派に分かれた。過激派は、ファイサルが主張するシリア統一および独立を、アラブの統一を目指す政策からの逸脱と受け取った。さらに彼らは、彼の姿勢を、少数派に配慮し過ぎであるとして批判した。一方で、中立派（Hiyādiyūn）といわれた穏健派は、彼の政策を支持した。[18] またファイサルに反対する保守派は、「伝統的名士」（Old Notables/al-Dhawāt al-Qudamā'）として知られていた。彼らはブルジョア封建主義一族を始めとする貴族であった。彼らは、ファイサルと民族主義者を、フランスと対立し、彼らの利益を阻害し、結果としてシリアの政情を不安定にする脅威とみなした。彼らの中にはフランス支持を表明する者もいれば、宗教学者（ウラマー）やスーフィー教徒（tarīqa）を含め、フランスの支配を受け入れる意思を示す者もいた。[19]

ファイサルの支持者は、幅広い階層からなる人民戦線（al-Jabha al-Sha 'biyya）を組織し、会議を支配した。彼らはまた、アラブ・クラブ（Arab Club）、進歩党（the Progressive Party/Hizb al-Taqaddum）、およびシリア愛国党（the Patriotic Syrian Party/al- Hizb al-Watanī al-Sūrī）といった主だった組織にも名を連ねた。彼らにとって、シリアの統一は、より大規模な、アラブ統一に向けての足がかりだったのである。[20]

穏健派と保守派に分裂したものの、会議は全会一致でファイサルをシリア国王に選出した。会議に参加した七名のキリスト教司教とダマスクスのユダヤ教ラビの長は、ファイサル国王を支持するという誓約を書面で明らかにした。その理由は、ファイサルがすべての宗教を尊重し、法のもとの平等と法の遵守を約束したからである。この誓約は、『アル・アーシマ』（al-'Āsima：「首都」の意）という官報で発表された。[21]

一九二〇年三月八日、シリア第二の都市アレッポでは、当局が次のような宣言を載せたチラシを配布した。

「たとえ信念に背くとしても、イスラム教徒はキリスト教徒およびユダヤ教徒の兄弟である」

「アラブ人は、モーゼおよびキリストおよびムハンマドの前にアラブ人である」
「自由と独立は、シリアの二つの権利である」
「独立とファイサルは、シリアの二つの宝である」
「シリア人の血は、独立のために流される」
「シリアは、自由を手にするに最もふさわしい国家である」
「宗教は神のものであり、祖国は神の子のものである」

アレッポのアメリカ領事は、一九二〇年三月一三日付の本国への電信で、このチラシについて報告した際、ファイサルが国王に選ばれるだろうと述べた。彼の言葉によれば、「現地当局は、正式な発表を行っていないが、どうやらアミール・ファイサルは、メソポタミアおよびパレスチナを含む、『シリアの国王』に指名されたらしい」[22]。メソポタミア(イラク)が含まれるという点は、アラブ民族主義者の希望的観測であって、実際には実現しなかった。

イスラム教とキリスト教の相互理解を図る目的で、アレッポで設立されたアラブ同胞委員会(the Committee of Arabian Brotherhood)の代表団は、ファイサルが正式に国王として選出される一週間前の三月一三日の朝、ダマスクスに向けて出発した。アレッポを代表して、彼にお祝いを言うためであった。代表団は、四名の著名なイスラム教信者と六名のキリスト教信者で、うち三名は司教であった。アレッポのユダヤ人名士と大ラビ(the Grand Rabbi)一名ずつは、同じ目的のため、すでに一日前に出発していた[23]。こうして、平等と宗教の自由が保障されるはずの君主制に対する期待は高まっていたのだった。

当時のシリアにおけるアラブ民族意識の高まり、宗教に対するファイサルの寛容な政策、行政へのキリスト教徒の参加、およびヨーロッパ的な立憲君主国の建国をヨーロッパに印象づけたいという思惑を考えると、王政は、シリアという新興国家に最もふさわしい制度だったといえる。しかし、ファイサルを国王として発足したこのアラブ国家は、わずか四カ月しかもたなかった。一九二〇年七月二五日、同国は、ダマスクスを占領したフランスに屈したのである。この占領は、イギリスとフランスが締結した、一九二〇年四月二五日のサンレモ協定に基づくものであった。この協定により、フランスは、シリアおよびレバノンの占領を認められていたのである。サンレモ協定は、独立シリアの国王としてファイサルが選ばれたことへの対抗措置であった。

シリアにおけるファイサル国王のアラブ政府が遺した遺産は、民族国家の成立に不可欠な制度と組織の整備、宗教的寛容の精神、そして国家のアラブ化であった(24)。

（1）Bernard Lewis, *The Middle East: A Brief History of the Last 2,000 Years* (New York: Simon & Schuster, 1995), pp.140–1; Marshall G.S. Hodgson, *The Venture of Islam, The Classical Age*, vol. 1 (Chicago: The Chicago University Press, 1974), pp. 459–60; *The Encyclopedia of Islam*, New Edition, article Malik.

（2）Najm al-Dīn al-Ghazzī, *al-Kawākib al-Sā'ira bi-A'yān al-Mi'a al-'Āshira*, Jibrā'īl Jabbūr ed. (Beirut: Dār al-Āfāq al-Jadīda, 1979), pp. 294–5.

（3）Muḥammad Ibn Abī l-Surūr al-Bakrī al-Siddīqī, *'Uyūn al-Akhbār wa-Nuzhat al-Absār*, ms., no. 77, Cairo, Dār al-Kutub al-Miṣriya, fols. 138b–139a; Abdul-Karim Rafeq, *al-'Arab wa'l-'Uthmāniyyūn, 1516–1916*, 2nd edition (Damascus: Atlas, 1993), p.4.

（4）Muḥammad Ibn Iyās, *Badā'i' al-Zuhūr fī Waqā'i' al-Duhūr*, vol. 5, edited by Muḥammad Muṣṭafā (Cairo: 'Īsā al-Bābī al-Halabī, 1961), pp.166–7; Rafeq, *al-'Arab*, p.63.

（5）Khalil Inalcik, "Appendix: The Ottomans and the Caliphate," *The Cambridge History of Islam*, 2 vols. (Cambridge: Cambridge University Press, 1970), see vol. 1, p.320.

（6）Ibid., pp.322-3.

（7）Ibid., pp.320-3; Khalil Inalcik, "Islamic Caliphate, Turkey and Muslims in India," in *Sharī'ah, Ummah and Khilāfah*, edited by Yūsuf Abbās Hāshimī (Karachi: Fazlee sons Limited, 1987), pp.17–20; Stanford J. Shaw, *History of the Ottoman*

Empire and Modern Turkey, 2 vols. (Cambridge: Cambridge University Press, 1976–7), vol. 1, p.250; *Encyclopedia of Islam,* New Edition, article Khalīfa, pp.945–6.

（8） Inalcik, "Islamic Caliphate," p.18

（9） Suraiya Faroghi, *Pilgrims and Sultans, the Hajj under the Ottomans, 1517–1683* (London: I.B. Taurus, 1994), p.185.

（10） *Encyclopedia of Islam,* New Edition, article Malik, pp.261–2

（11） カリフに関するRashid Ridaの見解についての、包括的で洞察に満ちた議論については、MahmoudHaddad, "Arab Religious Nationalism in the Colonial Era: Rereading Rashid Rida's Ideas on the Caliphate," *Journal of the American Oriental Society,* 117.2 (1997), pp. 253–277. を参照のこと。

（12） Albert Hourani, *A History of the Arab Peoples* (Cambridge: Harvard University Press, 1991), pp.346–7.

（13） Directorate of Historical Archives, Damascus, al-Maḥkama al-Tijāriyya, vol. 149.

（14） Ibid., pp.145,156.

（15） 具体的には、Damascus, Shari' a Court Records, vol.1533, p.89, vol.1544, p.99, vol. 1548, p.109, Aleppo, vol. 615, p. 82.

（16） Abdul-Karim Rafeq, "Arabism, Society, and Economy, 1918–1920," Yusuf M. Choueiri ed., *State and Society in Syria and Lebanon* (Exeter: University of Exeter Press, 1993), pp.1–26, see pp.4–5.

（17） Satī' al-Husrī, *The Day of Maysalūn,* アラビア語（*Yawm Maysalūn*）訳 Sidney Glazer, Washington, 1966, p.113; Yūsuf al-Ḥakīm, *Sūriyya wa' l-' Ahd al-Faysalī* (Beirut: Dār al-Nahār, 1980), p,74.

（18） al-Hakīm, p.74; Khairieh Qāsmieh, *al-Ḥukuma al-' Arabiyya fī Dimashq bayna 1918 wa 1920,* Cairo, 1971, pp.64–5.

（19） al-Hakīm, pp.87–8, 104.

（20） Ibid., pp.56–8; Ḥasan al-Hakīm, *Khuburatī fi' l-Ḥukm,* Amman, 1978, pp. 46–7.

（21） 誓約の本文については、al-Ḥakīm, p. 143を参照。

（22） 一九二〇年三月一三日付の電信で、American Consul in Aleppoが本国に報告。National Archives (Washington, DC), 国務省記録（マイクロフィルム）、M722, roll 10, dispatch no. 478.

（23） Ibid.

（24） ファイサルを国王とするダマスクスのアラブ政府についての詳細は、al-Ḥakīm, Qāsmieh and Rafeqがすでにとりあげている様々な論文を参照のこと。また、他にも、次のものを参照のこと：Mary Almaz Shahristan, *al-Mu' tamar al-Sūrī al-*

ʻĀmm, 1919–1920 (Beirut: Dār Amwāj, 2000); JamesL. Gelvin, *Divided Loyalties: Nationalism and Mass Politics in Syria at the Close of Empire* (California: California University Press, 1998); Abdul-Karim Rafeq, "Gesellschaft, Wirtschaft und Politische Macht in Syrien 1918-1925," (translated from English), *Der Nahe Osten in der Zwischenkriegszeit, 1919-1939*, Linda Schilcher･Claus Scharf eds. (Stuttgart: Franz Steiner Verlag, 1989), pp.440-81.

【コメント1】

王制・カリフ制・スルターン制

佐藤次高

ラーフェク氏の報告は一九～二〇世紀を主たる対象にしているので、私は歴史をさかのぼってイスラーム史のなかの王制・カリフ制・スルターン制を検討し、一九二〇年のシリアでなぜ王制が選択されたかを考えてみることにしたい。

1 カリフ権の性格

六三二年、メディナで預言者ムハンマドが没した後、ムハージルーン（メッカからの移住者たち）とアンサール（メディナの援助者たち）との合議によって、ムハンマドの古くからの友人であり、かつクライシュ族の長老でもあるアブー・バクル（在位六三二～六三四）が初代カリフに選出された。預言者は宗教的権限（dīn）と政治的権限（mulk）とをあわせ持っていたが、アブー・バクルは両者のうち政治的権限だけを継承したのである。したがって、この点に着目すれば、カリフ権の本質は後の大アミールやスルターンと同じく「王権」であったことになる。

つまり歴代のカリフには、神の言葉を預かる預言者の資質はなく、またその啓示にもとづいて人間の行為を裁く権限も与えられていなかった。コーランやハディース（預言者の言行を伝える伝承）にもとづいてイスラーム法（sharīʻa）が体系化されるのは九世紀頃のことであるが、この体系化を行ったのはカリフやその側近ではなく、イスラーム諸学に通じた知識人たち（ʻulamāʼ）であったことに注意しなければならない。言いかえれば、イスラームでは、カリフが行使する軍事・行政権とウラマーの立法・司法権とは、当初から明確に区別されていたのである。

ところでカリフには、その権限や性格をあらわす、次のような三つの称号があった。すなわち

(1)ハリーファ・ラスール・アッラーフ (khalīfa rasūl Allāh)
(2)アミール・アルムーミニーン (amīr al-mu'minīn)
(3)イマーム (imām)
がそれである。

(1)は「神の使徒の後継者あるいは代理」の意味であり、このハリーファの英語訛がカリフ (caliph) であることはよく知られている。この用法に従えば、第二代目のカリフは、「神の使徒の後継者の後継者」(ハリーファ・ハリーファ・ラスール・アッラーフ) と呼ばれることになるが、これでは煩わしいのでハリーファと略称されたのである。なお、ハリーファ・ラスール・アッラーフのラスールを省略し、カリフを直接「神の代理」とするハリーファ・アッラーフの称号も早くから用いられたが、このカリフ権神授の思想が多くの知識人によって認知されるのは、アッバース朝 (七五〇〜一二五八) 時代になってからのことであった。

(2)は「信徒たちの長」の意味であり、ムスリム軍を率いて異教徒と戦う勇ましい軍司令官の称号であった。これは、聖戦 (ジハード) としての大征服を推進した、第二代カリフ・ウマル (在位六三四〜六四四) がはじめて採用した称号である。一般にイスラーム国家の首長といえば、私たちはまずカリフ (ハリーファ) を思い浮かべるが、実際の歴史のなかでもっともよく使われたのは、ハリーファではなく、アミール・アルムーミニーン (信徒たちの長) という勇ましい称号であった。

(3)のイマームは「礼拝の指導者」を意味するアラビア語である。各地のモスクで礼拝の指導に当たる人物もイマームと呼ばれるが、カリフがイマームとも呼ばれたのは、あくまでもムスリム全体の信仰生活を指導するという象徴的な意味においてであった。それ故、これをもってカリフにも「宗教的な権限」が備わっていると考えるのは、カリフ制の理解に混乱をもたらすもとであろう。なお、シーア派ムスリムの最高指導者もイマームと呼ばれるが、シーア派のイマームはムハンマドの娘婿アリーの血統をひき、教義の決定権と立法権をもつばかりでなく、その判断は絶対に不可謬であるとされていたことが特徴である。

2 カリフ権の承認

アブー・バクルが初代カリフに選出されたとき、メディナのムスリムたちは、ひとりひとりアブー・バクルに対してその権威を承認するバイア (bay'a)、つまり「忠誠の誓い」を行った。もともとバイアとは、商取引が成立したとき、双方の商人が互いに手を打ち合わせるアラブの古い習慣を意味していた。これが、ムハンマドの死を契機に、その後継者の権威の承認に用いられたのである。これ以後、バイアは新しく即位したカリフやスルターンを承認する、モスクでの一般的儀式としてイスラーム世界に広く定着していく。イブン・ハルドゥーン（一三三二～一四〇六）は、『歴史序説』のなかで、「現在一般に行われているバイアは、地面に口づけしたり、あるいは王の手や足や衣服の下縁に口づけしたりするペルシアの宮廷風の挨拶である」（森本公誠訳、四一六頁、一部改訳）と説明している。ここには、モスクでムスリムが集団で行うバイアに関する説明はないが、イスラーム世界の拡大につれて、忠誠の誓い（バイア）も個人的な握手の形式から、集団による儀礼へと変化していったのであろう。

バイアによってムスリムの合意をえた新カリフに対して、その後もムスリム住民による定期的な合意の儀式がくりかえされた。毎週、金曜日正午に行われる集団礼拝時の講話（khutba）がそれである。説教壇（ミンバル）で語られるフトバのテーマはさまざまであるが、どの講話でも最後に「このフトバをカリフ某の名において読む」という締めくくりの言葉が語られた。これは、初期イスラーム時代のカリフが自ら説教壇に立ってフトバを行った名残であるが、いずれにせよ、金曜モスクを共有する地域住民たちは、説教者（ハティーブ）によるこのフトバを通じて、一週間に一度、彼らの支配者が誰であるかを確認してきたのである。住民の間で現在の支配者を否定する合意ができれば、「フトバからカリフの名を削除する」ことも行われた。言いかえれば、フトバから支配者の名を削ることは、地域住民が反乱を起こしたことを公に表明する手段であったといえよう。

以上のように、新カリフの承認と正当化はバイアとそれに続くフトバによって行われ、これらを実行するムスリムの集合体がイスラーム国家（dawla）の核心部分を形成した。したがってイスラーム国家は、国境が固定された領域国家とは異なる原理のうえに成り立っていたことになる。現実の歴史のなかでは、バイアが信者の自由意志ではなく、支配者側からの強制によって行われることもあったに違いない。また、フトバからカリフの名を削れば、これは反乱の表明であったから、地域の住民はとうぜん政府による弾圧の対象となった。

しかしバイアやフトバというイスラームに固有な慣行のなかには、ムスリム住民の意向がなんらかの形で反映されていたことが重要であろう。これに対して、たとえばエジプト古王国のファラオは、「太陽神ラーの子」として神性をもつ絶大な権力者とされ、帝国内の住民にはこの王権を否定する権限は与えられていなかった。またアケメネス朝のシャーハーンシャーは、「神とほぼ同等の権威」をもち、その権力は絶対的であった。したがって宗教的な権限のないイスラームのカリフ権は、古代オリエントのファラオやシャーとは異なる、新しい政治原理にもとづく王権であったとみなすことができよう。

3　カリフ・スルターン体制の成立

九世紀に入るとアッバース朝の領域内では、イラン東部のターヒル朝（八二一～八七三）とサッファール朝（八六七～九〇三）、エジプトのトゥールーン朝（八六八～九〇五）など、バグダードのカリフ権を否定する独立王朝があい次いで樹立された。これによってアッバース朝カリフの権威がおよぶ範囲は縮小し、国庫収入もいちじるしく減少した。また軍隊の中核を形成していたホラーサーン軍は、世代交代が行われた結果、カリフへの忠誠心を失いはじめた。これを補うために採用された奴隷のマムルーク軍団も、しだいに勢力を蓄えると、カリフの統制下から離反する傾向をみせはじめ、やがて彼らの主人であるカリフの改廃にまで介入するようになった。

このような状況のもとで、九三六年、カリフはバスラ総督のイブン・ラーイクを大アミール（amīr al-umarā'）に抜擢し、軍隊の指揮権と徴税権をゆだねると共に、全国のモスクでカリフと大アミールの名が唱えられるよう命令を発した。「モスクで名を唱える」とは、むろん金曜日のフトバにその名前を入れることを意味している。カリフが軍事指揮権と徴税権にくわえて、フトバの権利をも第三者に譲渡したのは、イスラーム史上これがはじめてのことであった。

九四六年、バグダードに入城したブワイフ家のアフマドも、同じくカリフによって大アミールに任じられ、ムイッズ・アッダウラ（「王朝の強化者」の意味）の尊称（ラカブ）を与えられた。イラン系のブワイフ朝（九三二～一〇六二）はザイド派を奉ずるシーア派政権であったから、ここに軍事力をもつシーア派の君主がスンナ派のアッバース朝カリフを保護するという、奇妙な協力関係が成立することになった。シーア派の知識人ビールーニー（九七三～一〇五〇）は、このような事態の出現を次のように記している。「国家（ダウラ）と王権（ムルク）は、アッバース家からブワイフ家に移行した。アッバース家に残されたのは宗教的な権限（ディーン）だけである」。先に述べたように、この場合の「宗教的な権限」とは、もちろん預言者ムハンマドがもっていたような宗教的権限ではなく、モスクでの礼拝やメッカ巡礼など、宗教的な諸行事を司る象徴的な権限をさして用いられていることは明らかである。

一〇五五年、ブワイフ朝に代わってスンナ派のセルジューク朝政権がバグダード入城すると、カリフはその首長トゥグリル・ベクに「名誉のローブ」（ヒルア）を与え、全国のモスクでは「東西世界のスルターン（sulṭān）」の名が唱えられた。つまりセルジューク朝（一〇三八～一一九四）のバグダード入城を機に、アッバース朝カリフがスルターンの支配に正当性を与え、スルターンはカリフの地位を保護するという新しい政治体制、つまりカリフ・スルターン体制が成立したのである。

4　カリフ制・スルターン制とイスラーム法

九世紀頃までに整備されたイスラーム法（シャリーア）は、ムスリムとしての正しい生き方を示す指針である。ただシャリーアの著しい特徴は、シャーフィイー派、ハナフィー派、マーリク派、ハンバル派など、法学派ごとに独自の法体系があり、しかも国家内ではこれら複数の法体系が容認され、実際に機能していたことである。つまり一つの国家に一つのイスラーム法が適用されるのではなかったことに注意しなければならない。たとえばオスマン朝（一二九九〜一九二二）では、支配者のオスマン家はハナフィー派を王朝の法学派として公認したが、支配下のシリアやエジプトでは、他の法学派に属するムスリムが多数おり、各学派の法律による裁判が行われた。いずれにせよ、カリフにはイスラーム法にもとづいて統治する義務と権限があり、大アミールやスルターンはカリフからイスラーム法施行の権限を譲り受けて統治に当たったのである。

ハナフィー派の法学者アブー・ユースフ（七三一頃〜七九八）は、『地租の書』の冒頭で次のように述べる。

信徒の長（カリフ、ハールーン・アッラシード）は、私に一冊の総合的な書物を執筆するように求められた。それは、カリフがこの書によって地租（ハラージュ）、十分の一税（ウシュル）、喜捨（サダカ）、人頭税（ジャワーリー）を徴収し、またそれに必要な監督と業務を行うためである。カリフはこれによって臣民にふりかかる不正を取り除き、彼らに公益（maṣlaḥa）をもたらすことを望まれたのである。

これによれば、カリフによる統治の目的は、イスラーム法に規定された税を徴収し、正しい政治を行うことによって、臣民に公益をもたらすことにおかれていた。

このようにカリフ政治の本質はイスラーム法の施行による公益（マスラハ）の実現にあり、カリフから政権を譲渡された大アミールやスルターンには、カリフに代わってこの種の政治を実行することが求められた。言い換えれば、イスラーム法を執行する主体であるカリフからその権限を譲渡されることによって、大アミールやスルターンの地位は正当化されたことになる。カリフが実権を失ってからもなおスンナ派ムスリムの象徴として存続したのは、現実の王権を正当化するうえでカリフの存在が不可欠だったからである。一二五八年、モンゴル軍のバグダード攻略によってアッバース朝のカリフ体制は消滅したが、一二六一年、マムルーク朝（一二五〇〜一五一七）の第五代スルターン・バイバルス（在位一二六〇〜七七）は、アッバース家のカリフをカイロに擁立した。カイロのカリフ制は一六世紀初頭まで存続するが、これも、スルターン権力を正当化するうえで、アッバース家の血をひくカリフの存在が有効だとみなされたからである。

以上のように、カリフ制にせよ、スルターン制にせよ、イスラーム法にもとづく政治を基本にしていた。したがって、一九二〇年に、もしカリフ制あるいはスルターン制を選択したとすれば、人々は当然イスラーム法にもとづく政治を思い浮かべたはずである。しかし当時の政治状況は、このような伝統的な統治形態ではなく、西欧流の近代法にもとづく複合的な民族国家の樹立に傾いていた。こうみてくれば、二〇世紀初頭に、カリフ制でもなく、スルターン制でもなく、王制が選択されたのはいわば当然の結果であったともいえよう。

[参考文献]

日本イスラム協会監修『新イスラム事典』、平凡社、二〇〇二年

イブン・ハルドゥーン（森本公誠訳）『歴史序説』全三巻、岩波書店、一九七九～八七年

佐藤次高「イスラーム国家論——成立としくみと展開——」、『岩波講座　世界歴史』一〇、一九九九年、三～六八頁

同右「イスラームの国家と王権」、『岩波講座　天皇と王権を考える』一、岩波書店、二〇〇二年、二三五～二五五頁

同右『イスラームの国家と王権』岩波書店、二〇〇四年

嶋田襄平『イスラムの国家と社会』岩波書店、一九七七年

湯川武編『イスラーム国家の理念と現実』、栄光教育文化研究所、一九九五年

ローゼンタール（福島保夫訳）『中世イスラムの政治思想』、みすず書房、一九七一年

Abū Yūsuf, *Kitāb al-Kharāj*, English tr. by A. Ben Shemesh, *Taxation in Islam*, vol. 3, Leiden, 1969

Arnold, Th., *The Caliphate*, London, 1924

al-Azmeh, A., *Muslim Kingship*, London, 1997

Berkey, J. P., *Popular Preaching and Religious Authority in the Medieval Islamic Near East*, Seattle, 2001

Black, A., *The History of Islamic Political Thought*, Edinburgh, 2001

Crone, P. and M. Hinds, *God's Caliph*, Cambridge, 1986

Lambton, A. K. S., *State and Government in Medieval Islam*, London, 1981

Mottahedeh, R. P., *Loyalty and Leadership in an Early Islamic Society*, Princeton, 1980

Sato Tsugitaka, *State and Rural Society in Medieval Islam: Sutans, Muqta's and Fallahun*, Leiden, 1997

【コメント2】

天子制とカリフ制――構造比較――

三木　亘

1

西暦紀元一〇世紀ごろまでの旧大陸世界には、東洋（中国を中心とした東アジア）、南洋（インドと東南アジア）、西洋（中東を中心とした西方諸地域）の三つの文明展開の場があった。北方の遊牧民地帯や南方の海を介して、三者のあいだに人と物と情報の往来はある程度存在し、相互に影響関係があったが、それはまだ三つの場をひとつに統合するほどのものではなく、諸国家・諸文明は三者それぞれの仕方で並行して展開し、いくぶん前後はあるが、一〇世紀ごろまでにはそれぞれの世界帝国・世界文明が形づくられた。世界文明としてのアイデンティティの根はそれぞれ、儒仏道三教複合、ヒンドゥ・仏教複合、中東一神教（ユダヤ・キリスト・イスラム）複合と呼んでよいだろう。なお、日本列島は東洋の、西欧は西洋の、いずれも周縁にあった。

いまここでは、条件がかなり違う南洋はさておき、ほぼ等緯度にある東洋と西洋における世界帝国王権思想を抽象レベルで比較してみたい。王権なるものは、たとえ武力による征服で成立したものであっても、なんらかの超越に依拠しないと長続きしないものだが、この場合、東洋では儒教、西洋ではイスラムが、王権を支える超越を用意した。それによって支えられたのが天子制とカリフ制である。

2

天子制とカリフ制はいずれも、最高の超越から命を授けられた人とそのあとつぎが王権を担うという、同じ構造を持っている。すなわち、天子制では、天①から天命②を受けた天子③のひらく王朝、カリフ制では、唯一神（allāh）①から啓示（waḥy）②を受けた神の使徒（rasūl allāh）とそのあとつぎ（khalīfa rasūl allāh 英語日本語訛りでカリフ）③たち、が王権を担う。

天下を率いる天子が天を祀る④のと同じく、信徒の長（amīr al-mu'minīn）であるカリフは、信徒の神への礼拝（ṣalāt）④の導師（imām）となる。

天子は天下を治め、人びとを聖人（天子）の道である礼⑤にみちびく。礼がおこなわれる世界が中華、中国であり、いまだ礼にならわぬ人びと（夷、禽獣にちかい）がその外側にいる⑥。同様に、神の使徒とそのあとつぎは、神と契約を結んだ信徒の共同体（umma）の長（amīr al-mu'minīn）として、神の法（sharī'a）⑤が正しくおこなわれるようにこれを治める。それがおこなわれる世界はイスラムの地（dār al-islām）であり、その外には戦いの地（dār al-ḥarb）がある⑥。いずれの場合も、対立するふたつの世界をわかつものはそれぞれに、聖人の道である礼と神の法という文明原理であるから、その境界は可変であり（礼にならう、神と契約をむすぶ）、その意味で中華、イスラムの地はいずれも外に開かれた文明世界である。イスラムの信徒の共同体もはじめから、そのなかにユダヤ教徒や未信の徒もいたりする尻ぬけ共同体であった。また、礼も神の法も、天や神をうやまうことから天下国家、日常茶飯の事柄にいたるまでの、すべて行為規範であることで共通している。

このように、いわば超越とのつきあいの仕方である行為規範としての礼や神の法にたいして、ひとの身に即した行為規範が両者に共通して存在した。東洋における徳⑦、西洋における公正（'adl）と公益（maṣlaḥa）⑦がそれであり、とりわけ治者はそれを備えるべきだとされた。徳として具体的には智仁勇、あるいは仁義礼智信、あるいはまた親義別序信などがあげられている。公平でかたよらない（'adl）という行為規準はおそらくイスラム以前から中東社会に存在してきたもので、よく天秤《てんびん》はかり（mīzān）にたとえられてきている。その意味では中庸と訳してもよいかもしれない。「中庸は徳の至れるもの」という考えは孔子の言として中国にもあった。公共の利益あるいは福祉という規準は、イスラム時代にはいっての国家論、王権論でつねに重要な位置を占めてきたということを、かつてたどってみたことがある（「maṣlaḥa の展開」、『オリエント』、一九六一年、湯川武編『イスラム国家の理念と現実』悠思社、一九九五年）。

3

共通ないし類似する点をまず列挙したが、その根には、超越の命を受けたひとが王権を担うという共通の構造がある。この構造は、モンゴル高原から中東を経て北アフリカにいたる、旧大陸世界をななめにつらぬく大乾燥地帯の遊牧民が、東洋、西洋それぞれの農民・都市民・定住社会に出会った、異文化接触によって形づくられたものではないかと思う。東洋において、天子の称がうまれた周王朝やしばらく後の唐王朝は中国西北の遊牧民系統とされており、カリフの王権をうみだしたメッカの住民は、遊牧社会のなかで商業に特化した人びとであろう。遊牧民と農民はそれぞれ、家畜と栽培植物という自然の一部を馴化したものを生活の資として、人間と自然との付き合いの仕方では同格といえるが、暮しのようすが違うためにおよそ異質的な社会と文化を形づくる。武器が同じレベルであれば、機動力のある遊牧民が定住民に対して軍事的優位に立つのが普通で、近代以前の旧大陸世界には、遊牧民による定住民社会の征服国家がしばしばみられ、周や唐の王朝もアラブの大帝国もその代表的な例と考えてよいだろう。

人類学者の石田英一郎さんによれば（『世界大百科事典』平凡社、「天」の項）、かずかずの征服国家をたてた内陸アジアの遊牧民のあいだに、天空そのものを上天神としてあがめる、いわば原宗教感覚がもともとあったようで、それが定住民社会を征服して国家を形成する過程で、王権の正当性を支える超越原理になったのではないだろうか。

東洋では、春秋戦国における農耕社会の展開とその上に立つ都市国家を背景に、農桑機織のわざを教えたとされる三皇五帝の神話が形づくられ、それをもとに皇帝を称する秦王朝があらわれた。以後、清代にいたるまで皇帝の称は天子とならんで用いられたが（金子勝「古代中国の王権」、『人類社会の中の天皇と王権』岩波書店、二〇〇二年）、天子は超越とのかかわりによる権威、皇帝は天下を統治する権力を、それぞれあらわす称であった。

これに対して西洋では、シリア砂漠縁辺のヒツジ・ヤギの遊牧民であったイスラエル諸部族が、上天神にヤハウェ《エホバ》という人格神名をあたえたのがその後規範《テクスト》化して、ユダヤ教からはじまるキリスト教、イスラムの一神教諸宗派が展開した。並行して、移動性の点で遊牧民と共通した性格のつよい、海上民化したギリシア諸部族は、天と雷の神にゼウスの名を与えてこれを最高神とした。

商業貨幣経済がすでに自明のものであった七世紀のメッカには、アラビア半島各地の遊牧民諸部族のあがめる神々の像が祀られて巡礼の地となっていたが、allāh はそれらのなかでの最高神にして創造主とされていた。この allāh の啓示をうけて神の使徒となったムハンマドは、すでにあたりに存在していたユダヤ教徒やキリスト教徒たちのあり方に対する改革者の性格を帯びるようになり、その過程で allāh は旧約・新約の唯一神と同一視されてゆく。上天を最高の超越と感じる遊牧民社会の原宗教感覚が働いたのであろう。allāh は、アラビア語の普通名詞の神 ilāh に定冠詞の al がついて（al-ilāh）それがつづまったものというのは、後代の解釈らしい。

ユーラシア北方のステップに分布したトルコ・モンゴル系の遊牧民に、身近な神々とともにそれを超える上天（トルコ語で tanrı, モンゴル語で tengri）をあがめる習があった。それがあったので、一〇世紀ごろからトルコ族がイスラムに接するようになったとき、allāh が tanrı と訳されて、トルコ族のイスラム化はごく自然に進行した。なお、トルコ、モンゴル系の遊牧民には神がかり（シャマン・巫祀）の現象があったが、アラブ諸部族でも、ムハンマドが啓示を受けて常軌をはずれた言動を見せたとき、人びとはかれが kāhin（神がかり）になったと受取る習があった。

人類学者の日野舜也さんによれば、サハラ以南のアフリカでも、人びとが直接する神々の上に最高の超越を意識する原宗教感覚があったので、イスラムに接したとき、前者がjinn（精霊）後者がallāhに当てられて、イスラムはごく自然に受け入れられていった。

レバノン育ちで米国でも社会活動をし日本人と結婚して日本在住の石黒マリローズさんが、「わたしたちにとって唯一の神はあるのがあたりまえでむしろ近しいものだが、欧米人の神は解釈された神のようだ」（『桜と杉』広済堂出版）と書いている。彼女はギリシア正教徒だが、一神教諸宗派のいずれかを問わず、中東の人びとにとって唯一の神は、すべてを超えた超越を感じているもともとの宗教感覚が自覚的になっただけのことであろう。だからいくつもの宗派にわかれていても、「すこし生活習慣の違う人びと」（石黒）くらいの感じでこだわりなくつきあってきており、大きな社会変動のときになにがしか摩擦や衝突があったにしても、大局的には千年以上も諸派が共存してまじりあってきた、身についた共存文化が中東の人びとのあいだにはいまもある。これに対して、高緯度の地のゲルマンの森などというひどく生態条件の違う西欧の人びとが、あこがれの文明化の原理として輸入した一神教一派の西欧キリスト教は、ギリシア風の理屈で解釈に解釈を重ねる歴史で、文学者の吉田健一さんの表現を借りれば、「観念としてのキリスト教にふりまわされて」（『昔話』青土社、一九七六年）、ために異端狩りと宗教戦争と魔女狩りの連続の歴史であった。「八世紀にもわたる戦国時代のあげく、一八世紀にようやく文明化して」（吉田）小康を得たが長つづきせず、世界に覇権を得た一九世紀末にニーチェが宣告したように「神が死んだ」あと、二〇世紀の世界を「戦争と虐殺の世紀」（堀田善衛）にしてしまった。

なお、王権の構造が遊牧社会との類推で語られるのも、東西洋に共通したことである。東洋の天子の役割は民を牧することであった。トインビーさんが定式化しているように、西洋の王は牧者、被治者はヤギ・ヒツジの群れ、王の手足として群れをまもる軍人や官僚が牧羊犬というたとえは、西洋一般におこなわれてきたことである。

4

以上のように、東西洋の王権の基本構造は似ているが、その上に立って違う点があるのも当然である。

①について。天はいわば宇宙の摂理、世界の秩序原理という非人格的な性格がつよいが、allāhは一貫して人格神である。しかし天がときに人格神的様相をみせることもあった。

おそらく農耕社会が圧倒的に優位を占めてゆく中国の条件からであろうが、天は地と不可分となり、郊祀にあたっても天壇と並んで地壇が築かれた。ひとが死んだときも、魂《たましい》は天へ還り、魄《からだ》は地に還る。土地よりも水が大事な中東のallāhにはこうしたことはなく、大地もその被造物でしかない。

ひとが死んだとき、魂魄は遊離するが、審判の日にまた合体して出頭しなければならないので、遺体を焼くことは許されず土葬にするが、これは中東一神教諸派に共通した習である。

②について。天命は言表されないが、allāh の啓示は神みずからの言葉として下され、のちに書きとめられてクルアーン（al-qurʾān）となり、神の法の第一の典拠となった。その内容は人事万般にわたる具体性を持つ。

③について。天子は天の子、のちには民の父母と、血縁のことばで語られるが、神の使徒とそのあとつぎは、他のあらゆる人間とおなじく、すべて神の被造物であり、そのうち神と契約を結んだものが信徒（muslim あるいは muʾmin）である。信徒たちはいわば理念的に共同体（umma）を形づくる。ただし、神の使徒ムハンマドの子孫がのちに貴種（sharīf）とされたり、メッカ人の大半が属するクラインシュ族の出であることがカリフたる要件のひとつとされるなど、血縁的なものが王権にまつわりつくことがあった（三木「イスラム世界における貴種」、『公家と武家』、一九九五年）。

天命は王朝の代替わりごとに更新されるが、神の啓示はアダム《アーダム》にはじまり、ノア《ヌーフ》、アブラハム《イブラーヒーム》、モーセ《ムーサー》、イエス《イーサー》その他一連の預言者（nabīy）たちに下されたのち、ムハンマドに下されたのが最後で、その意味では、ムハンマドとそのあとつぎたちを一括して啓示が下されたともいえる。預言者ムハンマドの別称である神の使徒（rasūl allāh）にはその意味がふくまれている。預言者は神の啓示を預かってそれを人びとに伝えるだけだが、神の使徒にはそれに加えて信徒の指導統括という役割が賦与されている。この点で、天命を受けて天下を統括する王朝初代の天子と神の使徒は同格である。

統治機能のみを持つ二代目以降の天子と神の使徒のあとつぎ《カリフ》（khalīfa rasūl allāh）は同格だが、交替ないし任免に関してはことなる。被治者との関係がその分岐点である。天子が天下を統べるというとき、天下は支配領域およびそこの民をばくぜんと同時に指しているが、天下が個々の天子の任免を左右することは、天命を受けたと自称する布衣が天下取りに成功したとき（易姓革命）を除いては、ない。ところがカリフの場合、かつて宗教学者のW・C・スミスさんが指摘したように、理念的にはカリフを任命するのは神と契約を結んだ信徒たちの共同体である。初代カリフのアブー・バクルは信徒の有力者間でおのずから、二代目のウマルはアブー・バクルの指名で、三代目のウスマーンはウマルの指名した有力者六人の相談（shūra）によって、それぞれカリフになったが、いずれにしてもこれは神直接の命ではなく、信徒たち（umma）（を代表すると暗々裡に思われている有力者たち）による任命あるいは互選といえる。ウマルがはじめて使ってその後も頻用されている信徒の長（amīr al-muʾminīn）というカリフの別称も、このことを示している。カリフが神の使徒のあとつぎという、いわば超越に由来する資格の称であるのにたいして、信徒の長は、ひとりひとりが神と契約をむすんだ被治者の側からの称であり、信徒の共同体のなかでおもだった人びとの相談などによって共同体の代表あるいは長とされたものである。ここでは被治者は単なる集合としての民ではなく、神と契約をむすんだひとりひとりの存在として統治者としての信徒の長と直接しており、したがって、直訴は民の自明の権利である。

直訴は公正（'adl）を欠いた（ẓālim）統治そのものにも向けられており、それを裁く法廷（maẓālim）が設けられたりもし、バグダードのカリフ制がほろびたあとも、この治者被治者の関係の直接性はいまにいたるまで存在している。カリフを称した最後のオスマン朝でも、直訴を裁いた記録の膨大な苦情集成（shikāyet defteri）が残されている（ハイム・ガーバー／黒田寿郎訳『イスラームの国家・社会・法』藤原書店、一九九六年）。およそ民主主義がないといわれるいまのサウジアラビア王国にも、王の代理としての州知事が直訴をうけつける特定の週日がきめられている。統治者と被治者の関係のこのような直接性を、マムルーク朝に関して長谷部史彦さんは「対話するスルタンと民衆」と呼んで民衆がイスラムを武器として治者を直接批判する姿を描いており、また、一九世紀エジプトの為政者と農民個々の関係について、加藤博さんは、パトロン・クライエント関係といえるのではないかといっている。

信徒の共同体によるカリフの任命は契約関係であるが、それを象徴するのが手打ち（bay'a）の儀礼である。新任のカリフの手に臣下たるものが手を重ねることによって、一方では忠誠を誓い、他方ではその統治を認める。bay'a は bā'a（買う）を語源としており、商談がまとまったときの手打ちの形から出たとされている。

いまひとつ、毎週金曜正午の公共礼拝で説教師（khaṭīb）が説教（khuṭba）のさいごに、使徒ムハンマドを讃えたあと、ときの為政者の名をあげてこれを讃えるという儀礼も、被治者の側が王権を認める行為であるといってよい。アッバース朝末期のように世の乱れたときに、現カリフ以外の人物の名があげられそれが王朝をひらいたいくつかの例もあったことである。この儀礼は、治者被治者の契約関係がたえずたしかめ直されるということを意味していよう。なお、カリフが宰相（wazīr）、法官（qāḍī）、市場監督官（muḥtasib）などの官僚を任命するさいにも、被命者の側の合意の意思表示がなんらかの形でかならずおこなわれる。王権をめぐる人間関係はすべて契約関係であった（マーワルディ『統治の諸規則』湯川武訳『イスラム世界』一九、二二、二七、二八、三一、三二号）。

④について。天の郊祀では、前漢の武帝、後漢の光武帝などは不老長生をも祈願しているが、イスラムの礼拝で現世利益を祈願することは一切ない。礼拝は神にひたすらしたがう

こと（islām）の行為表現である。現世利益の祈願は、一一世紀ごろからひろまる聖者崇拝における聖者たち（awliyā' 複数形）に対してであり、礼拝より次元が低いとされている。

なお、カリフはもともと信徒たちの礼拝を先導する導師（imām）でもあり、この呼称はカリフの別称ともなった。ただしシーア派では、カリフにあたる治者はもっぱらイマームとよばれ、ムハンマドの子孫だとされてきている。

⑤について。神の法（sharī'a）は、神と人のつきあい方（'ibādāt）、人と人とのつきあい方（mu'āmalāt）という、二種の行為規範に分けられているが、礼にはこのような分節化はみられない。

5

天子制とカリフ制の構造比較を試みて気がつくことの第一は、後者の方がより分節化していることである。王権に三つの呼称がある。神の使徒のあとつぎ《カリフ》という称は、神の最終的な啓示の実現を担うという、歴史的な由来を示す。それにふさわしいと、神と契約を結んだ信徒たちが選んだのが信徒の長《アミール・ル・ムウミニーン》であり、かれは同時に、神への全面的な帰依《イスラム》をあらわす日々の礼拝《サラート》に信徒たちの導師《イマーム》をつとめる。以上三つの呼称が実際には互換的に使われてきた背景としては、カリフも、また、神の最終の啓示を受けたという歴史的に一回的な資格を除いては神の使徒ムハンモドも、神に対してはすべて平信徒でしかないというイスラムの構造がある。神に対する儀礼《イバーダート》と人と人の関係《ムアーマラート》の規範が峻別されているのもそのためであろうし、前述の、治者・被治者の関係の直接性も、ここに由来していよう。東洋の場合、権威としての天子と権力としての皇帝という呼称の分節化はみられるが、ひとりひとりの民が超越と直接契約をむすんでゆくという構造はみられない。東洋でそれにあたるのは、つぎに述べる宇宙的生の共同体の意識とでもいえる、天という外在する超越に対して内在的な超越とでもいえるものの意識ではないだろうか。

第二の大きな違いは家族・親族・部族あるいは宗族など血縁をめぐってである。カリフ制の場合、実際にはのちに、メッカ住民の大半を占めたクライシュ族の出であることがカリフたる要件とされたり、ウマイヤ朝・アッバース朝という世襲の王朝がうまれたりはしたものの、神と契約を結ぶ（信徒となる）のは血縁的な紐帯を超えたひとりひとりの決断であるので、血縁的な紐帯を優先することは党派性（'aṣabīya）であるとしてかたく禁じられた。これに反して天子制の場合には、家族ないし宗族がいわば自明の主体である。劉・李など王朝ごとに姓を名のり、孝を礼の基本として、天子も天下の民も家族ごとに祖先の祭祀を絶やさない（加地信行『儒教とは何か』中公新書、一九九〇年）。王権の呼称は天の子であり、天子は民の父母といずれも血縁のことばで表現される。祖宗と児孫の名をはずかしめないという司馬遷のモラルにみられるものを、かつてわたしは宇宙的生の共同体の意識と呼んだことがあるが（‚Al-Jabartī as a thinker,' in“ 'Abd al-Raḥmān al-Jabartī,” Cairo, 1976）、それが、おそらく遊牧民由来の最高の超越たる天の思想をもつつみこんでしまったのが天子制の構造なのではないだろうか。

カリフ制の場合には、血縁的な紐帯を原理的には排除して成立したけれども、カリフのクライシュ族出自や世襲王朝、あるいは神の使徒ムハンマドの子孫が貴種とされてゆくなど、血縁的なものがしのびこんでいったと言える。もちろん、家族・親族・部族などの血縁的な紐帯は実態としては存在しつづけており、その後も王朝の興亡に重大な役割をはたしつづける。一三世紀にモンゴルの大征服でバグダードのカリフ制がほろびたあと、一四世紀のイブン・ハルドゥーンは、これを存在の秩序（al-amr al-wujūdī）としてそれまでのカリフ論を神の法の秩序（al-amr al-sharʻī）と相対化し、いわばイスラム王権論の脱構築をおこなった。党派心とマイナス価値を担わされていた'asabīya の観念もそれとともに、連帯・団結というプラス価値を帯びて、王朝交替の原動力とされた（『歴史叙説』、森本公誠訳、岩波文庫）。ただし、ウマイヤ朝・アッバース朝あるいはのちのオスマン朝も、カリフは姓を持たず固有名《イスム》で呼ばれる。同じ血縁的な紐帯であっても、天子制では宗族という通時的な制度が根にあるのに対して、カリフ制をめぐっては兄弟という共時的な制度が機能する感じがしないではない。

以上、東西洋に並行して展開した世界帝国の王権というソフトウェアの構造比較を無鉄砲に試みてみた。叱正をまちたい。

ローマ皇帝からビザンツ皇帝へ

井上浩一

はじめに

私たちがビザンツ帝国と呼んでいる国の人々は、みずから「ローマ人」と称し、皇帝を「ローマ人の皇帝」と呼んでいた。確かにこの国家は、ローマ帝国が中世に生き残ったものである。しかしながら、古代のローマ帝国と比べると、民族構成・版図・公用語・宗教など、さまざまの点で相違がみられる。ビザンツ帝国のこのような特質をふまえるならば、この国家の頂点に位置した皇帝について考察するに際しても、ローマ皇帝との比較が有効な方法であると思われる。本報告では、みずから「ローマ皇帝」と名乗っていたビザンツ皇帝が、どの程度ローマ皇帝でありつづけたのか、という視点から、ビザンツ皇帝について考察することにしたい。

一　ビザンツ皇帝――専制君主か立憲君主か――

(1)専制君主論

元老院の代表者、市民のなかの第一人者として振舞ったローマ皇帝――元首 princeps と呼ばれていた――と比べて、ビザンツ皇帝についてはその専制的な性格が強調されることが多い。同じくキリスト教国家である西欧中世の諸君主との対比でも、ビザンツ皇帝の権力は強大であったといわれている。とくに目立つのは教会による制約をあまり受けなかったことであろう。皇帝自身が「地上における神の代理人」とされたためである。皇帝権と教皇権が並立した西欧に対して、ビザンツ帝国の皇帝専制体制には「皇帝教皇主義」という言葉が用いられてきた。

専制君主という性格は、皇帝の正式称号や帝位の交代（即位・廃位）からもうかがうことができる。ビザンツ帝国は七世紀に公用語をラテン語からギリシア語に変え、皇帝称号もラテン語の「インペラートル、カエサル、アウグストゥス Imperator, Caesar, Augustus」から、ギリシア語の「バシレウス basileus」となった。ローマ皇帝の伝統に則って名乗ったユスティニアヌス一世（在位五二七〜六五年）と、最初に「バシレウス」と名乗ったヘラクレイオス（在位六一〇〜六四一年）の皇帝称号は次の通りである。

資料① ユスティニアヌス一世の勅令（五四一年）署名(1)

インペラートル、ユスティニアヌス、アラマン人の、ゴート人の、フランク人の（征服称号の列挙）……アウグストゥス

資料② ヘラクレイオスの勅令（六二九年、息子の小ヘラクレイオスと連名）署名(2)

ヘラクレイオスと小ヘラクレイオス・コンスタンティノス、キリストに信仰深きバシレウス（＝皇帝）たち

初代ローマ皇帝オクタヴィアヌスが元老院から贈られたアウグストゥスという称号は、「同等者の中の第一人者 primus inter pares」としてのローマ皇帝を象徴するものといってよい。この称号は一〇世紀まで金貨に刻まれ、その後も特殊な法律文書や外交文書では用いられたものの、ビザンツ皇帝の正式称号からは姿を消した。これに対して、皇帝の専制的な権力を象徴するインペラートル（独裁者）に対応するギリシア語のアウトクラトールは、皇帝称号としてバシレウスと併行して用いられた。アレクシオス一世コムネノス（在位一〇八一〜一一一八年）は

次のように名乗っている。

資料③ アレクシオス一世コムネノスの黄金印璽文書（一〇八四年）署名[3]

アレクシオス、神キリストに信仰篤き皇帝（＝バシレウス）、ローマ人の独裁者（＝アウトクラトール）、コムネノス

帝位の交代においてもビザンツ皇帝の専制的な性格がうかがえる。法理論的にいって、無制限の権力を持つ絶対的な支配者は、合法的に廃位されることはありえず、力ずくのクーデターのみが彼らを打倒するということになる。歴代ビザンツ皇帝の半数近くはクーデターによって帝位を追われているが、これもまた、皇帝が専制君主であったことの現れとみなされる。その際、クーデターの成功は、神の恩寵が前皇帝から新皇帝に移ったことのしるしと考えられた。

(2)立憲君主論

しかしながら、このようなビザンツ皇帝観――権力闘争に勝利し、神の恩寵を受けた者として無制限の権力を行使する存在――に対しては、早くから研究者のあいだで異論もあった。帝位の交代は、力ずくの暴力革命ではなく、きちんとしたルールに則ってなされたこと、皇帝権力は無制限ではなく、皇帝をも縛る規範が存在したことを説く見解である。この立場に立つ代表的な研究者として、イギリスのJ. B. BuryやドイツのH.-G. Beckを挙げることができる。彼らは、ビザンツ帝国には皇帝の行動を制約する「書かれざる憲法」があったと主張した。ビザンツ皇帝は絶対的な専制君主ではなく、「憲法」に制約される存在であったというのである。

「書かれざる憲法」として彼らが指摘したのは、①ローマ法、②正統信仰、③選挙君主制などである。皇帝も法（ローマ法・神の法）に従うべきとされたこと、および皇帝を選出する権利をもつ集団＝選挙権者（元老院・市民・

軍隊）が存在し、選挙権者は皇帝を廃位する権限も持つこと、これらによってビザンツ皇帝の権限は制約を受けているると彼らは主張した。ここで注目すべきは、「書かれざる憲法」の多くが、古代ローマから受け継がれたものだったことである。

以上、ビザンツ皇帝は専制君主であるという通説と、それに対する批判的見解を簡単に紹介した。前者はローマ皇帝とビザンツ皇帝の違いに注目している。すなわち、「同等者のなかの第一人者」であったローマ皇帝に対して、「神の代理人」「神の恩寵を受けた皇帝」というビザンツ皇帝の専制君主的側面を強調する。これに対して後者は、ビザンツ皇帝には、ローマ皇帝の「制限君主的」性格が受け継がれていたことを強調する。ビザンツ皇帝は決して専制君主ではなく、元老院・市民・軍隊によって選ばれ、ローマ法に従うべき存在であったとみなすのである。

それでは、ビザンツ皇帝の実態はどうであったのか、以下、皇帝の即位に焦点をおいて考察してみたい。

二　皇帝の即位(1)——理念と儀式——

ビザンツ皇帝の即位の根拠ないし儀式として、次のふたつのものがあった。

(1)元老院・市民・軍隊による歓呼

(2)現皇帝による指名＝共同皇帝戴冠

皇帝即位にあたって、コンスタンティノープル総主教による戴冠が行なわれたことはよく知られている。総主教から冠を受けた最初の皇帝はレオーン一世（在位四五七～四七四年）であり、七世紀のコンスタンス二世（在位六四一～六六八年）以降は、聖ソフィア教会の説教壇が皇帝戴冠の舞台となった。しかし、総主教による戴冠は、それ自体として皇帝を生み出すものとは考えられなかった。総主教は、ある場合には元老院・市民・軍隊の代表者として戴冠し、ある場合には皇帝によって指名された人物を改めて聖別したにすぎない。総主教による戴冠の国制上の意義は、ビザンツにおける国家と教会の関係を示す重要な問題であるが、本報告では省略する。

(1)元老院・市民・軍隊による歓呼

皇帝を生み出すふたつの原理のうち、元老院・市民・軍隊による歓呼は、ローマ帝国から受け継がれた即位形式である。ローマ国家の正式名称が「ローマ元老院と市民 Senatus populusque Romanus = SPQR」であったことからもわかるように、この国家の本来の主権者は元老院と市民であり、皇帝は主権者たちがその権限をひとりの人物に委ねたことから生まれたものにすぎない。さらにローマ皇帝は軍隊の最高司令官 imperator でもあったから、その任命には軍隊も参加した。こうして、元老院・市民・軍隊によって選ばれる皇帝という理念が確立した。「選挙君主制」ともいうべきローマの皇帝制度はビザンツにも受け継がれた。みずから「ローマ帝国」と称し続けたビザンツ帝国においても、皇帝位が空位となった時、宮廷の有力者・高級官僚——古代ローマにならって元老院議員と呼ばれた——は、軍隊・市民とともに、皇帝を選出するものとされた。一一世紀の哲学者・歴史家ミカエル・プセルロスは、その著作『年代記』のなかで、「実をいえば、もちろん、皇帝の権力は民衆・元老院・軍隊の三つの要素に依っていた」[4]（第七巻「ミカエル六世・イサキオス一世の条」、一章）と述べている。一〇世紀に編纂された『儀式の書』や、一四世紀半ばの『偽コディノスの官職論』などの儀式記録でも、即位式として元老院・市民・軍隊の歓呼が挙げられている。

(2)現皇帝による指名＝共同皇帝戴冠

しかしながら、元老院・市民・軍隊による皇帝「選挙」は、形式的にはともかく、実際にはそれほど行なわれなかった。ビザンツ皇帝の多くは、在位中に後継者を指名し、共同皇帝に戴冠していたので、ある皇帝が死ぬと、共同皇帝がすみやかに次の皇帝として即位したのである。確かにこの場合にも、改めて元老院・市民・軍隊による歓呼が行なわれることもあったが、たいていは形式的なものにとどまった。

共同皇帝に指名されたのは、多くの場合、現皇帝の息子であった。こうして「選挙君主制」の原理の存続にもかかわらず、共同皇帝制度を通じて、現実にはビザンツ帝国においても世襲王朝が形成された。ゲルマン王権のような血統原理を持たないビザンツにおいても、九～一一世紀のマケドニア王朝時代には、血統にもとづく正統意識が強くなった。皇帝権力は元老院・市民・軍隊にもとづくと述べたプセルロス（上述）は、その一方で、代々続いてきたマケドニア王朝を神に嘉された家系であるとも述べている（『年代記』第六巻「ゾエとテオドラ、コンスタンティノス九世の条」、一章）[5]。同王朝の男系が絶えたのち、一時的とはいえ女帝が出現したのも、血統による帝位継承の観念が強くなっていたことの現れであろう。

(3) 即位の方法と皇帝権力のあり方

共同皇帝戴冠という即位の形式は皇帝専制体制と結びついていた。すなわち、神に由来する絶対的な皇帝権力には、後継者を指名する権限も含まれるとの観念である。マケドニア王朝の開祖バシレイオス一世（在位八六七～八八六年）は、息子レオーン（六世、在位八八六～九一二年）を共同皇帝に戴冠し、「汝は神から私の手を通じて帝冠を受けとった」[6]と述べた（バシレイオス一世『息子への助言』第二〇章）。一〇五九年に即位したコンスタンティノス一〇世は、「天上において支配なさる方は、朕を地上の民の皇帝となさり、何よりも大きな名誉に与らせ給うた」[7]（アタレイアテス『歴史』）と述べる一方で、自分の即位に際しては、前皇帝イサキオス一世とその一族の同意があったことを強調している。

これに対して、元老院・市民・軍隊の歓呼によって皇帝が生まれるという「選挙君主制」のもとでは、皇帝権力に大きな制約があると考えられる。皇帝を選ぶ「選挙人」には、当然、不適格な皇帝をやめさせる権利もあるからである。かつて古代ローマ史家テオドール・モムゼンがローマ皇帝について述べた、「民衆はその意思でもって元首を帝位に就けることも廃位することもできた」、ローマ元首制とは「合法的な革命権によって和らげられた専制君主政であった」という制限君主制的性格は、「選挙君主制」という建前を残していたビザンツ皇帝にも受け継がれたのである。

こうしてビザンツ帝国においては、元老院・市民・軍隊による皇帝歓呼と、現皇帝による共同皇帝戴冠のふたつの即位形式が並存しており、それはまたふたつの皇帝観に対応していたといえる。しかしビザンツ帝国の歴史を細かく見てみると、ふたつの即位形式には時期的な消長があったことがわかる。次に、それぞれの即位形式の時代的な変化についてみておきたい。

三　皇帝の即位(2)――時代的変遷――

(1)皇帝歓呼

皇帝歓呼はビザンツ帝国の全時代を通じてみられたが、その形式・内容は時代とともに大きく変化した。三世紀の「軍人皇帝時代」はもちろん、三三〇年のコンスタンティノープル遷都以降も、皇帝歓呼の中心は軍隊で、軍人たちが新皇帝を楯の上に載せて歓呼するという形式で皇帝が誕生していた。皇帝歓呼は軍隊の駐屯地で行われることが多く、コンスタンティノープル西方のヘブドモン軍事基地などが、即位式の主要な舞台であった。

五世紀の後半になると、元老院・民衆の歓呼が重要性を増し、即位式の舞台もコンスタンティノープル競馬場に移る。観客席を埋める五万ないし一〇万の市民の「皇帝万歳!」の歓呼のもと、新皇帝が誕生するようになった。歓呼の音頭取りをするのは「青」「緑」と呼ばれた競馬党派である。競馬場に舞台が移るとともに、皇帝選出における軍隊の比重は小さくなり、楯に載せて行なう歓呼も六〇二年のドナウ軍団の反乱を最後に、一一世紀の地方軍事貴族の反乱まで姿を消すことになる。

七世紀以降になると、皇帝歓呼の場所と形式はさらに変化する。舞台は競馬場から宮殿・聖ソフィア教会へ移った。かたちの上ではなお市民の歓呼が行なわれていたが、宮殿にいた「市民(デーモス)」とは下級役人であり、いわば「雇われた市民」であった。彼らを指揮する「青の長官」「緑の長官」はそれぞれ皇帝直属の官僚である。今や、元老院も皇帝側近の高級官僚、軍隊も皇帝親衛隊に他ならず、歓呼による皇帝選出は形骸化したといってよい。ただし、宮廷に「市民」を雇ってまでも、ローマの伝統を残そうとしていることは注目すべきであろう。ビザンツ皇帝はみずからは「ローマ皇帝」であるという建前を最後まで守ろうとしたのである。

(2)共同皇帝戴冠

共同皇帝戴冠のもっとも早い例は、五世紀のレオーン一世による孫レオーン二世(在位四七四年)の戴冠であるが、国制上重要な意味をもつようになるのは七世紀以降である。すなわち、皇帝歓呼が宮殿へと舞台を移し、その実質を失ってゆくのと並行している。共同皇帝戴冠は宮殿において現皇帝がみずから行なうところに特徴がある。一例を挙げよう。七一七年に即位したレオーン三世(在位七一七~七四一年)は、七一八年に息子コンスタンティノス(五世、在位七四一~七七五年)が生まれると、早くも七二〇年の復活祭に息子を共同皇帝に戴冠した。『テオファネス年代記』は次のように記している。

資料④　テオファネス『年代記』六二二年の条(8)

この年、第三インディクティオの年の復活祭の日に、コンスタンティノスは（宮殿の）一九の寝椅子の式典場において父レオーン（三世）から戴冠された。慣例の祈りが立派な総主教ゲルマノスによって唱えられた。

共同皇帝戴冠が競馬場で行なわれたこともあった。七七六年のコンスタンティノス六世（在位七八〇～七九七年）の共同皇帝戴冠について、同じく『テオファネス年代記』は次のように記す。

資料⑤　テオファネス『年代記』六二六八年の条(9)

翌日、第一四インディクティオの年の復活祭の日曜日に、皇帝（レオーン四世、在位七七五～七八〇年）は明け方に総主教を伴って競馬場に行った。可動式の祭壇が持ち込まれ、総主教はすべての民衆の前で祈りを行ない、皇帝は息子を戴冠した。そののち、ふたりの皇帝（正皇帝と戴冠されたばかりの共同皇帝）は、……聖ソフィア教会へ向かった。

競馬場に多数の市民・軍隊を集めて行なうという形式はとっているものの、戴冠を執り行なうのはあくまでも皇帝である。競馬場での共同皇帝戴冠は、元老院・市民・軍隊による歓呼と現皇帝による戴冠の折衷形式とでもいうべきものであるが、このコンスタンティノス六世の戴冠が最後となった。皇帝みずからが戴冠するという式次第は、現皇帝による指名が新しい皇帝を生み出す――絶対的な支配者である皇帝はその後継者を決める権利ももつ――という理念の表現である。皇帝専制体制が確立したマケドニア王朝時代（八六七～一〇五六年）は、帝位の世襲が確立した時期でもあった。

このように七世紀を大きな転機として、皇帝即位の儀式の中心は、皇帝歓呼から共同皇帝戴冠へと移った。そこに、ローマ的な皇帝からビザンツ的な皇帝への転換を読み取ることもできよう。元老院・市民・軍隊による皇帝歓呼は、その舞台が宮殿に移るとともに形骸化した（皇帝権力に寄生する元老院、雇われた市民、皇帝親衛隊）。それとともに、共同皇帝戴冠が重要となり、王朝が形成されてゆく。

しかしながら、みずからはローマ皇帝であるという建前を維持する限り、「選挙君主制」の理念を否定し去ることはできなかった。マケドニア王朝の皇帝専制体制のもとで、共同皇帝戴冠の陰に隠れていた「選挙君主制」は、一一世紀半ば、同王朝の断絶に伴う危機の時代に、新なかたちをとってふたたび重要な役割を果たすことになる。最後に、一一世紀なかばの反乱のなかで、ふたつの即位形式、とくにいったんは形骸化した「選挙君主制」がどのように機能したのか考えてみたい。

四　一〇五七年の反乱と帝位交代

先に述べたように、九世紀からはじまるマケドニア王朝時代には、共同皇帝戴冠による帝位の世襲がみられた。それと並行して、皇帝とは絶対的な専制君主であるという観念も確立した。先に紹介したバシレイオス一世、レオーン六世、さらにはバシレイオス二世（在位九七六～一〇二五年）のような典型的な専制君主がこの時期に現れている。

一〇二八年にマケドニア王朝の男系が断絶すると、その後は王朝の女性と結婚した人物が次々と即位したが、ちょうどこの時期、地方貴族の台頭、コンスタンティノープル市民の政治参加がみられ、ビザンツ帝国は動揺を見せ始めた。この危機の時代に、「選挙君主制」の伝統が新たな意味をもって甦ることになる。

一〇五六年、マケドニア王朝の最後の人物、テオドラ女帝（在位一〇五五～五六年）の死期が迫ると、宮廷の有力者たちが中心となって後継皇帝の選出が行なわれた。ただし最終的には、元老院・民衆・軍隊による歓呼ではなく、現皇帝テオドラによる共同皇帝戴冠という形式をとった。この間の事情を、プセルロスの『年代記』は次のように記している。

資料⑥ プセルロス『年代記』（第六巻「テオドラ女帝の条」、二一章[10]）

彼らは、この人物（ミカエル六世、在位一〇五六～五七年）を次の皇帝に指名するよう、テオドラを説得した。テオドラにも異存はなかったので、彼女はただちに彼を後継者として戴冠した。

まもなくテオドラは死亡し、ミカエル六世が即位した。これに対して、先の皇帝コンスタンティノス九世（在位一〇四二～五五年）――マケドニア王朝の女性ゾエの三人目の夫――の従弟テオドシオス・モノマコスが異議をとなえた。モノマコスは、コンスタンティノス九世との血のつながりを根拠に帝位を要求し、都の市民を反乱に動員しようとしたが、簡単に失敗した。テオドラによる戴冠という大義名分の前に、モノマコスの野望はあえなく挫折したのである。

ところがミカエル六世は在位一年で失脚する。ミカエル六世の政治に強い不満をもっていた地方貴族＝軍人たちは、一〇五七年の春に集団で上京し、爵位の昇進、恩賞の増額を皇帝に請願した。請願が拒否されると、彼らは聖ソフィア教会に集まり、ミカエル六世を廃位し、自分たちの代表者であるイサキオス・コムネノスを皇帝にしようという密約を交わした。そのあと彼らは故郷へ戻り、反乱の準備を進める。一〇五七年六月、彼らはそれぞれの軍勢を率いて、小アジア西北部にあったコムネノス家の拠点カスタモンに集結すると、コムネノスを皇帝に歓呼した。かつて軍人たちが行なっていた、楯に載せての皇帝歓呼はなされなかったようであるが、この一〇年前に、やはり地方貴族＝軍人が反乱を起こしたときには、レオーン・トルニキオスという人物を楯に載せて、皇帝歓呼を行なっている（プセルロス『年代記』第六巻「コンスタンティノス九世の条」、一〇四章[11]）。

これに対してミカエル六世は、まず元老院議員（＝宮廷貴族・高級官僚）と市民に贈物をして、コムネノスを決して皇帝とは認めないという誓約をとりつけた。その一方で軍隊を派遣し、都へ向かってくる反乱軍を迎え撃った。しかしながら皇帝軍は惨敗し、ミカエル六世は反乱軍との和解に転じる。皇帝は反乱軍に使節を派遣し、武器を置くことと引き換えに、コムネノスを自分の養子とし、共同皇帝に任命すると提案した。この提案に対し、コムネノス本人は受諾の意を表明したが、反乱軍の貴族たちのあいだで反対が生じた。貴族たちは、「我々は誓約を交わし、ミカエル六世の廃位を決議した」「コムネノスはすでに皇帝である」と主張した。彼らは、ミカエル六世の指名＝共同皇帝戴冠ではなく、自分たちによる歓呼＝「選挙」こそが新しい皇帝を生み出すと理解していたのである。

コムネノスを共同皇帝とするというミカエル六世の提案に対しては、コンスタンティノープルの元老院・市民もまた反対した。コムネノスを皇帝とは認めないという誓約を求めたミカエル六世本人が、コムネノスを（共同）皇帝とするのは許しがたい背信行為であると抗議し、ついには総主教の指導のもと、武器をとって立ち上がったのである。彼らもまた自分たちには皇帝選出権があると考えて、ミカエル六世の廃位を宣言し、コムネノスを皇帝に歓呼したのである。四面楚歌となったミカエル六世は退位し、修道院に入る。入れ替わりにコムネノスがコンスタンティノープルに入城し、市民の歓呼に迎えられる。

一〇五七年のコムネノスの反乱の経過は以上の通りである。最終的には、コムネノスは聖ソフィア教会で総主教から戴冠されたが、その過程においては、先にみたふたつの即位形式が複雑に絡み合っていたことが確認できるだろう。

テオドラ女帝による戴冠で即位したミカエル六世に対して、地方貴族＝軍人たちは、ミカエル六世廃位宣言とコムネノスの皇帝歓呼でもって抵抗した。自分たちには皇帝を選挙し、廃位する権利がある、と彼らは自覚していたのである。共同皇帝に任命するというミカエル六世の提案を、反乱の指導者コムネノスがいったんは受諾したことにもみられるように、貴族たちの意識は必ずしも一枚岩ではなかったが、「コムネノスはすでに皇帝である」と彼らが主張しえたのは、「選挙君主制」の理念に支えられていたからに他ならない。同じようにコンスタンティノープル市民も、ミカエルの廃位とコムネノス皇帝宣言を行なったが、そこにも「選挙君主制」の伝統がみられる。翻って、ミカエル六世が元老院・民衆に対して忠誠誓約を求めたのも、「選挙君主制」を意識しての行動であったといえよう。

マケドニア王朝の断絶とそれに続く政治的混乱のなかで、新たな秩序を模索していた地方貴族は、元老院・市民・軍隊による皇帝歓呼、すなわち「選挙君主制」というローマの伝統を新たな社会状況のなかで蘇らせた。この形式による即位は、ビザンツ帝国が危機の時代を乗り切り、地方軍事貴族層の主導するコムネノス王朝の時代へと向かううえで重要な役割を果たすことになった。

おわりに

ビザンツ帝国は、皇帝選出に際して、現皇帝による共同皇帝戴冠という方法と、元老院・市民・軍隊による歓呼という方法を並立させた。ふたつの即位方法には時代ごとの消長はあったが、いずれも国制に則った合法的なものとみなされていた。前者はキリスト教とも結びついた専制皇帝の観念から派生したものであり、後者は古代にまでさかのぼるローマ国家理念である。ビザンツ帝国の長期にわたる存続の背景には、国家の要である皇帝制度に、皇帝自身による後継者指名とその結果生じる世襲王朝と、国家を構成する諸勢力による「選挙」という、明らかに矛盾するふたつの制度を並立させた柔軟な構造にあったと思われる。この柔軟な構造があったため、世襲王朝による安定した支配と、危機を克服する政治革新——新たに成長してきた社会層が、皇帝権をみずからのものとし、帝国史の新しい時代を切り開いてゆく——が可能となったのであった。

(1) *Corpus Juris Civilis,* III. 796.24f.
(2) *Jus Graecoromanum,* vol. I, Athens, 1931, p.36.
(3) *Actes de Lavra,* vol. 1, Paris, 1970, p.247.
(4) Michael Psellos, *Chronographia,* 2 vols, ed., B. Leib, Paris, 1926-28, vol. II, p.83.
(5) Psellos, *Chronographia,* vol. I, p.117.
(6) Basil I, *Exhortatio ad filium,* Patrologiae cursus completus, Series graeca, vol. 107, col. XXXII.
(7) Michael Attaleiates, *Historia,* ed., B.G. Niebuhr, Bonn, 1853, p.70.
(8) Theophanes, *Chronographia,* 2 vols. ed., C. de Boor, Leipzig, 1883-85, vol.I, p.401.
(9) Theophanes, *Chronographia,* vol. I, p.450.
(10) Psellos, *Chronographia,* vol. II, p.82.
(11) Psellos, *Chronographia,* vol. II, p.18.

参考文献

H.-G. Beck, “Senat und Volk von Konstantinopel,” *Bayerische Akademie der Wissenschaften, Philosophisch-Historische Klasse, Sitzungsberichte,* München, 1966, Heft.6.
Idem., “Res Publica Romana,” *Bay. Aka. der Wiss. Phil.-Hist. kl., Sit.,* München, 1970, Heft 2.
H・G・ベック「ビザンツの国制」（渡辺金一訳『南欧文化』五、一九七九年）八二～九九頁。
J. B. Bury, *The Constitution of the Later Roman Empire,* Cambridge University Press, 1910.
渡辺金一『コンスタンティノープル千年』岩波書店、一九八五年
井上浩一「ビザンツ帝国の国制と社会」（『歴史評論』四九八、一九九一年）三七～五〇頁。

【コメント1】

明清皇帝とビザンツ皇帝の即位儀礼の比較

谷井俊仁

1　コメントのねらい

井上報告では、ビザンツの皇帝体制を、専制君主制とみる考え方と立憲君主制とみる考え方があることを紹介する。

前説が着目するのは、ビザンツ皇帝が教会の制約をあまり受けなかったことである。また皇帝は、autocrator, despotesといった称号をもっており、即位においても、共同皇帝戴冠という形で後継者を指名した。されば皇帝は、神に由来する絶対権力者だったとする。

後説は、ビザンツ皇帝はローマ皇帝を継承すると考える。皇帝は無制限の権力をもつのではなく、ローマ法、正統信仰、選挙君主制などによって牽制される。即位も、元老院・市民・軍隊の歓呼によるのであり、あくまでも市民の第一人者にすぎなかったとする。

ビザンツ皇帝の性格づけに関して、このように対立する二説があるということは、中国史研究者にとって驚きである。中国の皇帝は、秦の始皇帝以来、専制君主であることは暗黙の了解となっており、その性格づけについて異論は生じていないからである。

しかしこのことは、逆に中国史学の致命的な盲点ともなっている。すなわち、中国皇帝イコール専制君主であることは、自明と思われているがゆえに、専制とはそもそも何かといった根本的な疑問が抱かれないのである。

たとえば、日本の学界では、一〇世紀の宋代以降を君主独裁制の時代とし、皇帝権力の絶対性が極まったかのような言い方をする。このような主張は、内藤湖南が唐と宋を比較するなかで唱えはじめたものである(1)。内藤の主張は、当時、唐と宋が一貫した時代のように考えられていたのに対する異議申立てであり、両者の政治形態を唐の貴族制、宋の君主独裁制と対比的に性格づけたのであった。君主独裁制とは、専制における一つの政治システム類型として理解される。

この考え方は、一定の合理性をもつが故にその後支持を得るところとなったが、逆に君主独裁制についての議論をそれ以上深化させないという反作用をも及ぼした。内藤の君主独裁制という概念は、唐の貴族制との比較によってもたらされた記述的な規定であって、それにふさわしい現象を多数列挙することによって説明される。しかしそれらが、相互に如何なる論理連関をもっているのかについての議論には、欠けるところがあった。されば、その課題は後に続く者の仕事となるはずであったが、それは果されずにきている。

たとえば、内藤説を精力的に展開した代表的論者に宮崎市定がいる。しかし宮崎も、君主独裁制のもつ諸々の側面の提示、解明を行ったのであり、君主独裁制の論理の理解については、未だ素朴な段階にとどまっている。(2) 唐代後半以降、中国王朝は財政国家化するという鋭い洞察をもっていたにもかかわらず、それを君主独裁制論と結びつけて発展させなかったのは、かえすがえすも残念なことであった。

その意味で筆者は、井上報告を中国史学の知的怠慢に対する警鐘として聞いた。ビザンツ史においては、専制君主説と立憲君主説の二説が競合しており、それぞれ深化する可能性が開かれている。しかし中国史においては、君主独裁制説を発展させたり、それに替わるあらたな視野をもった説の登場は、まだ実現していない。これは中国史学の怠慢といわねばならない。

筆者は、以上のような問題関心のもと、井上報告の中で詳細にあつかわれていた即位儀礼に焦点をしぼり、明・清皇帝の即位儀礼とビザンツのそれとを比較することによって、皇帝専制（君主独裁制）論への新たな視点を摸索してみたい。このような作業は、隘路におちいった明清君主独裁制論に活路を開くためであるが、井上報告で言及されなかったビザンツ皇帝の性格規定に関わる問題を明らかにするためでもある。

2　明朝皇帝の即位儀礼

万暦『大明会典』巻四五・登極儀で取り上げられているのは、初代洪武帝、第四代洪熙帝、第一二代嘉靖帝の即位儀礼である。このうち嘉靖帝は、傍系から継承したという点で、変則的なものがあるので、前二者の即位儀礼を検討する。

洪武帝の場合は開国の皇帝の即位儀礼であり、自らが自らを権威づけなくてはならなかった。それに対し、洪熙帝の時にはすでに王朝の権威は確立されており、それをつつがなく継承すればよかった。その意味で、前者の儀礼には過剰なまでの意味づけが施されており、後者は要点だけを絞り込んだ簡素なものとなっている。

(1)初代皇帝太祖の即位——洪武元年（一三六八）——

太祖朱元璋は、二回即位をしている。一回目は、至正二四年元旦に行われた呉王への即位であり、もう一回は、洪武元年正月四日の皇帝への即位である。王と皇帝とでは政治的な重みが違うので、皇帝の即位について検討する。

即位の次第を伝える史料には、『太祖実録』と正徳『大明会典』巻四五・登極儀（および万暦『大明会典』巻四五・登極儀）があり、内容面でそれぞれ粗密がある。ただし儀式の次第については、『会典』の方が詳しいので、以下これによって記す。(3)

まず宮城から鍾山の南（南郊）にある圜丘[4]におもむき、天の祀りを行なう。そこには、金の椅子と皇帝の礼服（「袞冕」）が備えられている。牲帛を焼いて神へ捧げると（「望瘞」）[5]、丞相、諸大臣が群臣をひきいて、即位を要請する。[6]彼らは朱元璋を担いで椅子に座らせ、その前に整列する。式部官が礼服と印璽（「御宝」）の置かれた机を朱元璋の前に置くと、丞相らは礼服を着せて列に戻る。

その後ひとしきり拝礼、楽奏があった後、丞相が進み出る。印璽を持った式部官（「捧宝官」）から印璽を受け取り、朱元璋に「皇帝陛下は位に着かれました。臣らは謹んで印璽を奉ります」とのべて進呈する。印璽は、印璽担当の官庁である尚宝司の長、尚宝卿が引き取って小箱にしまう。丞相らは列にもどり、拝礼、叩頭が行われ、群臣たちによって三たび歓呼（「山呼」）が行われる。その後また拝礼が行われ、ここで一旦解散となる。

以上が即位儀礼の前半であり、後半は宮城に戻っておこなわれる。皇帝は太廟に赴き、勧進の文書、印璽（「冊宝」）を捧げ、ついで社稷を祀る。[7]この段階では、礼服を着用していない。さればこの儀礼は、私的な性格をもつ。ついで礼服に着替えた皇帝は、奉天殿に現われ、そこで百官の言ほぎを受ける。これこそは、文武の官僚を総動員し、壮麗におこなわれる公的な儀礼である。

丞相以下の文武官が入場して整列すると、礼服を着用した皇帝が玉座に着く。しかし、玉座の前には御簾がかけられており、その姿はまだあらわにされない。楽奏があると、武官が御簾をかかげ、尚宝卿が印璽を机の上に置く。その後拝礼があり、つづいて即位を言ほぐ文書（「表」）が読み上げられる。官僚たちは、手を額にあて、万歳と叫ぶこと三たびに及ぶ（「山呼」）。最後にまた楽奏があり、拝礼して式をおえる。附随儀礼として、皇后・皇太子の冊立、即位詔の天下への頒布がある。

以上が太祖朱元璋の即位儀礼である。儀礼は、南郊における前半と宮城における後半とに分けられ、前半の段階ですでに朱元璋は、皇帝となっている。よって前半について検討すると、ポイントは三箇所ある。第一は、最初に圜丘で天の祀りが行われていることで、これは、朱元璋に天命が降ったことを意味する。この祀りが、即位儀礼の形而上的な意味づけをなす。

第二は、丞相ほかの群臣によって即位の勧進が行われていることで、これが即位の政治力学的な基礎をなす。[8]これら群臣は、朱元璋の支持集団であり、丞相は、その指導的立場にある。彼らが朱元璋を担いで玉座に座らせてしまうというのは、即位が擁立であることの明快な表現である。

なお『実録』によれば、勧進は呉元年一二月癸丑（一一日）とその翌日にも行われているが、『会典』はこれらを即位儀礼の一環とはみなさない。なぜなら朱元璋は、一二日の段階で即位の決心をし、即位の儀注の作成を命じている。それができあがったのは辛酉一九日であるから、当然この二回の勧進は即位儀礼の一環となり得ないわけである。

第三は、印璽のもつ意味である。即位に関わる物品としては、金の椅子、礼服、印璽の三つがあるが、印璽のもつ意味が最も重い。印璽は、皇帝が発行する文書におされて、その正当性を視覚的に保証するのであり、皇帝権威の制度的な基礎をなす。されば印璽の進呈によって朱元璋は、形而上的な意味づけ（礼）、政治的な意味づけ（勧進）、制度的な意味づけ（印璽）の三点を備えたことになり、ここに皇帝としての要件は満たされる。

以上を通観するに、朱元璋の即位儀礼の実体的基礎は、丞相をトップとする支持集団の即位要請にあったというべきである。このような実体性があればこそ、天命も印璽も意味をもちうる。

井上報告によれば、ビザンツ皇帝の即位において、皇帝歓呼が重要な役割を果している。朱元璋が即位するときも群臣が歓呼しているが、前半の儀礼ですでに皇帝となっているのであり、後半の儀礼で行われる歓呼は、形式的な確認でしかない。ビザンツにおいても皇帝歓呼が実質的な意味をもつ時代ともたない時代があることが報告されていたが、朱元璋のケースは、後者と類似する。

また、ビザンツにおける皇帝擁立の主体は、元老院・市民・軍隊の三者であり、それぞれ性格を異にしている。それに対して朱元璋は、丞相をトップに戴く群臣（「百官」）による擁立であって、擁立集団の性格は一元的である。

これは、皇帝即位以前にすでに呉国を建国しており、王位についていたためであるが、さらには国家観の相違があるように思われる。すなわち、国家の構成員をどの範囲に設定するかという問題があり、国家を統治者集団にせまく限定する立場と被支配者まで含めて大きくとらえる立場とがある。この問題については、四節で再論する。

(2)第四代皇帝仁宗の即位——永楽二二年（一四二四）——

万暦『会典』は、仁宗洪熙帝の即位儀礼が、その後の即位儀礼の前例となったことをいう。そこにおける顕著な特色は、皇太子が、文武官僚、軍民の有徳高齢者（「耆老」）からの即位要請に応える形で即位する点にある。すなわち勧進も即位儀礼の一環として位置づけられているのである。『実録』によれば、それは、同年八月一一日から一四日まで四回行われ、翌一五日が即位式であった(9)。その次第を、『会典』にもとづいて記す(10)。

早朝、官僚が天地、宗廟、社稷に即位の報告をする。皇太子は、喪服を着用し、先皇帝（「大行皇帝」）の祭壇（「几筵」）の前で命を受けたことを告げる。礼服に着替えた後、天地、祖宗に報告を行い、再度先皇帝の祭壇の前で拝礼し、皇太后にも拝礼する[11]。以上をすませた皇帝は即位式に臨む。

皇帝は、礼服を着用し、式場となる奉天殿の裏にある華蓋殿に向う。その間に群臣は、奉天殿で整列している。皇帝は、式部官の「準備は整いました、昇殿してください」との言葉に従って奉天殿の玉座につく。群臣は即位を言ほぐ表を上すが、皇帝は、読み上げることは押し止め、拝礼させるだけで散会とする。その後は即位の詔の頒行儀礼が続く。

以上が即位儀礼の次第であるが、洪武帝のとは異なり、かなり簡素である。ポイントは二箇所ある。第一は、耆老も加わって勧進が行われている点である。これは、洪武帝の勧進においてはなかったことで[12]、ビザンツにおける市民の歓呼を連想させるものがある。

なぜ耆老が加わったのかについては、即位にまつわる特殊事情を考慮する必要があろう。すなわち先代の永楽帝がモンゴル遠征中に急死し（永楽二二年七月一八日）、遺詔をのこせなかったのである[13]。おそらくこのために、民も加えて、あらゆる臣民から勧進が行われるという形をとることが求められたのではないか。

ただしこの勧進は、即位儀礼の一環であるものの、あくまでも儀礼を開始する契機としての意味しかもたず、形骸化しているというべきである。洪武帝の場合は、即位の場でも群臣による勧進が行われており、両者の間に密接な関係が設定されている。しかし洪熙帝の場合は、時間的なひらきがあり、そのような関係性は弱いものと認められるからである。

そうとすれば、第二のポイント、即位当日の皇太子の行動が重要となる。特に皇太子が喪服を着用し、先皇帝に受命を報告するというのが決定的である。そもそも先皇帝は、皇太子に冊立した段階で、彼への継位を内諾しているわけであり、ここでの受命報告は、それを再確認する意味あいをもつとせねばならない。されば皇太子は、皇帝の礼服たる「袞冕」に着替え、皇帝となるのである[14]。その後の天地、祖宗への報告、先皇帝、皇太后への拝礼は、新皇帝としての行為であり、それらをすませて奉天殿における群臣との即位儀礼に臨む[15]。

このように、後代の皇帝には皇太子制度が機能しており、皇太子冊立によって即位は決定済みである。しかも、洪熙帝の場合は永楽帝の急死という特殊事情で欠如していたが、普通は先皇帝の遺詔の中で皇太子の継位が再確認されるのである。されば、群臣・耆老による勧進は、即位儀礼を開始するためのきっかけでしかなく、形式的なものとなる。

以上二件の事例から明朝皇帝の即位儀礼については、次のように理解することができる。初代皇帝は、基本的に統治集団の指導者としての性格をもっており、彼らによる勧進が皇帝即位の第一の要件となる。それに対し後代の皇帝は、皇太子制度が機能するため、勧進は形式化する。しかし、それがために逆に勧進主体の拡大を行うことが可能となり、耆老をも取り込むことが可能となった。

それでは、なぜ実質的意味をもたない耆老をとりこむのであろうか。これこそ国家構成員の範囲に関わる問題なのである。

3　清朝皇帝の即位儀礼

(1)初代皇帝太祖の即位——天命元年(一六一六)——

光緒『大清会典事例』巻二九二・登極にも記載があるが、『清太祖武皇帝実録』『満文老檔』の方が詳しい。『満文老檔』によると、丙辰の年(万暦四四＝一六一六)の元旦に諸王・大臣・衆人が会議して、ハンであるヌルハチにGenggiyen Han(英明なハン)との尊号を上した。ヌルハチは、玉座から立ち上がると衙門の外に出て天に三たび叩頭した。玉座に戻ったヌルハチに対し、八旗の諸王、大臣らは元旦の言ほぎを行い、三たび叩頭した。

以上が即位の次第であって、極めて簡単なものである。史料が、多くの事柄を省いているのは間違いないが、諸王・大臣・衆人が擁立しており、勧進型の即位方式であるのは明瞭である。その点で洪武帝と軌を一にしており、初代皇帝の即位パターンを踏襲している。

(2)第四代皇帝聖祖の即位——順治一八年(一六六一)——

後代の皇帝の即位儀礼の雛形を与えているのは、聖祖康熙帝のものであるので、これについて検討する。[16]史料は『聖祖実録』、『欽定大清会典則例』巻五七・登極による。

順治一八年正月七日、順治帝が崩じ、八日に遺詔が頒布される。この中で玄燁を皇太子とすることが言われていた。即位式は翌九日である。

早朝に、満洲人有力者が派遣され、即位する旨の祝文が、天(「昊天上帝」)、地祇、太廟、社稷に対して読み上げられる。玄燁は喪服を着用し、先皇帝の祭壇の前で報告し、拝礼をおこなう。この段階で命を受け(「受命畢」)、玄燁は皇帝となる。

皇帝は礼服に着替え、太皇太后、二人の皇太后に拝礼する。ここまでは、皇帝の私的居住空間である内廷での儀礼である。その後皇帝は、公的政務空間である外廷に移動し、太和殿での儀礼に臨む。

皇帝が太和殿の玉座に着くと、鐘鼓が鳴らされる。[17]殿内では楽奏の準備はされているものの、演奏されない。王以下の文武官は整列しており、慶賀の表を上すが、皇帝は読み上げを免じ、茶をだすだけで散会とする。皇帝は、この後内廷に帰り喪に服する。なお同日大赦の条款を附した即位の詔が頒行され、二日後、天下に頒行される。

以上によると、康熙帝の即位儀礼が、洪熙帝のそれを雛形にしているのはあきらかである。早朝における天地、祖宗、社稷への報告、喪服を着用した皇太子の先皇帝への報告、礼服を着用した皇帝による皇太后への拝礼、賀表の宣読の免除などである。儀式の流れは、明と清とで基本的に同じといってよい。[18]

しかし変更点もある。礼服着用後における天地、祖宗への報告、先皇帝への拝礼が省略されており、また、文武百官・耆老による勧進が欠如している。

天地、祖宗については、即位詔に「天地、宗廟、社稷に祗しんで告げて皇帝位につく」とある。すなわち有力者による代参で承認は得ており、再度皇帝が行う必要はないと考えられたのであろう。同様に先皇帝も喪服で拝礼し、この段階で皇帝となるのであるから、不要と考えられたものとみられる。これらは漢人的な繁文縟礼を嫌ったのであろう。[19]

勧進の欠如も同様である。天地、太廟、社稷で告げられた祝文には、「臣は遺詔、輿論に従って正月九日に皇帝位につく」とある。この場合の輿論とは、順治帝が崩御したときに満洲人有力者（「諸王、貝勒」）がのべた遺詔に従うという発言のことであるから、皇帝即位における正当性の根拠は、先皇帝の意志に一元化されている。先皇帝に喪服で拝礼した時に、皇太子が「受命」したのもそれを証する。清朝において皇帝即位の正当性の根拠は、ひとえに先皇帝の意志に基づくのであって、他者による推戴の要素は排除される。[20]

4 比較による問題提起

以上、明清皇帝の即位儀礼について検討した結果から、井上報告の内容について考察し、新たな問題提起を試みたい。

まず明清皇帝の即位儀礼は、初代皇帝か後代の皇帝かで論理を異にすることが明らかである。王朝の創設期、支配集団は、自らが自らを正当化しなくてはならないのであり、指導者を皇帝として勧進し、擁立する。ところが後代の皇帝は、すでに王朝の正当性が確立されているために、そのような手続きは形骸化されるか（明朝）、無用とされる（清朝）。以下ビザンツにおける皇帝歓呼を、このような観点から分析してみたい。

第一に、ビザンツにおいては、なぜ初代皇帝的な即位儀礼が何代にもわたり続くのかが問題である。特に四～五世紀は軍隊・元老院・民衆の歓呼が重要な意味をもったと報告されているので、この時期の理解が焦点となろう。中国史の立場からすれば、このような現象は、五代の皇帝が、配下の禁軍から次々と擁立、廃位されるのを連想させ、むしろ皇帝位の不安定性を示すもののように思わせる。

七世紀以降の皇帝歓呼は、後代の皇帝のパターンである。そこでは雇われた市民が歓呼しており、明朝における耆老と同じ役割を与えられている。確かにこの時期は、共同皇帝戴冠制度が重要な意味を持ちはじめた時代であるので、市民の歓呼は形骸化せざるをえない。この時期は、皇帝権力の安定した時期であろう。

そうとすれば、七世紀以降の皇帝歓呼について、皇帝権力論からアプローチするのは、あまり多くの稔りを期待できないのではないか。むしろ当時の国家構想の中で、市民というものがどのように位置づけられていたか、という問題からアプローチすべきである。

そもそも一体誰が国家の構成員であるかという問題は、必ずしも自明ではない。近代国家以後は、国民ということになっており、全ての国民は政治的に同等の権利を保障されている。しかし前近代においては、誰もが均等な政治的権利を有するものと観念されていたわけではない。たとえば清朝において、奴僕は科挙を受験することができず、彼らには官僚となる道が閉ざされていた。彼らは、この点で正規の構成員ではなかった。

しかしこのような構成員の範囲は、どのような状況のもとに国家を理解するかによって如何ようにも広く狭くなるものである。たとえば清朝皇帝の奴僕たるボーイ（包衣）は、政治力学的には清朝皇帝を支持するれっきとした国家構成員である。一般的に考えるならば、哲学的思惟のもとでは、広くとらえられるし、政治力学的思惟のもとにおいては、狭くとらえられる傾向にあるといえるのではないか。

明清王朝の即位儀礼から考えるならば、初代は、支持集団の実力を背景に権力を掌握することができた。そこに反映された国家の構成員とは、支持集団に他ならない。しかし世代がたち、政権が安定していくにつれ、構成員の範囲は広くとらえられるようになって、耆老も取り込まれるようになる。ただしこれは明朝史における展開であって、清朝史においては、狭く皇帝の意志に一元化していく。

このように思惟は逆方向に展開していくのであるが、政治力学的にいえば、どちらも皇帝権は安泰なのである。その安泰さを、皇帝を支持する国家構成員の問題としてどのように概念化していくか。一方ではあらゆる人間が支持しているものと思惟し（明朝）、一方では皇帝の意志には誰もが従うのであるから、皇帝の意志だけで代替させてかまわないと思惟するのである（清朝）。

以上のように考えるならば、たとえば九世紀以降のマケドニア王朝時代には、帝位世襲、皇帝専制の観念が確立したと報告されるが、この時代において市民は、国家構成員としてどのように位置づけられていたのであろうか。

さらに同王朝の末期、テオドラ女帝の死期が迫ると、宮廷の有力者たちが後継者ミカエル六世を選定し、それをテオドラに受諾させたという。これは皇帝による指名であるが、実際は擁立型の即位というべきである。皇帝権の不安定さが看取される。

その後ミカエル六世は、元老院、市民に贈り物をして支持をとりつける。彼らも擁立集団の一員に組み込まれたのである。当時は、コムネノスの侵攻を目前にして、政治勢力の結集が喫緊の問題となっており、ミカエルのこのような行動は理解できるものである。

また、ミカエル六世が、コムネノスに敗北した後、共同皇帝を提案して元老院・市民に反対されたというのは、彼らの支持が離れたということである。さればここにコムネノスが、元老院、市民、配下の軍隊から擁立されるに至る。新たな王朝、コムネノス朝の成立である。

このように即位儀礼の意味づけは、激動期であるのか安泰期であるのかといった当時の政治力学によって大きく左右されるというべきである。その意味で、即位儀礼を検討する際には、擁立者・国家構成員の問題を離れて考えることはできない。井上教授からご意見を伺えれば幸いである。

以上でもってコメントの主部を終え、最後に二点附言したい。一つは、共同皇帝戴冠制度と皇太子制度との相違である。両者の論理は異なっているはずであり、ビザンツ史側から前者の論理について更に詳しい説明を求めたい。

もう一つは、明清王朝の即位においては、先皇帝、皇太后との関係が決定的に重要であるが、ビザンツにおいてはどうなのかという問題である。もし重要度が低いのならば、ここには、両者の政治秩序の違いを解きほどく鍵が潜んでいるように思われる。

（1）『支那近世史』第一章　近世史の意義（『内藤湖南全集』第一〇巻、筑摩書房、一九六九年）。

（2）宮崎の最もまとまった独裁君主制論は、「雍正硃批諭旨解題——その史料的価値——」であろう。以下の引用は、『宮崎市定全集』第一四巻（岩波書店、一九九一年）一四三頁による。

「中国近世の独裁君主体制の理念は、君主と人民との間に特権階級が割りこむことを否定する。独裁君主の立場からすれば人民を支配するものは君主一人でなければならない。ただ人民の数が多いのに対し、君主は只一人であるから、人民を治めるためには官僚の手を借りなければならぬ。但し官僚は君主から見て単なる手伝い人夫であるべく、官僚がブロックを形成して君主と人民の間に介在して特権階級化してはならぬ。天子と人民との間には長い距離がおかれるが、それは単に天子の尊厳を意味するだけであり、途中で何等妨害を受けることなしに一直線に意志が疎通しなければならぬものである。故に官僚は最も伝導力に富んだ電線であるべくして、自らが発電したり電力を消費したりしてはならぬものなのである」。宮崎一流の明快な文章ではあるが、比喩が連発されているように、君主独裁を記述するものであって、その論理を解析するものではない。

（3）『太祖実録』は呉元年一二月辛酉に即位の儀注をのせ、洪武元年正月乙亥に挙行の次第をのせる。南郊で行われる儀礼について、辛酉の条では、「即位之日、先告祀天地、礼成、就即位于南郊、丞相率百官以下及都民耆老、拝賀舞踏、呼万歳者三」としか記さず、『会典』と比べると簡略である。乙亥の条では、祝文をのせ、儀礼の細部に詳しいが、進行の次第については、辛酉の条を若干詳しくしたに止まる。

(4) 圜丘については、正徳『大明会典』巻八〇・郊祀にみえる。圜丘図は、万暦『大明会典』巻八二・郊祀二にみえる。『太祖実録』では、洪武元年正月乙亥(四日)の条に「是用以今年正月四日於鍾山之陽、設壇備儀、昭告上帝皇祇、定有天下之号、曰大明、建元洪武」という。

(5) 万暦『大明会典』巻八二・郊祀二、圜丘。望燎ということは、正徳『大明会典』巻八六・合祀神祇、風雲雷雨山川城隍之神にみえる。

(6) 『太祖実録』呉元年一二月辛酉にみえる即位の儀注に、「即位之日、先告祀天地、礼成、就即位于南郊。丞相率百官以下及都民耆老、拝賀舞踏、呼万歳者三」とあり、耆老がいたことをのべる。しかし『会典』では耆老の存在には言及しない。また即位の実際を伝える『実録』洪武元年正月乙亥でも「丞相率百官、北面行礼、呼万歳者三」とあり、耆老はいなかったようである。

(7) 洪武『京城図志』によれば、太廟は宮城の端門の左にあり、社稷壇は右にあった。

(8) 『太祖実録』によれば、勧進は呉元年一二月癸丑(一一日)とその翌日にも行われている。朱元璋は、この時に即位の決心をし、即位の儀注の作成を命じている。

(9) 『仁宗実録』。

(10) 『仁宗実録』では、一四日の条に礼部がのぼした即位の儀注が記され、一五日に即位の実際が記されるが、『会典』とやや異なる。

(11) 「上具孝服、設酒果親詣大行皇帝几筵前、祇告受命畢、即于奉天殿前設香案酒果等物、具冕服行告天地礼、随赴奉先殿謁告祖宗畢、仍具衮冕詣大行皇帝几筵前、行五拝三叩頭礼、畢、詣母后前行五拝三叩頭礼、畢、詣奉天殿即位。」

(12) 『実録』呉元年一二月癸丑に「中書省左相国宣国公李善長率文武百官、奉表勧進曰……」とあり、耆老の姿はみえない。

(13) 談遷『国榷』永楽二二年八月按語。『仁宗実録』永楽二二年七月辛卯。

(14) 『仁宗実録』八月一五日の条にも「上躬告几筵、即皇帝位」とあり、先皇帝の祭壇前で皇帝となることをいう。

(15) 以上は、日本の天皇の践祚に相当する儀礼であると考えられる。

(16) 第五代雍正帝が、「礼儀与順治十八年同」としたのが始まりで、第六代乾隆帝は、雍正帝の即位である康熙六一年の儀礼に従っている(『欽定大清会典則例』巻五七)。なお、康熙帝の即位儀礼については、川勝守「清朝皇帝の儀礼と支配の構図——即位と崩御を中心として——」(『和田博徳教授古稀記念明清時代の法と社会』汲古書院、一九九三年）がある。
(17) 光緒『大清会典事例』巻二九二、登極礼節によれば、紫禁城の入り口である午門で鳴るのである。
(18) これは、清初、制度に関してしばしば『大明会典』が参照されたことによる。
(19) 満洲人は、漢人が虚名を尊ぶということをしばしば批判する。
(20) 『聖祖実録』順治元年正月丁巳に、諸王・貝勒らが「詔旨甚だ明かなり、誰か敢えて干預せんや」といったとある。

【コメント2】

ローマ皇帝権力の本質と変容

南川高志

私の専門領域は、井上浩一教授が報告されたビザンツ帝国の元となったローマ帝国、とくにその最盛期である紀元一世紀から三世紀にかけての帝国の歴史である。

この時代のローマ帝国は、ビザンツ帝国との間に、皇帝権力に関して大きな違いが二つあった。その一つは、紀元一世紀から三世紀にかけてのローマにおける皇帝政治が「元首政」(Principatus) と呼ばれ、共和政の伝統をふまえて、皇帝は元老院の第一人者 (Princeps Senatus) であり決して専制的ではなかったと一般に理解されていること、いま一つは、キリスト教がまだ皇帝政治にかかわるイデオロギーとしては成長していなかったこと、である。井上報告では、ビザンツ帝国の皇帝権力は無制限の権力を行使できる専制的なものであったという学説と並んで、ビザンツ皇帝はその選挙権者である「民衆・元老院・軍隊」によって改廃される、制約を受ける存在であり、皇帝権力は一種の「選挙君主制」のごときものであったという考え方があることが紹介された。このうち、後者の考え方は、端的にいえばビザンツ帝国の皇帝権力はローマの元首政の復活である、という見方なのである。この考え方は、とくにビザンツ帝国史研究の大家ベック (Hans-Georg Beck) の説であるといってよいであろう。

ところで、皇帝を制約する「書かれざる憲法」がビザンツ帝国に存在したというこの魅力的な説を、そのモデルになったローマ元首政時代の皇帝についてあてはめてみるとどうなるであろうか。たしかに、元首政の時代でも、新しく皇帝となった者は即位に際して元老院の承認を得、首都民衆や軍隊の歓呼を受けた。しかし、これは皇帝決定後の完全な「儀礼」に過ぎない。肝心な皇帝の決定に当たり、日本語の「選挙」という言葉が示すような手続きは全くなかったのである。ローマ人は法の民として有名であるが、その彼らも皇帝位の継承に関わる法律を定めることはしなかった。そのため、皇帝権は常に権力闘争、あるいは武力闘争の結果誰かに勝ち取られることによってその所在が定まったのであって、民衆はもちろんのこと、エリート集団である元老院の議員たち(senatores)の間でも「選挙」されたことなどない。しばしば見られた父から子へ、兄から弟へ、あるいは養子縁組に基づく「世襲」のケースでも、史実を子細に検討すると、血のつながりだけではなく、帝位を望む者は帝国統治を実際に担う元老院議員たちを党派として組織化せねばならなかったことが判明する。

いま少し具体的に述べておこう。初代皇帝アウグストゥスと第二代皇帝ティベリウスの間には、血のつながりはなかったが、アウグストゥスの生前にティベリウスは「養子」とされて後継者の地位を確保していた。以後の元首政時代の皇帝位継承に際しては、実際の親子関係・兄弟関係以外に、この「養子」という擬制的な親子関係が数多く設定されており、皇帝位の継承に当たって「血のカリスマ」が必要とされたことを明示している。

にもかかわらず、そのような擬制を設定しても、権力の継承がうまくゆかなかったケースや、継承できても重大な障害を抱えることになった例が多く見られる。例えば、「暴君」ネロ死後の六九年に皇帝として元老院の承認を受けた老皇帝ガルバは、若い貴族のピソを養子にし後継者とすると発表したが、これに反発したオトに扇動された軍隊の手で、ガルバはピソとともにあっけなく破滅した。ピソを養子にすることは、ガルバに何の力も与えなかったわけである。九六年に、「暴君」ドミティアヌスの暗殺後に擁立されて皇帝となったネルウァも、先帝を思慕する近衛隊や先帝時代の有力元老院議員たちの圧力でその政権はたちまち危機に瀕したが、賢明にもネルウァは、若くて力を持たぬ貴族ではなく、中年の実力者で属州に大軍を擁したトラヤヌスを養子にすると発表し、難を逃れた。ネルウァとトラヤヌスの間には何の血縁関係もなかった。その養子とされたトラヤヌスは、実力者で強大な軍事力を有していたにもかかわらず、ネルウァの死後すぐに首都ローマに入ることはしなかった。おそらくネルウァを苦しめた先帝ドミティアヌス支持グループに対する政治的対抗措置をとって、自らの皇帝政治に支障がないように政治支配層を再編した上で、首都に入ろうとしたため、時間がかかったのである。

さらに、そのトラヤヌスの跡を襲った皇帝ハドリアヌスは、トラヤヌスの死の際に養子とされたということで一一七年に即位したが、養子縁組の状況は不透明で周囲から疑われた。彼の登位は、具体的には麾下の軍隊の歓呼を受けたことよるものに過ぎなかった。そのため、即位直後に四人の高位の元老院議員が処刑される事件が生じるなど、今日「賢帝」と評されるハドリアヌスも、即位当初は前途に暗雲がたれ込めるような状態であった。これは、先帝トラヤヌスの親族とはいえ、先帝からとくに何の政治的配慮もなされなかったハドリアヌスが、未だ充分に政治支配層を固めきれず、出身地を同じくする一部の政治家たちの支持のみで帝位に就いたことによる政権の脆弱さゆえであった。

元首政時代には、親族関係にある一族の内から皇帝が出ることが一般的であった。すなわち「ユリウス＝クラウディウス朝」「フラウィウス朝」「アントニヌス朝」そして「セウェルス朝」といった「王朝」が形成されたのである。こうした王朝が交替する際の激しい武力衝突による新たな皇帝の決定はもちろんのこと、王朝内部での「静かな」皇帝位継承の時ですら、政治的暗闘なしでは済まされなかった。皇帝の決定に関わる実情からは、なんら「法的手続き」らしきものはみえないのである。勝ち取られた皇帝権を承認する儀礼的手続きは確かに存したが、こと元首政時代の最盛時に関していえば、そのようなものは大きな意味を持たなかった。それは、当時の皇帝が、その強大な権力にもかかわらず、「元老院の第一人者」という立場に立っており、他の政治支配層の人々との間にそう大きな隔たりをもたなかったからである。

元老院は「皇帝」を選ぶ権利を意識していたが、それが虚しいもので、実質的には軍事力によって皇帝は定まるのが「帝権の秘密」だと、すでに一世紀の内乱の記述にあたってローマ人歴史家タキトゥスが暴露している。イタリアの外で皇帝に擁立された者は、首都で元老院の承認を得、民衆の歓呼を受けることを目指したけれども、それをしなければ皇帝ではないという観念があったとは思われず、実際のちになると、侵入する異民族に対抗するために皇帝がイタリアにまったく来ることができない事態が到来する。

いずれにしても、ローマ元首政時代の皇帝決定に当たって、「選挙君主制」という表現は、実態に合わない表現だということになろう。しかし、かといってこの時代のローマ国家に選挙がなかったわけではない。共和政時代ほどではないにしても、この帝政前期において国家最高の公職である執政官（consul）等は投票がなされ、選挙に際しては推薦演説や選挙運動も熱心になされていたのである。ところが、皇帝なる存在は、公職に実際に就任しなくとも最高公職者の権限を常に持つ存在であったのであり、「選挙」といった法的な定めにはそぐわない権力者であった。ただし、皇帝は「非法律的な」（illegal）存在というのではない。皇帝は法律の外に存在するローマ社会特有の「保護＝被保護関係」の頂点に立ち、領内の全住民と全軍隊のパトロンという存在なのであった。すなわち、「法律外的な」（extra-legal）存在なのである。これが、二〇世紀中頃までにできあがったローマ皇帝権力に関する社会史的解釈といってよいものである。

こうした「保護＝被保護関係」を基軸におく考え方は、今後再考する必要があるかもしれない。というのも、このローマ社会特有のパトロネジ関係に即してローマ皇帝権力を定義しようとする考え方は、皇帝政治成立以前の共和政時代の政治や社会について、このパトロネジ関係が決定的な力を持っていたという学説の延長上にあるからである。この学説はドイツの学者マティアス・ゲルツァーの一九一二年の画期的論文によって唱えられ、長らく通説の地位を占めてきた。しかし、一九八〇年代からイギリスの学者ファーガス・ミラーが批判的研究を次々と発表して、ローマ共和政、とくにその末期では、パトロネジによってすべてが決定されたのではなく、有力者といえども民会や集会に集う民衆を弁論で説得せねばならなかったことを明らかにし、これによって貴族による寡頭政治から一種の民主政へとローマ共和政のイメージは大きく変わってしまった。その後、このミラーの学説に対する賛成と反対の両方の見解が表明され、定説が形成されぬまま今日にいたっているが、少なくとも従来のように、すべてをパトロネジに還元して説明することができなくなったことだけは確かである。その影響で、ローマ皇帝を「最高にして最大のパトロン」と定義することも再考を要するようになったわけである。

さて、元首政期のローマ皇帝は、イタリアの外の領土、すなわち属州を統治する最高公職者執政官相当の命令権（imperium proconsulare）、執政官の命令権（imperium consulare）、そして民衆を公職者の権力から守り、その身体は神聖にして不可侵とされた護民官の権限（tribunicia potestas）、以上の三法的権力を元老院から与えられた、「法的存在」であったと一部の学者は強調したが、これらの三権を同時に、かつ常時保持するという点で、共和政以来の国制の伝統をローマ皇帝は超越していた。そして、紀元一世紀から三世紀に向かって、この皇帝権力はいっそう伝統的な法や法慣習に縛られないようになると一般に説明されてもいる。「法から解き放たれる」とは、ラテン語でいえば ab legibus solutus est で、よく知られている「絶対的な」という意味の英語の単語（absolute）の語源であるが、要するに、元首政時代の後半になるにつれて、ローマ皇帝権力は次第に専制化・絶対化していったというわけである。これが、後期ローマ帝国時代の「専制君主政」（Dominatus）への移行であり、専制的なビザンツ帝国皇帝権力の始まりとされてきた。つまり、井上報告で指摘された皇帝権力の二つの解釈、すなわち「無制限の専制君主」と「選挙君主制のような制約を受ける権力」は、ローマの場合、後者から次第に前者へと移行していったと見ることができる。

ところで、本セッションのテーマは「王権と儀礼」であるが、この観点に立って眺めるならば、今述べたようなローマ皇帝権力の変化は、専制化するにつれて皇帝権力が多くの儀礼をともなうようになった点で注目されよう。元首政時代の初期に比べて、その後半になると、皇帝の権威を高める儀礼や宗教的行為が増えてきているのである。

元首政時代の皇帝をめぐる儀礼としては、即位時の歓呼を受けること以外に、娯楽の場である円形闘技場や劇場などで民衆から歓呼を受けたり、戦争の勝利を祝う凱旋式でのパフォーマンスが思い浮かぶが、それらは皇帝政治出現以前の共和政時代にも類似のものが存在したので、皇帝権力の成立や成長と直結させることは適当ではなかろう。総じて、ローマの元首政が充分機能し、帝国が繁栄した時代には皇帝をめぐる儀礼は少ない、と私は見ている。

ところが、混乱の時代である三世紀になると、様子が変わってくる。例えば、皇帝への呼びかけに「我らの主人」という意味をもったものが頻繁に現れ、皇帝の家にも「神聖な」（sacer）という形容詞が付くようになる。また、皇帝に「不敗の」（Invictus）などという称号が追加されるようになり、皇帝礼拝が強化されるようになる。その行き着いたところに、「ペルシア王の流儀」の導入がなされるようになった。三世紀末に混乱した帝国を再び統一して帝国を再建したディオクレティアヌスという皇帝が「異国の儀礼」を持ち込んだと史料的には語られているが、これが後のビザンツ帝国でなされる儀礼の最初の導入というわけである。

今日でも有力な学説によると、ディオクレティアヌス以降、ローマ皇帝に拝謁する者は、跪いて皇帝の衣の端に唇を触れる跪拝礼（Proskynesis）をすることになり、これが初期のビザンツ帝国のユスティニアヌス帝以降、全身平伏と皇帝の足への口吻へと進む。もはや「元老院の同等者の中の第一人者」とはいえない存在へと皇帝は変化してしまった、というわけである。

儀礼の導入は多方面におよび、またさまざまな様相を見せている。ここで一つ例をあげておこう。元首政時代のローマでは、皇帝はあくまでも帝国政治担当階層である元老院議員の中の第一人者であって、決していわゆる「現人神」ではなかった。皇帝が生きているうちから神扱いされることは、帝国東方諸都市が「ギリシア的東方的伝統に従って」勝手にそのような扱いをしたこと、ごく稀な皇帝が自身を神と呼んでみたことを例外とすれば、まったくなかったのである。しかし、かのユリウス・カエサルから、死後国家神の列に加える「神格化」は始まっていた。皇帝は存命中、刑事訴追を受けなかったが、死亡すると、ドイツの大学者テオドール・モムゼンが「死後裁判」（Totengericht）と呼んだように、元老院によって生前の行為の善悪を判断され、善帝と認められれば神格化されて国家神の列に加えられたが、一方で、悪帝・暴君と判断されれば、その統治行為や存在の記憶すら抹消されたのであった。善帝とされた場合、神格化の手続がとられるが、紀元一世紀のうちは元老院会議で議員の一人が亡き皇帝の「昇天」を証言すればよかった。例えば、初代皇帝アウグストゥスが死んで火葬による公葬が済んだ後、元老院会議で元老院議員ヌメリウス・アッティクスがアウグストゥスが昇天するのを見たと証言し、元老院は国家神の列に加えることを決定したのである。しかし、二世紀にはいると、実際の遺体の葬儀とは別に、蠟人形を使った華美な葬儀がおこなわれ、亡き皇帝に似せた蠟人形を大きな櫓においてそれに点火し、櫓が燃え落ちる瞬間に、国家の象徴の鳥であるワシを飛びたたせるという手の込んだ二度目の葬儀をするようになる。儀式の遺体は蠟人形であるため、跡に何も残らない、ラテン語のオッシレギウム（ossilegium）、つまり「骨拾い」が要らないわけである。あとに何も残らないことが皇帝の昇天を意味した。もう神格化のための議員の証言も不要になってゆく。「同等者」である元老院議員の「証言」に「儀礼」がとってかわったのである。

こうした皇帝権力の周辺への儀礼の導入を、学界は従来、ローマ帝国の「東方化」とか、ローマにおける「東方的な」専制君主政治の成立、と評してきた。かような解釈は、ヨーロッパ人の学者たちが創造した、いわゆるオリエンタリズム（Orientalism）の産物であるということができよう。しかし、実際に一世紀や二世紀の皇帝権力と三世紀のそれとは実態が異なっていることも確かで、皇帝の地位やその性格が、彼を取り囲む周囲の者たちから次第に隔絶したものになっていったことは、乏しい史料状況ではあるが、現在でも認められよう。では、多くの儀礼をともなう「神聖な」皇帝が生まれていったのはなぜか。このきわめて重大な問題は、変化の時代である紀元三世紀のあらゆる側面から考察されなければならない課題であり、実際に多くの研究成果が積みあげられてはいる。ただ、政治・軍事、そしてイデオロギーや宗教など、それぞれの領域で有意義な説明が試みられているものの、社会の変化をも見据えた総合的な説明が達成されているようにはみえない。私も、現在の段階では充分な解答が出せないが、一つの考えとして次のような見方が許されるのではと考える。

紀元一世紀から二世紀にかけての、ローマ帝国最盛期の皇帝政治は、皇帝が同等者である元老院議員たちに支えられて帝国統治をおこなうものであり、ローマ帝国の「帝国貴族」といってよい人々、すなわち元老院議員身分（ordo senatorius）と第二の支配層である騎士身分（ordo equester）の上層とに立脚した体制であったと私は考えている。この帝国貴族は、豊かな土地所有者で、出自は様々であるものの、政治・軍事を担当するとともに、貴族的な生活様式を実践することで自らが帝国統治者にふさわしい権威を有することを示そうとした人々であった。彼らは首都や出身地である都市共同体に贈与・恩恵を施して福祉に貢献したり、同じ階層の人々の間で文芸や書簡のやりとりでもって交際するなど、文学的営為に励んだのである。美しい言葉で語り美文を綴るに必要な「修辞学」の知識は、彼らにとって大切なエリートの証であった。

ところが三世紀の中頃から、つまり一般に「軍人皇帝」の時代と呼ばれる頃になると、帝国の軍事的危機の中で、国境地帯で国家を守る軍隊が自らの司令官を皇帝として擁立するようになり、帝国辺境出身のたたきあげの軍人が皇帝となってゆき、それまでの帝国貴族たちから皇帝政治が遊離するようになっていった。皇帝自身だけでなく、帝国の政治・軍事を担う者たちも、おおむね「修辞学」とは縁の薄い人々になった。この体制を極限まで押し進め、元老院議員たちを帝国統治から排除して、皇帝直属の軍事色の強い騎士身分の者を政治・軍事に投入したのが、あの「異国の儀礼」を導入したディオクレティアヌスだったのである。しかし、伝統的な帝国貴族に立脚せず、軍隊というむき出しの暴力に支えられた皇帝には、支配を正当化するために権威が必要となった。そこで、自らの権威の確立のために儀礼を導入した、と見ることができるのである。

この小論は、私の見解をさらに詳細に論ずるには相応しいところではないので、これ以上は立ち入らない。最後に、ビザンツとローマの皇帝権力と儀礼について考察する際に、否、より広く、洋の東西を問わず君主権力と儀礼について考察する際に注意すべきと思われることを一点指摘しておきたい。

それは、儀礼が多く持ち込まれ「絶対化した」君主について考察する際の注意である。多くの儀礼に包まれた後期ローマ帝国時代の皇帝は、「法に縛られない」絶対的な権力者であったといわれるが、実は数々の儀礼に囲まれた存在であったがために、皇帝自身が実質的な権力を行使できていたかは疑問なのである。皇帝が次第に政治支配層の面々から高くて遠いところに置かれるにしたがい、実質的に権力を保持し、行使するようになったのは、皇帝のそばの、儀礼を司る者たちだった可能性が高いのである。そのため、皇帝という存在を真に理解するためには、彼とその周辺の人々を日常生活レヴェルから吟味し、実質的にどの程度の「権力」を行使できたのか確かめるという基礎的な作業を経る必要があると思われるが、少なくともローマ帝国史においてはその課題はまだ充分行われていないような気がする。総じて、皇帝、そして帝国を理解する研究は、無限に課題のある、しかしそれだけやりがいのある貴重な作業なのである。

※　本稿で論じた元首政時代のローマ皇帝に関する議論は、下記の書物や論文において公表した私の研究の成果に基づいている。

『ローマ皇帝とその時代——元首政期ローマ帝国政治史の研究』（創文社、一九九五年）

『ローマ五賢帝——「輝ける世紀」の虚像と実像』（講談社

現代新書、一九九八年）
「ローマ皇帝政治の進展と貴族社会」（『岩波講座世界歴史4』所収、岩波書店、一九九八年）

「礼」「御武威」「雅び」——徳川政権の儀礼と儒学——

渡辺　浩

一　儒学の「礼」

「礼」は、儒学における特徴的な概念である。例えば英語では ritual, rites, manners, propriety, rules of proper conduct 等と訳されるが、どれもその意味を十分には伝えていない。おそらく西洋語には翻訳困難なのである。「礼」は、当人の立場とその関係する相手との関係とに応じて定まった、適切な行為の型である。政治制度・朝廷や民間の儀式・年中行事・個々人のライフサイクルに応じた通過儀礼（「冠婚葬祭」等）から、挨拶や食事の作法等を、すべて含む。

適切な行為であるか否かは、個々人がそれぞれの価値観によって判断することだ、などとは儒学者は考えない。誕生から死に至るまで、あらゆる場合に応じた正しい行為の型があり、それにみずから進んで従って生きることが、「礼」を知らない禽獣とは異なる、人間らしいことだと考えるのである。「礼」は、古代に実在したとされる理想的な王朝の時代の王たちによって制定され（従って、儒学の経典に詳述され）、その後の帝王等によって時代に応じて必要な修正を施されたものである。但し、それも恣意的に制定・修正されたものではない。「礼」は、「道」、すなわち正しいこの世の秩序のありよう、正しい人間関係のありようの具体化・表現なのである。そして、その

「道」は、およそ人たる者は誰もが、従って行くべき、生きるべき「道」なのである。

この「道」に従って生きれば、褒美として来世における幸福が約束されるなどとは、儒学者は考えない。儒学者は、来世の存在を信じないから。また、この「礼」に従わないと、統治者から刑罰が下るとも、儒学者は考えない。「礼」は「法」のような規範ではなく、模範に倣ってなされる自主的な規律であるから。「礼」への違反は、罪というよりは恥なのであり、それ故、およそ人らしく生きようという最低の自尊心のある人は、誰もが、みずから「礼」に沿って生きるはずなのである。

そして、統治者は、この「礼」に従って生きる人類の模範であるはずであった。彼が、「礼」に沿って、正しく振る舞うとき、人々はそれを慕い、それに憧れ、自分もそのように生きようとするはずだ、というのである。確かに現在でも、優勢な文化の伝播はそのような影響力によって実現する。強制ではなく、魅力によるのである。そして、儒学ではそのような影響力による感化こそが、統治の本来的な在り方だと考える。従って、法と刑罰による強制は、できれば無いことが望ましい、せいぜい副次的な手段に過ぎないのである。

以上のような儒学の「礼」の観念は、後での議論の関係で特に注目すべき、次のような特質を有している。

第一に、「礼」は統治の基本手段であるため、特に朝廷における儀式や儀礼が、重要な意味を持っている。孔子は、ある重要な儀式（「禘」）について、それを正しく行うことができるようであれば「天下」を治めることも容易だとさえ述べている（『論語』八佾）。

第二に、「礼」には意味がある。それは、「単なる形式」ではない。それは、「道」のありようを具体的な型として表現したものであり、宋代以後の主流の儒学（「朱子学」）の用語で言えば（ほぼ「道」と同義の）「理」の現れなのである（「礼者、天理之節文、人事之儀則也」、朱熹『論語集注』学而）。無論、特に清代には、主観的な判断の正当化に利用されうる「理」概念への反撥から、専ら客観的な「礼」の重要性を強調する儒学者もいた（参照、Kai-wing

Chow, *The Rise of Confucian Ritualism in Late Imperial China: Ethics, Classics, and Lineage Discourse*, Stanford University Press, 1994. 張寿安『以礼代理：凌廷堪与清中葉儒学思想之転変』、河北教育出版社、二〇〇一年）。しかし、彼等も、「礼」の根底に普遍的な道理のあることは否定しない。例えば、亡くなった自分の先祖を深い敬意をもって祭る儀式は、各人にとって、その存在の源である親・先祖ほどに尊いものは無いという明確な道理に支えられているのである。従って、親を親と、子を子と、君主を君主と、夫を夫と、妻を妻と呼んで誤らないこと、すなわち「名を正す」（「正名」）ことは、「礼」の前提として重大な意味を有している。一般に、名付けとは、区別し、区分することである。「名」が正確であれば、その人の立場、「分」が明確となり、従って、どのような「礼」が適用されるべきかが確定する。

第三に、「礼」は単に正しいのではなく、美しい。「礼」が人々を「観感而興起」せしめる（朱熹『論語集注』為政）魅力は、その「文《あや》」が、それを見る人々の心を動かすことにもよる。それは単に、練達の茶人の所作のような、流れるがごとき行動の美をいうわけではない。朝廷における儀式ともなれば、参与する者がそれぞれの立場（「名」「分」）に相応しい、「文」ある姿をすることも、当然に要求される。そこでは、衣装・冠等が身分象徴となって、統治階級内部で、そして外部に対して、それぞれの身分を相互確認せしめることになる。社会学的に言えば、それらの絶対に肉体労働ができないような服装は、肉体労働者との隔絶した距離を示唆し、確認する顕示的消費（conspicuous consumption）として、統治の安定化に機能する。さらに、統治階級内部での序列化にも機能する。

上記の三点は、例えば明朝の朝廷における正式の儀式にも、よく示されている。そこでは、高位高官が序列通りに皇帝の御殿の前庭に整列する。美しい文官の衣装の胸には、鳥の模様が刺繍されている。最高位の者にはそれにふさわしく鶴のそれが、そして下位の者では、例えば、シャコ（鷓鴣）のそれが。一方、武官の衣装の胸には、獣の模様である。最高位の者には虎のそれが、そして下位に行くと例えば熊のそれが。では、皇帝の胸にはは？　無論、龍の模様である。龍は鱗を持つが、鋭いかぎ爪の付いた四本の脚をも持つ。そして、水に住み、地に潜むが、空をも飛ぶ。龍は、あらゆる動物の範疇を超越する。それと同様に、天子は文官・武官の別を超越して、百官有司と天下の万民に君臨するのである。

二　徳川将軍をめぐる儀礼と儀式

徳川時代（一六〇〇～一八六七）の日本の事実上の国王、徳川将軍も、多種多様の儀式・儀礼に従事した。将軍の一年は、次々と行われるこれらの儀式に参加することに追われ、その合間を縫って、ようやく今日いう政務に携わったようにさえ見える。実際、一一代将軍、徳川家斉は、全ての儀式に出席した一年を振り返り、「我も今年は皆勤せり」と語ったという（『文恭院殿御実紀』附録巻三）。しかし、将軍は、中国の皇帝、即ち天子と異なり、「天」から万民を統治するように「命」を受けていると称して「祭天」の儀式を挙行することはしない。儒学の経典に則って、儀式・儀礼が制定されたわけでもない。

それらは、ただ先例に則って正確に再演され、再現され続けた。朝鮮国王の使いとして江戸を訪れた朝鮮通信使一行のある人は、日本では「先例」という語ばかり聞くと述べたという（南川維遷『金渓夜話』）。事実であろう。その意味で、文化人類学者のいう orthopraxy は、明確だった。

しかし、将軍が行っている無数の儀式の意味は、不明確だった。そもそも、彼の統治の正統性を説明する orthodoxy さえ曖昧だったのである。彼は、「天命」を受けた「天子」だとは称さない。「教会」などの宗教組織による聖別が行われるわけでもない。徳川家康の子孫であることは、特定の将軍がその地位にあることの説明にはなったが、「血統カリスマ」は、何故そもそもその「血統」が正統な統治権を保証するのかの説明はできない。無論、当時の国制を説明する成文憲法も無かった。法学者もいなかった。その一方、多様な解釈を許す様々な儀式が真剣に行われ続け、確かにその実行が最高権力者の「勤め」の主要部分をなしていたのである。

代表的なものを見てみよう。

第一は、初代将軍徳川家康を始めとする、先祖たちの霊廟や墓所への参詣である。とりわけ、日光東照宮への「御社参」は、膨大な人数と費用を要する「かぎりなき大礼」（『有徳院殿御実紀』附録巻三）だった。それらは、庶民もした先祖の墓参りの大がかりなものにすぎないようにも見える。儒学的な「孝」の「礼」の行為とも見える。また、現在の将軍が、家康と歴代の将軍との子孫にして後継者であることを確認し、誇示する機会とも見える。

第二は、大名・旗本、高位の僧侶等の接見（「御目見」）である。「御目見」をする者は、往々、遙かな距離を隔てて平伏するだけであり、実際に「謁見」するわけではない。意味のある対話がなされるのも、稀である。これは、君臣関係の存在を確認する儀式のようだが、「御目見」するからといって、僧侶を「家来」と見るのは無理があろう。それ故、「御目見」自体は、ただ将軍の権威への畏敬の態度を示す機会に過ぎないとも見える。現に、将軍の政治の顧問に与ったある学者も、「天下ノ諸大名皆々御家来ナレドモ、……下心ニハ禁裏ヲ誠ノ君ト存ズル輩モ可有。当分唯御威勢ニ恐テ御家来ニ成タルト云迄ノコトナド、ノ不失心根バ、世ノ末ニ成タラントキ、安心難成筋モ有也」（荻生徂徠『政談』巻之二）などと指摘している。事実、江戸時代末期になると、自分の真の主君は将軍ではなく、禁裏様だと主張する大名が現れたのである。

第三は、京都の禁裏の使いを迎えての「将軍宣下」の儀式、及び年中行事としての、禁裏との使節と贈り物の交換である。但し、「将軍宣下」は、禁裏がそれによって「大政」を「委任」したことを必ずしも意味しない。そのような解釈は、徳川時代の中途で広まったものである。京の禁裏が江戸の徳川宗家の当主を「征夷大将軍」に形式上任命するとは、つまり何を意味するのか。文字による規定はどこにもなかった。

第四は、朝鮮国王・琉球国王からの使節の接遇である。また、それよりはるかに非公式の扱いではあるが、オランダの東インド会社の長崎商館長を毎年「御覧」になる行事もあった。それらは、確かに将軍の権威を誇示する機会であったろう。しかし、朝鮮国王と禁裏様・将軍様がいかなる関係にあるのか、琉球国王とはどうなのか、それも曖昧だった。

第五に、本来の目的はともかく、実際上儀式化した多種多様な行為があった。例えば、将軍の代替わり後間もなく全国各地に派遣される「巡見使」は、実際に各地の統治状況をどこまで調査しえたかは疑わしい。しかし、大名の領地にも、広く将軍の支配が及んでいることを再確認する意味はあろう。将軍の外出の際の行列も、沿道に念入りな準備と敬意の表示を強いることによって、統治者の重々しい示威行進とも見えた。一方、江戸の内郭にある二つの大きな神社、神田明神と山王権現の、町人たちによる祭りの行列も、将軍と無関係に行われれば、町人の勢力を誇示する示威行進になったかもしれない。しかし、将軍が形式的にせよ観覧することによって、それは「天下様」の祭り、「天下祭り」となって、逆に将軍の統治を寿《ことほ》ぐ意味を持ったようにも見える。

また、将軍の住まいを「奥」に持ち、「表」に将軍との関係に対応した距離と位置に彼の臣下たちの控えの間を配置した江戸城本丸御殿は、それ自体、政府組織の比喩となっていた。さらに、巨大な城を彼の臣下たちの屋敷が囲み、その周囲に町人の居住地と農村が拡がる江戸という都市は、それ自体、全国の統治構造の比喩となっていた。儀式の舞台装置自体が、象徴的意味を結果として持ち、曖昧なままに人々の心に何かを刻みつけ、支配を支えたのである。

欧州のいわゆる絶対王権は、常備軍と官僚制が支えたと言われる。しかし、徳川時代の日本では、常備軍が官僚組織であり、官僚組織が常備軍であった。超長期安定軍事政権だった。そして、この軍事政権は、その圧倒的な武力によって戦国状況を封じ込め、現に「泰平」を維持しているという事実以外に、特にその存在を正統化する理論的根拠を持たない。「天下泰平」を有難く思え、というだけであり、事実として「天下泰平」でなくなれば正統性自体が直ちに動揺するという性質を持っている。しかし、大多数の人が、「戦国の世」に戻ることを恐れ、武家政権の「御武威」「御威光」に畏れ入っている限り、それで支配は安定的に持続するのである。

それ故に、理論ではなく、行為それ自体が、重要だったのであろう。行為を支える「道」や「理」が不明確でも、儀式は機能する。David I. Kertzer 氏の言うように、「儀式は、人びとがおなじ価値を共有することなしに、儀式のおなじ解釈さえ共有することなしに、社会的連帯を促進できるのである」(*Ritual, Politics, and Power*, 1988.『儀式・政治・権力』勁草書房、一九八九年、九三頁)。Edward Muir 氏の表現を借りれば (*Ritual in Early Modern Europe*, Cambridge University Press, 1997, p.230)、いわば国家儀式それ自体が、constitution(国制・憲法)だったのである。そうだとすれば、国家儀式の改革は、「憲法改正」の意味を持ちうることになろう。

その観点からして注目されるのが、朱子学者、新井白石が主導した、将軍にかかわる儀式の諸改革である。確かにそれは一種の「憲法改正」の試みであったと思われる。

三　新井白石の改革

新井白石が徳川政権の政治に強い影響力を有していた正徳四年(一七一四)二月、御公儀は、全国の二六の地名について、「中古より誤り来りしを改むべし」という触れを発した。漢字の誤りを訂正せよというのである。更に正徳六年(一七一六)四月には、全国の主要道路の正しい呼び方と書き方を指示する触れが出された。海がないのに海の道「海道」と書くのはおかしいから、「日光海道」「甲州海道」でなく、「日光道中」「甲州道中」と呼べ、中山道の「せん」ににんべんをつけるな、山《さん》陽道・山《さん》陰道と漢音呉音を混ぜるのでなく、「センヨウダウ」「センヲンダウ」と呉音で揃えて読めなどという内容である。

瑣末で愚劣な命令と見えるかもしれない。しかし、後に、徳川政権自身が編纂した歴史書(『文昭院殿御実紀』附録上）が、白石を用いた将軍を評して、「すべて名の正しからぬをきらはせたまひ。物ごとに典故を正し給ひ……」と評する通り、それはあの「正名」の一環に他ならない。江戸と全国を結ぶ主要街道の名称が妄りであるようで、どうして正しい秩序が実現するであろうか。白石は、そう考えたのであろう。

更に、白石の発案によって、最も重要な街道、東海道が江戸の中心部に入る地点に、新たに南向きの門が建設された（芝口御門）。儒学的君主は、北に座し、南に面するのが、鉄則である。それ故、首都自体も、中国都市に倣って作られた京都がそうであったように、王宮は北に、そして南の入り口に立派な門（ソウルの南大門も同じ）というのが当然であるからであろう。また、江戸城本丸御殿の入り口にも、南向きの華麗な門（中の門）が建設された。同様の意識からであろう。

ついで、上記の重要な儀式についても、次々と改革が実行された。

まず、歴代将軍を祭った場所の名称は「御仏殿」「御堂」から「御霊屋」へ、墓は「御廟」から「御宝塔」へと改められた。そこに参詣する際の将軍の服装も、白石の考えでは古代中国の「礼」に合致する直衣という様式に改められた。また、将軍が孔子廟に祭る際の儀式も、新たに考案された。実際に将軍が、諸大名を引き連れて、白石の指定した服装と作法に従って、孔子廟に参ったのである。柏手《かしわで》こそがかえって中華の古えの作法に適っているとして、孔子廟で柏手を打ったという。湯島聖堂に響いた柏手の音は、如何に奇妙であろうとも、白石の考えでは、将軍が儒学的な君主であることの証しであった。

大名・旗本の「御目見」の際の式服も、改められた。身分毎に、色・形の指定もされた。それは新たな出費を伴ったであろう。しかし、白石の改正した武家諸法度も、「衣服居室の制并宴饗の供、贈遺之物、或は僭侈に及び、或は節倹に過ぐ、皆是礼文の節にあらず」と宣言している。「其礼あれば。おのづから其の文あり。」で、分限に過ぎて立派でもいけないが、「分限に及ばざる所あれば。節限に過」ぎる（新井白石『新令句解』）のであって、それも正しくないのである。白石は、「礼」にかなった「御目見」の実現によって、正しい秩序が示され、確保されると信じたのであろう。

当然、将軍の即位式のような意味を持っていた将軍宣下の儀式も改正されるべきであった。白石の考えでは、関ケ原の合戦によって天命が改まり（『藩翰譜』序）、家康以来の将軍は事実上の国王だったのであるから。朝鮮通信使に与えられた正式の書簡においても、「天厭喪乱、眷顧有道、我神祖受命、奄有万国」と明確に述べられている（「奉命教諭朝鮮使客」）。そこで、宝永六年（一七〇九）、宣下の際、白石はそれを間近で見学した。「もし其礼を（註：将軍が）議し申すべき事あらむには聞召さるべき御為」（『折たく柴の記』）であった。翌年には、京都に出張し、中御門院の即位の儀を見学している。これも同様の意図であったろう。当時の禁裏の即位の礼は、明治になって慌ただしく改められたものと違い、中国の模倣の色が濃い。禁裏様の服には龍の文様もあった。大いに参考になったはずである。しかし、この改正は実現しなかった。

その代わりであるかのように白石が力を入れ、朝鮮・日本国内双方での抵抗を排してようやく実現したのは、朝鮮通信使を迎えた際の儀式の大改正である。服装・儀式の内容は無論、音楽も、能楽から雅楽に改められた。無論、音楽の感化力は、「礼楽」と併称されるように、儒学では重要視されており、かつ、雅楽はその由来からして中華の正しい音楽に近いからである。朝鮮国王の将軍宛書簡の宛先も「日本国王」と改められた。白石からすれば、実態に即した正しい「名」の実現であった。

上記の朝鮮通信使への書簡は、「当今嗣徳百年、礼楽可由起」と宣言している。白石は「万代ノ礼式ヲ議定アルベキハ、マコトニ百年ノ今日ヲ以テ、其期也」（「武家官位装束考」）とも書いている。彼は、本気だった。建国以来一〇〇年、この徳川王朝の永続のため、それにふさわしい「礼」を制定すべき歴史的転換点にあると信じていたのである。そこで、首都の門、中央の宮殿の門、先祖祭り・孔子の祭り、臣下との謁見、即位の儀式、最大の外交的儀式――この朱子学者は、確かにその立場からして、これらの最も重要な「礼」について、次々と改革を試みたのである。

四　吉宗による逆転

しかし、白石は孤独だった。理解者は少なかった。高位の武家たちは彼にあだ名を付けて嫌った。あだ名は「鬼」であった。著名な儒学者、服部南郭は「白石ハトカク江戸ヲ禁裏ノ如クスルツモリノヤウニ見ユ。武士ト云フ事キライナリ。武備ユルミタラバ乱起ルベシ。然バ唯正名ト云フハカリニテ経済（註：政治を意味する）ハ次ナルベシ」と評した（『文会雑記』）。後に徳川政権自身が編纂した歴史書も、単に「この御代何事もうるはしくと、のひし事掟させ給ひし」（『文昭院殿御実紀』附録巻上）とのみ評し、改革の思想的意味を論じていない。そして、近代の歴史家たちも、白石の他の改革は評価しても、その儀式改革の深い思想的意味を論じてはこなかった（政治的陰謀としての意味を見いだそうとする説はあった）。

一般に、個別の権力者の個人的信頼によって得た権力や影響力は、その権力者が不在となればただちに失墜する。白石においてもそうだった。八代将軍、吉宗の世に代わった瞬間、白石の力は、まったく失われた。しかも、吉宗は、白石の改革を次々と覆した。

中の門は、直ちに破壊された。芝口門は火事で焼け、その後再建されなかった。服装の改革は、すべて旧に戻された。朝鮮通信使を迎えての儀式もすべて旧に戻された。将軍宣下の儀式に何の改革もなされなかったのも無論である。白石の行った武家諸法度という最も重要な将軍の法の全面改正も、すべて取り消された。儀式にかかわる白石改革は、全面的に否定され、まるで何事もなかったようにそれ以前の状態に復帰したのである。

吉宗は、代替り直後、大名たちに対し、「天下治平の後年久しき事ゆへ。近世華美の風俗となれり。今よりは奢りを去り。節倹を守り。国政の事に。専ら心を用ゆべし」とみずから大声で命じたという（『有徳院殿御実紀』附録巻二）。白石を「文飾過しもの」とも、評したという（同附録巻一一）。中の門の破壊も、「皆近世華奢の風を、祖宗質素の俗にかへし給はんとの御心」（同附録巻二）によったという。将軍になる以前から白石の改革を苦々しく眺めていたのであろう。白石の改革を単なる贅沢好みとのみ解して、その「礼」の制作としての意味を理解しなかった彼は、その逆に、「簡易」に「倹素」たらんとしたのである。

また、朝鮮通信使に関する儀式等の改革について、吉宗は、「其の事はことはりにかなへるにもあらめど。隣国に対し少しき礼教をあらそひ。かならず名を正し。礼を厳にせんとするは。遠を柔する道ともなしがたし」と述べたという（同附録巻三）。「正名」よりも、「礼」の実現よりも、ともかく隣国と争わないことが重要だというのである。

五　むすび

近代の多くの歴史家は、「享保の改革」は成功と評し、いわゆる「正徳の治」は「改革」とすら呼ばない。実質と実用のみが人を動かすという浅薄な実用主義からは、吉宗はある程度理解できても、白石は不可解となる。しかし、儒学者の少なくとも一部は理解していたように、美もときに力である。一八世紀、僅か九〇〇〇家族、一四〇〇〇人しかいなかったフランスの貴族たち（François Bluche, *La noblesses française au XVIIIe siècle*, Hachette, 1995）が、あれほどの文化的支配力をもった一因は、明らかにその美にあろう。その点では、同時期の日本の公家も同じである。禁裏は美しかった。あるいは、少なくとも美しいと思い描かれた。それは力であった。

現に、京都には「礼」があるが、武家の支配は「文」の無いむき出しの暴力の支配であるとして反感を募らせ、その打倒さえ仄《ほの》めかす人も、その後、現れた（山県大弐『柳子新論』）。「雲上」での行事の「優美」さに憧れ、「我等如き武夫」は、せめて「御垣の外の衛」がしたいと書く大名の隠居もいた（松浦静山『甲子夜話』巻四五）。そして、「古昔ノ王代ノ名目、風儀ハ……尤モ美《ウルハ》シク、閑麗《ミヤビヤカ》ニシテ、今トテモ公家ニハソノ風儀ヲ守ルユヘニ、雅《ガ》ナル事ノミ多シ」（本居宣長『随筆』第一一巻）と信じ、文献研究を通じての天皇への接近に生涯を費やした人さえ出現した。結局、吉宗が立て直したとされる武家の支配は、美的憧憬の対象たりえなかった。逆に、一世紀あまり後、何の実力も実用もないはずの「雅やかな」美を誇る存在のもとに結集した人々によって、それは打倒されたのである。

だとすれば、一八世紀末に、白石の改革の挫折を「誠ニイカメシキ干戈ノ気ヲ去テ、郁々タル文国トモナルベキヲ、文廟（註：白石を信頼した六代将軍、家宣）ノ薨去ニ因テ、一朝ニソノ功ヲ廃セシハ、大ナル遺憾」と嘆いたある文人（南川維遷『閑散余録』）の言は、一面の真実を衝いていたのではないだろうか。

【コメント1】

徳川日本の「格式社会」

磯田道史

1　徳川日本の長い平和

渡辺先生の御報告へのコメントを担当いたします、磯田でございます。先生の御報告は、徳川政権と儒教の礼の関係、とくに「正徳の治」とよばれる新井白石改革の意味を論じたものであります。白石の儒教的な「正名」主義と、徳川吉宗の実用主義を対置し、「文国」をめざした白石改革の歴史的理解をおしすすめる内容でした。「礼の権力的意味」あるいは「美への憧憬の政治的意味」など、お話しいただきました。英語で申しますと、〝Beauty as Power（力としての美）〟というお話。また、江戸時代の国家においては「儀礼を変えるのは、憲法を変えることだ」という御指摘など、大変、興味深く拝聴いたしました。また、日本の礼は中国の儒教的な礼ではなく、むしろ「礼というより先例である」といったお話しもありました。

さきほどから、戦争と平和ということが話題になっておりますし、また時間も限られております。私のコメントは、徳川日本の長い平和と儒教の礼は、どのような関係にあるのか、このあたりに話題を絞りたいと思います。

先年、私は宇都宮大学国際学部で「日本中近世史」という講義をもち、海外からの留学生に日本の歴史を教える機会がありました。そのとき、次のような質問がでたことが、忘れられません。講義内容が中世から近世へ、豊臣政権から徳川政権への移行期に入っていった時のことです。韓国からの学生さんがこういう質問をしてくれました。

「豊臣秀吉時代までの日本、戦国時代の日本人はものすごい軍事的エネルギーがあった。すごい上昇志向で、みんなが競争、競合である。みんな、それぞれの利益を猛烈に追求していたように思える。徳川日本は、このエネルギーを、どうやってストップさせたのか」

おおよそ、そんな内容でした。これは重要な視点です。私はこの質問に考えさせられました。

2　戦国〜近世初期の日本

戦国時代の日本のリーダーたちは、必ずしも「家臣」との上下関係がはっきり定まっていませんでした。「国人一揆」とよばれる地域的な軍事同盟の盟主、上下関係のないサークルのリーダーに近いものもいました。日本では、ここ数十年で、こういった戦国大名の政権構造の研究が進んでまいりました。つまり、中世は、土地領主がそれぞれに私益を競い合う世界であり、いつも戦争がたえない。それで、領主たちの生き残りをかけた軍事的同盟ができてきます。一国一郡あるいは、それ以上の地域的単位で、複数の領主が軍事同盟を結び、有力なものを盟主（リーダー）とたのみ、軍事指揮権を彼に委ねた。

そうすると、こういうことが起きます。戦争のときには、軍事同盟の盟主は地域内に軍事動員の号令（軍役の賦課）をかけることができます。つまり、戦争をすると、盟主は強いリーダーシップを発揮できる。さきほど、シュルツ氏（ハワイ大学）が〝War makes the King（戦いが王権をつくる）〟とおっしゃいましたが、まさにそれです。

このころの大名権力は、盟主などとして戦いを采配することで、地域内のパブリック・リーダー（公儀権力）になれる。そのため、地域内に強いリーダーシップを発揮し、競争相手のうえに君臨し、地位を保つために、いつも戦争をする。そうしないと権力を維持できない。そういう構造になっていました。軍事政権というものは絶えず軍事動員をかけていなければ、すぐに弱体化します。豊臣秀吉も常に国内戦争をつづけ、軍事動員をかけることで強いリーダーシップを維持していた。日本国内を平定すると、豊臣政権は、とうとう海を渡って朝鮮半島にまで攻め込み、そして失敗しました。古今東西、政治指導者が国内事情から無理な対外戦争に踏み切り、破滅した例は少なくありません。

3 「覇者の武威」から「王者の格式」へ

豊臣政権のあとをうけた徳川政権は、その出発時点で「ある一つの宿題」を残されていました。つまり、軍事動員の発動がまったくない状態で、いかにして軍事政権を強く長く維持していくのか？ こういう非常に困難な課題を背負っていました。徳川は紛れもない軍事政権であり、さきほど渡辺先生も指摘されたように「武威」(軍事的威力)が国内支配を正当化する第一の根拠になっていました。強いから治める。まさに「覇者」の論理が基本にありました。

しかし一方で、徳によって治める。天子を中心にした秩序にもとづいて統治する。「王者」の論理を排除するものではありませんでした。むしろ、徳川政権は王者の論理を政権の枠組みにとりこみます。豊臣政権以上に、とりこんだといえるかもしれません。征夷大将軍として王者（天皇）を護り、王道政治を実行する「覇府」である。だから、徳川政権の支配は正当である。表向き、そういう立場をとります。のちには、将軍自身の意識がかわって、表向きどころか、本心からそう考えるようになります。逆に、王者（天皇）のほうは、覇府たる徳川政権に「征夷大将軍」の官位をさずける。徳川政権の永続を神仏に祈願する。その役目を担いました。そうするかぎり、王者（天皇）の生活も永続も覇府（将軍）によって保障されました。中世もそういう関係でありましたが、近世の天皇と将軍もやはり「相互依存」の関係です。近世の天皇と将軍は単純な対立関係ではありません。

つまり、大きな問題は天皇と将軍の競合関係ではありませんでした。将軍と大名、大名と家臣、家臣と領民。このなかに内包された競合・対立関係こそが、近世初期には、社会をゆるがしかねない大問題でありました。軍事動員がなくなった状態で、徳川軍事政権は臣下たる諸大名をいかに統御するか？ これが第一の問題でした。そこで登場してくるのが、やはり「礼」であろうと思います。一言でいえば、まず、家(Household)に結びつき、世襲される「格式」もしくは身分をはっきりさせる。そして、「格式」に応じた行為をとらせるシステム＝日本版の「礼式」をつくります。格式に応じた決まった行動をとらせることで、社会内部の競合関係をなくし、社会体制を安定化させたのです。こういったものを徳川政権（公儀）がつくっていきました。徳川時代の最初の一〇〇年ほどをかけて、社会のメンバーに「格式」を割り当てていき、身分格式に応じた行為をとるような道徳や制度を整えました。

４　徳川「格式社会」の特質

徳川社会では、人々の行動は「格式」によって管理され、「身分相応」の振舞い（身分格式に応じた行為をとること）が徹底されました。それによって、社会の成員が競合しないようにしたのです。それは身分制社会というよりも「格式社会」といったほうがよいものでした。なぜなら、身分別に行動規範がきまっているというよりも、身分のなかにこそ、格式の厳しい序列があって、それに従って人々が行動していたからです。

このような社会では、上昇志向をもって、格上の者の真似をするのは「僭上」（高望み、出すぎた振舞い）として厳しく抑えられました。乗物・服装・建築・礼儀作法……つねに身分格式に見合ったものを用意する。自分の格より上等なものでも下等なものでも許されません。

このように格式ごとに定められた「礼式」に従って行動することが、社会全体の規範や思想になり、制度化されていきました。そこで、何をもって「格式」とするか、が重要になります。日本人全体に格式を割り振っていくのですが、そのとき、何を基準にし、誰が格をきめるか、これが問題になります。この徳川社会の「格式の割り振り」では、重要な点が四つほどあります。

第一に、徳川将軍は天皇の授ける官位官職を自分自身の格式の根拠にした。つまり、徳川政権は天皇の「王者の論理」を社会統治の主軸に採用したのです。徳川政権の崩壊後、ふたたび天皇が政権の座につくことができたのは、しばしば指摘されるように、このことが大きく関係していました。

第二に、格式は上位権力（主君や領主）にその決定権があった。つまり、大名は直接には将軍、間接には天皇に格式を決めてもらう。武士は主君に、領民は領主に、格式を決めてもらう。ようするに、自分を支配する上位者に格式の決定権がありました。自分の働きで自分の格式を決められない仕組みです。

第三に、格式は家単位に世襲される傾向が強かった。つまり、日本人に割り振られた格式は「親から子へ」と家に受け継がれる場合が多かった。格式は家に結合した場合、「家格」とよばれます。

第四に、格式にもとづいた行為や制度は「先例」として永続化がはかられました。一度決まった格式は不変不可逆的になる傾向がありました。

５　家格・礼式・先例の秩序

こうして、格式にもとづき、それに応じた「礼式」に従って行動する、日本型の「礼」の秩序が確立します。「格式」は目にはみえません。徳川社会は、これを可視化する工夫をしました。象徴的な例は「臣従儀礼」です。中国王朝の儒教式の朝賀儀礼とは異なりますが、影響はうけています。まず、官位官職で決まる「格式」によって服装の色や形を定めます。そして、その服装で城中に臣下をあつめ、格式の上下によって、空間的に配置します。座る場所（座順）によって、あるいは屋敷の場所と広さによって、その人の格式が常に丸見えにされているのが、武家社会でありました。主君に近い場所にすわるほど格式が高いというように、位置化・空間化（ポジショニング）によって格式が可視化されていました。

このような極めて日本的な「礼式」の代表例は、武士の袴着用と帯刀です。武家ならば、大小の刀を差し、袴をはいている。袴をはき帯刀している人間に対しては、庶民は丁寧な「礼」の仕草をとらなければなりません。もし、「無礼」を働けば、場合によっては「打捨て」（その場で合法的に殺害）にされます。しかし、ここが重要なのですが、袴をはき帯刀している人間は、武家の格式に相応した行動をとらないといけない。一連の「義務行為」が生じるのです。自分に無礼を働いた庶民をその場で殺害するのも、そうした義務行為のなかの一つでありました。

6　正月の臣従儀礼

徳川時代の日本で、服装と座順による「格式の可視化」が最高潮に達するのは、正月の年頭儀礼・臣従儀礼でした。日本では、徳川時代以前から年始めに「礼」に赴くところが、主君であり、これによって、主従関係が強く結ばれていました。いわば、年頭儀礼で定期的に主従関係を確認する社会です。主君の殿中に家臣が格式の順に整然とならび、それによって、主君との主従関係、家臣間の上下関係を確認していました。毎年、正月には、そういう象徴的な政治空間がつくられました。天皇には天皇の、将軍には将軍の、大名には大名の政治空間があり、それぞれが、こうした年頭儀礼をおこなっていました。農民地主の家でも、任俠の一家でも、正月には囲炉裏端に奉公人・子分をならべて、まるで主従関係を確認するように年頭儀礼をおこなったものです。主君に家臣が平伏して礼をする。御酒の盃を共にする。こうしたことが必ずといっていいほどおこなわれていました。現在の、皇居への一般参賀も、この日本的風習に由来するものでしょう。

明治維新のあと、将軍や大名はいなくなりました。ところが、旧武士（士族）たちのなかには、大名がいなくなっても、まだ年頭の臣従儀礼をやめられなかったものもいました。維新以後、旧大名は新政府から首都東京に移住を命じられ、意図的に、地元に残った家臣たちと引き離されます。平成一五年、私は『武士の家計簿』（新潮新書）という本で紹介したのですが、加賀藩の或る武士は、明治一〇年頃まで、こんなことをしていました。正月になると、大名が書いた掛け軸を床の間（屋内で最も神聖な壁）にかけて、それに御酒を供えるのです。大名の掛け軸の前に座って、まるで一緒に御酒を飲むような仕草をしていました。それが武士にとって最後の「忠」の姿でありました。

実際、私の家にも、そのように使われた大名の書額があります。池田章政という岡山地方の大名が書いたもので「接するに礼を以てし、励むに義を以てす。磯田由道の為に之を書く」(原漢文)とあります。正月になると、四～五代前の先祖は、このまえで盃を交わして、臣従の礼をとっていたのでしょう。もちろん、今はそんなことはしません。私は史料として見るだけです。

7　富国強兵・立身出世のエネルギー

このように、徳川政権の末期には、「忠義」イコール「礼義」という様相になっていました。武士は戦うことで主君に貢献するのではなく、格式にもとづいた「礼」をおこなうことが、主君への奉公という体制になっていました。これが日本の武家社会の最後の姿であったと思います。徳川社会では、人間の行動が日本型の「家格」「礼式」「先例」の秩序によって統御されていました。競争や自由、上昇志向や逸脱行為は抑制されていました。非常に制度的に、システマティカルに人間行動が統御されていたのが、徳川社会の一つの特徴でありました。

明治維新は、この「家格」「礼式」「先例」の秩序を撤廃するものでした。二百数十年以上も抑圧されてきた上昇志向のエネルギーが一挙に噴出します。上位者のため、例えば「国のため、家のため」といえば、どんな上昇志向も許されることになりました。国や家のステータスをあげるのに貢献する行為は、僭上ではなく、むしろ美徳となりました。「立身出世」ということが、「富国強兵」とともに社会的スローガンになり、誰にでも許されることになりました。国を強くし、家を興すためなら、どんな出世の野望を抱いてもかまわない。そうなりました。明治の人々は学問を修め、青雲の志を胸に抱いて、立身出世をめざして猛烈に励んだのです。公益に尽くすために努力しましたが、実際には、自分の生活、私益を達成する目的もありました。このエネルギーこそが、明治日本の近代化エネルギーの一つになっていたと思います。しかし、公と私の関係において、複雑で危うい精神構造をもった国家がつくられつつあったことも、忘れてはならないと思います。

【コメント2】

江戸時代における儀式・儀礼の成立とその意味——徳島藩を事例に——

根津寿夫

はじめに

渡辺浩先生の報告は、新井白石の進めた儀式改革を論じたものである。その改革の要諦が儒学の「礼」である。統治の基本手段が儒学の「礼」であったが、民衆の模範的存在として「礼」に則り生きる統治者、その姿や魅力によって民衆を感化するというスタイルこそが統治の基本的あり方としている。白石は、この儒学の「礼」に基づき儀式改革を進めたが、その政策は八代将軍吉宗によって否定され完全に葬り去られてしまう。しかし、白石の希求した「礼」の秩序はのちに評価され、徳川幕府を倒した明治政府にも影響を与えたというもので、本報告の指摘は極めて興味深い。

さて本稿で注目したいのは、渡辺報告の第二節「徳川将軍をめぐる儀礼と儀式」で指摘の「将軍の行っていた多くの儀式はその意味が不明確であった」という点である。幕府が行った儀式・儀礼についてては、その意味を問うということ、すなわち理論より行うこと自体が重要であったとする。これは同氏が「『御威光』と象徴——徳川政治体制の一側面——」(『思想』七四〇号)で指摘された、「武威」や「威光」「格式」を統治の拠り所として幕府の支配秩序が維持されていたということに他ならない。意味付けの曖昧な国家儀式こそが、白石の克服すべき課題であったと考えられるのである。

このような公儀の儀式・儀礼について、私は公儀の一翼を担う大名の側から考察することで、この問題について考えてみたい。

なお、本稿で事例としてとりあげるのは、徳島藩のケースである。個別藩レベルにおける儀式・儀礼が、いかなる理由あるいは背景によって生まれ、そしてどのような意味を持ったのか、ということを明らかにしてみたい。

1 徳島藩と大坂の陣

蜂須賀家は、豊臣秀吉に仕えた小六正勝を中興の祖とし、その子家政が天正一三年(一五八五)に阿波国一七六、〇〇〇石を与えられ成立した豊臣取立大名家である。慶長五年(一六〇〇)の関ケ原の戦いでは当主家政は中立の立場をとり隠居し高野山に赴いたが、一五歳の嫡子至鎮を徳川家康のもとに派遣した。戦後、所領は安堵され、ここに徳島藩が立藩したのだった。この関ケ原の戦いでは目立った戦功はなかったが、慶長一九年（一六一四）の大坂の冬の陣では当主至鎮が九、一〇〇人の将兵を率いて大坂城包囲にあたった。冬の陣は夏の陣に比べ戦闘行為の少ない合戦であったが、徳島藩は大坂方の守備した二つの砦の攻略にあたる等の目覚しい功績をあげた。この戦いで手柄のあった、稲田修理亮示植・同九郎兵衛植次・山田織部佐宗登・樋口内蔵助正長・森甚五兵衛村重・同甚太夫氏純・岩田七左衛門政長の七人の藩士には、大御所家康と将軍秀忠からそれぞれ感状が発給された。藩主蜂須賀至鎮にも将軍秀忠から感状が発給され、あわせて松平姓が下賜された。そればかりか、夏の陣後の元和元年（一六一五）閏六月には、淡路一国七〇、一八六が加増されたのだった。ここに、阿波・淡路二国を領有する徳島藩の藩領が確定した。

　大坂冬の陣における徳島藩の果断な軍事行動は、豊臣取立大名であった蜂須賀家の豊臣色の払拭とともに徳川家に対する無類の忠誠心を表現するものであった。その反対給付として、徳川家は大坂に近接し瀬戸内海の水上交通の要衝であった淡路国を加増し、その支配を委ねるという、破格の評価を与えたのだった。

　このように大坂の陣の軍功による淡路国加増は、幕府・徳川家と徳島藩・蜂須賀家の双方にとって政治的に重要な意味を持ったのである。

2　由緒・吉例としての大坂の陣

軍功により淡路一国拝領等の大きな成果を得た大坂の陣を、徳島藩ではいかに由緒・吉例としていったか。これはいうまでもなく徳島藩の儀式・儀礼と直結するものである。ここでは大坂の陣に関する由緒・吉例について具体的にふれてみたい。

(1)大坂の陣で使用した武器・武具

まず初めにあげられるのは、大坂の陣で藩兵を率い奮戦した藩主至鎮の着用した「唐冠形兜」である。蜂須賀家では、至鎮の戦功にあやかるため、この「唐冠形兜」を「家の兜」として敬い、作り続けていくのであった。

具足は江戸時代には戦乱がなくなり本来の意味からすれば実用の品ではなかったが、主に儀式の場で使用され儀式を象徴する道具であった。大名家では跡継ぎが元服を迎える際に「具足始め」の儀式を行う習慣があったが、その儀式のために具足を特注した。これ以外にも具足は作成され、大名家の当主は複数の具足を所持したと考えられる。

蜂須賀家の「唐冠形兜」は、同家の武器・武具の記録である「御定之御武具図式」[1]には、「御召領御兜唐冠」として同書の冒頭に記されている代表的な品である。現存する「唐冠形兜」は二領（徳島県立博物館蔵・徳島市立徳島城博物館蔵）

だけであるが、吉例の具足として徳島藩の儀式の中に生き続けたのである。

次に大坂の陣で使用した旗・馬印・太鼓である。少々長いが、蜂須賀家文書「草案」の「御籏・御馬印之事、附御具足被召始事」を引用する。

一家政様御代御籏・御馬印之儀、如何様之御品ニ候哉慥ニ承不申候、慶長十九寅年大坂御陣之節、至鎮様為御持被遊候御籏ハ練絹白紺すじ也、御紋蛇之目之御籏三拾本、御囲居紺地吹貫蛇ノ目白之御紋一ツ、付出シハ鳥毛三尺之棒竿之先ニ指、御小馬印ハ金之錫杖御鎗也、右御籏・御馬印とも御吉例之御籏御囲居と号、今以御櫓ニ御座候趣、元和五未年安芸広嶋へ御出陣被遊砌も、右之御籏・御馬印ヲ御持せ被遊候と相見へ申候、（中略）
右ニ相記候大坂御陣ニ御持せ被遊候御籏・御馬印御吉例之御品ニ付、其後は御代々様御召之御具足新ニ被　仰付、出来之上、始而被為　召候節、必右御品幷大坂御陣ニ御用被成候御太鼓御出させ被成候旨、但始而之御具足着ハ御拾三歳ニ而被為　召初候事、（中略）
忠英様ニハ元和九亥年御拾三歳ニ而御具足被　召初、蓬庵（家政）様御具足御召せ被成候旨、則　蓬庵様之御具足ヲ御用被遊候由、其後寛永六巳年御召之御具足出来ニ付、正月廿日右御具足始而被為　召候、御規式は大嶋源五右衛門・山川与三左衛門ニ被　仰付、大坂御陣ニ御為持被成候御吉例之御籏・御馬印、鷺ノ間御庭ニ張立、御陣太鼓ハ於御座敷二三四之数ヲ打、厳重之御規式御座候旨、光隆様御已来ハ御籏・御馬印・御太鼓、御床之上ニ御指置之趣ニ御座候(2)

すなわち、大坂の陣で使用した旗と馬印を「御吉例之御籏御囲居」と呼び、徳島城内に保管するとともに、広島城の受け取り等で徳島藩兵が出陣する際にはそれらを利用したという。また代々の「具足始め」の儀式においては、旗と馬印に加えて同じく大坂の陣で使用した太鼓も利用したのだった。三代藩主光隆以降は、それらを床の間に飾り、まさに家宝扱いしたのである。

武家の人生儀礼として重要な意味を持つ「具足始め」の儀式に、大坂の陣で使用した吉例の品々が実際に利用され、あるいは飾られることによって、大坂の陣の記憶が維持されたのである。

(2)大坂の陣の年中行事化

正月一一日は江戸時代の武家の年中行事では重要な意味を持った「具足鏡開き」が行われた。この行事は武家の表道具であった具足や武器を飾り、祝儀後に供えおいた具足餅を欠き割って参列者に配付し賞翫したというものである(3)。

この「具足鏡開き」の行事は江戸初期には正月二〇日に行われていたが、のちに一一日に変更された。徳島藩における変更の理由を紹介する。

承応元辰正月

覚

年頭御具足鏡ならし之御祝日御吉例故、御代々只今迄ハ正月廿日御嘉例ニて候へ共、此度より御立替被成、御吉例を正月十一日御祝日ニ御立被成事、大猷院様（徳川家光）御忌日ニ付御立替

但大坂御軍功ニよつて正月十一日御感状御頂戴、松平御称号御拝領ニ付而也

一御具足鏡ならし御祝日之儀、去々年より向後正月十一日ニ被　仰付候旨、御意ニ付、稲田九郎兵衛殿へ主水・豊前方より被申達候事

承応三午年正月五日(4)

一般的には、この日にちの変更は承応元年（一六五二）に三代将軍家光が没し、二〇日がその命日にあたるためと理解され、ここでもそのことがうかがえる。しかし徳島藩では、変更日の一一日は大坂の陣の軍功によって藩主至鎮が将軍秀忠から感状を与えられ、また松平姓を許された「吉例の日」なのである。一一日への変更は徳島藩にとって特別な意味があったのである。

もう一点、この正月一一日の行事に関する史料を揚げる。

正月十一日国元ニ而之作法本ニ候御感状頂戴之次第

一御感状頂戴之刻、我等従　公儀頂戴之御紋付熨斗目勝陳色麻半上下着、於居間御感状箱開、扇子ニ載居間上段於上頂戴、但十一日之日附之御感状也、畢而熨斗三方奥之小性腰物方之面々之内熨斗三方持出差上取、尤前々より奥小性腰物方感状箱請持上箱之鍵も預ル、但江戸おゐて感状箱不開、箱之上より手を懸頂戴、

是迄御感状頂戴之次第、従是具足鏡開之次第

一嘉例ニ而者無之候得共、我等代ニ成、召領之具足・同召替小書院上段之間ニ飾ル也、前々ハ無之事也、但於江戸ハ居間書院江召領計武具飾ル

一於居間家老共相伴之刻、我等衣服同前、家老共衣服熨斗目麻半上下

一大晦日具足鏡餅供候刻、国ニ而ハ年男寺沢主馬罷出手懸候、尤台所下役人罷出飾附ル、江戸ニ而者年男申付候留守居相勤ル也、下役人右同断、国之通り、但右之訳故、国・江戸共具足之餅大晦日より十一日迄置ト相見ル

一於江戸具足之鏡、居間書院江置也

（中略）

一十一日家老共罷出候者、我等御感状頂戴ニ付罷出候訳ニ而ハ無之候、具足鏡平ニ付罷出候事ニ候得者、公辺へ懸候事ニ而ハ無之、私之方へ懸候事ニ候(5)

この史料は六代藩主宗員の頃の年中行事を記録したもので、時代は享保期である。一一日は、言うまでもなく「具足鏡開きの儀式」の行われる日であったが、その儀式に先行して

「感状頂戴の儀式」が挙行されている点が注目される。感状とは大坂の陣で至鎮が与えられたもので、感状は参勤交代時にも携行され常に藩主の側にあったが、この史料が示すように、年頭には箱から取り出して感状を確認する儀式が行われていたのである。藩主の服装は公儀拝領の三つ葉葵紋入りの熨斗目という姿で、これに臨んでいた点も興味深い。

　この史料でもう一点指摘したいのは、同じ日に行われた二つの行事の意味合いである。史料の末尾に、宗員が述べたものと思われるが、「感状頂戴の儀式」は公儀を意識した行事であり、家老たちが参加したのはあくまでも蜂須賀家の私的な行事である「具足鏡開きの儀式」としている。これは家老たちが混同したのではない。本来的に両者は出発点から一体のものではあったが、宗員が公私を区別し「感状頂戴の儀式」を公儀と関連付けて理解しているのは、彼自身が感状を幕府と徳島藩を結ぶ存在として認識したからに他ならない。江戸中期の宗員の時期になると、大坂の陣に関連した品やその由緒が蜂須賀家の儀式の中に盛り込まれているだけでなく、より積極的に幕藩制的秩序(6)の装置として意識し利用されていることがうかがえる。そして、大坂の陣をシンボライズするものこそが、この感状だったのである。

3　感状と徳島藩の儀礼

初代藩主蜂須賀至鎮が将軍秀忠から与えられた「感状」は、まさに家宝として認識されている。

今度願之通隠居、家督被仰付候ニ付而者、御感状を始、代々重器、且両国政事幷留書入帳面等、夫々譲渡候間可被受取候事

文化十年九月七日　　阿波左少将　治昭（花押）

松平弾正大弼殿(7)

この史料は文化一〇年（一八一三）一一代藩主治昭の隠居にあたっての引き継ぎ書であるが、家宝の代表として「感状」を確認することができる。

　この「感状」は、先述のとおり、参勤交代の際には黒漆塗りの感状箱に入れて必ず持参されたが、国元においては徳島城御殿の「感状之間」で保管され、また江戸の藩邸においても同じく「感状之間」に納められていたのである。つまり、「感状」は常に藩主とともに存在したのであった。

　こうした「感状」に対する取扱いは、管見の限りでは遅くとも一八世紀の初めには確認される。またその目的であるが、大坂の陣での軍功の象徴として、徳島藩の武威を対外的に示すためと理解される。特に幕府に対しては徳島藩の無類の忠誠心を具現化したものとして「感状」は機能したのである。さらに藩内的には、年頭の「感状頂戴の儀式」があるように、蜂須賀家の年中行事に位置付けられ、恒例の行事として徳島藩の伝統として機能していたのである。

4　「感状之家」と幕藩制的秩序

さて、藩主至鎮とともに感状を給付された藩士が六家あった（感状下賜は七人だが、稲田家は父子のため六家）。彼らは徳島藩の最上格の家老、あるいはそれに次ぐ中老であったが、いずれも加増あるいは優遇されていた。彼らは「感状之家」と呼ばれ、家臣団のなかで特別視された存在であった。

「感状之家」の森甚五兵衛家と森甚太夫家は中老でありながら「船手役（のち海上方）」を世襲した家である。両家の先祖は、蜂須賀家政が阿波に入部した当時、土佐泊城（鳴門市）に籠もり長宗我部元親に屈しなかった海の豪族である。蜂須賀家中の水軍として軍功が目覚しかったが、同家の世代交代の進展と徳島藩水軍の組織化によって、両家は水軍組織のラインから疎外されてしまう。江戸中期には復権を図るべく森両家は藩当局に訴えるのである。結果として、森両家は享保一五年（一七三〇）に職権の根拠となる藩主の判物を発給され、水軍の統括者としての地位を与えられたのであった。

森両家に判物を与えたのは享保一三年に相続したばかりの六代藩主宗員であった。先代藩主綱矩の治世は五〇年に及んだが、彼は家臣に降下した分家出身であったため、長い治世にもかかわらず知行宛行状や判物を発給せず、藩主権威が低下し藩内の秩序が弛緩していた。綱矩の跡を継いだ宗員は、藩社会において強固な秩序化を再現しようと着目したのが「感状之家」であった。彼のねらいは大名家の創設期に活躍した軍功の家臣である「感状之家」を再評価していくことであった。すなわち、森両家を取り立てることによって「感状之家」を頂点とする家臣団の秩序化を目指したのである。また家臣団の秩序化は藩主権威の高揚に直結するものであり、「感状之家」を取り立てていくことは藩主の側にとっても重要な意味を有したのである。

「感状」は徳川将軍から発給され、幕府と徳島藩との関係を確認する装置であったが、幕府と藩との関係は藩を支えた藩士の存在を抜きにしては成立しえず、幕藩制的秩序は「将軍―大名―家臣」の相対的な関係によって成り立っていたと考えられる。宗員が正月一一日の「感状頂戴の儀式」を公儀の行事として理解したのは、公儀権威を梃子にした藩内の秩序化を意図したものと思われる。年中行事をはじめとする儀式・儀礼は家臣団の秩序化のため積極的に利用されたのである。

おわりに

徳島藩の儀礼・儀式において、特に大坂の陣の由緒・吉例や軍功の象徴であった「感状」をめぐるものについて考察してきた。徳島藩にとって大坂の陣こそが幕藩制的秩序の要諦であり、藩社会を規定していたのである。それ故、大坂の陣に関する儀式・儀礼については、その意味付けや成立の背景を明確にすることができるのではないかと思う。

なお、公儀の儀式・儀礼の意味は、いわば多義的であり曖昧であろうが、個別藩の事例が少しでも参考になればと思い考察を加えた次第である。

(1) 国文学研究資料館史料館蔵「蜂須賀家文書」(以下「蜂須賀家文書」とする)。

(2) 「草案」(『史料館叢書五 徳島藩職制取調書抜 上』、国文学研究資料館史料館編、一九九三年)。

(3) 鈴木敬三『有職故実辞典』(吉川弘文館、一九九五年)。

(4) 「忠英様・光隆様御直仕置之節御判物御書付」(「蜂須賀家文書」一七四—三)。

(5) 「宗員様 年中御記録幷江戸共 帳」(「蜂須賀家文書」三九四)。

(6) 福田千鶴「幕藩制的秩序の形成」(山本博文編『新しい近世史① 国家と秩序』新人物往来社、一九九六年)。

(7) 「(治昭隠居家督譲渡之節) 書付」(「蜂須賀家文書」八四四)。

Ⅲ

貴族とは何か

日本古代の貴族

朧谷　寿

はじめに

第三部セッションは「貴族とは何か」のテーマでの「討論」で、その前提として日本、中国、西欧の各分野から持ち時間一人、一五〜二〇分で問題提起を行うことになっている。私は日本の古代、とりわけ平安時代（九〜一二世紀）を研究領域としているが、この時代に藤原摂関家が全盛期を迎えた。ということはこの時代が貴族の全盛期といえる。そして武家社会に入ると貴族は勢力を弱めていく。中世以降の貴族については笠谷和比古氏や谷口昭氏からコメントをいただければと思う。また今日のテーマは初日のセッション「天皇・公家・武家」とも連動するところが頗る大きいと言える。そして貴族ということでは摂関や公卿も深く関わってくる。

ここでは古代の貴族について紹介し、続いて報告される西欧や中国などとの比較、そして全体の討論の素材となればと考えている(1)。

一

そもそも貴族を事典ではどのように説明しているのか、『広辞苑』と坂本太郎監修『日本史小辞典』でみておこう。[2]

①家柄や身分の貴い人々。②出生によって特権を与えられた支配階級。封建社会になると、僧侶と共に、その身分は階級として位置づけられ、農奴、さらにはブルジョワジーと相対した。(『広辞苑』)

高貴の家柄に属すとみなされる人々。普通奴隷・農奴・平民等と峻別される特権的上流階級。本来身分上の言葉であるが、歴史的には常に他の身分の者に対する支配層として現われ、その支配権力によって政治及び文化に重要な役割を演ずる。わが国では古くは高位高姓の公家をいい、中世では武家に対する公家、明治以後は貴族院に列する人々をさして大過ないと思われるが、歴史を通じて貴族は存在した。しかしその最も多彩な時代はやはり、一方に豪族として、他方に官人としての実力と権威を誇った古代律令国家の繁栄期である。(『日本史小辞典』)

おおよその概念が、とりわけ『日本史小辞典』によって知られよう。貴族概念を歴史事実との関連において捉え、戦後いち早く発表されたものに、幅ひろい研究と教科書裁判でも著名で最近に亡くなられた家永三郎氏の『貴族論』があり、貴族の本質論や文化論など多岐に及ぶが、[3]ここでは貴族の概念を把握するのに有効と考える部分を抽出して紹介しておく。

貴族とは、本来皇族及び「高姓」の公家等を謂い、後に大名や明治の功労者とその子孫等にして華族に列せられたものをも含めるに至った上流階級(階級を身分と区別する用語法に従えば身分)の総称である。

貴族の存在が確実に認められるのは、金属文化が輸入せられ、農耕生産が営まれるようになり、而して政治社会が成立した三世紀以降に属する。三世紀の日本の社会を記述した魏志の倭人伝には「……」と見え、既に庶民より一段と尊貴なる地位を保有する特権階級の存在したことを明にしている。

六世紀末以降の物部氏や蘇我氏に至っては、もはやまがう余地のない貴族であった。仏教の伝来を契機とする大陸文化の急激な流入は彼等の生活に更に貴族的な高さを加えた。……かくの如くにして氏姓社会の発展過程の裡に支配階級は次第に貴族として形成せられたのである。

貴族とは現実に於ける尊貴の地位を有するだけではなく、尊貴なる出自と血統の保持者たることを要件とする。世襲せられた氏と姓とが彼等に血統の尊貴の表彰を与えたが、氏姓社会の末期に至っては、その上に観念的な基礎づけが与えられた。

氏姓制国家は貴族形成の時代であったが、十分なる意味での貴族の完成せられたのは七世紀中葉、大化改新に始まる律令国家の編制が行われてからのことであった。大化の改新は屢々豪族の跋扈を断って一君万民の国家を建設する試みであったと解説されて来た。豈はからんや貴族は律令制度に於いて初めてその身分を公認せられ、民衆と隔絶した上流階級としての生活を確立することとなったのであった。……大化の改新の仕上げである律令の制度に於いて、彼等は完全に貴族化されているのを見ることができる。

今一つ貴族の完成を全うせしめたのは都城の制である。氏姓制の国家にあっては固定した政治的首都がなかったから、貴族的水準に達していた有力氏姓階級と雖も、その所領たる農村に居住して、環境のうえでは民衆と分つ処がなかったが、七世紀末八世紀初頭に至り都城の制がしかれた結果、上級官僚はここに集中せられて、おのずから農村の住民と違った都市民的性格を帯びるようになった。平城京が都市としての要件に如何に欠ける処が多かったにせよ、我々は貴族の間に次第に都市住民としての特殊な意識の醸成せられつつあった事実を認めないわけにはゆかぬ。宮殿と伽藍と設計せられた道路とに装われ、同一の身分と文化との享受者たちの会集する平城京には、地方の村落には見られない都会的雰囲気があった。その特殊なる雰囲気の享受者としても、貴族の特異優越の地位ははっきりと区劃されたのであった。曾ては貴族は地方豪族とほとんど相覆うたが、今や貴族は中央都人として地方豪族の域を脱して浮び上がって来たのである。

この時代の貴族は律令制度の形成を踏板として貴族としての地位を確立したのであった。従って貴族にとり律令制度は自己保存の保塁であった。しかも律令制度は、一方で彼等に貴族としての特権を供与しつつ、他方では彼等に国家の官僚、君主の臣僚たるべき義務を要求する。ここに於いて律令時代の貴族は必然的に貴族であると同時に、国家の官僚としての一面を保持せざるを得なかった。

ここからくみ取れる古代の貴族は以下のようなことであろう。その萌芽は三世紀あたりに求められ、六世紀末の物部・蘇我氏はれっきとした貴族であった。そして氏姓社会の進展にともなって支配階級としての位置づけがなされ、それを決定づけるのは尊貴な出自であり、その身分を公認されるのは律令国家の成立にともなって出現した律令制度によってであった。そして、やがて七世紀末の藤原京に始まる都城制の導入により、官僚としての道を歩む、つまり居住地を離れて都市への集住を余儀なくされた。それは古代の最後の首都である平安京において貴族が都市住民化したことによって貴族としての完成度を高めたと言えようか。

後者の点を強調されるのは、このテーマでの共同研究の最初の研究代表者でもある村井康彦氏である。[4] 要するに貴族とは、土地を離れて上級官僚になる、つまり都市民となることで成立するのであり、それを完遂したのが平安貴族ということになる。その結果として貴族の給与は「代耕の禄」と称されるようになった。

ちなみに「貴族」語の文献における初見は一四世紀後半の成立とされる『太平記』(第一、後醍醐天皇御治世事)の次の文であろう。

承久ヨリ以来、儲王摂家ノ間ニ、理世安民ノ器ニ相当リ給ヘル貴族ヲ一人、鎌倉へ申下奉テ、征夷将軍ト仰デ、武臣皆拝趨ノ礼ヲ事トス。同三年ニ、始テ洛中ニ両人ノ一族ヲ居テ、両六波羅ト号シテ、西国ノ沙汰ヲ執行セ、京都ノ警備ニ備ラル。

ここにいう貴族とは、鎌倉三代将軍源実朝の暗殺後に二歳で鎌倉に迎えられ、後に四代将軍となった藤原(九条）頼経のことである。父は関白の道家であるから貴族たるに充分である。

全盛を極めた平安時代にその出典がないのは妙に思われるが、「貴族」の語は明治期に設置された貴族院が強く意識され、多用されるようになるのはそれ以降ということに思いをいたすならば、むしろ『太平記』に出るのが不思議というべきか。そもそも貴族は漢語であって「魏晋ごろからあらわれるが、用例はそれほど多くない」という[5]。

二

ところで五位以上の位階を有することが貴族の要件となっているが、その五位以上には叙位に関して恩典があった。それを示す『令義解』（選叙令）を次に掲げる。

凡授位者。皆限年廿五以上。唯以蔭出身。皆限年廿一以上。凡蔭皇親者。親王子従四位下。諸王子従五位下。其五世王者。従五位下。子降一階。庶子又降一階。唯別勅処分。不拘此令。（中略）凡五位以上子出身者。一位嫡子従五位下。庶子正六位上。二位嫡子正六位下。庶子及三位嫡子従六位上。庶子従六位下。正四位嫡子正七位下。庶子及従四位嫡子従七位上。庶子従七位下。正五位嫡子正八位下。庶子及従五位嫡子従八位上。庶子従八位下。三位以上蔭及孫。降子一等。謂。嫡孫降嫡子。庶孫降庶子也。……其五位以上。帯勲位高者。即依当勲階。同官位蔭。四位降一等。五位降二等。

律令官人は正一位から少初位下まで三十階あり、三位以上の子と孫、四・五位の子、つまり貴族には二一歳以上になると蔭位制という恩典があった。その他の輩は大学の課程を終え、官吏登用試験に合格して仕官した場合でも最上で正八位上であり、それも二五歳以上であった。位階における五位以上と六位以下の差異の大きさを示す一例である。

ここで想起されるのは、清少納言が『枕草子』の「いやしげなるもの」（下品なもの）として「式部丞の笏」を挙げていることである。式部丞は六位相当官であるが、縹色の束帯に身を包んだ彼らが笏を持って朝廷の儀礼に従事している姿は、彼女の目には卑しく見えたのであろう。いっぽう紫式部は、「何ばかりの数にしもあらぬ五位ども」（何ほどの人数にもはいらぬ五位どもなども）と『紫式部日記』に記しており、五位もたいしたことがないと言わんばかりである。そういう彼女たちも五位クラスの家格にすぎないのに、この階層をあたかも野卑のごとくに言うのは、宮仕え生活を体験することで天皇家や摂関家といったトップクラスの暮らし向きに馴染んでしまったことによるものであろう。

この時代には、その人がどんな地位にいるのか、といったことは一目で認識でき、それを示すのが服装の色目や文様などであった。位袍といって男子の正装である束帯の一番上に着る袍の色が、位階によって律令制定では細かい規定になっていたが、平安時代に入ってからは概略、四位以上は黒（平安初期あたりまでは紫）、五位は緋（朱色）、六位以下は（薄い藍色、緑）、無位は黄というように色別されていた。

このことに関連して興味をひく話がある。慶滋保胤（?～一〇〇二）が『池亭記』のなかで述べていることである。天元五年（九八二）に記されたこの短編は平安中期の平安京の住み分けを記述したものとして有名だが、後半の自生活を語るところで次のように記している。(6)

予行年漸くに五旬に垂して、適に少宅を有てり。……家主職は柱下に在りと雖も、心は山中に住まふが如し。官爵は運命に任す……。膝を屈め腰を折りて、媚を王侯将相に求めむことを要はず、又言を避り色を避りて、蹤を深山幽谷に刊まむことを要はず。朝に在りては身暫く王事に随ひ、家に在りては心永く仏那に帰る。予出でては青草の袍有り。位卑しと雖も職尚し貴し。

柱下とは内記の唐名であり、五〇歳近い保胤は中務省の大内記であった。詔勅・宣命や位記の作成などを任務とするこの職にはすぐれた学識者が任命されたが、官人としての位階は低かった。「予出でては青草の袍」とあるのは六位官であることを物語っており、位階は低いけれども誇りある職だ、と自ら吐露している。官爵は運命、上に媚びてまで昇進を望まない、というあたり言外に下級官人としての限界を強く感じていた意識の表われで、この言辞に身分制という壁の前に如何ともし難い下級官人たちの悲哀を感得できよう。早くから仏門へ傾斜していた彼は、これを執筆した四年後に横川で出家している。

こうした位階の高低は平安京での住居である邸宅の広さにも影響を及ぼした。平安京を構成する碁盤目状の基本形の一町は一二〇メートル四方からなり、約四、四〇〇坪の広さをもつが、ここに住むことを許されたのは三位以上であり、四位、五位は二分の一町、六位は四分の一町というふうに位階が下降するに伴って狭小となった。そして最小単位は三二分の一町（約一三〇坪ほど）で、これを一戸主《へぬし》と呼び、庶民たちが住まう広さであった。もっとも土地売券などをみると一戸主以下の土地の売買も行われていた。そして平安中期あたりになると、受領（現地に赴任した国守で四～六位）が財力にものを言わせて一町家を営んだことが「四分の一宅を過ぐべからざるに近来、多く一町家を造営」の記述から知られる。

かの保胤が住まいしたのは左京の六条で、邸の広さは四分の一町と規定どおりである。

三

上述の一町家への居住を許された三位以上を公卿と称したが、ここでは公卿について述べる。

次に示したように「貴」(7)と称する公卿は大臣から参議まで、位階でいうと三位以上と一部の四位を含むことになる。そして「公」は大臣のことであるが、それと例は少ないが大臣を兼官しない摂政・関白を含む。「卿」は大納言、中納言と参議の謂である。「公卿」の語は摂関期には盛んに用いられ、ほかに卿相・月卿・上達部などとも

貴　……三位以上……上達部……上級宮人……公卿（含四位参議）……家令を設置

（公＝摂関・大臣　卿＝納言・参議）

通貴……四・五位……殿上人……中級官人

呼ばれ、上級貴族層を構成している。なお、公卿のことを公家《くげ》と呼ぶ場合があるが、それは武家が登場する中世以降の使用例で、元来は「こうけ」と読んで天皇または天皇を含む朝廷を指した[8]。

公卿より下位の「通貴」に相当するのが四位、五位クラスの中・下級貴族であり、記録には上達部と並列して指称される場合の殿上人であり、地下人と対比しての謂である。

ここで平安時代の公卿数の変化を『公卿補任』によってみてみよう。桓武天皇（七八一年即位）から後鳥羽天皇（一一九八年譲位）までの各天皇の総平均（原則として践祚の翌年時〈ほとんど改元〉の数値で示した。正月一日現任官、非参議を除く）と政治体制の変化に焦点をおいて三ブロックに分けた各平均値を次に掲示する。

桓武～後鳥羽（三三代）　二〇・四人

清和～村上（七代、前期摂関）　一四・四人

冷泉～後三条（九代、後期摂関）　二〇・八人

白河～後鳥羽（一一代、院政）　二七・一人

天皇一代でみると、最多は六条天皇（仁安元年＝一一六六）の三一人、最少は淳和天皇（天長元年＝八二四）の一一人であり、院政期には増加していることがわかる。

一年あたりの公卿の平均は二〇人程であるが、前代の奈良時代（七一〇～七八四）の七五年間の平均は一〇人強であるから、平安時代は倍増していることが知られる。

いっぽう後世との比較も必要であろう。ただ多年にわたるゆえに平均値はとらず、その時代の中間点の一年の数値をもって以下に示す（参考までに前後の数年をみたが趨勢は確認される）。

	公卿	非参議	散位
鎌倉時代………正元　元（一二五九）〈亀山即位年〉	三七人	四一人	二三人
南北朝時代…………………（一三六三）〈後光厳・後村上〉	三八人	三四人	四一人
室町時代………文明一四（一四八二）〈後土御門〉	三一人	一五人	二六人
安土桃山時代…天正一四（一五八六）〈後陽成即位年〉	二七人	八人	一一人
江戸時代………享保一五（一七三〇）〈中御門〉	三六人	四三人	四一人
慶応　三（一八六七）〈明治〉	四〇人	八二人	二三人

一瞥して解るように中世以降、公卿・非参議・散位数の倍増が知られるが、いっぽうでは武家におされて勢力は低下していた。最盛期は平安時代であった。

なお『公卿補任』は慶応四年、つまり明治元年（一八六八）で終わっているが、それはとりもなおさず、公卿制の解体にほかならない。

ところで平安時代の公卿数を氏姓別にみると、延喜元年（九〇一）から元暦二年（一一八五）までのほぼ三〇〇年間で総計三九五人（含非参議）のうち、藤原氏が二六五人（六七％）、源氏が七九人（二〇％）、平氏が二四人（六％）、そして大中臣〈七人〉以下の一〇氏で計二七人という比率になり、藤原氏が他氏を圧倒していることが知られる。

『公卿補任』第二篇の冒頭、順徳天皇（一二一〇年即位）建暦元年（一二一一）の「関白 従一位 藤家実」に「近衛」、「左大臣 正二位 同良輔」に「九条」、「右大臣 正二位 同公継」に「徳大寺」、「権大納言 正二位 源通光」に「久

我」といったぐあいに氏名の上に家名を注記しており、これは慶応四年の最後まで踏襲されている。

そもそも家名は、一氏族が膨らんできたことなどから本来の氏名では煩雑になったことなどにより鎌倉時代初めごろから便宜的に用いられるようになった。氏族のなかでも一大発展をとげた藤原氏の家名が最多であろうが、そのうち近衛・九条・一条・二条・鷹司の五家は明治に到るまで摂政・関白を交代で継承した家柄であり、五摂家と称した。その頂点に立ったのは近衛家であった。

家名には平安京の街路名が多く、ほかに寺院名（勧修寺、西園寺、徳大寺など）や地名（山科、日野など）に因んで命名された。その結果として氏名＝大家族から家名＝小家族へ、という推移が生じた。そして氏名は位記など正式の場合にのみ用いられ、日常は家名で通したが、やがて氏名が戸籍から姿を消し、家名がとってかわるのは第二次世界大戦後あたりらしい。

四

みてきたように平安時代の公卿は家族を入れて一〇〇人前後、それに四・五位の輩を加えた、いわゆる貴族層は家族を含めて一、〇〇〇人ほどであろう。平安京の人口が十数万と推定されているから、ほんのひと握りの人たちであったことが知られる。

ところで貴族を貴族たらしめる要因は、今までに触れたように五位以上の位階の所持、これに伴う服装の色目、都市住民化による居住敷地の広狭などのほかに路頭での礼[9]、乗り物、刑の軽減などいくらもあるが、生活信条を綴った家訓の所持もその一つといえよう。家訓に関しては今に伝わる『九条殿遺誡』（『九条右丞相遺誡』[10]）でみてみよう。

作者の藤原師輔（九〇八〜九六〇）は、貴族といっても公卿のトップクラスに身をおく摂関家の家筋である。摂関忠平の二男として誕生し、義兄の実頼が左大臣、師輔が右大臣のとき「一くるしき二」(『栄花物語』)といわれた。すなわち実頼がその地位にいることが苦しいほどに師輔が優れていたという。そして娘の安子が村上天皇の皇后となり、所生の二皇子が冷泉・円融天皇になっている。ただ師輔は、冷泉天皇の即位七年前に死去しているので外祖父として摂関になることはなかったが、子息が三人も摂関となり、その一人、兼家の子が道長であるから長く続く摂関家の嫡流であった。これら子孫への遺誡の内容は多岐にわたっているが、主要なところを列挙すれば以下のようなことである。

・起きたら属星〈生年に当たる星で一生を支配する〉の名字を小さな声で七回となえる
・鏡で面を見て形躰の変化を自覚し、暦を見てその日の吉凶を知る
・楊枝で歯を磨き、口をそそぎ、手や顔を洗う
・仏名を誦し、常に尊重している神社を心に念じる
・日記を付ける〈書く事が多い時にはその日のうちに記す〉
・粥《しるかゆ》を服する
・頭髪を梳き〈三日に一度〉、手足の爪を切る〈手は丑の日、足は寅の日〉
・日を択んで沐浴する〈五日に一度。しかし一日に沐浴すれば短命、八日は長生き、一一日は聡明に、一八日は盗賊にあう、亥の日は恥を見る、という具合に日によって吉凶があったから実際に沐浴する日は限られてくる〉

以上が出仕するまでにしなければならない事柄である。問題は、これらがどの程度に守られたのかということであるが、例えば爪については『土佐日記』に「爪のいと長くなりにたるをみて日を数ふれば、今日は子の日なりければ切らず」とあるから、遵守されていたことを知る。なお、ここに見える粥は今日いうところの粥で朝食の前にとった軽食らしい。この時代の貴族の食事については、遺誡の別のところに「朝暮の膳は、常のごときは

多く飡《くら》ふことなかれ、多く飲むことなかれ、また時剋を待たずして食ふべからず」とあり、朝一〇時ごろと夕四時ごろの日に二回であった。

朝のうちにこれらのことをこなし、出仕に際しては衣冠を着け、車馬に至るまで派手にならず、真面目に勤務に励み、むやみやたらに人と交わらず、会っても無駄口をたたかず、他人の事をとやかく言わず、借りた物は速やかに返すように、君に忠、親に孝、とまことに詳細に及んでいる。今日にも通じる事柄であろう。

公事については前もって関係文書を見て知得しておくようにとあるが、これは政治の運営に深く関わる公卿にとって最も大切なことである。師輔は『九暦』(『九条殿記』)という日記や『九条年中行事』など公事に関わる記録を遺している。後者は、父の忠平より受け継いだ儀式作法を集大成したもので、九条流故実の基となった。忠平は子息たちに朝儀や政務などを教諭していたが、その父の教えを実頼と師輔の兄弟が筆録したものが『貞信公教命』(二巻)といわれるものである(11)。

ところで『九条殿遺誡』は師輔が右大臣となって以降に執筆されたらしく、九条流の年中行事や作法を行い公卿生活を営むうえで守らねばならぬ規範を綴った訓戒の書である。おそらく公卿たちの家にはこういった家訓があったものと思うが、稀に伝えられたこの遺誡は好個の史料といえよう。

おわりに

紙数も尽きたので、この稿を終えるにあたってセッションを通じて西欧や東洋との相違など感じた点をいくつか挙げておく。

「日本の貴族はごく一部を除いて戦争をしない」というような指摘があった。日本の貴族が官僚貴族(=文人貴族)といわれる所以であり、彼らが貴族の中心であったが、ほかに「五位以上の官職を持つ貴族のうち、軍事力を家職として国家の軍事力の中枢を担う」ところの軍事貴族もいた。[12] しかし貴族全体からすれば少数であり、文人貴族からみれば社会的地位も低かった。いっぽう西欧には官僚貴族は存在せず、もっぱら戦士貴族というから日本と大きく異なるところである。

日本では出自が一生を決定づけるといってもよいほどに家柄がものを言い、かつ嫡子相続であり、世襲制であった。ところが中国の宋代では家柄よりも個人の実力に重きがおかれ、したがって一代限りを宗とし、一代貴族の名もある。[13] 科挙による官吏登用制度の採用が思いあわされる。ちなみに西欧においても家柄が決定的要因ではなかった。[14]

日本の貴族の特殊性は何に由来するのか、また鎌倉期以降の貴族のあり様はどうだったのか、さらに考えねばならぬ課題と思う。

（1） 筆者が貴族についてまとめたものに「日本古代における「貴族」概念」（村井康彦編『公家と武家――その比較文明史的考察』所収、思文閣出版、一九九五年）、「摂関時代と貴族」（歴史物語講座刊行委員会編『歴史物語講座』第七巻『時代と文化』所収、風間書房、一九八九年）があるが、この報告は前者に負っている。

（2） 『広辞苑』は岩波書店、一九六六年版。『日本史小辞典』は山川出版社、一九五七年。

（3） 『新日本史講座』の〔古代後期〕の一冊として中央公論社から一九四九年に刊行された。内容は「序論　貴族論の課題」「前編　貴族階級の歴史」「後編　貴族文化の問題」からなり明治期までおよんでいる。

（4） たとえば『平安時代史事典』（角田文衛監修、角川書店、一九九四年）の「貴族」の項目（村井康彦執筆）での「貴族は地方に本貫地を持つ古代氏族が〝みやこ〟に恒常的に止住し、官僚上層部を構成するようになった時に成立した。従って貴族の成立要件は国家の中枢である宮都が発展し、受け皿としての官司（制）が整備されることであった。……畿内・畿外に散在分布していた豪族は、本貫を離れて宮都に住み、官司に仕える律令官人となり、俸禄で生活する存在となった。地方での生産から遊離した時、貴族化が完了した」といった指摘にみられる。この都市住民化をはじめ論は多岐に及んでおり、この事典の性格から平安時代に焦点があてられているが、日本の貴族を扱った事典のなかではもっとも要を得た内容といえよう。

（5）共同研究「公家と武家」のメンバーの一人、笠沙雅章氏の発表および論考「門閥貴族から士大夫官僚へ」（村井康彦編『公家と武家――その比較文明史的考察』所収、前掲）。なお「貴族」語の出現については「貴族とは何か」のセッションにおいて池田温氏が事例を挙げて報告を行っており、この報告書で取りあげられているので、それを参照されたい。

（6）原文は漢文体。読み下し文は小島憲之校注『本朝文粋』（『日本古典文学大系』六九所収、岩波書店、一九六四年）による。

（7）『律』巻第一の「名例律」に「謂、三位以上、五位以上、是為通貴」とある。

（8）村井康彦『王朝貴族』（『日本の歴史』8、小学館、一九七四年）など。

（9）たとえば「凡三位已下於路遇親王者、下馬而立、但大臣斂馬側立、凡四位以下逢一位、五位已下逢三位已上、六位已下逢四位已上、七位已下逢五位已上、皆下馬、余応敬礼者、皆不下、其不下者斂馬側立、応下者、乗車及陪従不下、中宮、東宮陪従准此、」（『延喜式』巻四一）など。

（10）『群書類従』巻四七五所収。別に『九条右丞相遺誡』ともいい、漢文体。その訓読は『古代政治社会思想』（『日本思想大系』8所収、岩波書店、一九七九年）に収録されている。師輔は平安京の左京九条に邸宅を構えていたので九条殿と呼ばれた。

（11）竹内理三「口傳と教命――公卿学系譜（秘事口傳成立以前）――」（同『律令制と貴族政権Ⅱ』所収、御茶の水書房、一九五八年）参照。

（12）『京都新聞』二〇〇三年二月二八日付「森浩一の古今縦断」の「源平再考――宿題編〈下〉」（文化報道部・深萱真穂筆）の元木泰雄氏談。元木氏の研究によれば、軍事貴族には軍事的側面をほとんど公的には表出させない早い段階での兵家貴族と、院政期あたりから院や摂関などと結合して、その権門内外に対する爪牙として恒常的に軍事活動を行う段階の京武者がいるという（『武士の成立』吉川弘文館、一九九四年ほか）。

（13）笠沙雅章「門閥貴族から士大夫官僚へ」（前掲）。

（14）井上浩一「一一～一二世紀のビザンツ貴族――「文官貴族」「軍事貴族」概念を中心に――」・江川溫「フランス中世の貴族と社会――特権的支配集団に関する比較史の試み――」（村井康彦編『公家と武家――その比較文明史的考察』所収、前掲）。

貴族とは何か——東アジアの場合——

池田　温

はじめに

筆者は今回初めて「公家と武家——その比較文明史的研究」に参加する機会を得、シンポジウム開始後、以前既に一九九三年以来国際日本文化研究センターで村井康彦・笠谷和比古先生を中心に十数名のメンバーによる広範な学際的研究が進められ、二冊の論文集『公家と武家——その比較文明史的考察』『公家と武家Ⅱ——「家」の比較文明史的考察』が思文閣出版から九五・九九年に公刊されていることを知った。そこには中国に関しても

大庭　脩「漢代の貴族」「中国古代の武士の「家」」
竺沙雅章「門閥貴族から士大夫官僚へ」「北宋中期の家譜」
平田茂樹「宋代の宮廷政治——「家」の構造を手掛かりとして——」

の諸篇が収載されており、ひごろ不勉強の筆者にとっては啓蒙されるところ甚大である。本シンポジウム参加諸位に比し一〇年近く立遅れていることを痛感するが、対象が壮大なテーマなので、あせらずに上掲諸論に導かれ

一歩ずつ着実に進んでゆきたい。

現在は東亜の日本・韓国・中国で「貴族」という漢語を、一般社会でも歴史学界でもほぼ共通の意味あいで慣用している。したがってこの語の語義と用例を確認するところから出発するとしよう。筆者は中国中古史専攻なので、もっぱら中国資料、特に史籍を中心にすえ辞典等でおぎなうこととする。

一　貴族の語義

中国における貴族については、優れた専門家安田二郎氏（東北大学教授を二〇〇三年春定年退官、主著『六朝政治史の研究』京都大学学術出版会、二〇〇三年）が平凡社『大百科事典』第四巻に寄稿された次の記述が最も参考になる。

中国においては、六朝から隋・唐の時代に名家・高門・衣冠の族などと呼ばれ、高い官職を世襲的に占めて政治を占有するとともに、社会や文化の局面でも指導的役割を果たして中国の中世社会を特徴づけた上級の文人官僚層をいう。

貴族は、後漢末の混乱期に郷里社会救済や秩序維持に尽力した地方の名望家が発展したもので、国政の運営にこれら名望家の協力が不可欠であったこと、地域社会も権力機構とのパイプ役を特定の家に求めたこと、さらに九品官人法が出自重視の官吏選用を行ったことなどから、官僚となる家の特定化と〈門地〉（家格・家柄）の層序的固定化が進んで、門地に応じて就官の範囲に差別がある門閥貴族制が成立することになった。

（貴族（中国）、一九八四年）

かかる貴族の概念を念頭におきつつ、この語の用例を原文に就いて検証することから始めよう。というのは今日普通語として汎用されている「貴族」も、前近代では必ずしも常用語とはいえず、稀に使用されるやや堅い語感を伴うことばだったらしいからである。

公家と武家シンポジウム第一回に報告された朧谷寿氏の論考（前掲『公家と武家——その比較文明史的考察』所収）では、『古事類苑』（人部）の「貴」の項・家永三郎『貴族論』（『新日本史講座』一九四九年）・坂本太郎監修『日本史小辞典』（一九五七年）等の説明を要約引用し、更に橋本義彦「貴族政権の政治構造」（『岩波講座日本歴史四』一九七六年）に説かれる平安貴族の形成を引用した上で、「概念としての貴族の定義は、上述のことに尽きるであろう」とされ、次に日本で「貴族」という名辞が文献史料に初見するのが『太平記』巻一の、京都から鎌倉に迎えられた第四代将軍九条頼経を指称した点を指摘された。一三世紀の史実を核に約一世紀後に撰成された『太平記』から、六〇〇年しか経っていない点を朧谷氏は「意外に新しく」とされるのに較べると、注(4)に「なお「貴族」の語が中国において用いられるのは六朝時代からであるが、あまり一般的に使われたものではないらしい（共同研究のメンバーである東洋史の泰斗、京都大学名誉教授竺沙雅章氏のご教授による）。この名辞が我が国で多用されるようになるのは明治以降であろう」と付言される如く、中国では六朝時代（魏晋南北朝、三～六世紀）に溯るから、貴族の語は日本におけるより倍以上の長い歴史を有することとなろう。

近代日本の中国史研究を代表する内藤虎次郎（湖南、一八六六～一九三四）が、六朝を門閥貴族の時代と認め、それが隋唐で漸次変質し唐後期から五代に衰滅したと見通す史観を打建てて以来[1]、この時代観は宮崎市定（一九〇一～九五）[2]・宇都宮清吉（一九〇五～九八）[3]・谷川道雄（一九二五～）[4]らにより継承展開されてきた。そして前掲安田氏の定義的説明におおむね集約されているが、「貴族」の語自体の用例を検索しそれに即して問題を考究することは殆ど行われてこなかった。そこでこの機会に初歩的探査を試みよう。

二　中国における貴族の語の用例

（1）初見

司馬遷『史記』巻八「高祖本紀」

九年、……是歳徙貴族楚昭・屈・景・懐、斉田氏関中。（中華書局、標点本、二冊三八六頁）(5)

班固『漢書』巻一下「高帝紀下」

九年冬……十一月徙斉・楚大族昭氏・屈氏・景氏・懐氏・田氏五姓関中、与利田宅。（中華書局、標点本、一冊六六頁）

前漢劉邦の九年（前一九八年）に楚・斉の有力豪族を漢中に移住させた著名な施策は名臣婁敬の献策を採用したものであった。婁敬伝の記事を摘録すると、

『史記』巻九九「劉敬伝」（婁敬は功により漢王室の姓劉を与えられた）

劉敬従匈奴来、因言、……今陛下雖都関中、実少人。北近胡寇、東有六国之族、宗彊。一日有変、陛下亦未得高枕而臥也。臣願陛下徙斉田、楚昭・屈・景、趙・韓・魏後、及豪桀名家居関中。無事可以備胡、諸侯有変、亦足率以東伐。此彊本弱末之術也。上曰善。迺使劉敬徙所言関中十余万口。（同前、八冊二七二〇頁）

『漢書』巻四三「劉景伝」

敬従匈奴来、因言、……今陛下雖都関中、実少人。北近胡寇、東有六国彊族、一日有変、陛下亦未得安枕而臥也。臣願陛下徙斉諸田、楚昭・屈・景、趙・韓・魏後、及豪傑名家、且実関中。無事可以備胡、諸侯有変、亦足率以東伐。此彊本弱末之術也。上曰善、及使劉敬徙所言関中十余万口。（同前、七冊二一二三頁）

のように概ね一致し、基本的に『漢書』が『史記』を踏襲しているが、但だ一一月に繫《か》け、貴族を大族に改める

等細部に手を加えたと察せられる。貴族の語を避けたのは、それがやや耳慣れぬ語であったからではあるまいか。経子にわたる先秦文献にその用例が知られぬ点も思い合わされる。

漢初の豪族移住については、後漢荀悦の『前漢紀』巻四「高皇帝紀」には

九年冬……十有一月、徙郡国大族豪傑名家十余万戸以実関中、婁敬之計也。(四部叢刊本、一葉背)

と要約して伝え、唐の杜佑『通典』巻一九四、辺防十・北狄一・匈奴上は

敬従匈奴来、因言、……夫諸侯初起時、非斉諸田、楚昭・屈・景莫興。今陛下雖都関中、実少人。北近胡寇、東有六国強族、一日有辺、陛下未得安枕而臥也。臣願徙斉諸田、楚昭・屈・景、燕・趙・韓・魏後、及豪傑名家於関中。無事可以備胡。諸侯有変、亦足率以東伐。此強本弱末之術也。帝曰善、及従敬議、徙十余万口。

(中華書局、校点本、五冊五三〇六頁)

の如く『漢書』に拠っており、宋の司馬光『資治通鑑』巻一二「漢紀四高帝」九年は

冬……劉敬従匈奴来、因言、……秦中新破少民、地肥饒可益実。夫諸侯初起時、非斉諸田、楚昭・屈・景莫能興。陛下雖都関中実少民、東有六国之強族、一日有変、陛下亦未得高枕而臥也。臣願陛下徙六国後及豪傑名家居関中。無事可以備胡、諸侯有変、亦足率以東伐。此強本弱末之術也。上曰善。十一月徙関・楚大族昭氏・屈氏・景氏・懐氏・田氏五族及豪桀於関中、与利田宅凡十余万口。(古籍出版社、標点本、一冊三八三頁)

のように『漢書』を採用している。

結局広汎に普及した『漢書』のかげにかくれ、『史記』の貴族の用例も目立たずに終ったとみられる。

(2)正史の用例

『漢書』『後漢書』には貴族の語は見えぬようであるが、匈奴伝に附された文穎(南陽人、後漢末荊州従事、曹魏建

安中甘陵府丞）の注に一箇所この語が現れる。

復株累若鞮単于立、……復株累単于復妻王昭君、生二女、長女云為須卜居次、（一）小女為当于居次。（二）

（一）李奇曰、居次者女之号、若漢言公主也。

文穎曰、須卜氏、匈奴貴族也。

（二）文穎曰、当于亦匈奴大族也。

師古曰、須卜・当于、皆其夫家氏族。（中華書局標点本、一一冊三八〇八頁　以下正史の引用はすべて中華書局標点本による）

これにより匈奴の大族を貴族とも言ったことが知られる。

辞典類に採録された「貴族」の用例では、三国時代曹魏の皇族で文名高い曹植（一九二〜二三二）の上奏に

華宗貴族、藩王之中、必有応斯挙者。（『三国志』巻一九「陳思王植伝」、二冊五七三頁、厳可均『全三国文』巻一六収〈上疏陳審挙之義〉三葉背）

と見えるのが最古と認められる。それについで曹魏の文臣で晋初に歿した王沈の〈釈時論〉に

多士豊於貴族、爵命不出閨庭。（『晋書』巻九二「文苑王沈伝」、八冊二三八二頁）

の文言が現れ、また晋の列女伝に

若連姻貴族、将来庶有大益矣。（『晋書』巻九六「列女伝周顗母李氏」、八冊二五一四頁）

と見え、或いは姚興載記に

〔桓〕謙江左貴族、部曲徧於荆楚、晋之将士皆有叛心。（『晋書』第一一八「姚興載記下」、一〇冊二九九四頁）

の用例がある。かように魏晋時代の正史に四処の用例が見出され、いずれも高級官人乃至その一族を意味していると解される。最初の例では、華宗（有力大姓）・藩王（皇族）と併列されるので、貴族もそれらと対等な者を指

すとみなされる。周顗の母李氏の例は、南朝劉宋の劉義慶撰『世説』賢媛第一九にある「若し貴族に連姻せば、将来或いは多いに益あらん」の語を、唐初に編纂された現行『晋書』がそのまま引継いでおり、姚興載記の例も北魏の崔鴻『十六国春秋』の文が晋書の原拠となっている（湯球『十六国春秋輯補』巻五二、弘始一一年条）。次に南北朝時代（五、六世紀）では、『宋書』一例、『南史』三例、『魏書』三例、『北史』五例の計一二箇所に貴族の語が現れるが、重複を省くと八例となる。

まず南朝の例は

郡県監司、不得妄出、貴族豪士、莫敢犯禁。（『宋書』巻五三「謝方明伝」、五冊一五二四頁、『南史』巻一九、同上、録下二句、二冊五三七頁）

以上劉宋一例、ついで「斉胡諧之伝」

建元二年（四八〇）為給事中・驍騎将軍、上方欲奨以貴族盛姻、以諧之家人語傒音不正、乃遣宮内四五人往諧之家教士女語。二年後帝問曰、郷家人語音已正未？　諧之答曰、宮人少、臣家人多、非唯不能得正音、遂使宮人頓成傒語。帝大笑、偏向朝臣説之。（『南史』巻四七「胡諧之伝」、四冊一一七六頁。『南斉書』巻三七同伝は右の記事を缺く。李延寿挿入か）

また梁韋睿の「子韋放伝」

初放与呉郡張率皆有側室懐孕、因指為昏姻。其後各産男女、未及成長而率亡、遺嗣孤弱、放常贈卹之。及為北徐州、時有貴族請昏者、放曰、吾不失信於故友。及以息岐娶率女、又以女適率子、時称放能篤旧。（『南史』巻五八「韋睿子放伝」、五冊一四三二頁。『梁書』巻二八「同上伝」では貴族を勢族に作る、二冊四二三頁）

の如く三例知られるが、留意すべきは『梁書』が勢族に作る箇所を『南史』が貴族にしている点で、初唐の李延寿に至り貴族の語が普通名詞として汎用されるようになったと解し得よう。

次に北朝では南朝に比し貴族の用例が目につき、正史たる魏収『魏書』に三例見出される。高宗拓跋濬帝紀の和平四年（四六三）十二月

壬寅詔曰、夫婚姻者人道之始、是以夫婦之義、三綱之首、礼之重莫過於斯、尊卑高下宜令区別。然中代以来、貴族之門多不率法、或貪利財賄、或因縁私好、在於苟合、無所選択。令貴賤不分、巨細同貫、塵穢清化、虧損人倫、将何以宣示典謨、垂之来裔。今制皇族・師傅・王公侯伯及士民之家、不得与百工・伎巧・卑姓為婚、犯者加罪。（『魏書』巻五「高宗文成帝紀」、一冊一二二頁。『北史』巻二「魏本紀二高宗文成帝」、一冊七二頁同旨、部分有省略、師傅作肺腑、士民作士庶、唐諱）

また世宗宣武帝元恪紀延昌二年（五一三）秋

九月丙辰、以貴族豪門崇習奢侈、詔尚書厳立限級節其流宕。（『魏書』巻八「世宗宣武帝元恪紀」、一冊二一三頁）

のように貴族が豪門と並んで贅沢禁止の対象となっていた。他方西南の少数民族獠伝に

獠者蓋南蛮之別種、……依樹積木以居其上名曰干蘭、干蘭之大小随其家口之数。往往推一長者為王、亦不能遠相続摂。父死則子継、若中国之貴族也。（『魏書』巻一〇一「獠伝」、六冊二二四八頁。『北史』巻九五「獠伝」、一〇冊三一五四頁）

『魏書』の巻一〇一は『北史』で補ったものらしく、魏収の原型とは異なり、また巻末に標点者（唐長孺とその高弟たち）の次の校勘記が附されている。

〔三八〕若中国之貴族也、『御覧』巻七九六、三五三四頁「貴」作「党」、疑「貴」字訛。（『魏書』六冊二二五七頁）

しかし筆者の感じでは貴族で支障なく、党族の方が伝のコンテキストにふさわしからぬように思える。

李延寿『北史』にはなお次の二例が見える。

〔源〕文宗以貴族子弟升朝列、才識敏贍、以幹局見知。然好游貴要之門、時論以為善附会。(『北史』巻二八「源賀曾孫彪(字文宗)伝」、四冊、一〇三二頁)

〔李〕庶生而天閹、崔諶調之曰、教弟種鬚、以錐徧刺作孔、插以馬尾。庶曰、先以此方回施貴族、藝眉有効、然後樹鬚。世伝諶門有悪疾、以呼沱為墓田、故庶言及之。(『北史』巻四三「李崇伝附李庶伝」、五冊一六〇五頁)

続く隋唐時代(七～九世紀)(附五代、一〇世紀前半)には七例が見えるにとどまり、六朝時代に比しやや少ない。以下貴族の現れる記事を列挙しよう。

・〔元和六年(八一一)三月〕……乙卯、畿内軍鎮牧放、駙馬貴族略獲、並不得帯兵仗、恐雑盗也。(『旧唐書』巻一四「憲宗李純本紀上」、一冊四三四頁)

・夫孫盛実録取嫉権門、王韶直書見讎貴族。人之情也、能無畏乎!其不可三也。(『旧唐書』巻一〇二「劉子玄伝」、五冊三一六九頁。『新唐書』巻一三二「劉子玄伝」、八冊四五二〇頁同旨、文字稍略。原拠劉知幾『史通』巻二〇「忤時篇」)

〔李宝臣〕……惟簡宝臣第三子、……子元本、生於貴族軽薄無行。……以元本功臣之後、得減死杖六十、流象州。(『旧唐書』巻一四二「李宝臣伝附」、六冊三八七一頁)

・時廻鶻有特勤那頡啜擁赤心宰相一族七千帳東逼漁陽。仲武遣其弟仲至与裨将游奉寰・王如清等、率鋭兵三万人大破之。前後収其侯王貴族千余人、降三万人、獲牛馬・橐駝・旗纛・罽幕不可勝計。(『旧唐書』巻一八〇「張仲武伝」、七冊四六七七～八頁、『新唐書』巻二一二「張仲武伝」同趣、但文省)

・天宝初(七一九)貴族及士民好為胡服胡帽、婦人則簪歩揺釵、衿袖窄小。(『新唐書』巻三四「五行志一服妖」、二冊八七九頁)

・松外蛮尚数十百部、大者五六百戸、小者二三百。凡数十姓、趙・楊・李・董為貴族、皆擅山川、不能相君長。有城郭・文字、頗知陰陽歴数。(『新唐書』巻二二二下「南蛮伝下松外蛮」、一〇冊六三二一頁)

・渤海本号靺鞨、高麗之別種也。唐高宗滅高麗、徙其人（民）散処中国、置安東都護府於平壌以統治之。……中宗時置忽汗州、以祚栄為都督封渤海郡王、其後世遂号渤海。其貴族姓大氏、開平元年（九〇七）国王大諲譔遣使者来、訖顕徳（九五四～九）常来朝貢。其国土物産与高麗同。諲譔世次・立卒、史失其紀。（『新五代史』三冊九一九～二〇頁）

以上を通覧すると、『史通』の記事を除けば、李宝臣は「范陽城旁奚族也」とされ安禄山の仮子になった者であるから、すべて漢族以外の少数民族の諸族にかかわる記事である。

降って宋遼金元時代（一〇世紀後期～一四世紀中期）の正史には計二〇例の貴族の語が見出され、下の如くである。

・初〔夏〕執中与其微時妻至京、宮人諷使出之、択配貴族欲以媚后。執中弗為動。他日后親為言、執中誦宋弘語以対、后不能奪。（『宋史』巻二四三「后妃夏皇后伝」、二五冊八六五一～二頁）

・太宗即位補右班殿直。太平興国中（九七六～九八三）出護登州兵、召還監儀鸞司。累遷西頭供奉官、其下多貴族子弟、頗豪縦徼幸。（『宋史』巻二六八「楊守一伝」、二六冊九二二四頁）

・〔許〕元在江淮十三年、以聚斂刻剝為能、急於進取、多聚珍奇以賂遺京師権貴、尤為王堯臣所知。発運使治所在真州、衣冠之求官舟者日数十輩。元視勢家貴族、立権巨艦与之。即小官惸独、伺候歳月有不能得。人以是憤怨、而元自以為当然、無所愧憚。（『宋史』巻二九九「許元伝」、二八冊九九四四～五頁）

・及立后則不選于妃嬪而卜于貴族、所以遠嫌、所以為天下万世法也。陛下之廃孟子、与郭后無以異。（『宋史』巻三四五「鄒浩伝」、三一冊一〇九五六頁）

・范鎮之孫祖平為傭奴、〔洪〕皓言於金人而釈之。劉光世庶女為人豢豕、贖而嫁之。他貴族流落賤微者、皆力抜以出。（『宋史』巻三七三「洪皓伝」、三三冊一一五六二頁）

・遷吏部侍郎兼修玉牒官兼権給事中、論駁十有六事、皆貴族近習之撓政體者。（『宋史』巻四〇六「許奕伝」、三五

冊、一二三六九頁）

・嘉熙四年（一二四〇）拝右諫議大夫入対言、……甚者富巨室武断郷閭、貴族豪宗侵牟民庶。（『宋史』巻四一九「徐栄叟伝」、三六冊、一二五五六頁）

・〔聖宗太平八年（一〇二八）〕十二月……丁亥宋遣寇瑊・康徳求賀千齢節、朱諫・曹英・張逸・劉永釗賀来歳両宮正旦。詔両国舅及南・北王府乃国之貴族、賤庶不得任本部官。（『遼史』巻一七「聖宗本紀八」、一冊二〇三頁）

・〔天祚帝天慶五年（一一一五）〕八月……丙寅以囲場使阿不為中軍都統、耶律張家奴為都監、率番・漢兵十万、蕭奉先充御営都統、諸行営都部署耶律章奴為副、以精兵二万為先鋒。余分五部為正軍、貴族子弟千人為硬軍、扈従百司為護衛軍、北出駱駝口。以都点検蕭胡覩姑為都統、枢密直学士柴誼為副、将漢歩騎三万、南出寧江州、自長春州分道而進、発数月糧、期必滅女直。

・九月丁卯朔女直軍陥黄龍府。……乙巳耶律章奴反、奔上京謀迎立魏国王淳。……順国女直阿鶻産以三百騎一戦而勝、擒其貴族二百余人、並斬首以徇。其妻子配役繍院、或散諸近侍為婢、余得脱者皆奔女直。章奴詐為使者、欲奔女直、為邏所獲、縛送行在、腰斬于市、剖其心以献廟、支解以徇五路。（『遼史』巻二八「天祚帝紀二」、一冊三三一～三頁）

・大惕隠司、太祖置、掌皇族之政教。興宗重熙二十一年（一〇五二）、耶律義先拝惕隠、戒族人曰、国家三父房最為貴族、凡天下風化之所自出、不孝不義雖小不可為。（『遼史』巻四五「百官志一北面」、三冊六九四頁）

・景宗疾大漸、与耶律斜軫倶受顧命、立梁王為帝、皇后為皇太后、称制、隆運総宿衛事、太后益寵任之。……〔統和〕九年（九九一）復言燕人挾姦苟免賦役、貴族因為嚢槖、可遣北院宣徽使趙智戒諭、従之。（『遼史』巻八二「耶律隆運伝」、五冊一二九〇頁）

・〔耶律章奴〕又攻上京不克、北走降虜。順国女直阿鶻産率兵追敗之、殺其将耶律彌里直、擒貴族二百余人、其妻子配役繡院、或散諸近侍為婢、余得脱者皆遁去。章奴詐為使者、欲奔女直、為邏者所獲、縛送行在、伏誅。（『遼史』巻一〇〇「耶律章奴伝」、五冊一四三一頁）

・賛曰、……金之徒単・拏懶・唐括・蒲察・裴滿・紇石烈・僕散皆貴族也。天子娶后必于是、公主下嫁必于是、与周之斉・紀無異、此昏礼之最得宜者、盛於漢・唐矣。（『金史』巻一二〇「世戚伝賛」、八冊二六二九頁）

・至元十年（一二七三）択貴族子備宿衛、召亦力撒合至闕下、以為速古児赤、掌服御事甚見親幸。有大政時以訪之、称之曰秀才而不名。（『元史』巻一二〇「察罕亦力撒合伝」、一〇冊二九五七頁）

・賽典赤贍思丁一名烏馬児、回回人別菴伯爾之裔。其国言賽典赤猶華言貴族也。太祖西征、贍思丁率千騎以文豹白鶻迎降、命入宿衛従征伐、以賽典赤呼之而不名。（『元史』巻一二五「賽典赤贍思丁伝」、一〇冊三〇六三頁）

・粘合重山金源貴族也。国初為質子、知金将亡遂委質焉。太祖賜畜馬四百匹、使為宿衛官必闍赤。（『元史』巻一四六「粘合重山伝」、一一冊三四六五～六頁）

・〔竇〕默与王磐等請分置翰林院、専掌蒙古文字、以翰林学士承旨撒的迷底里主之。……默又言、……今宜建学立師、博選貴族子弟教之以示風化之本。（『元史』巻一五八「竇默伝」、一二冊三七三二頁）

・〔賀〕仁傑在官五十余年、為留守者居半。車駕春秋行幸、出入供億、未嘗致上怒。其妻劉没、帝欲為娶貴族、固辞乃娶民間女。已而喪明、夫妻相敬如初、未嘗置媵妾。（『元史』巻一六九「賀仁傑伝」、一三冊三九六九頁）

続く明朝の正史『明史』三三二巻（清張廷玉等撰、一七三五年定稿、三九年〈乾隆四〉刊行）には貴族の語は意外に見当たらぬようである。そして中華民国時代に編纂された『清史稿』（趙爾巽等撰、五三六巻、一九二八年刊、中華書局標点本、一九七七年刊）に次の一条が見える。

二十二年（一八九六）四月、俄皇尼哥拉斯《ニコラス》二世加冕、命李鴻章為専使、王之春為副使、贈俄皇頭等第一宝星。九月与俄訂新約。……約成、俄使貴族鄔多穆斯契以報謝加冕使来北京、議立華俄銀行。（『清史稿』巻一五三

「邦交志一俄羅斯」、一六冊四五〇七頁）

以上掲出した正史の貴族用例は計四六項に及ぶ。この作業に当り、満田剛氏（創価大学文学部講師）は台北中央研究院計算中心の廿五史データベースを検索し「貴族」の検索報表（輸典）[6]一五頁を提供された。その労に対し深謝の意を表する。

(3)その他の用例

汗牛充棟をなす伝統中国の書籍については系統的調査は容易でなく、当面代表的辞典に収録される[7]「貴族」の用例を一瞥し、なお廿五史の巻末校勘記に見える二、三例と李燾『続通鑑長編』の二例を加えるにとどめる。

・裴侍中英起淮南貴族、兼事戎行。（徐陵〈為梁貞陽侯与太尉王僧弁書〉『文苑英華』巻六八二（現行本巻六七七）『徐孝穆集』巻五（四部叢刊集部）五葉背）

・禄邮即差使庶民向貴族或官僚納資代役、作為俸禄的一種形式。（『魏書』巻一〇三「蠕蠕伝校勘記」〔13〕、六冊二三一六頁）

・按「内参」就是宮庭閹宦、諸王家的閹人不能叫「内参」、王公貴族家照例都有閹人、不能説是「擅置」。（『北斉書』巻一二「范陽王紹義伝校勘記」〔2〕、一冊一六六頁）

・〈中元甲子以辛丑（八八一）駕幸蜀四首之四〉（『才調集』巻八収題〈偶懐〉、『又玄集』巻下収題〈聞大駕巡幸〉）

白丁攘臂犯長安　翠輦蒼黄路屈盤
丹鳳有情塵外遠（情塵一作懐雲）　玉龍無跡渡頭寒（跡一作主）
静憐貴族謀身易（憐一作思）　危惜（惜一作覚）文王（王一作皇）創業難
不将不侯何計是　釣魚船上涙闌干

（羅隠『甲乙集』巻八（『四部叢刊』集部収）、『全唐詩』巻六六二、七五九二頁）

・按当時貴族婦女多奉仏、或受戒而有「大師」之号？　疑莫能定。（『金史』巻一一「章宗本紀三校勘記」〔19〕、一冊二六四頁）

・国初以供奉官・殿直・承旨為三班、隷宣徽院。三班多貴族子弟、豪縦傲倖、未立程準、而奉使者多訴労逸不均。是月始命御厨副使洛陽楊守素等点検三班公事、権以内客省使庁事為局、総其名籍、差定其職任、考其殿最焉。（此拠『会要』及『楊守素伝』也。『実録』于雍熙四年（九八七）七月庚辰書詔置三班院、以蔚進掌其事。然後書三班訴労逸不均、蓋誤也。）（『続資治通鑑長編』巻二二、太平興国六年（九八一）二月丁酉条）

・三司使吏部侍郎王拱辰為回謝契丹使、徳州刺史李珣副之。拱辰見契丹主於混同江、其国毎歳春漲、於水上置宴釣魚、惟貴族近臣得与、一歳盛礼在此。毎得魚必親酌勧拱辰、又親鼓琵琶侑之。謂其相劉六符曰、南朝少年状元入翰林十五年矣、吾故厚待之。（『続資治通鑑長編』巻一七七、至和元年（一〇五四）九月辛巳条）

以下辞典の掲出する近現代文献の用例、

・有達官貴族、被駆遣負屍、不順則鞭之。（羅惇曧『庚子（一九〇〇）国変記』）

・我們一定要警惕、不要滋長官僚主義作風、不要形成一個脱離人民的貴族階層。（毛沢東〈在中共第八届中央委第二次全体会議上的講話〉一九五六年一一月一五日、『選集』第五巻、人民出版社、一九七七年四月、三二六頁）

現代の漢字使用圏においては、「貴族」は日本語のそれと殆ど異なることなく広く流通している。安田二郎『六朝政治史の研究』に附載された中国文〈提要〉（湖北省社会科学院歴史研究所所長夏日新写）も原和文に現れる「南朝門閥貴族体制」や「貴族社会」の語をそのまま使用する。山根幸夫編『中国史研究入門』上（山川出版社、一九八三年、増補改訂版一九九一年）中の〈魏晋南北朝時代〉（執筆池田）〈隋唐時代〉（執筆堀敏一）に頻出する貴族の語も高明士（一九四〇〜）・黄正建（一九五四〜）両氏の漢訳いずれも日文のまま使用している（『中国史研究指南２』聯経出版事業公司、一九九〇年、九三～一九九、二九七～四三二頁、『中国史研究入門上』社会科学文献出版社、一九九四年、一六七～三四五頁、増訂本二〇〇〇年、二四五～六六九頁）。日本書の翻訳に限らず、近代中国の学者の著述にあっても呂思勉『両晋南北朝史』（開明書店、一九四八年）第一七章晋南北朝社会組織第一節昏制に「古者貴族之家、皆有妾媵、云々」（八九九頁）、唐長孺『魏晋南北朝隋唐史三論』（武漢大学出版社、一九九二年）第一篇論魏晋時期的変化、第二章門閥政治、第三節貴族政権与中央集権（五〇頁）のように随処に貴族の語を用いており、士族・大族・望姓・衣冠之族・豪族等と併用されている。

韓国の서울大学校の『東洋史講義要綱』（知識産業社、一九八七年）は五 南北朝・隋唐時代のⅡ「貴族制와律令体制」貴族制社会의形成과構造」（四一頁）の如く見出しを立てており、中国・日本と相通ずる。

三 語の用例を通してみた貴族の特性

以上正史については一応網羅的に、他ではごく限られた若干の例をあげるにとどまったが、通観して「貴族」の語はすでに『史記』高祖本紀九年（前一九八）に初見し、魏晋以降各代に散見することが確認された。但だ門閥貴族時代とされる六朝にあってもその用例は決して多数に上らず、斯波六郎氏らの編になる『文選索引』(8)による と「貴」字は計一三四例現れるが、「貴族」は見えない。又『明史』にもこの語は無く、最多の『宋史』すら四九六巻八一〇万字余の中でただ八例にすぎない。すなわち前近代の中国では「貴族」はたえて常用語彙に入らなかったのである。

次に「貴族」は漢民族よりむしろ少数民族に関し多用される傾向が窺える。匈奴に始まり南蛮の獠・鮮卑・回鶻・松外蛮・靺鞨・契丹・女真・回回・蒙古諸族に「貴族」が存し、正史をにぎわしている。

本シンポジウムのテーマ「公家と武家」に即すなら、中華世界の大半を占める漢族の伝統は武に比し文の優位が決定的であった。しかし門閥貴族の全盛期たる六朝にあっても、前掲徐陵の文にみえるように、江南の貴族は武装し多数の部曲を率い戦闘に従事することも稀ではなかった。宋代以降科挙制が重視され、武官に対する文臣の掣肘が強まり、軍士の蔑視傾向も目立つようになったのである。科挙には文挙と武挙両種が併存したが、「政府でも世間でも、武挙に対する関心はきわめて薄く、その合格者に対する礼遇も、合格後の待遇もほとんど問題にならぬくらいであった」（宮崎市定『科挙——中国の試験地獄』中公新書、一九六三年、一六八頁、『宮崎市定全集』一五、科挙、岩波書店、一九九三年、三九九頁）。そして三年に一回行われる進士合格者の数も、「一定しないが、およそ百名前後を常とする」（宮崎前掲一七二頁、『全集』一五、四〇二頁）。北京の孔子廟に林立する明清両朝の進士題名碑により例示すると、

年次	第一甲	第二甲	第三甲	他文献による追補	合計(名)
明洪武 四(一三七一)	三	一七	一〇〇	一二九	二四九
一八(一三八五)	三	一〇七	三六二		四七二
二一(一三八八)	三	一四	七八		九五
永楽 二(一四〇四)	三	九三	三七四		四七〇
隆慶 二(一五六八)	三	七七	三三三	七	四一〇
天啓 二(一六二二)	三	七七	三二九		四〇九
清順治 三(一六四六)	三	七七	二九三		三七三
一八(一六六一)	三	七七	三〇三		三八三
康熙三九(一七〇〇)	三	六〇	二四二		三〇五
雍正 八(一七三〇)	三	一〇〇	二九六		三九九
乾隆四六(一七八一)	三	五六	一一一		一七〇
嘉慶二五(一八二〇)	三	一〇〇	一四三		二四六
道光二七(一八四七)	三	一一〇	一一八		二三一

同治一三（一八七四）	三	一三二	二〇二		三三七
光緒二四（一八九八）	三	一五〇	一九三		三四六
三〇（一九〇四）	三	一二〇	一五〇		二七三

の如く合格者数は変動しているが、文進士は三〇〇人前後を一応めやすとすると、武進士の約三倍を算する（朱保炯・謝沛霖『明清進士題名碑録索引』上海古籍出版社、一九八〇年、上中下三冊、二四一五〜二八七一頁）。

シンポジウムに名和修氏（財団法人陽明文庫長）が持参して来会者に参観の機会を与えられた朝鮮王朝一四代宣祖一三年（一五八〇）「謁聖試恩栄宴図」[9]には文科及第者一二名、武科及第者三八名をそれぞれ甲・乙・丙科順に録している。これは偶存した一例にすぎぬが、文科優位の伝統では大陸と変らぬ半島において、合格者の人数で武人の多かった場合の存したことを教える。

武家が公家に替って政治権力を握り封建社会を実現した日本では、武家政権の下で勿論科挙は行われず、士農工商四民の身分社会が近代以前に数百年続いたことは周知のとおり。それゆえ尚武の気風の強さでは大陸華人社会や半島とは対照をなしていた。但し大陸の遊牧系諸族が万戸―千戸―百戸の軍事組織で結集していたのに比べれば、はるかに文の比重が大きく、天皇・公卿は権威の象徴たる地位を永く保持し得たのである。[10]

（1）内藤湖南の中国貴族制論は京都帝国大学の講義（一九〇八〜）で語られ、一九一一年一〇月辛亥革命勃発後大阪朝日新聞に掲出された一一月一一日講演の筆記「君主制か共和制か」中に、〈貴族政治の時代〉〈名族の全盛〉〈武人の勃興と名族の衰滅〉等の項目が標出されている（『支那論』東京文会堂書店、一九一四年、所収、『内藤湖南全集』第五巻、筑摩書房、一九七二年、三〇九〜一八頁）。

唐宋の変革を貴族制から君主独裁制への一大転換としてとらえ、中世・近世と時代を劃す史観は「概括的唐宋時代観」（『歴史と地理』第九巻五号、一九二二年五月、『東洋文化史研究』弘文堂、一九三六年、『全集』第八巻、一九六九年、一一一〜九頁)、『支那近世史』(弘文堂、一九四七年、『全集』第一〇巻、一九六九年、第一章近世史の意義、第二章貴族政治の崩壊、三四七〜六八頁)にみられる。

(2) 宮崎市定は「長い中国の歴史を見わたしたとき、われわれは三国六朝から隋唐までのおよそ七〇〇年間を貴族制の時代とよぶ。このころ社会の上流には、門閥を誇りとする貴族が、その家の古い歴史を笠に着て特権階級を形づくっていた。彼らは多く荘園の持主で、広い土地を所有し、貧困な農民を隷属させ、一方では商業や投機を行って経済的に富裕であるとともに、一方では朝廷にむかって官爵を要求し、それを自分たちの仲間だけで独占してきたのであった」(「唐末五代」『世界の歴史』六、宋と元、中央公論社、一九六一年、『宮崎市定全集』九、五代宋初、三二〇頁)と述べる。中国の貴族制についての論述は『東洋における素朴主義の民族と文明主義の社会』(富山房、一九四〇年、『全集』二、東洋史、所収)五〇〜六二頁、九七〜一〇一頁、『東洋的近世』(教育タイムス社、一九五〇年、『全集』二、東洋史、所収)一七五〜八九頁、『中国史』上(岩波全書、一九七七年、『全集』一、中国史、所収)総論4中世とは何か、5近世とは何か、四七〜六三頁、第二篇中世史、一七五〜二三八頁、「清談」(『史林』三一巻一号、一九四六年一〇月)、「六朝時代江南の貴族」(『歴史教育』四一巻七号、一九六三年七月、以上二篇『全集』七、六朝、一六七〜九六頁)、『九品官人法の研究――科挙前史』(東洋史研究会、一九五六年三月、『全集』六、九品官人法、所収、第三編余論――再び漢より唐へ――、1官僚制と貴族制、2貴族と豪族、3士人と胥吏、四三三〜一四九頁)等参照。

(3) 宇都宮清吉の中国史像は「東洋中世史の領域」(『東光』二、一九四七年五月、『漢代社会経済史研究』弘文堂、一九五五年、一〜一四頁)、「中国古代中世史把握のための一視角」(一九六九年一月名古屋大学最終講義、『中国古代中世史研究』創文社、一九七七年、所収、4「門閥ないし豪族」体制の成立、一九〜二二頁)にうかがわれ、貴族に関する専論は「世説新語の時代」(『東方学報』京都一〇冊二分、一九三九年四月、『漢代社会経済史研究』所収、四七三〜五二一頁)、「唐代貴人についての一考察」(『史林』一九巻三号、一九三四年七月、『中国古代中世史研究』、六一八〜六八頁)にみられる。

(4) 谷川道雄の中国貴族論は『中国中世社会と共同体』(国書刊行会、一九七六年)、『中国中世の探求(歴史と人間)』日本エディタースクール出版部、一九八七年九月、網野善彦・谷川道雄『交感する中世(日本と中国)』(ユニテ、一九八八年)、『戦後日本の中国史論争』(河合文化教育研究所、一九九三年、第一章総論、九〜二六頁)、「総論「中国中世」再考」(『中国中世史研究続編』京都大学学術出版会、一九九五年、一三〜三五頁)、『中国史とは私たちにとって何か(歴史との対話の記録)』(河合文化教育研究所、二〇〇三年、Ⅲ中国中世像をめぐる論戦、七一〜一〇一頁)等にみえる。

内藤史観の影響下に産れ、一九六〇年代から宇都宮清吉を中心に運営された中国中世史研究会は、日本の中国中古史（魏晋南北朝隋唐時代）研究の代表的学会として活動を続け、川勝義雄（一九二二〜八四、主著『六朝貴族制社会の研究』岩波書店、一九八二年）・谷川道雄の指導のもとで論文集『中国中世史研究――六朝隋唐の社会と文化――』（東海大学出版会、一九七〇年、一七篇）、『中国中世史研究続編』（京都大学学術出版会、一九九五年、一七篇）を刊行した。その中で貴族制をテーマとするものは上田早苗「貴族的官制の成立――清官の由来とその性格――」、川勝義雄「貴族制社会と孫呉政権下の江南」、谷川道雄「北朝貴族の生活倫理」、葭森健介「六朝貴族制形成期の吏部官僚――漢魏革命から魏晋革命に至る政治動向と吏部人事――」等がある。

現代日本を代表する六朝貴族制論には右掲のほか越智重明『魏晋南朝の貴族制』（研文出版、一九八二年）、中村圭爾『六朝貴族制研究』（風間書房、一九八七年）が挙げられよう。

（5）『史記』本条の原文は今日までそのまま伝存し、古写本に異同は見られぬようである。滝川亀太郎『史記会注考證』第二巻（東方文化学院東京研究所、一九三二年、七五〜六頁）も（清）姚範（一七〇二〜七一）「援鶉堂筆記」の「楚・斉の貴族を徙すは婁敬の策に従う」という説を引くにとどまる。

（6）台北中央研究院計算中心 Academia Sinica Computing Centre ASCC の瀚典は、検索条件を「貴族」として五二項を列挙する。北京中華書局標点本廿五史について「貴族」の現れる箇所を前後数行にわたって掲出し、書名巻数伝名頁次等を緑字で、貴族を紅字で印出し一目瞭然たらしめている。但し『宋史』巻二七四「史珪伝」の「［郭］貴の族人・親吏の徳州に在る者」について「貴族」二字をひとまとめにし、また『清史稿』巻二七八「慕天顔伝」の「揚州知府高徳貴……京口防禦高騰龍は徳貴の族なり」についても「貴族」二字を一語とするのは、共に不当なので本稿でははぶかねばならない。その他『魏書』巻一〇一・一〇三、『北斉書』巻二一および『金史』巻一一の計四項は現代の標点本編者の附した巻末注中に現れるので、正史の本文とは区別する必要がある。

（7）諸橋轍次『大漢和辞典』（大修館書店、第一〇巻七三〇頁）「貴族」一三九キゾク　身分のたふとい家柄。地位高く特権ある階級。華族。〔晋書列女周顗母李氏伝〕「若し貴族に連姻せば将来庶わくは大益あらむ矣」〔徐陵　貞陽侯の為に王太尉僧辯に与ふる書〕「淮南の貴族は、兼ねて戎行を事とす」。以下〔貴族院〕〔貴族制〕〔貴族的〕〔貴族政治〕〔貴族院議員〕の五項をのせる。

張其昀監修、林尹・高明主編『中文大辞典』（中華学術院中国文化研究所（華岡出版部）一九七三年、第八巻一三四四頁）は、基本的に諸橋を基礎とし、「家世の顕貴なる者を謂う。欧洲古代及び中世に貴族と平民の分あり、貴族は政治上の特権階級為り、皇族・領主等の如き是なり。今英・日等君主立憲国家は其の上議院を貴族院と為し有爵の人を以て之と為す」と解説する。用例は諸橋と同じ『晋書』「徐陵文」をかかげ、末に〔貴族文学〕〔貴族制〕〔貴族政治〕〔貴族院〕〔貴族院議員〕五項をかかげる。

羅竹風主編『漢語大詞典』（第一〇巻、上海、漢語大詞典出版社、一九九二年一二月、一四七頁）〔貴族〕「奴隷社会封建社会の統治階級中、政治経済特権を享有する階層。封建社会に在っては世襲爵位と領地を具有する各級封建主を指し、主として皇室の宗族子弟と功臣である。また顕貴なる世家大族を指すと解説し、用例に『三国志』「曹植伝」・『晋書』「王沈伝」。唐の羅隠「中元甲子辛丑を以て駕蜀に幸す」詩の第四、羅惇曧「庚子国変記」を列挙し、後にはまた社会上特権を享有する階層を泛指したとのべ、毛沢東の「中国共産党第八届中央委員会第二次全体会議上の講話」「われわれは必らず充分に警戒し、官僚主義のやり方をはびこらせてはならず、人民を離れた貴族階層をこしらえてはならぬ」を挙げる。

（8）斯波六郎（一八九四～一九五九）編『文選索引』第二冊（唐代研究のしおり特集第二、京都大学人文科学研究所、一九五八年、一三九二～三頁）〔貴〕。貴一字で現れる用例が九一例、貴賤が一一例、富貴が二一例、為貴が六例、可貴五例、所貴五例、貴人二例、貴仕二例、計一四三例。

（9）「謁聖試恩栄宴図」については宮崎市定「宣祖時代の科挙恩栄宴図について」（『朝鮮学報』二九輯、一九六三年一〇月、一～二四頁）参照。これにはカラー図版が附されているが、『宮崎市定全集』一五（岩波書店、一九九三年、四四七～七四頁）には白黒写真となっている。

（10）本稿では近代の貴族・貴族院等については触れ得なかった。

漢族の文武観をめぐっては、雷海宗（一九〇二～六二）の『中国文化与中国的兵』（上海商務印書館、一九四〇年、商務印書館文庫。二〇〇一年、北京商務印書館）が示唆に富む。上編総論四に「無兵の文化」の章があり、（一）政治制度之凝結（二）中央与地方（三）文官与武官（四）士大夫与流氓（五）朝代交替（六）人口与治乱（七）中国与外族に分ち、先秦は動の時代、兵の価値ある時代であったに比し、秦漢以後は消極的な無兵の文化と批判する。ここには国民党治下における抗日意識をくみとるべきであろう。

貴族とは何か――西ヨーロッパ中世の場合――

江川　溫

マルク・ブロックは一九三九～四〇年に刊行された彼の『封建社会』の中で、以下のように述べている。「貴族（noblesse）の名に値するには、二つの条件を兼ね備えなければならない。まず第一に、貴族が主張しているところの優越性を確認し、具象化する固有の法的身分をもつこと、第二にこの法的身分が血統を通じて伝えられること」。こうした貴族を彼は「法的貴族」と呼ぶ。そして彼によれば、西欧でこのような意味での貴族身分ができてくるのは一二世紀以降であり、はっきりした形をとるのは一三世紀になってからである。封建時代第一期全体、並びにそれに直接先行する時期、つまり七、八世紀から一一世紀までは、西欧社会は貴族身分なるものを知らない。しかしそれは、その時期の社会が平等主義的であったということではない。

中世社会に先行するローマ帝国の社会と古代ゲルマン社会にはいずれも、法的貴族がいた。つまりローマ帝国には元老院議員階級があり、帝国の高位官職を世襲的に保持していた。家系がこの階級に起源することは初期中世のローマ人たちにとっても、なお大きな誇りであった。古代ゲルマン社会にも「エーデリンゲ」（edelinge）や「アーデレンク」（adelenc）と呼ばれる特権的な階層があった。彼らは、初期中世のゲルマン諸法典では、流血事件が賠償で解決される際に、命の値段をとりわけ高く見積もられることになっていた。しかしこのふたつの身分は初期中世に消滅した。七世紀から九世紀にも権門（aristocratie）はあり、それを支えたのは富と国王への奉仕であった。これらも多くの場合、父から子へと伝えられたが、急激な上昇と失墜の可能性を含んでおり、集団の内容はかなり流動的であった。

封建社会第一期（一〇、一一世紀）にはこの集団の一部の後継者に小領主からの「成り上がり」家系が加わって国王や諸侯の階層を作る。彼らの下には一般の戦士として活動する小領主の階層があった。これら大小の戦士的領主たちには遠い先祖を誇るような意識はなかった。この特質から見ても彼らを語の本来の意味で「貴族」と呼ぶことは憚られる。それでも一一世紀ごろには、生活スタイルの共通性から、彼らの中にひとつの階級に属しているという意識が生まれてくる。「ノビリス（貴族の、貴族）」という形容詞は中世初期にはさまざまな意味で用いられたが、一一世紀には戦士的領主階級全体を指すようになる。こうして一一世紀ごろには「事実としての貴族」が生まれた。

ブロックによれば、一二世紀以降にこの「事実としての貴族」が「法的貴族」に変わっていく。彼はここでは、もっぱら戦士的領主階級の底辺において他の階級との間に形成される障壁に注目している。その際に大きな役割を果たすのが騎士制度であるという。最初の段階では、戦士的領主階級の成人男子のほとんどが「騎士叙任」を受けるようになる。次の段階では、先祖に騎士を持つ人間が騎士叙任に相応しいという観念が強まり、先祖に騎士を持たない人間を騎士にすることにさまざまな制限が設けられる。最後の段階で騎士の子孫が明確に「法的貴族」として定義されるのである。こうした貴族身分形成のパターンはフランス、ドイツにおいて見られたものである。イングランドでは戦士的領主層のごく一部の上層部のみが政治的特権を持つ「議会貴族」（peerage）となり、残りは社会的には優越的地位を保ちながらも身分的には庶民である「貴紳」（gentry）となった。

今日では、ブロックのこうした見取り図に対し、かなりの批判が行われている。とりわけ中世初期から封建時代に関する見方への批判が激しい。たとえばドイツとフランスの封建社会を比較しながら精力的に発言を続けるカール＝フェルディナント・ヴェルナーは、次のように主張する。ある血統に連なる者が優越的地位や特権を得ている場合はそれを貴族（Adel）と呼ぶことができる。しかしそれは必ずしも法によって定められる必要はない。身分や特権が統一国家の法によって与えられることは、すでに貴族の力の衰退の印である。なぜなら、そうした国家の枠組みができる前から貴族は存在しているからである。

彼によれば、初期中世においてすでに貴族は存在した。そしてこの時から封建時代の末期（一二三世紀ごろ）まで、貴族は閉鎖的集団として連続している。具体的に言えば、血統が連綿として連続しており、またそのことへの自覚を含めて強力な貴族意識が一貫して存在している。封建時代の前半においては戦士的領主階級の上層部のみが貴族であった。より下層の部分は徐々に貴族に接近し、一三世紀以降にようやく貴族に同化していくのである。

ここではこの二つの見取り図を対比しながら、いくつかの論点について研究の動向と私の意見を述べたい。まず貴族の定義についてであるが、それが特権的地位を事実上血統を通じて保持する階級であることについては、異論の余地はないだろう。しかし当然のことながら、この階級の性格はそれを包み込む政治支配体制のありようと関係している。西ヨーロッパでは一三世紀から一五世紀にかけて、王国や領邦規模で貴族身分の輪郭が法的に定められるようになった。特権の内容や地位の伝達についてのルールが明示的なものになるのはこの段階である。これに対して中世初期からこの時期までの支配階層の地位は、法的制度ではなく、もっぱら政治的、経済的、社会的な力関係によって定められていたといえよう。ブロックとヴェルナーは異なった方向からではあるが、ともにこの区別に言及している。「権門」「事実としての貴族」「法的貴族」といったことばを使い分ける必要があるかどうかはともかくとして、この区別を意識しておくことは重要である。

それでは、中世初期から一二世紀ごろまで、支配階層はどのような身分意識を持っていたのか。大陸ではメロヴィング期、カロリング期には聖俗の重要な官職を継起的に占有する複数の親族集団が認められる。ブロック以降の諸研究は、こうした階層の地位を支えたのが「高貴な出自」という広く共有された観念であったことを強調している。そして同時代の多くの史料がこの見方を跡づけている。それらの史料は、ある個人の出自を称賛するのに著名な先祖や有力な親族の名を挙げており、また人を支配するような地位には「高貴な生まれ」の人間が相応しいという思想を繰り返し述べている。この点では、すでに多くの研究者が指摘しているように、ブロックの見解は修正されねばならない。これらの親族集団に「貴族」という名辞を用いることは妥当であると考えられる。

しかし当時の「貴族性」の観念には相対性が強いというブロックの見方もまた確認することができる。ひとりの人間を「貴族」(nobilis)と呼ぶかどうかは状況次第であった。一〇世紀初に西フランク王国のシャルル単純王はロレーヌ出身のハガノンなる人物を重用した。これに対して、王国の有力者たちは「あたかも王国に貴族がいないと言わんばかり」の政治姿勢だと批判したという。この場合の「貴族」は「国王側近としてふさわしい」出自を意味する。他方では農民レベルの自由人が教会への土地寄進文書において「貴族」と呼ばれていた。当時の支配階級は、さまざまな理由による「貴族性」の度合いによって序列化されているといえよう。そしてこのような「貴族性」は男系でも女系からでも受け継ぐことができた。この点については後述する。

次に、支配階層の上層は中世初期から一二世紀ごろまで、どの程度血統の連続性を保っていたのかという問題がある。一一、一二世紀の叙述史料はこれについて明確な答えを与えない。当時のいわゆる家門史では家門の男系の祖はしばしば出自不明の英雄とされているのである。この問題を考える際には、ひとつの非常に大きな困難がある。一一世紀ごろまで西ヨーロッパの人名には、親子系統で継承する姓がないのである。しかしこの欠如をある程度補う要素もある。個人名、あるいはその一部が、多くの場合血統のつながりに沿って継承されたのである(ゲルマン人の個人名は一般に二つの要素の組み合わせである。中世初期にはこのうちの一要素を親族から継承する例が目立つが、カロリング時代以降は名前全体の継承が広く行われるようになる)。したがってある家族の構成員の名前群と別の家族のそれとに共通性が見いだせる場合、さまざまな史料が与えるその他の情報と組み合わせるならば、両者の親族関係の推定がある程度まで可能である。こうした作業は一九世紀から行われており、現代でもヴェルナーらが積極的に用いている。

ヴェルナーはメロヴィング期の貴顕集団からカロリング期のそれへの強い連続性を主張しているが、これはもっぱら個人名あるいはその要素の共通性だけに依った見方であって、推論の域をでない。一般的にはカロリング家の上昇とともに、その出自の地であるライン・モーゼル川流域からいくつかの親族集団がフランク王国全体に進出し、「帝国貴族層」の中核を形成したと考えられている。これに対してカロリング期から封建時代にかけての連続は、現在すでに定説であるように思える。ドイツでは長年の研究蓄積によってこの時期の権門の連続の主張は一般に認められている。またフランスについても、ヴェルナーがフランスのロワール地方を対象に、九世紀と一〇世紀の間で、伯、副伯から領邦諸侯へ、国王直属封臣その他の有力領主から城主層への連続性を証明した諸研究は、名前だけでなく土地や支配権の継承も裏付けており、説得力があって高く評価された。

しかし注意すべきは、個人名が男系のみならず女系を通じて継承される場合がよく見られることである。名前に限らず、土地財産も部分的には女性を介して相続される。息子がなく娘がいる場合には、支配権や財産は娘の夫に移るのが原則である。こういう条件下では、同一の名前のグループが世紀を隔てて見いだせるとしても、両者が勢力として連続しているということは必ずしも断言できない。その間に新勢力が現れ、旧勢力の女性を妻にして支配権を獲得していく可能性がありうるからである。コンスタンス・ブリテン・バウチャードはこの点をついて、かつてマルク・ブロックが述べた「成り上がり者」の参入という説を擁護している。一一、一二世紀の家門史に現れる出自不明の開祖こそ、この「成り上がり者」であるというのである。

さらに注意しなければならないことがある。カール・シュミットやジョルジュ・デュビィに従えば、カロリング時代の権門はまだ世代を越えて手つかずで継承される所領や支配権を持っていないので、その親族構造には男系系族を核とする家門としてのまとまりは存在しない。ただ個人を中心に男系、女系が横に広がった共系的な親族関係のみが認められる。姓が存在しないのもこのためである。また上記のように、人が必要に応じて男系・女系の区別なく高貴な出自を主張しやすかったのもこのためである。これに対して一〇世紀以降では権門は上層部から順に特定地域の支配権の男系単系系族による世襲を実現し、この系族を核とする家門を確立した。この時点から私たちは権門の系譜を比較的容易に作成することができるのである。こうして一一世紀までに家門を確立した諸侯や城主の階層については、一般的に言えばカロリング時代の権門との血統の連続が認められるが、九、一〇世紀には新人の参入の可能性もあり、また親族構造の大きな変化があったことが推定される。したがって私たちは単純な連続説を支持することはできない。

次に問題になるのは、一一世紀以降の戦士的領主階級と貴族意識の関係である。すでに述べたようにブロックは、一一世紀以降この階級全体がある種の同身分意識を共有していたと主張した。これに対しヴェルナーはこの階級は貴族と非貴族から成っていたと考えた。これについては両者がそれぞれ立論の主な根拠としたフランスとドイツの史実レベルの違いをまず指摘することができる。ドイツでは戦士階級の下層は非自由の隷属民と見なされていたからである。

しかし、フランス各地について行われた地域研究は問題がより複雑であることを教える。ジャン＝ピエール・ポリーとエリク・ブルナゼルは、戦士的領主階級の社会的地位を①諸侯・城主、②村の小領主、③自立可能な土地財産を持たない家中戦士に分けた上で、一一、一二世紀の各地の証書に登場する人物の肩書きと社会的地位の関係についてまとめている。まず南フランスでは、すべての戦士的領主に「騎士」(miles) という肩書きを与え、その上で①を「より貴族的な騎士」「殿にして騎士」などと形容して区別する形が一般的であるのに対して、北フランスでは①のみを「貴族」（nobilis）あるいは「殿」（dominus）と呼び、②と③を「騎士」と呼ぶ傾向が強い。中部フランスは概して中間的な形態（①、②を「貴族」と呼ぶ一方で②、③を「騎士」と呼ぶ）を示すが、クリュニー修道院のあるマコネ地方は顕著に南フランス型を示す。ここから彼らは、諸侯と城主を貴族として他の集団から差異化しようとする傾向と、戦士階級をおしなべて「騎士」とみなそうとする傾向――（それはクリュニー修道院に始まり、その修道制の発展とともに南フランスに拡大した）――を見いだしている。クリュニー派の思想では、すべての戦士たちは王に代わって教会を守り、貧者を助けることで、神に仕える「騎士」となるのであって、社会的地位は副次的な問題なのだ。こうして私たちは、戦士的領主階級の中の階層差は確かに意識されていたが、それを捨象するような身分イデオロギーも一一世紀ごろから力を持ち始めていたことを知るのである。

ドイツでは、自由身分の「貴族」と隷属身分の戦士＝役人である「家人」（dienstmann）の間には越えがたい断絶があるようにも見える。後者には原則的に移住の自由はなく、集団外の人間と主君の許可なく結婚することも禁じられている。財産相続にも主君の許可を買い取る必要があるのである。しかしこのような隷属関係を過度に重視して、ドイツ社会の特異性を強調することは必ずしも当を得ない。彼らは主君の領主裁判権には服さず、公的裁判に服した。また彼らの地位は慣習法によって保証されており、たとえば主君から封土が与えられない時には他の主人を持つことも認められた。複数の主君を持つ者も見られる。フランスの家中戦士や小土地受封者で主君の役人として働いた者の地位は実質的にドイツの家人とどれほど違うだろうか。要するに家人制は封建的主従制のひとつのヴァリアント――主君と家臣の力関係の不均衡により、家臣の従属性が突出した類型――に過ぎない。「自由」と「隷属」の区別を重視するドイツ法制の中で、その従属性が隷属民のそれになぞらえられたと見ることができる。実際には自由人戦士層に出自するものでも家人となるものがあり、家人という地位は不名誉とは見なされていなかったのである。まもなく騎士制度が自由人「貴族」戦士層と「家人」を連結することになる。

それでは戦士的領主層の身分的一体化と「法的貴族」への変化はどのような条件のもとで進行したのか。まず前提として当時の戦士たちの親族意識に触れておく必要がある。一〇～一二世紀には男子系族を核とする家門の形成が見られたことは先に述べたが、個々人の親族意識はこの家門に完全に収束するものではなかった。戦士階級には女性から見ての上昇婚への志向があり、婚姻は階層を越えて結ばれることが多かった。そしてこの階級の個々人は自分を中心とし男系、女系を含んで横に広がる親族関係を意識し、しばしばその意識に基づいて行動した。個人の先祖が言及される時も、出自家門の祖のみならず、こうした親族関係における最も高貴な祖先がそれなりの意味を持った。こうした親族意識は、階層差を越えるような階級意識の形成を促進した一要素であるといえよう。

次にフランスとドイツにおける貴族身分形成の諸条件を概観する。フランスの戦士的領主階級は一二世紀後半には新たな変動を経験した。まず国王や諸侯の広域的支配権が強まり、城主たちはしだいにその自立性を失っていく。以前の軍事的権限に基づく一円的罰令権や課税権は単なる経済的利権と化して細分化されていく。他方で流通経済の発展はかつてさまざまな職能集団を抱え込んでいた大領主たちの「家」の解体を促し、そこを出た家中戦士は封土を得て小領主となっていく。彼らもより上の階層と同様に、土地財産の大部分を男系単系の系族で世襲するようになる。もちろん領主たちの財産規模には依然として大きな差があるが、領主としてのありかたには共通性も出てくる。そして彼らは皆、封建制度の下で王侯に家臣（vassal）として緊密に従属しつつ、連帯意識を育むようになる。

彼らはまた、成長著しい都市の有力者を脅威と感じ、これに対抗しようとした。その時彼らは戦士としての徳目、つまり「騎士道」を自分たちに固有のものとして鼓吹するようになる。こうして「貴族性」と「優れた騎士であること」はしだいに一体化していく。優れた騎士は魂の貴族性を持つのであるが、そうした魂の貴族性は騎士の家系の人間に特有のものである、というわけだ。ふたたび証書類の肩書きに戻れば、一二世紀末ごろから、戦士的領主階級の全員が「殿」とも「騎士」とも呼ばれるということになる。一三世紀はこうした観念の上に立って、地方慣習法レベルで貴族の身分規定が成立していく。一般的には騎士を先祖に持つ（この場合は多くの地方で先祖を男系に限定する）者が「貴族」として特別の法的地位を得ることになる。もちろん貴族集団は閉じたものではなく、王侯による騎士叙任や暗黙の「潜り込み」によって都市民、農民からの参入が続いていた。

ドイツでは、「家人」たちが一二世紀以降、大領主の「家」から自立してしだいに土地財産を安定的に保有するようになり、諸侯の家臣として自由身分の領主たちと肩を並べるようになっていった。またその子弟で教会人となった者も顕職に就くようになった。騎士道文化も彼らと自由身分の領主の間で共有された。こういう状況で、一三世紀ごろから上層家人は「騎士」とも「貴族」とも呼ばれるようになる。しかし自由人戦士としての「貴族」がまだ残存していた地方では、一三世紀においても彼らと家人との間には壁があり続けた。戦士的領主階級の「貴族」としての法的、社会的一体化がほとんどの地域で進むことになるには一四世紀を待たねばならない。

現在まで明らかにされた史実から言えば、戦士的領主階級の身分的一体化を一一世紀に求めたマルク・ブロックの見解は修正が必要であり、ヴェルナーの見解のほうが現実に即している。ただし中世後期の貴族身分の形成に騎士理念、騎士制度が大きな役割を果したというブロックの見方は今日も支持される。一二、一三世紀において、政治と社会の変化に規定されて戦士的領主階級の一体化と貴族身分形成が同時進行するのであるが、その際に騎士理念・騎士制度が触媒のような機能を持ったと言えるだろう。

中世末期には、王侯による課税の発達によって、貴族と非貴族の分界線にはいっそうの鮮明さが求められることになる。西欧における国王課税はもともと軍役代納金としての性格を持っていた。大陸の戦士的領主層は、自ら軍役を果たすという理由で、税の減免の原則を勝ち取ったのである。ただし貴族は税が減免されるという原則が確立しても、誰が貴族であるかはさほど自明のことではない。減免を得ようとするものは自分が貴族であることを証明することに努め、税負担を求める役人はその証明を吟味することになる。こうして貴族身分の法的枠組みはより厳格なものとなる。

しかし実際には貴族であることの証明や反証は、問題となる人物の先祖の生活様式に対する人びとの記憶に基づいて行われたのであり、いわば法原則に対する事実の優位が見られた。法的に言えば所領取得、貴族的生活様式や貴族との通婚は、非貴族の家系を貴族のそれにするわけではない。しかしこうした事実はその家系が貴族であったという推定を導き易いのである。こうして貴族と非貴族の間には曖昧なグレーゾーンがあり続け、非貴族がこのゾーンを通過して貴族身分へ潜り込むことも可能であった。逆に貧窮化した貴族家系は、貴族的生活様式を失うことで本来の身分を証明する手段を失う可能性があった。

他方で国王や諸侯が文書や儀式を通じて非貴族に貴族身分を与える「貴族叙任」もひろく行われた。これは法的には明瞭な手続きであるが、これによる被叙任者は既存の貴族社会ではなかなか威信を発揮することができなかった。非貴族であった前歴がこれによってむしろ明確にされるからである。戦士的領主層の後裔こそが真性の貴族という観念は根強いものがあったのである。いずれにせよ貴族身分は決して閉じたものとはならなかった。

ちなみにイングランドでは戦士的領主階級に対する王税の減免原則は存在せず、この階級を継承するような貴族身分は形成されない。国王の大封臣と高位聖職者は「貴族院」に結集して特権的な政治的地位を確保した。その他の戦士的領主層は庶民身分の「貴紳」として州の自治を担った。

中世末期から一六世紀には、大貴族のかなりの部分が王国や領邦の首都に館を構えて長期間をここで過ごすようになる。その結果、君主を中心とする宮廷貴族の集団が形成される。これと同時に文官貴族の集団が生まれてくる。上級の文官官職に就いた者には貴族と同様の特権が与えられたし、貴族叙任が行われることも多かった。

そしてフランスでは一五世紀の末から一六世紀にかけて、上級の官僚に条件付きの貴族身分が与えられるようになる。これが「法服貴族」である。こうして戦士的領主階級の伝統をひく「武門貴族」に文官貴族が対峙し、頂点に宮廷貴族が位置する近世貴族社会が生まれてくる。ここにおいては日本の「公家」社会と対比できるような状況も部分的には出現する。ただし、文官貴族もその子弟の一部を軍人としたように、戦士的領主としての伝統は最後まで西欧の貴族を支配するであろう。

〔関連文献〕

B.Arnold, *German Knighthood, 1050–1300*, 1985.

M.Bloch, *La société féodale*, 1939-40, 堀米庸三監訳『封建社会』岩波書店、一九九五年。

C.B.Bouchard, The Origins of the French Nobility: A Reassessment, *American Historical Review*, 86 (1981), 501-532.

G.Duby, *Hommes et structures de Moyen Age*, 1973.

J-P.Poly et E.Bournazel, *La mutation féodale. Xe–XIIe siècles*, 1980.

K.Schmid, Zur Problematik von Familie, Sippe und Geschlecht; Haus und Dynastie beim mittelalterichen Adel, *Zeitschrift für die Geschichte des Oberrheins*, cv, 1957, 1-62.

K.F.Werner, [Adel] beim *Lexikon des Mittelalters*, T.1, 1986.

Id., Untersuchungen zur Frühzeit des französischen Fürstentums (9-10 Jahrhundert), *Die Welt als Geschichte*, 18, 1958, 256-289; 19, 1959, 146-193, 20, 1960, 87–119.

Id., *Structures politiques du monde franc (VIe–XIIe siècles)*, 1979.

江川　溫「見よ、この種にしてこの草あり——一二世紀北仏貴族の親族・祖先意識——」（前川和也編『家族・世帯・家門——工業化以前の世界から——』ミネルヴァ書房、一九九三年）一二五～一四八頁。

同　「貴族・家人・騎士」（江川溫・服部良久編『西欧中世史（中）』ミネルヴァ書房、一九九五年）一〇三～一二七頁。

同　「商業デロジアンス規範の生成」（前川和也編『ステイタスと職業』ミネルヴァ書房、一九九七年）一三五～一五五頁。

Ⅳ

封建制度と官僚制度

九〜一二世紀フランスにおける王権、権門、助言による統治

イヴ・サシエ〔原文、フランス語　江川溫訳〕

本稿の目的は、九世紀から一二世紀末までのおよそ四世紀間について、フランスの国王の側近衆の変動、および彼らが国王の統治に果たした役割の変動の大筋を跡づけることである。まずはフランク王国において支配的であった統治の観念についていくつかの一般的指摘を行い、その次に八四三年よりも後の時代に身を置いてみることにする。この八四三年というのはシャルルマーニュ（カール大帝）によって復興された「帝国」が永続的に分割された年であり、「西フランク王国」つまり後のフランス王国の誕生によって特記される年である。

フランク王国の世界に応用された社会人類学的な分析により、かなり前から頂点における政治的決定に関して「同意」と「集合性」にアクセントが置かれてきた。立法作業であれ司法次元の決定であれ、あるいは集団の生活に関する措置であれ、支配的であった規範は、権力の保持者は単独で決定してはならないということであった。つまり一般的な利害——中世前期のテクストはこれを「王国の便益」「共通の便益」「公的な便益」と呼んでいる——に関わるすべての措置は、法的には、そしてフランク王国の当初から、人民集会の権限に属するのである。史料はこの集会を「三月集会」（あるいは「五月集会」）「統治集会（プラキトゥム）」「統治集会総会（プラキトゥム・ゲネラーレ）」などの名で呼んでいる。この集会は原則においてはすべての自由人に開かれていたが、実際にこの集会に足を運んだのはもっぱら貴族たち、すなわちテクストが「有力者」「領袖たち」あるいは「第一人者たち」

と呼んだ人びとであり、また彼らに加えて都市区（もともとローマ帝国の基本的行政単位で中世には司教区ともなった。〔訳者による補足説明。以下、括弧をつけ傍線を付した箇所はすべて同様〕）の宗教指導者である司教たちであった。フランク時代の大部分を通じて、この集合的な意志決定の慣行が根底から変わることはなかった。もちろん国王の個人的資質によって、こうした集会の枠組みにおいて与えられる助言の意味内容が大きく変わることも事実である。あまりに若い、あるいは性格の弱い王を前にした場合、「統治集会」は王国の有力者が意志決定に能動的に参加する機会となり得たのに対し、強力な王は、実際にはより限定された側近である「顧問衆」に助けられつつ自ら準備した諸決定に――単なる協賛によって――同意を強いることができたわけである。

私たちの研究の上限となるこの時代に関して興味をそそるのは、助言による統治という観念が九世紀の過程において、もはやある民族の特殊な習俗によって、またその習俗が伝統的権力構造に組み込まれることによって正当化される慣行というレベルを遥かに超えて、強固なイデオロギーの次元を取得していくことである。それは、カロリング家門にその権勢の基礎を与えた教会との同盟が推進した、もうひとつの教説体系の発展と関連する動きであった。

すなわち、王権をひとつの「ミニステリウム（官職）」、つまり奉仕のための職としてとらえる教説である。王権は神に仕える役職、神が人類に与えた諸目標を達成するための役職なのであって、結果的には信者共同体に奉仕する役職だというわけである。シャルルマーニュの時代には公的なイデオロギーは、王に神の民の導き手として行動する使命を委ねていた。公的なテクストの言うところによれば、貧者の防衛者であり、彼らの立場に立つ裁き手であり、すべての臣民を救済の道へと導くべき教師、忠告者、矯正者なのである[1]。

しかし彼の息子であるルイ（ルートヴィッヒ）敬虔帝（八一四～八四〇）の時代には、聖職者たちのイデオロギーは、前の世代が君主に認めていたこの予言者にして天啓の下の導き手という役割に対し、しだいに異論を唱えるに至った。その後は王という役職が帯びる奉仕の次元、「ミニステリウム（官職）」のそれにアクセントが置かれる。[2] 君主はその役人とともに、「レース・プブリカ（国家）」を扱い「公共の便宜」に仕えるという理念が強調される。[3] そして君主の義務を全体として定義し列挙することが熱心に行われた。それによれば彼は神、教会にも人民にも義務を負っている。そして彼の責任はいっそう強調されることになり、最も厳格なイデオロギーは、統治者の支配の正統性は彼がこれらの義務をどれくらい尊重するかに依ると主張したほどである。

さて、これら聖職者たちの言説の鍵となるテーマは、まさしく次のような主張を想起させるものである。すなわち良き君主は「年齢を重ねた賢明な」人びとの助言に依らずには何事をも決しない。[4] 九世紀半ばのある著者によれば、こうした人びとは「自らの私的利益よりも人民全体への愛を優先させることができるのである」。[5] 王国の司教たちは権威／権力というローマ時代の古い二項対立とこれについて五世紀末に教皇ゲラシウスが行った説明とを捜し出してきて、権威は権力の上位に立つべしという理由で、君主の顧問団としての役割は自分たちの集団のものと主張した。彼らはとりわけ、自分たちの介在すべき分野は宗教事項のみに限られないと主張したが、それは人間の社会生活に関するすべての事象は本質的に自分たちの霊的責務と不可分のものであり、またすべての人間行動が神によって模範を与えられているからには、それらは君主の法によって律せられねばならず、そしてその君主の法は神の法を尊重したものでなければならないと見なしたからである。

しかし司教たちだけが登場人物ではない。すでに見たように、フランクの伝統は国王の俗人側近たちのそれでもあった。これは非常に多数であり、まさしくある時代の政治世界を反映するものであるが、ここではその上層部に力点をおきながら、きわめて手短かに、また部分的に描写することしかできない。それは家柄が古く高位にあって有力な門閥を構成し、カロリング家門に先行して存在した集団である。彼らは「貴族」と見なされ、定義されている。なぜなら彼らはさまざまな特権と「剣帯」（ローマ帝国の伝統から引き継がれた王の奉仕者としての「剣帯」）を帯びる使命を備えており、宮廷での奉仕、都市区の統治、広大な軍事指揮権の保持など特有の役職を担っていたからである。

八四三年の分割の前から、この高級権門は、その所領資産の豊かさ（最有力家族の所領資産はカロリング・ヨーロッパ帝国の全体に分布していた）、その軍事的扈従集団の重要性、およびそれが内に抱えているさまざまな連帯集団によって特徴づけられる。[6] 多くの叙述がいうところによれば、カロリング貴族は軍事力ないし剣による強者である。しかし彼らは都市区であれパーグス（「郷」：都市区の下部単位）であれ、伯管区の受領者としての行政能力を持たねばならない。伯ないし辺境伯となるからには、地方的な規模ではあるが、国王に属する業務をその多面的な形で遂行する資質を持たねばならない。すなわち防衛業務や、司法業務や法の尊重のための矯正業務などである。[7]

この時代の文学は、それがある貴族の頌辞という形をとる時には、しばしば戦士としての美質と賢明さを結びつけている。[8] またカロリング期の教会は国王の徳目を延長する形で一種の貴族の徳目を称揚し続けたのであるが、それもまた奉仕と勤務の徳目たるべきものであり、すべての顕職の担い手に対して、自分が「国家の僕」（公的業務の役職者）であり、その職により国王の指揮の下で正義および教会と弱者の防護の使命を託されているのだということを喚起するべきものであった。

帝国の最有力の諸家族、たとえばヴェルフ一族やロベール一族（カペー朝の先祖）の研究は、彼らの国際性、その構成員の地理的な流動性の大きさ、王族の中にまで伸びている婚姻関係、そしてとりわけ一族内での伯などの高級官職の継承を明らかにする。ただし次のことは踏まえるべきである。すなわち長い期間をとれば公職の父系伝達が実現されているとしても（たとえばロベール一族のように）、このような伝達はただ国王の意志にのみ依存しているのであり、家系によって獲得された権利に依ったものではないということである。[9]

有力者と王を結んでいるのは忠誠の絆――家臣としての従属契約である「託身」がこの忠誠を強化している――であり、王は原則的にはこの絆を基礎として自由に伯管区を分配する。そして受領者を移動せしめ、さらに少なくとも八四三年まではそれを意のままに解職する力を保持しているのである。

さてこのような高位貴族の下には、第二のランクとして中流権門がある。これに属するのはまず副次的なパーグスの伯たちの集団である。またとりわけカロリング家の起源に結びつく形で出現した国王直属家臣――「国王の家臣」「主の家臣」――の集団である。彼らは王に一種の託身を介して結びつき、騎馬軍役に特化している。このために家臣団の各人は国王から原則として一代限りの封を受ける。これは国庫領の一部であるが、その収益により彼は武装を整え、生活時間を戦争に充てることができるのである。

しかし同時に彼は各地域で定住者として活動している。「国王の家臣」の封は全帝国に散在しており、彼らは、シャルルマーニュの司法改革以降は、各地で伯の裁判集会において陪席者の役職――終身職である――を務めるらしい。そして彼らは近隣の小権門と友誼の絆を保ち、それを自らの家臣団に組み込む。王と彼らの関係はしたがって有力家族が王との間に織りなすネットワークに並行するもう一つのネットワークであり、しかも疑いなく忠誠心において勝っている。なぜならそれはより低い、それゆえより国王に従属的なランクから発して君主の下に集まっているからである。

以上が俗人エリートの非常に簡潔で表面的な描写である。彼らは各地域の枠組みの中で基礎において統治権力に関与していると同時に、国王の最側近に加わることで頂点においてもそれに与《あずか》っている。これらのエリート集団、そしてまずもって「王国の第一人者たち」の集団は集会に加わるべく定期的に宮廷を訪れている。歴史家たちは、正当なことであるが、国王とその聖界、俗界の有力臣下との協働という長期にわたる伝統が、八世紀および九世紀前半においてますます強化されたと見なしている。

ペパン（ピピン）短身王――カロリング家最初の王――とシャルルマーニュの治世以来、統治において司教と有力臣下の「助言」と「合意」に体系的に依拠することは、意志決定に必要な形式的手続きを遥かに越える実質的要請であったように思われる。決定そのものが国王とその身近かな評定衆の意志が込められたものであり、この評定衆自身しばしば高級権門のメンバーであって宮廷の高位官職（宮中伯、セネシャルなど）を帯びたものであったとしても、ひろく有力者たちに依拠することは、形式的手続きであると同時に、そしてまずもってひとつの政治的手段であった。すなわち国王はこれによってカロリング家門への、またその統治プログラムへの高級貴族の結集を確保したのである。[10] このプログラムの主要項目である「平和」と「王国の協和」は、国王を取り巻くエリートたちの中での「一致」と「合意」を前提としていた。

ルイ敬虔帝の時代に、この完全一致の雰囲気がしだいに後退していくことはよく知られているが、その理由や経緯について想起することはほとんどできない。ともかくこれに代わって国王統治のレベルそれ自体で深刻な危機が生まれてくるのであって、彼の死後の息子たちの抗争と八四三年の相続分割はその結末である。

この分割から生まれた西方王国（未来のフランス王国）において、ルイの息子で帝国のこの部分を入手したシャルル禿頭王（八四三〜八七七）は、この八四三年から自分を王として受け入れてくれるよう俗界・聖界の有力臣下と交渉せねばならない。高級権門は自らの帰順について条件を出す。八四三年一一月のクレーヌ集会において、有力臣下はシャルルに対し、テクストが「協定」ないし「協約」と呼んでいるものに同意するよう懇願する。これはつまり一方も他方も自由意志で同意する契約であって、将来にわたって新王と彼の聖俗二つのエリートとの関係を基礎づけるものなのである。[11]

俗人有力臣下に対して王は、彼らのうちの誰からも適切に保有されている公職を奪わないことを約束する。ただし「裁判の判決、理性と公平がそれを命ずる場合は除く」とする。こうして国王は、世襲原則こそ宣言してはいないが、臣下たちの方でその義務を果たすことを条件として、彼らを現在保有中の職あるいは封土にとどめ置くことを受け入れる。そしてまたすべての解職・奪封は自らの下での裁判に付することを約するのであるが、その裁判集会自体、有力臣下が構成するものなのだ。この国王の約束は、有力者の現時点での忠誠の条件となるものであるが、もちろん将来についてもそれの条件となるものである。より一般的にいってこの契約が将来にわたっておおよその輪郭を規定したもの、そしてこの契約の革新性を作り出したものは、自分の職務に伴う諸義務を尊重するという国王の公式の約束――聖職者によって課された「官職」イデオロギーに完全に一致する約束――である。その尊重は、現在も将来においても、聖俗の有力者が国王への忠誠と協調を示す条件と見なされるのである。

こうした文脈に置くならば、シャルル禿頭王の治世における法令のテクストが、以前にも増して国王と「王国の領袖たち」を王国の集合的な管理者とみなし、その共同責任を強調していることが理解できる。きわめて重要な国王文書のテクストではほとんど制度的に、「司教およびその他の臣下たちの助言と同意に基づき」あるいは「朕が臣下の共同の助言に基づき」あれこれの措置がとられたという言及がなされている。(12)

また同時期に、重要な聖職者たちの著述にひとつの定式表現が一般化する。これは最初ルイ敬虔帝の治世に現れたが、「コンシリウム」と「アウクシリウム」、すなわち助言と助力を結びつけるものである。たぶんこの定式の中には、「アウクシリウム」すなわち王国の地域的な運営の業務において王の臣下が能動的に協力することは、「コンシリウム」すなわち国王の意志決定を練り上げる段階で有力者が関与することと不可分であるという思想があるのだろう。つまり王国有力者がその「コンシリウム」の役割の中で是認しなかった政策は、彼らの側からの支持――すなわち「アウクシリウム」――を欠いているために実行されないままに終わる危険が大きいというわけだ。言い換えれば、シャルル禿頭王とその直近の後継者たちの時代には、国王の意志決定については、主要な臣下がその練り上げに現実的な役割を果たしていることが、その有効性にとって本質的な条件になったのである。いくつかの国王法令集はこの有力臣下の参与の事例をわれわれに提供している。

八八〇年代の初めに、大物教会人であるランス大司教アンクマール（ヒンクマール）はシャルル禿頭王の孫である若い王カルロマンに宛ててひとつの著作を書いて、国王統治の大原則、ならびにシャルルマーニュとルイ敬虔帝の時代における宮廷の組織のありようを思い起こしている。(13) 彼によれば、年二回の集会が開かれる習わしであった。その昔、第一の集会は聖職者であれ俗人であれ「おしなべてすべての有力者」を集めていた。アンクマールはこの有力者の中でも二つの部分が区別されていたと明言する。一方には「セニオレス」すなわちきわめて高い役職を占める高級権門のメンバーたちがあり、政策決定をするために（「助言をなさんがために」）出席している。他方には「ミノレス」つまりこの有力者の中では小身の者たちであり――おそらく先ほど指摘したような、第二ランクの伯や国王直属家臣たちであろう――、出された決定に協賛し、また時には決定に参与しそれを確認するために出席している。

アンクマールは、「ミノレス」が参与する場合でも、彼らは「権能」によらずまったく個人的資格で参加していたと明言する。これが意味するのは、アンクマールの見地においては、評議の職能は最有力者の権能に属するものであって、それによって彼らは国王の権能に全面的に参与することができるということ、それは国王から受けているこの顕職から法的に導かれる要素であるいうことである。

アンクマールによって描かれた第二の集会は、「セニオレス」のこの排他的身分を確証する。すなわち秋に「セニオレス」のみが集まるのであるが、その特筆すべき業務は国王とともに翌年に行うべき諸決定について準備することである。こうして二つの公的な助言制度のランクがあるのだが、その準備段階としてアンクマールにとってさらに重要に思えるものがあり、彼は同時期に書きあげられた別のテクストの中でそれを指摘している。(14) すなわち国王が毎日自分の周りに最も賢明な一握りの助言者を置き――アンクマールはシャルルマーニュに帰せられる習慣に言及しながらそれが三人であると断言する――、彼らと接しながら議論を通じて省察を深めていくという事実である。

国王が有力者の会議に提出し彼らの助言に基づいて最終決定を下すのは、このきわめて限られた助言者サークルにおける省察の結果なのである。まず信頼を置く少数の助言者の限られたサークルがあり、次いでセニオレス、すなわち主要な司教と伯による拡大評議会がある。この司教や伯は一時期任地を離れ、諸決定の準備において国王を助けるために集まって来るわけだ。そして最後に有力者の総会があり、決定を下す。こうしたものが、ランス大司教アンクマールにおける助言による統治の理念化された図式である。

このような図式においては、本当に問題になっているのは最有力者である司教と伯だけである。有力者たちはその伯や司教の役職の構成要素として評議の職能を負わされている。しかし彼らは評議をその役職に含まれた権利であるとして国王に強いることもできるのだ。そしてカロリング時代には、国王たる者が非貴族の、つまりこの有力者の世界にとっての異邦人の助言を受けるというようなことは思いもよらないことである。

一〇世紀の初め、確かに王権がすでに大きく衰退しているという政治状勢の中で生じたことではあるが、シャルル単純王は最有力者たちから見て看過できない二つの罪を犯したことにより、王位を剝奪されることになる。彼の祖父によって八四三年に結ばれた協約を破るかたちで、一人の有力者からその職務を奪い、彼の寵臣にそれを与えた罪、そしてこの生まれも定かでないこの寵臣を自らの主要な助言者とすることを欲した、結局は領袖たちの助言に依らずにこの王国を統治したという罪である。九世紀において、そして一〇世紀においてはなおさら、高位の古い権門から出た貴族だけが国王の助言者をもって任ずることができるのである。

私が今それについて指摘したところであるが、八八〇年代から王権は急速で継続的な崩壊を経験する。俗人エリートの最も重要なメンバーたちは八七〇年前後に王権から広大な地方全体について大幅の軍事指揮権を受領したり、大きな都市区の統治権を多数兼有したりしていた。彼らは外部からの危険――ヴァイキングの侵入――という状勢や国王職の帰属に関係する最初の危機（八八八～八九八、カロリング朝に代わりロベール家のウードが王となった）を利用して、彼らの勢力を地方に根づかせ、その勢力を完全に自立的なものとする。

彼らは自らの戦士的扈従を増大させ、とりわけみずからの影響圏に属する伯や「国王直属家臣」を国王への奉仕から引き離す。就中、彼らは自分たちの職務の世襲に到達する。彼らは以後その職務を王からの譲渡によるのではなく、神と先祖から譲られて保持すると称することになる。一世紀半の間、公権力の持続的な細分化のプロセスが進行するが、その進展と強度については今日、紀元千年問題についての専門家たちの間で相当に激しい論争が行われている。(15) 私の見るところ異論の余地がないのは、家臣的忠誠の急速で深刻な衰退である。この衰退はとりわけ、九世紀の後半に生まれ一〇世紀には早くも支配的な現象となった多重臣従の慣行によって特徴づけられる。ひとりの家臣は今や多数の主君を持つことができるのだが、このことはそれだけで家臣制の内容の展開について十分に語っているといえよう。

同様に否定できないのは、有力者が一〇世紀初めから手に入れた自立性が、一握りの大領邦――アキテーヌ、ブルゴーニュ、ロベール家支配下のネウストリーなど――を生み出したことだが、そのまとまりは、非常に早く、その誕生からすでに不安定さをさらけ出していた。これらの領邦内の伯たちは国王への奉仕から諸侯の奉仕へと移ったのであるが、彼ら自身も家臣制の一般的弛緩を利用して自立的な政策を展開したのである。この自立性の一つの印が九世紀末に始まり九四〇年頃から拡大した城塞建設ブームである。

このプロセスの行き着くところに城主支配圏が生まれるが、これは基礎的な政治支配の細胞であって、一〇世紀から一一世紀末の間に（その中でも最高潮に達するのが九九〇年から一〇六〇年）王国の大多数の地方に一般化する。

しかしその実態は複雑なものであって、伯や領邦諸侯に対する自立性の度合いを体系的に述べることは確かに困難である。「城主の独立性」といった観念自体には異議を申し立てることができるし、今日「反変革論者」（「紀元千年ごろフランス社会に城主支配圏形成を含む大変革があって、本格的な封建社会が成立した」という、ジョルジュ・デュビィやジャン＝フランソワ・ルマリニエに始まる主張を批判し、むしろ継続性を強調する論者のこと。ドミニク・バルテルミーが代表的）が行っているように、城主的領主たちを伯や領邦諸侯に結びつけ、後者を王に結びつける「相互依存」と「地域の連帯」あるいは「王国の連帯」（それについては多くの徴候が見られる）を強調することもできる。

しかしニュアンスに意を用いるとしても、次の事実を消し去ることはできない。それは、これらの城は地方の守備兵力の核、避難の場所であり、また今日では品を気にかけてあまり強調されないさまざまの暴力の温床でもあったが、つまるところ、カロリング世界から継承された伝統的諸制度の破産の結果であるとともにそれを促進した力でもあるということである。これらの制度はすべての「包括的」権力――国王・諸侯・伯、またしばしば司教も含まれる――を公的平和の保障者、忠誠関係の主要な受益者としていたのだったが、それが破産したのである。地方領主とその主たちの間の相互依存はある。しかしよく知られているように、それは一一世紀に、さらには一二世紀の間にも、国王「直轄領」に属する城主が国王以外の者への忠誠関係に入ること、ならびに戦争によって王を弱体化させることを目論んだ強力な同盟関係に入ることすら妨げないであろう。

一九五五年から一九七五年までの期間に私の師であるジャン＝フランソワ・ルマリニエによって遂行され、あるいは開始された注目すべき諸研究は、長期にわたる国王側近集団の変転を追跡することを可能にした。それは王権下降期である一〇世紀から王権の建て直しの時期である一二世紀の第三四半世紀までにわたるものである。一九五五年に著わされた見事な論文「フランス王の臣下[16]」においてルマリニエは、末期カロリング朝の時代に国王への忠誠誓約者を示す地図が西フランク王国のそれと一致しなくなるのを確かめた。

ラングドックおよびピレネー地方の辺境伯と伯たちはもはや国王とほとんど関係を持たす、彼の家臣とは言えない。アキテーヌ地方の支配的諸家系の忠誠誓約は遅滞したり、欠如したりするようになる。この地方の伯と諸侯は非常に早期に、一〇世紀の初めの一〇～二〇年から、国王宮廷に来ることを止めてしまった。つまり全王国に通用する一般決定を行うために来ることがなくなったのである（フランスにおいて国王は九世紀終末期以来一二世紀の末までもはや立法を行っていない）。

彼らはまた、国王戴冠のためにすら足を運ばなくなったように思われる。より北の地方には王権の拠点が存在しているが、ロワール河以北を押さえたロベール家が無慈悲な闘争によって王家に対抗しており、ここでも王権の影響力についての調査の結果はあまり芳しくない。北の有力者たちは国王の戴冠式には出席しており、国王主宰の集会にしばしば顔を出しており、間違いなくその家臣となっている。しかし彼らはこの家臣誓約を平気で違《たが》えている。すなわち国王と闘争状態に入り、あるいは――同じぐらい不適切なことだが――末期カロリング朝を襲うさまざまの困難に対し完全な無関心をきめこむのである。

カロリング王朝がロベール＝カペー王朝にとって代わられた時、王権の立場はたぶん向上している。なぜならロベール家勢力の直接的な影響力範囲はパリ、オルレアン、北フランスおよびブルゴーニュの司教座都市などを含んでおり、議論の余地なく末期カロリング朝のそれよりも広いからである。ルマリニエは一九六〇年代には『初期カペー朝の統治』についての書物を著わした(17)。これは今日ではいくらかの人びとによって方法論的な批判が加えられているとはいえパイオニア的な著作であって、これが実現した国王側近についての分析の大筋は私の見るところ完全に妥当なものである。

第一になさるべき指摘は、南フランスの有力者たち――トゥールーズ伯、イスパニア辺境伯、ガスコーニュ侯――の徹底した不参であって、彼らは一〇世紀においてすでにそうであったが、もはや国王の臣下とは呼べない。

そしてまたアキテーヌ侯、ブルゴーニュ侯、ノルマンディ侯のような諸侯たちは、カペー朝の家臣でありながら、国王集会に出席することがまれであるということである。これらの諸侯は国王の聖別式には出席し、国王に家臣としての忠誠誓約を行っている。しかしカペー朝第二代のロベール敬虔王（九九六～一〇三一）の治世が終わった後では、一〇世紀に比べてはるかに希にしか国王宮廷に出向かなくなり、したがってもはや国王統治の直接的な担い手ではなくなる。

またよく知られているように、彼らのうちの一人であり、長い間他のいくらかの諸侯に比べていっそうカペー朝に近しい存在であったノルマンディ侯は、イングランド征服によってフランス王の同等者となるのであるが、すでにイングランド征服に先だってその最も危険な敵対者となり、一三世紀初めフィリップ・オーギュストがノルマンディを合併するまでそうであり続ける。一一世紀においてカペー朝はきわめて散発的にしか、そしてしばしば取引きを行うことによってしか、これらの諸侯や、より近くの他の有力者（アンジュー伯、ブロワ＝シャンパーニュ伯）の同盟を当てにすることができない。彼らの利害は王国の枠組みを越えたところにあり、その家臣的忠誠はきわめて緩やかなものである。国王の使命は依然として全王国の物事を処理するところにあった。しかし――一〇世紀末に玉座に近い知識人であるフルーリ修道院長アボンが立てた問いであるが――、もし有力者がもう助力も助言も彼に提供しないとすれば、その時、国王はどのようにしてこの業務を果たしていくのか。

実のところ国王は一一世紀において、また遥か以前から、全王国の物事を処理することはできなくなっている。ルマリニエが確証したように、一一世紀の半ばから国王の側近集団は決定的な変化を経験するのであり、それは以後の彼らの主要な活動と対応するものであるように思われる。この活動とはノルマンディ侯、ブロワ＝シャンパーニュ伯、ならびに国王直轄領内のいくらかの城主たちといった近隣の敵と争い、この狭隘な直轄領をよりよく管理することである。

フィリップ一世（一〇六〇〜一一〇八）の治世においては、一一八〇年頃までに二、三回、北フランスの一握りの諸侯、伯、幾人かの司教が肩を並べるような集会が確認される。それらはカロリング時代からの伝統に沿った評議による統治の類型の存続という幻想を与えることができるかも知れない。しかしこの時点を過ぎると、国王扈従の主要部分はパリやオルレアン近郊の城主権門に、さらにフィリップ一世の治世最末年ともなれば、イル・ド・フランス地方の小騎士の世界に限定されるようになる。

この小騎士たちは、そのころの年代記が語っているような近郷近在の戦闘に明け暮れている連中である。一二世紀への境の時期に国王側近において支配的であるのはこの小騎士たちの集団であるが、それは領主家門の次三男や村の小領主であって国王の家中集団――「国王近臣衆」（ファミリアレス・レギス）――に属する者から成っており、少なくともその幾人かは隷属身分に非常に近い。国王がその直轄領から常に動員できる三〇〇から七〇〇人の騎士たちの勇敢さと献身は伝説的であり、シュジェル（一〇八一〜一一五一、サン・ドニ修道院長、ルイ六世、ルイ七世の顧問）の言うところによれば、ルイ六世は彼らの中に身を置くとまったく安全だと感ずるのだ。

ルイ六世（一一〇八〜一一三七）時代には王権はより野心的な政策を再びとるようになり、ルイ七世（一一三七〜一一八〇）の治世は、プランタジネット家の大陸帝国（ノルマンディ、アンジュー、アキテーヌを領有）の形成にもかかわらず、こうした政策を踏襲する。しかしそうした時期にあっても、この「国王騎士衆」の政治的役割は絶えず増大を続けるのである。確かに上記のより野心的な政策の中には、王権とより有力な家臣たちのサークルとの関係強化が含まれており、ルイ七世の下では司教と有力家臣の集会という慣行が再び盛んになるのが見られる。その例はたとえば一一五五年におけるソワッソンの集会であり、そこではルイ七世は大司教、司教、諸侯（ブルゴーニュ侯、シャンパーニュ伯、フランドル伯、ヌヴェール伯、ソワッソン伯）を周りに従え、立法という手段で（二世紀以上の空白を経ての最初の一般適用王令）全王国に一〇年間の平和令を施行する。(18)

この場合でもその他痕跡が残っているいくつかの大集会においても、問題になっているのは「王国の福利」「王国の便宜」である。また諸侯が採択された決定に同意し、彼ら自身それらを遵守することを誓約によって約束するのが見られる。しかしいくつかの例外を別にすれば（恒常的に、しかし治世初期には特に、高級権門の何人かのメンバーが国王を取り巻く近臣の中にいることになるだろう）、今やこの決定を準備するのは有力家臣以外の者である。この低い生まれの騎士あるいは下級聖職者からなる「国王近臣衆」（ファミリアレス・レギス）の限定されたサークルの中に、さらに限定された「国王顧問衆」（コンシリアリイ・レギス）のサークルがある。この呼称は国王が政治的決定の構想に参与させるべく規則的に招集していることによるものである。

エリク・ブルナゼルは、かつてジャン＝フランソワ・ルマリニエによって提起された問題について『一二世紀におけるカペー朝の統治』を著わし[19]、この集団の幾人かの個人について研究を行った。一二世紀第一四半の一人の修道士は、彼らを「卑しく、利得の餌で堕落した者ども」であると言っているが、疑いもなく彼らにはそうしたところがある。E・ブルナゼルは一二世紀の王たちの取り巻きの中に一般化していた金銭との関わり、貪欲、売官を見事に示した。また人びとが君主によって整えられる富裕者との縁組みから期待した、あるいは聖職者の場合は司教職の付与から期待した社会的上昇を鮮やかに示したのである。

しかし彼はまた、これら近臣の役割をも提示した。国王はその騎士たち、侍従たち、聖職者たちに外交的使命、司法的調査、ならびに彼の名によって（「国王陛下の代わりに」）訴訟を裁定することを委ねる。そしてとりわけ、少数の騎士あるいは聖職者がしばしば有力家臣を抜きにして国王と評議を行い、当面の政治に関わる決定、またその重大さ故に有力者を集める封臣集会に付されるであろう政策決定についてすら審議するのである。ルイ七世時代の史料からは、ラテン語の「コンシリウム」という言葉が、かつてはすべての意見表明について用いられていたが、ちょうどこのころ、それまでもっていなかった組織に関する意味次元を獲得するということもわかってくる。つまり、ブルナゼルの強調するところによれば、それはすでに限定された顧問会を意味し始めるのである。これは一三世紀の「国王評議会（クリア・イン・コンシリオ）」の先触れであって、政策決定において恒常的に君主を補佐する機能もすでに帯びている。

さらに、国王封臣会議の中に、おそらくこの限定的な顧問会の中に、アンドレ・グロンが見事に提示したように、「篤学者」の称号を帯び、明らかに法学の知識を有する一握りの聖職者がいたことが確かめられる。[20] 一二世紀はよく知られているように、法学研究の最初の力強い飛躍の時代である。グラティアヌスの『教令集』とその最初期の注釈書をともなった教会法研究があり、またユスティニアヌス編纂のローマ法――君主権力について強固なヴィジョンを持っており、王権の強化の目論見にとってはきわめて有益――の研究がある。後者についての最初期の注解はボローニャで生まれ、一二世紀の半ばにはフランスとイングランドで知られていた。

一一六六年ごろ、国王ルイ七世を取り巻く「篤学者」のひとりは「法の博識者」と表現されているが、この形容は筋道からいってローマ法を完全に習得していることを推論させるものである。他方でまた別のひとりは刑事訴訟に関する論文の執筆者であり、そこから間もなく「両法」と呼ばれるようになる、つまりローマ法と教会法の広大な知識の持ち主であることがわかる。国王会議の中にこうした「法の博識者」がいたことをあまり過大に評価することはできないとしても、そこに司法行政の専門化と職業的判事の集団形成に向けた第一歩を読みとるべきである。この集団は一世紀も経たないうちに（一二五〇～一二七〇）、「法院会議」（クリア・イン・パルリアメント）を構成することになるが、これは「国王封臣会議」の中での一種の差異化から生まれる。つまり以後「法院会議」がそのために通常の枠組みを提供することになる司法活動と、「国王評議会」（クリア・イン・コンシリオ）を舞台とする政務活動が分化していくのである。

この「顧問会」は、国王恩顧の人間で構成され、君主の全権についてのウルピアヌス（一七六～二二八、ローマ法学者）の格言（「君主の好むことは法としての効力を有する」など）を声高に強く主張しそうな法律家を擁しているが、その誕生は中世末期を特色づける王権の持続的増大を展望する際に、疑いもなく本質的で決定的な一側面である。王国の有力者が、国王招集の集会に際して、この顧問会の諸決定を自分たちのものとして受け入れ始めること、そしてその尊重を約束することが決定的である。国王権力はここに、政治活動の概念のレベルにおいて久しく以前から経験したことのない一種の自立性を獲得するのである。

従って、諸侯たちの王権への帰参は高級権門が国王統治を九世紀に比較しうるような形で新しく掌握したことを意味するのではない。その掌握者はまったく逆にこの一二世紀末から増大する新しい政治エリートであって、その社会的地位の低さが忠誠を保証するのである。フィリップ・オーギュスト（一一八〇～一二二七）[21]——「国王直轄領」のめざましい拡大に功績のある王——とその後継者の時代には、この新しいエリートから王権による集権化の担い手である「バイイ」（カペー朝が王国各地に設置した有給の行政官）が出ることになるが、この段階に至ってもこのエリートは小身の騎士および騎士や都市町人の環境に出自を持つ聖職者の中から補充され続けるであろう。その多くの者が、そしてそれは必ずしも聖職者に限られないのだが、一三世紀の過程で設立された諸大学、すなわちパリ、オルレアン、モンペリエあるいはトゥールーズの大学に通った経験を持つことになろう。たとえばピエール・ド・ボーマノワールという人物がいる。小身の騎士であり、法学者となり、フランス王のバイイを務め、「国王の宗主権」についての傑出した理論家となる。国王に法学的な支えと「行政的理性」を与え、来るべき諸世紀におけるめざましい躍進を準備するのは、教養を備え、人間の長所について高級貴族のそれとはまったく異なる基準を持ち込んだこの新しいエリートなのである。

（1） Y.SASSIER, *Royauté et idéologie au Moyen Age. Bas-Empire, monde franc, France (IVe-XIIe s.)*, 2002, p.124 et S: とりわけ

アルクインからシャルルマーニュへのさまざまな書簡の分析を見よ。

(2) J.SEMMLER, 《Renovatio regni Francorum. Die Herrschaft des Frommen im Frankreich 814-829/830》, dans *Charlemagne's Heir. New perspectives on the reign of Louis the Pious (814-840)*, éd. P.GODMAN et R.COLINS, Oxford,1990. O.GUILLOT, 《Une ordinatio mconnue. Le capitulaire de 823》, dans *Charlemagne's Heir*, op.cit. Y.SASSIER, *Royauté et idéologie*, pp.140-152.

(3) Y.SASSIER, 《L'utilisation d'un concept romain aux temps carolingiens: la *res publica* aux IXe et Xe siècles》, dans *Médiévales*, 15, automne 1988, pp.17-29.

(4) とりわけ、ジョナ・ドルレアンが *De institutione regia* の中で国王裁判について論じたくだりを見よ。*Jonas d'Orléans, le Métier de roi*, éd. A.DUBREUCQ, 1995, pp.188-190.

(5) LOUP de FERRIERES, *Correspondence*, éd. des 《Belles Lettres》, lettre n° 37.

(6) R.LE JAN, *Famille et pouvoir dans le monde franc (VIIe-IXe siècle). Essai d'anthropologie sociale*, Paris, 1995.

(7) K; F.WERNER, 《Missus-marquio-comes : entre l'administration centrale et l'administration locale de l' Empire carolingien》, dans *Histoire comparée de l'administration*, éd. PARAVICINI-WERNER, München, 1980.

(8) D.BARTHELEMY, 《La chevalerie carolingienne : prélude au XIe siècle》, dans *La royauté et les élites dansl' Europe carolingienne (du début du IXe siècle aux environs de 920)*, éd.R.LE JAN, pp.159-175.

(9) K.F.WERNER が、*Naissance de la Noblesse*, Paris, Fayard, 1998 で展開していることを見よ。有力家門と王朝を結ぶ紐帯の強さと弱さについては、次の文献を見よ。S.AIRLIE, 《*Semper fideles ?* Loyauté envers les Carolingiens comme constituant de l'identité aristocratique》 dans *La royauté et les élites...(supra, n.8)*, pp.129-143.

(10) J.HANNING, *consensus fidelium. Frühfeudale Interpretationen des Verhältnisses von Königtum und Adel am Beispiel des Frankenreichs*, Stuttgart, 1982.

(11) O.GUILLOT, 《Dans l'avant Xe siècle du royaume de l' Ouest franc : autour de Coulaine (843) et deQuierzy (877)》, dans *Quaestiones Medii Aevi Novae*, Varsovie, 2001,6, pp.149-193.　国王命令書本文については、*Capitularia regem Francorum*(éd. BORETIUS-KRAUZE), t.II,pp.253-254.

(12) たとえば、国王命令書（前掲注11）t.II, p.334 の九、一〇行に見られる。

(13) *De ordine palatii*, éd, GROSS-SCHIEFER, *MGH, Fontes juris germani antiqui in usum scholarum*, III, 1980, pp.83-84.

(14) *Actes du synode de Sainte-Macre (Fismes), Patrologie Latine,* t.125.

(15) この議論は当初からフランス学界の境を越えているが（T.Bisson, S.D.White, C.Wickham, T.Reuter, E.Brown, S.Reynolds...)、特にフランスの歴史家の中で交わされている。D.BARTHELEMY の諸著作を見よ。そのまとめと文献案内は *La mutation féodale a-t-elle eu lieu ?* Fayard,1997 および *L'an mil et la paix de Dieu. La France chrétienne et féodale, 980-1060,* Fayard, 1999 に見ることができる。また J.P. POLY と E.BOURNAZEL の諸著作を見よ。そのまとめと文献案内は *Les féodalités,* dir. E.BOURNAZEL et J.P.POLY, Paris, PUF, 1998 において、とりわけ全体序論に見ることができる。

(16) J.F.LEMARIGNIER,《Les fidèles du roi de France (936-987). *Recueil de travaux offerts à Clovis Brunel,* t.II, 1955, pp.138-162. Réédité dans J.-F.LEMARIGNIER, *Structures politique et religieuses dans la France du haut Moyen Age, Recueil d'articles rassemblés par ses disciples,* Presses universitaires de Rouen, 1995, pp.207-232.

(17) J.F.LEMARIGNIER, *Le gouvernement royal aux premiers temps capétiens (987-1108),* Paris, 1965. 次の文献が提起した訂正も参照せよ。O.GUYOJEQNNIN,《Les actes de Henri Ier et la chancellerie royale dans les années 1020-1060》, *Comptes rendus de l'Académie des inscriptions et belles-lettres,* 1988, pp.81-97. D.BARTHELEMY, *L'an mil et la paix de Dieu,* p.489.

(18) Y.SASSIER,《Les progrès de la paix et de la justice du roi sous le règne de Louis VII》dans *Etudes offertes à Pierre Jaubert,* Presses universitaires de Bordeaux, 1992, pp.631-645. より詳しい文献案内は Y.SASSIER, *Royauté et idéologie...,* p.290, n.159. また Y.SASSIER, *Louis VII,* Paris, Fayard, 1991 も参照せよ。

(19) E.BOURNAZEL, *Le gouvernement capétien au XIIe siècle (1108-1180), structures sociales et mutations institutionnelles,* Paris, 1976. 国王側近の社会的出自について述べてきたことはすべて、この書物の示唆による。また J.P.POLY et E.BOURNAZEL, *La mutation féodale,* 2e éd. 1992. も参照せよ。

(20) A.GOURON,《L' entourage de Louis VII face aux droits savants : Giraud de Bourge et son *ordo*》, dans *Bibliothèque de l' Ecole de Chartes,* 1989, pp.283-310. ローマ法の寄与についての総合的見通しと文献一覧は Y.SASSIER, Royaut et idéologie, pp.305-310.

(21) きわめて優れた書物である J.BALDWIN, *Philippe Auguste et son gouvernement. Les fondateur du pouvoir royal en France au Moyen Age,* Paris, Fayard, 1991 を、とりわけ、「王の近臣」について書かれた長い記述を参照せよ。五三頁以下、一四一頁以下、二八五頁以下、三三〇頁以下および付録六五八頁。

【コメント1】

中世中期の国王統治をいかに把握するか——サシエ報告に接して——

西川洋一

サシエ教授の報告が行われたセッションには、「封建制と官僚制度」という題名が附されている。「封建制」という概念は、日本でも西洋の学界でも多義的だが、それがこのような対概念の中で用いられる際には、どうしても古典的な法制史学における、レーエン制を中核とした概念を想起させられることになる。日本でも、そのような西洋の古典的法制史学の影響のもとで、中田薫は、極端に物権化した方向で理解された「封建制」と、公権力の委任連関関係という視角から中世日本の法的構造を把握しようとした(1)。また、元来法制史学から出発したのみならず、その社会学的概念形成の点でも、一九世紀ドイツ中世法制史学・国制史学の成果に大きく依拠していたマックス・ヴェーバーにおいても、この対概念の影響は顕著である。そしてこのヴェーバーという媒介を経て、それはまた別なかたちで日本の歴史学に対しても影響を与えることになる(2)。

これに対してサシエ教授の報告は、まずもって、royal entourage すなわち、王権を中心とした、多様で、しかもその範囲や構成が変化する有力者たちの集団および、その集団と王との間のインタラクティヴな関係に焦点を合わせることによって、より社会学的な視角から、中世王権の発展を捉えることに重点を置いたものである。これは、プロソポグラフィカルな研究によって、王権、あるいは（中世においてこの概念を用いうる限りで）「国家」という政治社会を現実に構成していた人間たちとその関係とを具体的に把握することに立脚した研究方向に則したものである。このような研究方法は、まず古代史学においてその有効性が実証された後、史料の存在形態のゆえにその利用がより困難な中世史学においても採用され、洗練を加えられてきた。この報告の基本的な視座の設定においても重要な役割を果たしているルマリニエ、ブルナゼルらの研究は、国王証書の副署人（その身分や地理的分布）の分析によって、中世中期のフランス王権の支配の範囲やその実際の担い手とその変化を明らかにした。またドイツ中世史学界においても、伝統的な法制史・国制史学によって必ずしも用いられてこなかったものをも含む多様な史料によって、中世初期の王権と関係の深い諸貴族家門を特定し、「初期ドイツ国家」を、そのような王権と貴族集団によって構成された団体として具体的に把握する努力が進められてきた。その結果、初期のドイツ王国の国制とその発展に関する

イメージは、大きく変わってきたのである。(3)

実際、ヨーロッパにおいては、初期中世から近世にいたるまで、王権のレベル、ないしそれに準ずる高位の貴族的支配者たちの政治的決定・法的決定は、多様な構造を有した貴族集団の中で、そしてその貴族たちとともに、行われたものであり、その意味で程度の差こそあれ、「共同決定」の性格を有していたのである。

中世ヨーロッパの王権の有していたこのような構造的特質は、比較史的研究にとっても、重要な手掛かりとなる。王権の周辺にあって政治的・法的意思決定に影響を及ぼしていた者たちの社会的・地理的出自とその広がり、社会的・政治的機能、そして王に対する関係を明らかにすることによって、それぞれの王権の政治的統合機能と、それを通して当該王権の歴史的性格を把握することができるからである。もちろん、いかなる文化圏においても、君主など、中央権力の保有者が、真に単独であらゆる決定を下すということはあり得なかったであろう。しかし、さまざまな地域や文化、時代の間で、君主の entourage の構成、君主とその entourage との間の関係に関して差異が存在していたことは明らかである。そしてその差違は、それぞれの権力、ひいてはその権力がその中に置かれている社会のあり方を反映しており、単に王と有力者たちの間の相対的な力の大小のみには帰着されえない構造的要因に基づいていたものと思われる。

まず、本報告で論じられたフランスにおける発展をヨーロッパの国制発展の中に位置づけてみると、サシエ教授が、特に報告の後半部で重点を置かれた一一世紀から一三世紀初めまでという時期が、とりわけ決定的な意味を持つ時期であったことに異論の余地はない。中世初期の王権の課題は、王国の最有力貴族たちを緩やかなかたちで自らに結びつけ、それを通してかろうじて王国を統合することであった。その際、王権と有力貴族たちの間の具体的な力関係に応じて、王権の命令権が前面に出ることもあれば、王と貴族たちが対等者間におけるような契約（条約）関係を取り結ぶこともあった。カール大帝の時代のカロリング王権の示す、一見集権的な性格は、同時代の貴族支配の拡散的性格のゆえに、彼らが（物質的なかたちをとったものを含む）王権の恩顧に強く依存していたことに裏打ちされていたものと思われる。これに対して、徐々に王国内の大貴族権力の支配が強化され、その結果として王国の支配構造の遠心化が進むと、王国をこのようなかたちで統合することはだんだんと困難になる。フランスに限らず、より一般的な傾向として、王権の周囲から、とりわけ世俗の大貴族が退場し、王の周囲は、（王権による教会支配が及んでいた範囲内において）聖界の貴族および、以前と比較して身分の低い貴族によって占められることになる。この身分の低い貴族たちのあり方は、地域によって偏差を示し、特にドイツにおいては、ミニステリアーレン（家人）と呼ばれる、元来非自由身分から出自した層が、王権の支配形成のためにきわめて重要な役割を果たすことになるが、彼らも徐々に自由身分に近づき、下級貴族の母胎となる。

しかしかかる発展は、単に王権の直接的な作用範囲の狭隘化を意味していただけではなく、国王支配の質的変化を示すものでもあった。それは、一二世紀以降、王の周辺が徐々に構造化され、中央権力がより制度化、客観化される過程でもあったのである。中世王権の発現形態であった「宮廷」は、中世初期においては、文字通り拡大された家政にすぎず、その構造も必ずしもはっきりした輪郭を有していなかったのに対して、一二世紀以降、王権の周囲の様々な奉仕者たちの間で萌芽的な職掌の分化が始まる[4]。もとより本質的に貴族社会であった中世の宮廷において、明確な管轄を有する官職体系を想定することは適切ではない。官職が人の地位を決めるのではなく、人の社会的地位が官職の現実的意味を左右するという貴族社会の原則は、長い間維持され続ける。しかしその一方で、とりわけ西ヨーロッパの王権においては、徐々に君主とともに裁判や重要な法的決定を行なう顧問会、さらには財政や司法等の実務を専門的に担当する部署が現われる。それまで君主の人身と不可分に結びついていた裁判権が、君主に代わってそれを行使する者に恒常的に委任され得るようになることも、このような関連に属すると考えて良い。

次に、比較史・比較国制史の可能性という角度から見るならば、このサシエ教授のとられたアプローチは、例えば「ドイツ私法」という特殊なディシプリンの固有の法的概念世界に規定されていた中田薫の比較法史的研究[5]と比べて、より普遍性の高いものとなりうると思われる。しかし普遍性が高いだけに、西ヨーロッパ中世の王権に固有な entourage の要素、西ヨーロッパの王権と貴族制それ自体の歴史的に固有の要素をどこに見出すか、それをどのように概念化するかという課題が生ずることになる。この点について、詳しく論ずる余裕はないが、次のような点は、重要であろう。

まず、サシエ教授が指摘されているように、中世初期以来、教会的に色づけされた ministerium という概念を媒介として、王権と神との間の密接な関係が弁証されると同時に、それによって王権の貴族層による制約と国政に対する彼らの発言権が正当化されたことは、ヨーロッパにおける国王支配の発展にとって重要な意味を持ったと思われる。このようなキリスト教的・官職的王権観は、とりわけ聖界諸侯によって涵養され、担われていた。しかし中世ヨーロッパにおいて、聖界諸侯は、この点で決して世俗の貴族と本質的に異なる存在であったわけではない。聖職者によって執行され、きわめて強い宗教的色彩を帯びていた即位儀礼が、世俗諸侯をも含む貴族たちの前で実行されたことが示唆しているように、世俗貴族も、おそらくこの王権観を一定の範囲で共有していた。逆に聖界諸侯もまた、地域によって程度の差こそあるものの、世俗諸侯たちと同じ貴族層に出自し、また世俗的な支配権の維持と拡張をめざしていた限りにおいて、自ら戦士的・領主的エートスを共有していたのである。このことから、ヨーロッパにおいては、聖俗貴族が基本的に一つの集団として、王権に対する奉仕と王権の制約という両面の機能を果たすことができたのである。

王権の有するこのような二面的性格は、時代の変化とともにその歴史的文脈を変化させつつ、しかし様々なかたちでヨーロッパの王権を規定し続けた。サシエ教授がその歴史的意味を強調される一二世紀以降の法学的知性が、ヨーロッパの政治社会の規範的構造に対して与えた特殊な性格の問題もこれと関係する。すなわち、中世中期以降発展したローマ法学・教会法学は、一面では教皇権を含む君主権力に対して至高の権力としての性格を与えるとともに、様々なかたちでそのような権力の法による制約、あるいは王権のまわりの様々な人々の「同意」(consensus) というような条件を、構造的に組み込んでいった。(6) もちろん一般的には、君主権伸張の傾向は進み、王権の制約の側面はだんだんと後景に退くことになるが、それでもこの側面は、しばしば危機的状況の中で前面に現われるのである。(7)

このように理解された中世の国家の中で、「封建制と官僚制」の問題が占める位置の解明は、研究の現況を前提とすると、非常に困難な課題となる。古典的な封建制概念がその史料に即して作られた西ヨーロッパ中世についてさえ、国家ないし社会の編成を、「封建制」概念を軸として理解することに対しては、批判的な見解が提出されており、(8) その批判そのものは必ずしも全面的には受け入れられるにはいたっていないとはいえ、異なる社会関係にかかわる多様な史料に基づいて一般的な「封建制」の概念を形成し、それを、中世ヨーロッパの政治的・法的な編成のあり方を説明する際に基軸に据えるというような、古典的な法制史学における「封建制」に関する学説の基盤にあった作業の問題性については、ある程度の共通認識が得られているということができよう。

サシエ教授も、決して中世中期における「封建制」の意味を無視するわけではない。他の二人の中世（法制）史家と共著で刊行されたフランス中世国制史の概説書の中で、サシエ教授は、「領主制的秩序から封建的秩序へ」と題された、九八七年から一二三二年までを含む部分を執筆している。その前半は「領主制の時代」(L'âge de la seigneurie) と題され、一一〇八年までを扱う。後半の部分、「封建制の時代。王権の回帰」(L'âge féodal. Le retour de la royauté) では、封建制の確立を、王権のレベルに限定することなく、中世中期以降のノルマンディーを初めとするフランスの広範な領域におけるヒエラルヒッシュな構造の形成と関連づけて論ずるのである。(9)

その中でとくに指摘しておくべきであると思われるのは、一二世紀のカペー朝の王たちが、自らの発した平和令の中で

「王国の利益」（utilitas regni, commoditas regni）の概念を用いることによって王国の一体性の強化を図ったが、それは王権がレーン制的な手段によって積極的に自らの地位を強化する努力と並行していたとされることである[10]。このような関係は、視野をフランスの外に広げても、しばしば確認されうることであり、特に当時のヨーロッパ世界の周辺部に対して、レーン制を媒介とした影響力の行使を図っていた教皇権において顕著である。しかもそれは同時に、新しい法学的な知性が、王権のための奉仕を始める時期とも一致していた。フランスでは、ドイツに先駆けて、法律学を学んだ知識人が国王の周辺で顧問として活動するようになるが、彼らによって担われた法学の専門的学識は、直ちに王権と諸侯権力の間のレーン制的な関係と、それによって王権に対して課された制約を克服する方向のみに働いたわけではない。それはむしろここでは、依然としてレーン制がその統合のために重要な役割を果たしていた王国の一体性を高め、その意味での王国支配の制度化、客観化に資したのである。

（1）　後述、注(5)を参照。

（2）　Breuer, S., Feudalismus und “Rechtsstaat” in Westeuropa und Japan, in: *Zur Rechtssoziologie Max Webers*, hrsg. v. Stefan Breuer/Hubert Treiber, Opladen 1984. 日本の中世史学においては、世良晃志郎によるヴェーバーの類型論の研究が、比較史的研究に対して強い影響を与えたと思われる。

（3）　このような研究の端緒は、第二次世界大戦中のゲルト・テレンバハの諸業績に見られた。この点に関する彼の代表的な研究は、*Die Entstehung des Deutschen Reiches (Deutschland um 900)*, hrsg. v. Hellmut Kämpf (Wege der Forschung Bd. 1), 2. Aufl. Darmstadt 1971 に収められている。そして第二次世界大戦後、彼を中心とした研究者グループが、とりわけ祈念史料（Memorialüberlieferungen）と呼ばれる史料群に注目して精力的に研究を展開した。戦後におけるこの研究グループの特色については、Borgolte, M., Memoria: Zwischenbilanz eines Mittelalterprojektes, in: *Zeitschrift für Geschichtswissenschaft* 46 (1998) を参照。ちなみに、本来このシンポジウムにお見えになっていたはずのゲルト・アルトホーフ教授も、三月一一日のセッションで早川教授が述べられたように、ドイツでこのような研究を中心になって進めていたフライブルクの研究者グループ出身の方であり、当然サシエ教授との間で興味深い議論が展開されえたであろうと思うと、同教授のご欠席はまことに残念なことであった。また、アルトホーフ教授とともに、とりわけザクセン王朝の時代の国王支配のあり方について、精力的に研究を進めてきたハーゲン・ケラー教授の諸論文（Keller, H., *Ottonische Königsherrschaft. Organisation und Legimitation königlicher Macht*, Darmstadt 2002）を、それまでの標準的なドイツ史概説の叙述（例えばFleckenstein, J. und Marie Luise Bulst, Begründung und Aufstieg des deutschen Reiches. *Gebhardt, Handbuch der Deutschen Geschichte*, 9. Aufl., Bd.1,Stuttgart 1970）と比較すれば、視角の変化は明らかであろう。

（4） 一二世紀におけるドイツ王権の「宮廷」の構造変化については、拙稿「一二世紀ドイツ王権の宮廷——その構造をめぐるいくつかの問題」（渡辺節夫編『ヨーロッパ中世の権力編成と展開』東京大学出版会、二〇〇三年）を参照。

（5） この点について、拙稿 Feudalismus und Staat — Zur Entstehung der Systematik der japanischen Rechtsgeschichte, in: *Zeitschrift für Neuere Rechtsgeschichte* 25. Jg, Nr. 1/2, 2003を参照。

（6） 拙稿「一三世紀の君主立法権概念に関するノート——教皇権を素材として（1）—（3・完）」『国家学会雑誌』一一二巻、一九九九年参照。

（7） とりわけこの点が明確に見られるのが、中世後期の公会議主義運動である。Tierney, B., *Foundations of the Conciliar Theory: The Contributions of the Medieval Canonists from Gratian to the Great Schism*, enlarged new edition, Leiden-NewYork-Köln 1998.

（8） Reynolds, S., *Fiefs and Vassals: Medieval Evidence Reconsidered*, Oxford 1994.

（9） Guillot, O., Rigaudière, A., Sassier, Y., *Pouvoirs et Institutions dans la France Médiévale. Tome 1: Des origine à l'époque féodale*, Paris 1994, p. 171-298.

（10） Sassier, in: Des origine à l'époque féodale, p. 274のまとめを参照。

【コメント2】

中国の政治システムとの比較の視点より

平田茂樹

フランスの政治システムと中国の政治システムとを比較検討する立場から、以下若干の感想を述べていく。評者の専門は中国の政治史研究、とりわけ一〇世紀半ばから一三世紀後半にかけて存在した宋代を中心に研究している。時期的にはサシエ教授の報告の時代と重なるが、宋代の政治システムとは異なる印象を受ける。

まず、中国の政治システムをあらわす「専制国家」、「君主独裁政治」といった幾つかの概念を整理しておきたい。中国の国制史理解には幾つかの見解があり、一概にまとめることは難しい(1)。その中で、中国史研究会というグループは秦漢帝国成立から清朝解体まで二〇〇〇年余にわたり皇帝に権力を集中させる「専制国家」という特質を中国王朝は保持し続けたと理解する(2)。中国の基本的な国制史理解はひとまずこの「専制国家」という概念で括るとし、次にその下位概念と言うべき、宋代の政治システムについて説明しておく。

宋代の政治システムについては、内藤湖南・宮崎市定両氏が「君主独裁政治」という概念を用い、日本の学界では通説化している(3)。両氏の論によれば、唐代の貴族政治(皇帝と貴族の協議体による政治)が、貴族階層の没落・庶民の台頭、科挙制による士大夫階層の成立、貨幣経済の浸透、新儒学・庶民文化の興隆などの社会・経済・文化の諸変革と連動しながら、宋代以降の「君主独裁政治」へ移行したとする。具体的には、科挙に基づく官吏登用制度の発達、募兵制による常備軍の設置、巨大な常備軍を養うために専売・商税収入を中心とした財政構造の確立等々、多くの政治構造上の変化が見られる。なお、この「君主独裁政治」という概念は、宮崎氏が述べるように、個人が権力を一手に握り専断を行う「専制君主」とは一線を画し、あくまでも高度に発達した官僚制度を基盤に、最終的な政策決定を皇帝に一任する政治システムを指す。

さらに、政治上においては、唐代までの宰相を介在する形で皇帝、官僚間の政治意志の交流が行われた方式に代わり、官僚たちが文書、あるいは直接的に皇帝との対面を許される方式(「対」システム)で意見交換を行う形が発達していく(4)。宮崎市定氏の言葉を借りるならば、「この様に極めて多面的に官僚に直接接触するのが宋以後の天子の特質であり、天子の独裁権も必然的にそこから発生し完成されたということができる」(「宋代官制序説――宋史職官志を如何に読むべきか――」(『宋史職官志索引』所収、同朋舎、一九六三年)。宋代の箚子、明代の題本、清代の奏摺といった皇帝、官僚間を直接行き来する文書の発達や、明代になると宰相制度が廃止され、多くの官府が直接皇帝のもとに置かれる変化などがその代表的なものである。

こうした中央集権化の仕組みが進む一方、サシエ教授の報告にあった「集会」に類似の性格を有する各種の官僚の「集議」も、政策決定の重要な方法として存在した。宋代の「集議」に関する史料を検討していくと、政策決定過程に絶えず現れる恒常的な「集議」と皇帝の諮問を受けて開かれる臨時的な「集議」の二つのパターンを見出すことができる。前者は尚書六曹の議、宰執の議といった形で、史料上において確認される。一方、後者は政策立案の重要部局である尚書を基点に、関係官僚が加わっていく拡大会議方式をとることが多く、規模の小さいものとしては「台諫の議」、「侍従の議」から「侍従・台諫の議」といった形で人数が増えていき、最も重要な問題、例えば国家の命運を左右する戦局の決定などは「百官の議」といった中央の文武官僚が招集され議論する形が取られる。

しかし、宋代の事例を見る限り、「集議」の多くは礼制関係などに集中する傾向があり、政策決定は「集議」を開かずに、直接、皇帝と官僚との間のやりとりを通じて決定される傾向が強い。これは「対」システムの発達と関わるものであるが、同時に「箚子」、「御筆」といった文書システムの発達とも深く関わっている。(5) さらに、宋代においては、恒常的な専門機関が発達したこと、及び臨時会議方式を用いるよりは、例えば制置三司条例司、中書条例司といった臨時諮問委員会というべき機構の設置によって代替されることも増え、前代ほどの「集議」の活用は行われない傾向となる。

また、今回のサシエ教授の報告は「封建制」という用語は使われないものの、分権化の時代をテーマとされていたことからして、中央集権化を極めた宋代の政治システムとは一線を画すものとの印象を受ける。むしろ、分権化傾向の強い宋代以前の時代との類似性を比較検討しておく必要があろう。

内藤湖南、宮崎市定両氏は、三世紀末から一〇世紀頃までの魏晋南北朝隋唐時代を貴族政治の時代として位置づけている。フランスのように権力そのものが地方分権化されることはなかったものの、皇帝権力は相対化し、代わって貴族階層が政治の中心勢力となり、彼らが代々世襲的にその地位を継承していく。科挙による官吏登用制度の発達、あるいは吏部による統一人事が行われ、君臣関係が一元化された宋代とは異なる。(6) 一方、魏晋南北朝隋唐時代においては、皇帝と命官（皇帝が任命した中央官僚及び地方官府の長官・次官クラス）との間に君臣関係が存在するものの、官府の属吏は命官に任命権があり、命官と属吏との間には一種の君臣関係になぞらえる関係が存在していたとされる。とりわけ魏晋南北朝時代には貴族層が「辟召」（官府の長官が中央政府の手を経ずに属吏を招聘する制度）と呼ばれる人事システムを利用して官界人脈を形成したのに加え、地方の民政、軍事の大権を掌握するポストに就き大きな権力を振るった。川勝義雄氏などはこの時代には個人と個人とを結びつける紐帯が、任侠的関係・質任関係や門生故吏関係という形で広く見られること、そしてこの関係はきわめて人格的な主従関係として一種の封建的人間関係として考えられるとし、いわゆる「封建制への傾斜」を示すものとして捉えている。(7) 従って、以下のコメントでは貴族政治の時代として括られる、魏晋南北朝隋唐時代との比較という形で述べていく。

第一に、「集会」によって政策決定が行われていくスタイルについて述べてみたい。中国史においても、官僚たちが集まり、政策について討議する「集議」と呼ばれる会議が存在し、これが政策決定に大きな役割を果たしている。上述したとおり、この「集議」方式が大きな機能を有したのは、宋代以前の時代であり、多くの研究が積み重ねられてきている。例えば、この会議の構造についてまとめられた渡辺信一郎氏は晋六朝の朝議についてこう整理する。晋六朝期の朝議は、①三〇数名からなる尚書八座丞郎の日常的な行政府最高政務会議、②毎月朔望に開かれる定例の公卿議、③礼官・法官を中心とする専門会議、④重要案件を審議する内外博議・通議の重層構造になっていたと述べる。[8] なお、この晋六朝期に先立つ秦漢時代においては、大議、公卿議のような一定の地位、身分を有する官僚を招集する会議方式が中心であり、晋六朝期になると③の専門会議の発達が見られるようになり、さらに次の隋唐時代になると①を発達させた宰相会議が設けられるなど、重層的な会議方式による政策決定システムは高度化していく。

以上のように中国の「集議」の重層的構造による政策決定システムは、今回取り上げられたフランスの事例と重なってくる部分がかなりある。しかし、この「集議」の性格はフランスの事例とは微妙に異なる。そもそも「集議」は皇帝の諮問という形式によって開かれるものであり、ここでの決議は拘束力を持たない。皇帝の元には参加者の大多数の賛成を得て文書化された「議文」とそれに反対する「駁議」の文書の両方が届けられ、皇帝が最終的な決裁を行う。従って、少数意見の「駁議」が採用されることもあり得る。

「集議」そのものに皇帝の政策決定を制限する効力がなかったからと言って、当時の政治エリートである貴族層に皇帝の決裁に反対する力がなかったわけではない。まず、貴族たちは家柄を背景として、皇帝を凌駕する社会的地位を有していた。このことについて、内藤湖南氏は次のように述べる。

> 即ち当時の政治は貴族全体の占有というべきものであって、貴族でなければ高き官職に就くことが出来なかったが、しかし第一流の貴族は必ず天子宰相になるとも限らない。ことに天子の位置は尤も特別のものにして、これは実力あるものの手に帰したが、天子になっても其家柄は第一流の貴族となるとは限らない。唐太宗が天子になれるとき、貴族の系譜を調べさせたが、第一流の家柄は北方では博陵の崔氏、范陽の盧氏などにて、太宗の家は隴西の李氏で三流に位するということなりしも、此家柄番附は、天子の威力でも変更する事が出来なかった。南朝に於ても王氏、謝氏などが天子の家柄よりも遥に重んぜられた。是等は皆同階級の貴族の間で結婚をなし、それ等の団体が社会の中心を形成して、最も良き官職は皆此仲間の占める所となった。
> （「概括的唐宋時代観」『歴史と地理』九巻五号、一九二二年）

また、皇帝の命令は「詔」という形で出されるが、この「詔」を起草する段階、そしてその起草された「詔」を審査する段階というものが存在しており、この段階において担当官は異議申し立てを行うことが可能であった。内藤湖南、宮崎市定といった研究者はこの異議申し立て機能を高く評価し、この機関と共に、人事を担当した「吏部」のポストを貴族たちが独占することを通じて、彼らが皇帝に対抗できる存在だったと位置づけている。

つまり、政策決定の過程を見ていった場合、中国の政治システムは官僚たちが中心になって政治意志を形成していく段階と、皇帝が中心となり政治意志を決定していく二つの段階が存在し、前者の過程においては皇帝は基本的に関与しない。むしろ、官僚の「集議」には皇帝が列席することは稀であった。そして、この段階は「集議」あるいは別の形を取るにせよ、あくまでも皇帝に提出するための議案を作る段階であり、貴族勢力が強いこの時代にあっては貴族の世論が深く関わってくる。そして、その議案を皇帝が決裁する段階において、始めて皇帝と貴族勢力との対抗関係が表面化する。中国史の場合、貴族政治と称された政治システムは、前者の段階における貴族の「世論」を背景とした「集議」の役割を高く評価すると共に、後者の詔の作成から審議、発布の過程において貴族たちがどのように皇帝の政治意志に関与していくのか、両者の面を通じて議論されている。

第二に、フランスの国王文書に見られた、「司教およびその他の臣下たちの助言と同意に基づき」あるいは「朕が臣下の共同の助言に基づき」といった政策決定における政治エリートの助言、同意ということについて述べてみたい。中国史においては、こうした皇帝の文書においては、政治エリートの助言、同意といった文言は基本的には存在しない。国家の政策は、皇帝の命令である「詔」という形で発布される。第一の点で述べたように、実際の政策決定過程において貴族階層の助言、同意が必要とされるケースは多々あったが、文書の発行形態においてはあくまでも皇帝その一人の責任と権限によって行われる。これは皇帝が天命を受けて中国を統治する「天子」という性格を持っていたことと深く関わっていると思われる。(9) そのため皇帝は自らの政治が妥当を欠く場合、「天譴論」という形で天災と結びつけ批判されるか、「革命」（「天命」を革める）という形で王朝交替が行われることとなる。

第三に、フランスにおいて、カロリング朝期の高級権門とは異なる形で、一一世紀の半ば頃より、身分の低い新しい政治エリートが政策決定の中枢を担っていくという歴史的変化について述べてみたい。中国史においても、ちょうど一〇世紀頃、貴族から士大夫への政治エリート層の交替が見られる。貴族は家柄を基盤にその地位を継承していったものであり、彼らの教養は、詩を作り、文言文を作る「文学」的方面に向けられた。

一方、士大夫は科挙の試験科目として詩賦（文学）、経義（哲学）、論策（論文試験、主として歴史の知識を問う）の科目に対応する形で広く文学、哲学、歴史学の教養が求められた。そして、これらの教養と共に実務的な能力が求められることとなるが、その要因として、唐宋変革期における、政治の複雑化をあげることができる。先にも述べたが、宋代以降の国家の特質として、以前の兵農一致を原則とする府兵制に代表される徴兵制度から募兵制へ転換し、一〇〇万を超える常備軍を有する体制となる。宮澤知之氏は宋代の財政の特質を「軍事財政国家」と捉えている。その特徴として、従来の土地税を財政収入の中心とする体制から、軍事費捻出のために専売・商税収益を中心とする財政構造に転換し、その軍需物資を供給するために、長江流域（経済中心地）――首都（政治中心地）――西北辺（軍事中心地）を結ぶ国家的な物流システムが構築されたとする。[10] 軍事財政国家の確立は、同時に三司系組織に代表される財政機構の発達を促進することとなり、官僚の職務として財政の分野が増大する。また、裁判業務も格段に増えていく。宋代の史料には「健訟」（裁判沙汰を好む風潮）の問題がしばしば言及され、また民間においては「書舗」と呼ばれる代書人業が発達し、郷塾において「訟学」といった裁判知識習得が盛んに行われるようになる。このように、政治自体も財政、裁判といった専門知識への必要性が増していった時期であり、士大夫階層は貴族層と比べ、より実務に明るいタイプが求められることとなる。[11] 唐宋間の政治エリートの登用法の変化について内藤湖南氏が、貴族らしい人物を選ぶ唐代の人格主義の科挙より、宋代の実務主義に基づく科挙に転換したと表現しているように、より実務的な傾向が増したことは事実である。フランス史と同様な政治エリートへの実務能力重視傾向が生じてくるという事実は興味深いものがある。

次に、皇帝側近集団と官僚制との関わりについて簡単に触れておきたい。中国の政策決定過程を見る限り、皇帝に近い側近集団が権力を握る現象は中国史を通じて現れる。内廷において皇帝のプライベートな生活部分から政務まで関与した宦官の存在などはその最たるものであるが、それ以外にも皇帝の命令文書を作成する機関であった漢代の「尚書」、魏晋南北朝の「中書」、唐代後半頃から登場する「翰林学士」、あるいは明代の「内閣」など皇帝の命令文書を起草するという権限において権力を握った官僚機構が存在している。これらの多くは設置当初は身分的にはあまり地位が高くなく、皇帝との近さから権力を握るという点で大きな特徴がある。[12] そしてこれらの機関が発達していくと、これらは次第に政治エリートが就くポストへと変化していき、別の皇帝側近の機関が発達するという循環的な構造を取っていく。今回の報告の中ではこうした循環構造は触れられていないが、恐らくフランス史においても同様な現象は見出すことは可能ではないかと思う。

以上、三点にわたりコメントしてきた。「封建社会」と「専制国家」という、フランスと中国の国制の違いからして、政治上の比較は極めて難しいが、貴族勢力を中心とした分権化構造における政治上の仕組み、あるいは官僚制度の発達過程における「集議」を用いた政策決定の仕組みなど、類似の政治システムを見いだすことができた。イヴ・サシエ教授の報告において、政策決定の仕組みを「同意」と「集合性」にアクセントを置き分析するという試みがなされていたが、中国史においても「集議」や皇帝決裁の仕組みを手掛かりに政策決定を分析する手法は依然として主流を占めており、今後ともこの方向を検討していく価値は十分あると考える。

（1）　国制史と深く関わる中国史の時代区分論争については、多くの専著が出されているが、比較的わかりやすくまとめられたものとして谷川道雄『中国中世の探求　歴史と人間』（日本エディタースクール出版部、一九八七年）をあげておく。

（2）　足立啓二『専制国家史論　中国史から世界史へ』（柏書房、一九九八年）。

（3）　内藤虎次郎『中国近世史』（弘文堂、一九四七年）、宮崎市定『東洋的近世』（教育タイムス社、一九五〇年）。

（4）　平田茂樹「宋代政治構造試論――対と議を手掛かりとして――」（『東洋史研究』五二巻四号、一九九四年）。

（5）　宋代の箚子の使用方式には幾つかのケースがある。その一つに「対」の際に直接、皇帝に文書を届ける方式がある。また、箚子が官僚から直接、皇帝へ届けられる文書の方式であったとすれば、その逆の皇帝から直接官府あるいは官僚に送付される文書形式として「御筆」と呼ばれる方式が北宋の終わり頃から発達していく。この「御筆」について研究をした徳永洋介「宋代の御筆手詔」（『東洋史研究』五七巻三号、一九九八年）は御筆システムが明代の内閣の票擬の先駆的な制度であったとする。

（6）　漢・六朝代の重層的官府連合・二重の君臣関係から、六世紀末の隋の文帝の改革を基点として、唐宋代の三省六部を中心とした官僚機構の集権化、科挙制の導入・吏部による統一した人事の実施による君臣関係の一元化の進行については、渡辺信一郎『中国古代国家の思想構造――専制国家とイデオロギー』（校倉書房、一九九四年）に詳しくまとめられている。

（7）　川勝義雄『六朝貴族制社会の研究』（岩波書店、一九八二年）。

（8）　渡辺信一郎『天空の玉座　中国古代帝国の朝政と儀礼』（柏書房、一九九六年）。

（9）　中国の皇帝は二つの顔を持つ。すなわち、天や地の神々と帝国の外部の夷狄の国々に向かって用いられる「天子」という称号と、帝国内部の行政や自分の祖先などの死者に対する祭祀の際に用いられる「皇帝」の称号を有する。そして、皇帝は「天子」即位礼と「皇帝」即位礼の二つを行って始めて中国支配の正当性を獲得する。詳しくは小島毅「天子と皇帝――中華帝国の祭祀体系」(『王権の位相』弘文堂、一九九一年)、金子修一『古代中国と皇帝祭祀』(汲古書院、二〇〇一年)参照。

(10) 宮澤知之『宋代中国の国家と経済』(創文社、一九九八年)。

(11) この一つの傾向を現すものとして一一世紀半ば頃、王安石が進めた「吏士合一策」をあげることができる。これは士大夫に実務的能力と士の品位を兼ね備えさせようとする政策であり、徳行と関わる経義を重視する一方、官吏登用や官職任用において法律の試験を課すことを実施した。ただ、この試みは司馬光等の反対に遭い、失敗に終わる。そして、実務は次第に専門業務を請け負う「胥吏」や「幕友」と呼ばれる下級の専門家が担当するようになっていく。詳しくは、宮崎市定「王安石の吏士合一策――倉法を中心として」(『桑原博士還暦記念東洋史論叢』弘文堂、一九三〇年)参照。

(12) 山本隆義『中国政治制度の研究　内閣制度の起源と発展』(同朋舎、一九六八年)。

日本中世における文人政治と武人政治

上横手雅敬

はじめに——問題の提起

一二世紀後半を契機とする日本の古代から中世への推移については、一般に公家政治（貴族政治、文人政治）から武家政治（武人政治、封建制）への転換と見られている。この問題に関する学説史を素描するためには、近代以前の日本における封建制理解にまでさかのぼらねばならない。

日本で最初に用いられた封建制概念は、中国的（儒学的）概念である。その場合、国家組織は封建制と郡県制とに分けられる。封建制は中国周代に行われ、天子の下で、諸侯が土地を分割領有し、領内の政治の実権を掌握する政治形態である。これに次いで、紀元前三世紀に秦の始皇帝が郡県制を始めて以後は、中国ではおおむね郡県制が行われた。郡県制とは天子が全国を直轄し、郡・県などの地方行政区画を設け、中央から地方官を派遣して治める政治形態である。封建制・郡県制に関するこの考え方は日本に伝えられた。幕藩体制、すなわち、江戸幕府と諸藩の政治体制は、中国の封建制に似ていると考えられ、その源流をさかのぼって、鎌倉幕府以後、江戸幕府までを封建制と呼ぶようになり、それ以前の奈良・平安時代、すなわち律令制の時代は郡県制とされた。郡県制は官僚制的、封建制は主従制的といってもよい。

二〇世紀初頭以来、日本の学者はヨーロッパの封建制概念に接することになった。土地給与制と主従制との結合を封建制（Feudalism, Lehnswesen）とするヨーロッパの封建制概念は、容易に中国・日本流の封建制概念と結びついた。さらにそののち日本の学界で盛んになった史的唯物論も、この結びつきを助長した。史的唯物論では階級社会は奴隷制、封建制（農奴制）、資本制の三段階に分けられるが、これがそれぞれ古代（奈良〜平安、郡県制）、中世（鎌倉〜江戸、封建制）、近代（明治以後、郡県制）に充てられ、定説的な時代区分が成立した。ただし、ここではこのような時代三分法ではなく、四分法を採り、「近世」を設定し、鎌倉・室町時代を中世、江戸時代を近世と呼んでいる。

さて平安時代における武士の成立は、ゲルマン社会における封建制の成立と対比された。太平洋戦争後、日本中世史の研究に指導的な役割を果たした石母田正は、在地領主制、すなわち地方武士の支配体制を「古代国家内部において発展しつつあった封建的ウクラード」と説明している（『古代末期政治史序説』、一三四頁）。マルキシズム史家である石母田は、史的唯物論独特の表現をとっているが、事実認識においては、伝統的な理解をそのまま忠実に受け継いでいる。古代の貴族政治（荘園体制）の内部から生まれ、貴族支配を倒し、封建制を作っていったのが、在地領主（地方における土地所有者）、すなわち武士だというのである。このような見方が、日本中世史研究の主流的な見解となり、国際的にも通説となった。この時代に関する歴史像は、武士の成長、かれらによる鎌倉幕府の樹立として描かれたのである。

しかし、この見解については、第一に武士の成立に関して、第二に中世における日本の国家の理解に関して、大きな批判が生まれているので、先ずそれらについて述べる。次に第三の問題として、いま述べたような批判は、日本中世に関するある種の理解から生まれているのだから、そのような批判が生まれる根拠となった日本中世の特質について述べる。最後に第四として、武家社会（封建社会）に入っても、なお大きな役割を果たし続けた公家政治のあり方として、院政について簡単に触れることにする。

一　武士の成立

武士を在地領主とし、土地を所有し、農民を支配し、荘園の下司、国衙領の在庁官人などとして現地の管理にあたっている在地領主（地主）から武士が生まれ、かれらを源氏、平氏などの武家の棟梁が統率し、貴族や寺社などの古代的勢力と戦いながら、封建権力、すなわち武家の権力としての幕府を作り上げるという見方は、武士成立に関する領主制論とよばれ、かつてはもっとも有力な学説であった。

地方武士が中央貴族に代わって政権を掌握するという見解は、さまざまな誤解を生んだ。武士と武士との争いである源平争乱は、貴族に対する武士の勝利であるかのように見られた。また武士である限り、すべての武士を地方豪族のように考える傾向もあった。J. W. Hall, *Japan: from Prehistory to Modern Times* は平清盛を provincial aristocracy（地方貴族）、provincial origin（地方出身者）などと記し、かれの栄達を地方貴族出身者が上層公家や、宮廷の政治機関内部に加わったものと評価している（尾鍋輝彦訳『日本の歴史』上、一四四頁）。清盛のような最上層の武士までも、地方貴族（豪族）としているのであるが、このような見方は、以前は日本の学界でも見られたのである。清盛は太政大臣という国家最高の官職にのぼり、娘徳子を高倉天皇の后とし、さらに徳子と高倉との間に生まれた皇子を新しく天皇の位につけ、その安徳天皇の祖父となった。まさしく清盛は最上層の公家となり、天皇の祖父にまでなったが、しかしかれは地方豪族の出身ではなかった。概して桓武平氏は京都に住む中央軍事貴族であって、清盛も京都で生まれ、生涯の大部分を京都で送った。平氏は武士の出身であるのに、武士を裏切って貴族の生活になじみ、栄華にふけったために滅んだなどという俗説もあらわれたが、平氏はもともと中央軍事貴族であり、ただ下級貴族から最上層貴族に昇っただけであって、地方武士が政権を掌握するという劇的な変動があったのではなく、裏切りなどと非難される理由もないのである。清盛は地方豪族を統率したが、かれ自身は地方豪族ではなかったのである。

源頼朝についても同じことがいえる。頼朝は平治の乱に敗れ、伊豆に流され、伊豆で二〇年を過ごしたのち挙兵し、鎌倉に幕府を開いた。しかし、清和源氏の出身であるかれは、中央軍事貴族として京都に生まれ、育ったのである。かれは鎌倉に幕府を開いたが、かれを支持した武士の一部に見られたような東国孤立主義はとらず、京都の朝廷と対立する一方、友好的な関係の維持に努めた。桓武平氏や清和源氏のように地方武士を統率する武家の棟梁は、京都に住み、桓武天皇や清和天皇の子孫だという尊貴な血統を誇っていた。

ところが領主制論にも批判が加えられるようになった。軍事身分である武士と、在地領主とを安易に同一視することには疑問が生まれ、最近では武士は貴族社会の一員であり、地方ではなく都で発生し、武芸という職能を持って、王権（朝廷）に奉仕するという見方が、有力となってきており、このような学説は職能論と呼ばれている。

一二世紀はじめに書かれた『続本朝往生伝』に、一条天皇の時代（在位九八六～一〇一一、藤原氏の全盛時代でもある）に人材が輩出したとし、種々の分野で優れた人物を挙げている。その分野は音楽家、歌人、画家、舞人から医学者、法学者、儒学者など約二〇に及んでいるが、その最後に武士があり、源満仲、平維衡らの名が挙げられている。満仲は頼朝の先祖であり、維衡は清盛の先祖である。これらを並べてみると、武士とは音楽や和歌と同様に、武芸によって朝廷に奉仕した人々だといえる。平安時代の中ごろから、中級、下級の貴族の家々では職能による分化が始まり、和歌の家や儒学の家が生まれた。その中に武芸の家があっても不思議ではないのであり、源氏、平氏は武芸を家業とする一族なのである。このように武士を武芸担当の下級貴族、中央軍事貴族と考えると、公家政治と武家政治とは連続したものとして捉えることができる。

ただ、領主制論と職能論とが対立しており、現在は職能論の方が優勢である、というような整理の仕方には、わたしは疑問を感じる。もともと職能論は、領主制論を主張してきた研究者が、自説が不十分であることに気づき、新しい角度から武士を見直そうとして言い出したのであって、わたしもその一人であった。職能論によって、領主制論の不備が補われたのは事実であるが、領主制論が否定し去られたとは思わない。両学説は、そのような排他的な関係にはないのである。平安時代という、四〇〇年に及ぶ長い時代を律令制の解体過程ととらえるか、封建制の形成過程としてとらえるかで、解答は一致しにくい。武士の成立についても、古代から探っていくのと、中世から問うのとでは、齟齬が生じてくるのは当然である。それは主要な史料として、記録（日記）を用いるか、文書を用いるかによっても違ってくる。

領主制論の方は武士の階層を問題にし、ふつうそれを三つの階層（石母田の場合、豪族的領主層、地頭的領主層、田堵名主的地主層）に区分した。上層の武士と下層の武士との間には主従関係が結ばれ、主人は従者に土地などの御恩を与え、従者は主人に軍事的奉仕をはじめとする奉公を行うというのは、もっとも古典的な封建制の規定であり、領主制論はこれに忠実に構成されている。そして諸階層の中でも、もっとも典型的、あるいは基準的な武士はどれかを考え、鎌倉時代についていえば地頭であるとし、次にその地頭クラスの武士が、前代のどのような階層から出てきたかを追究していった。領主制論は、武士の成立を中世からさかのぼって考えたのである。

職能論は律令国家、それを受け継いだ貴族国家の体制の中からどうして武士が発生したのかを尋ねた理論であり、前述のように貴族社会における職能分化を主張した。棟梁クラスの上級武士の起源を問うのには、とくに有効であり、職能論に立てば、清盛や頼朝が地方武士の出身だなどという誤った考えは生まれない。しかし、武士を論じる場合、階層（Hierarchie, Hierarchy）の問題を無視することはできず、職能論ではこの点が十分に説明されているとはいえない。都の上層武士は、下層武士、地方武士を従者として編成していかねばならず、そうしなければ有力な社会的勢力とはなりえないから、職能論においても、都の武士だけでなく、在地の問題を取り上げる必要がある。また武士の基盤は土地だけではないにしても、土地が重要であったことは事実であり、武士の在地領主としての側面を無視することはできず、武士の在地領主化を論じなければならない。要するに領主制論と職能論とは相容れないものではなく、相互に補完し合うべき関係にあるといえよう。

二　中世国家論

日本の中世国家のあり方をどう考えるかについても、顕著な見解の対立がある。かつては古代的な貴族支配を封建的な在地領主が克服していくのが封建制の形成であるとして、古代的な公家政権（朝廷）と封建的な武家政権（鎌倉幕府）との対立を強調してきた。この考え方が領主制論であり、さらにさかのぼれば、堕落した公家政治に代わって、武家政治が登場したというのは、江戸時代以来の伝統的な理解でもあった。

これに対して黒田俊雄は権門体制論を主張し、従来の考えを批判した。黒田によれば、中世国家はそれまでいわれてきたように、幕府が代表するものではなく、（1）天皇家・藤原摂関家をはじめとする公家、（2）武家、（3）延暦寺・興福寺をはじめとする大寺社などの諸権門が、公家は政治、武家は軍事・警察、寺社は宗教というふうに、互いに機能を分担し、補完し合い、全体として人民を支配するのだという。権門とは荘園などを経済的基礎とし、家政機関と家政職員を持ち、多少とも私的武力を備えた門閥集団であり、天皇家も幕府も権門だとされる。旧説が公家と武家との対立を強調してきたのに対して、権門体制論は公家・武家・寺社の相互補完を主張し、「被支配人民の上に全体としておおいかぶさっていた国家権力機構」を考え、集権的な中世国家像を提示する（『日本中世の国家と宗教』、四五頁）。黒田の主張が有意義であったことは確かである。鎌倉幕府＝中世国家のように考えてきた従来の考え方は誤りであり、公家と武家が対立するよりもむしろ補完しあって日本国を支配したのも事実である。

しかし「人民の上におおいかぶさる日本国」など果たして存在するのだろうか。人民は荘園領主（本所、領家）たる貴族・寺社、あるいは在地領主（下司、地頭）たる武士の支配下に置かれていたのであって、直接に日本国の支配など受けていない。そもそも中世は黒田の描いたように集権的な時代ではなく、むしろ権力が多元的に分裂した時代であった。ある意味では、荘園領主、在地領主の一つ一つの支配が、それぞれ小国家であったといえるのである。

このように、権力の分裂を主張する立場の中で、とくに有力なのは、鎌倉幕府を単なる軍事権門と見る権門体制論に対して、その東国支配を一つの国家と見る東国国家論ないし東国政権論である。この場合、鎌倉時代の日本は、日本国の中に東国国家がある複合国家だということになる。東国政権論の最初の主唱者である佐藤進一は、東国ではある本所（荘園の最上層の領主、上級貴族や大寺社）と他の本所との訴訟について、鎌倉幕府が裁判権を持っていたとし、そこでは幕府が本所同士の争いを裁きうるような高次の権力であると主張した。さらにそのような権限を幕府がいつ獲得したかを考え、一一八三年（寿永二）一〇月、頼朝が朝廷から東国支配権を与えられた結果であるとした。もっとも朝廷が頼朝の東国支配権を認めたのは、それに先立って頼朝が実力で東国を支配していたからであって、一一八〇年（治承四）一二月には、東国に対する頼朝の軍事的制圧は達成されていた。

幕府が東国に対しては、とりわけ強い支配を行っていたことは事実である。幕府も荘園を所有していたが、幕府の基盤として重要なのは、荘園のような私的な所領よりも、むしろ東国に対する領域的支配であった。確かに東国でも貴族や寺社を上級領主とする荘園は存在した。しかし、かれらの争いを幕府は裁判することができたし、東国の荘園では、一般に荘官・地頭などの下級領主である武士が実質的に土地を支配し、上級領主である貴族や寺社に対して、租税の納入を請け負うだけの状態になっていた。東国の多くの国では、幕府関係者をはじめとする上級武士が、国司となったり、国司を任免できる知行国主となったりしていた。また政所など初期の幕府の機関は、有力貴族に倣った家政機関から出発しているが、幕府は決して将軍家（鎌倉殿）の家政だけを行ったのではなく、公権力としての政治を行っていたのである。

イデオロギー的な面を考えてみると、幕府の保護した寺社の中で最も高い位置を占めた鶴岡八幡宮は神仏習合によって、鶴岡八幡宮寺と呼ばれていたが、そこでは鎮護国家の祈禱が行われていた。幕府は御成敗式目と呼ばれる法典を編纂したが、それは八世紀はじめに編纂された日本国の法典である大宝律令に対して、東国の法典という意味を持っていた。日本における仏教の中心である東大寺大仏に対して、幕府は鎌倉大仏を作り、鶴岡八幡宮と並んで、東国の信仰の中心に位置付けた。幕府は『吾妻鏡』という幕府の歴史書を編纂したが、それは漢文、編年体で書かれていた。八世紀に日本国の歴史として天皇の命で編纂された『日本書紀』は、漢文、編年体で書かれており、それ以来、漢文、編年体は、国家権力が編纂した歴史書の条件であり、『吾妻鏡』はそれを受け継いでいる。このような歴史書は摂関家を含めて、いかなる権門も編纂したことはない。自らの法典を持ち、歴史を編纂し、鎮護国家の寺院をもつ鎌倉幕府は、超権門的性格を具えていたといわざるを得ない。以上述べたような諸点から見て、幕府の東国国家的性格は顕著であるといえる。

しかし、三河（愛知県東部）・遠江（静岡県西部）あたりを境として、朝廷が支配する西国国家と、鎌倉幕府が支配する東国国家とが対等に並存していたわけではない。朝廷が任命した国司は西国だけでなく、東国にも置かれていた。一方、幕府が任命した守護や地頭は、東国だけでなく西国にも置かれていた。このように朝廷の支配と幕府の支配とは錯綜していたのである。頼朝は東国を実力で占拠していたにもかかわらず、さらに東国支配を朝廷から承認された。守護・地頭にしても、幕府は朝廷の勅許を得た上で設置しているのである。要するに、朝廷の承認なしには鎌倉幕府は成立し得なかったといえる。朝廷は西国だけではなく、全国を支配し、幕府は朝廷の下で一定の国家的機能を果たしていたのである。このあたりに権門体制論が有効な側面がある。

公家についていえば、王家（天皇家）は単なる権門ではない。王家は、ふつう院政の形をとっているが、院は権門的性格を持つ一方、諸貴族を従え、朝廷を構成して公家政治を行い、さらには幕府をも従えて、日本国を統治し、国政を行うという超権門的性格をも持っていたのである。

朝廷の日本国支配に包摂されて、国家内国家として幕府の東国国家があった。朝廷の日本国支配の下で、幕府は一定の国家的機能、すなわち日本国の軍事・警察機能を果たしている。守護・地頭はその軍事・警察機能を遂行するため、朝廷に設置を承認されたものであった。しかし一一八五年（文治元）に守護・地頭が置かれた最初の目的は、弟の義経と対立した頼朝が、弟を捕らえることにあった。義経とその庇護者であった奥州藤原氏が滅亡した後、一一九〇年（建久元）頼朝が朝廷によって正式に日本国の軍事警察権、すなわち諸国守護権を認められたのである。

このように考えると、鎌倉幕府は確かに一権門とは言い切れない超権門的性格、国家的性格をも帯びており、東国国家であるといえる。しかし、その反面、朝廷に従属し、諸国守護権を認められ、日本国の軍事・警察を担当する軍事権門であるという側面をも否定できず、幕府は二重の性格をもっていたことになる。武士について領主制論と職能論との補完の必要を説いたが、中世国家についても、東国国家論と権門体制論との二者択一でなく、総合が必要だと考える。

三　日本中世の特質

平安時代の中ごろから武士が現れ、かれらが鎌倉幕府を作った。鎌倉時代になると、朝廷や貴族の勢力は残っていたにせよ、微々たるものだというのが伝統的な認識であった。権門体制論や武士職能論は、このような通説に対する批判として生まれ、多くの賛同を得た。これらの新しい学説は、当時の日本の実情に対する正確な認識が進んだ結果として生まれたのであり、また新学説によって疑問が解明される点が多かったために支持されたのである。

明治時代以来、日本における封建制成立論は、江戸時代までの日本における見解を基礎とするとともに、ヨーロッパをモデルとして形成され、発展してきた。武士の成立から鎌倉幕府の成立に至る過程は、封建制の形成過程ともされ、ヨーロッパにおける封建制の成立と対比して考えられた。しかし、実証的な研究が進み、日本とヨーロッパとの違いが明らかになると、ヨーロッパモデルの学説には疑問がもたれるようになった。ゲルマン社会の封建制には、対決すべき先行権力がほとんど存在しなかったのに対して、日本で封建制が生まれる前提として、律令国家という強力で、集権的な国家権力が存在していた。律令国家は天皇と貴族による支配であったが、この支配は摂関政治・院政などと形態を変えながらも、なお強固に存立し続けた。そのため貴族権力から武士権力へと完全な形での権力の交代が行われたのではなく、両者が並存したのである。成長してきた武士、在地領主は、既存の権力と接触し、既存の権力との関係や、既存権力からの権限の獲得・移譲が常に問題となった。鎌倉幕府も東国支配権、諸国守護権などを既存の国家権力によって承認され、付与されねばならなかったのである。

もっともヨーロッパの封建制においても、既存の権力との関係に目は向けられている。ライシャワーは封建制がヨーロッパと日本にのみ存在するとし、その成立の要因として、第一に土地所有法や租税法のような強力な法令制度と、中央集権的な政府の概念であり、中世ヨーロッパはローマから、日本は唐からこれを学んだとする。第二に個人的関係と個人的忠誠心に基づいた社会制度であり、ヨーロッパではゲルマンの部族国家と戦士団、日本では氏制度に由来するとし、この二要素の適度の融合によって、ヨーロッパと日本でのみ封建制度が生まれたのだと述べている（『日本近代の新しい見方』）。すでに一九二〇年（大正九）に朝河寛一は封建制度発達の条件として「社会は多少中央集権的国家にして、同時に血族関係が社会の支配的繋帯なる古代の生活方法の記憶を有せざるべからず」(「日本の封建制度に就いて」、『歴史地理』三五巻四号)と記している。ライシャワーの理解が朝河にさかのぼるものであることがわかるが、それはいわば欧米学界共通の理解のようである。

封建制成立の前提として、中央集権的国家と血族関係とが挙げられており、当面は前者が問題であるが、なぜこの二つが封建制成立の条件であるのかという説明はなされていない。ライシャワーが日本の封建制について、日本の律令国家を飛び越えて、唐と結びつける理由も理解できない(拙稿「封建制と主従制」、『岩波講座日本通史』九所収参照)。ホールもフューダルな状況の前提条件の一つとして、「法的な基礎もしくは枠組を提供できる、先行の中央集権的国家の〝亡霊〟がなお存在していること」を挙げている(『日本の歴史』上、一三三頁)「先行の中央集権的国家」とは、いうまでもなくローマ帝国をさすが、注目されるのは、それが「亡霊」(ghost)であることである。ヨーロッパの封建制にとって、ローマは亡霊であったようだが、日本の封建制にとって、律令制は亡霊などでなく、十分に機能しながら、封建制の成立を規制しているのである。

日本の荘園では、領主が二種類ある。本所・領家などの荘園領主と、下司・地頭などの在地領主である。前者は貴族的、都市的であり、後者は武士的、地方的である。ヨーロッパの歴史を研究した人は、日本のような二重の領主の存在を奇異に感じるようである。日本の荘園領主のような存在はヨーロッパには見られないのであろう。二重の領主も既存の貴族支配と、新興の武士勢力との交渉の中で生まれた現象なのである。

四　院　政

先の一〜三節で述べた事柄と、ここで院政に触れることとの関係は、やや唐突に見えるかもしれない。院政を取り上げた一つの理由は、鎌倉幕府の成立後も、朝廷がなお強い権力を持ち続けていたことを説明するためである。いま一つの理由は、入門書ながら、ホールの『日本の歴史』にしても、一一人の執筆者による『英語で読む日本史』(*Japanese History: 11 Experts Reflect on the Past*)にしても、院政に関する記述が極めて少なく、例えば前者では摂関政治に含まれる形でわずかに触れられているに過ぎず、これらの院政軽視に特別の意味があるのかが疑われるほどに冷遇されているからである。ただ本稿でも、詳しく論じる余裕はなく、注意を喚起する程度にとどめる。

院政は上皇(退位した天皇)による政治とされるが、院政を行いうる上皇は、王家(天皇家)の家長であり、天皇の直系尊属、すなわち父、祖父などに限られており、これを治天の君という。院政は治天の君による政治である。形式的に最高の地位にある天皇と、実権者である治天の君とを並存させることによって、王家は政争に参加しながらも、天皇の安泰を保つことができたのであって、武家政権の成立期において、天皇制を維持していく上に院政は大きな役割を果たした。

院政は一般に平安後期のみの政治形態と考えられがちである。院政は一〇八六年(応徳三)白河上皇によって始められたが、平安時代だけの政治形態ではなく、鎌倉幕府の成立後も存続し、鎌倉時代の終わり近い一三二一年(元亨元)後醍醐天皇によって廃止されるまで、二世紀半にわたり実際に機能していた。鎌倉時代のほぼ全体を通じて、朝廷では院政が行われていたのである。そして幕府の成立後も、朝廷は国家統治者の地位を保ち、幕府も朝廷による承認、権限付与によって、はじめて存立しえたのである。

幕府成立後、鎌倉時代の朝廷については、弱体と見て、無視、軽視する傾向が強かった。その結果、鎌倉時代史は日本の歴史というよりも、一権門ないし、地方政権に過ぎない鎌倉幕府の歴史になってしまった。しかし、朝廷と幕府とのこのような関係を考えると、従来のように、鎌倉幕府中心でなく、国家を統治する朝廷、すなわち院政を基軸とする鎌倉時代史を再構成することが必要である。

【コメント1】

武士の成立――職能論と領主制論――

源城政好

本報告は、「一二世紀後半を契機とする日本の古代から中世への推移」について、従来「武士の成長、かれらによる鎌倉幕府の成立」と捉えられてきたことについて、武士の成立および中世国家論からの批判が生まれていることを背景として、武士の成立・中世国家論・日本中世の特質・院政についての研究状況と今後の展望について、きわめて平易にわかりやすく報告されたものである。

室町期の家業について考えている者にとって、武士が、どの時期、どのような階層・身分から発生してくるのかということについて、今日職能論というたいへん興味深い視角からの議論が活発であるので、若干印象を述べさせていただく。

1

「儀式や享楽にあけくれ、無為と退廃の中で行く手を見失った都の貴族と、草深い東国農村で農業経営や開発にいそしみながら成長してゆく武士」（髙橋昌明、一九九九）、このような武士と貴族の対比を背景に、武士は、ついには柔弱な貴族政権を打倒し、鎌倉幕府という武家政権を打ち立てたと、一般的には理解されてきたし、今も根強いものがある。草深き農村から武士は発生してくるというように一般には表現されるが、「石母田正領主制」とも称される武士＝在地領主説は、武士の発生に関して今日もなお通説的位置を占めているといえる。

近年、武士の成立に関する研究は、古代から近世までの武士を対象としての武士職能論という視角で、在地領主から武士が発生したという従来からの武士観の再検討がなされており、髙橋昌明氏の精力的な研究を軸としてきわめて活発に行われている。

髙橋氏は、「武士は、王側近の武力から生まれ、王に都と辺境に配置され、必要に応じて諸国に派遣された。武官系武士を生み出す衛府（ことに近衛府）は、まさに天皇直結の官庁であった。しかも、特殊な技術や知識を専修するウヂ（家）、つまり芸能を家業とする家は、まず中央の下級貴族・官人層から発生する。中世につながる武士が、典型的に下級貴族の一類型として、また武官系武士の武芸と伝統を継承する形でしか出発し得なかったゆえんである」（髙橋、一九九九）という。

これに対して、国衙軍制論の立場から「平安時代の武士を、地方に独自の職能（武芸）再生産拠点を有し、国家に対して罪人追補（反乱鎮圧）を中心とする軍事的奉仕を行う権利と義務を独占する名誉の世襲的戦士身分ととらえている。したがってその職能再生産拠点が、一〇世紀の富豪経営（田堵負名）であろうと一一世紀後半以降の在地領主制（郡郷制・荘官）であろうと、所領給与を媒介とする主従関係であろうとなかろうと、『武士』は『武士』である」（下向井龍彦、一九九八）、「武士身分は政府・宮廷貴族そして地方国衙が、天慶勲功者を武士と認知することによって成立した」として武士＝近衛官人起源説に対峙する考えも提示されている（同前、二〇〇一）。

「家業」は他から与えられたものではなく、その「家」自ら培ってきた「業」（技芸）であり、なおかつその技芸が当該家の技芸であると社会から認知されているものと考えているが、その認識からいえば職能論でいうところの武士は芸能人という定義に異論はない。しかし、この定義で捕捉しうる武士はやはり中央軍事貴族と称される上層武士層であり、自らの所領を護りながら成長してくる下層の武士層、ことに東国にみられる自力救済社会の中で成長してくる在地領主＝武士層については、職能論で把握しきれるものだろうか。彼らは自らの存在基盤である所領を守備・拡大するための手段の一つとして武装していくのであって、武芸によって自らの存在を規定していたのではなかったと考える。武装しているからといってそれだけでは武士とはいえないというが（戸田芳実、一九七四）、武装している領主を、社会は武士と認識していなかったのだろうか。

武士をどのような階層まで含めて考えるか、また古代から近世まで見通した上で武士の定義をするかによって武士に対する考え方は相違するだろう（福田豊彦、二〇〇一）。武士の存在基盤は土地だけではないにしても、土地が重要であったことは事実であり、従来からいわれてきてはいるものの、改めて武士の在地領主としての側面を無視できないとする本報告は、職能論一辺倒に傾きつつある武士論に対して貴重な提言といえる。

武士は、殺業を本分とするゆえに屠児と同類であると認識されていた。このことについて若干触れておきたい。

天禄元年（九七〇）に天台座主良源が叡山の綱紀粛正のために定めた二六か条の起請があり、そのなかに「まさに兵杖を持ちて僧房に出入りし、山上を往来する者を尋ね捕らえて、公家に進むべき事」という僧侶の武装を禁じた条目がある。そのなかに「右兵器、これ在俗武士の所持、経巻これ出家行人の翫ぶところなり、在俗の士、たとえ経文を学ぶことありても、出家の人、何ぞ兵具を用いるや」にはじまり、「ある僧は党を結んで群を成し、恩を忘れ怨を報ぜんとし、懐中に刀剣を挿著し、恣に僧房に出入りし、身上に弓箭を帯び持ち、猥りに戒地を往還し、傷害意に任す、彼の屠児に異ならず」

と書かれている。彼の屠児とはまさに武士を指している。

時代は少しさかのぼるが、『保元物語』に「武士たる者殺業なくては叶はず。それに取ては、武の道、非分の物をころさず」という一節がある。武士の本分は殺業であり、そのことによって屠児というように蔑まれた側面ももっているわけであるが、武士が殺人者という罪意識からの脱却をはかるため「分の敵を討て非分の物をうたず」という殺人の合理化を図ろうとする精神構造もあるわけで、武士の存在を考える場合、つねに持ち続けておきたい視点と考える。

2

黒田俊雄氏による日本中世の統一的国家機構としての、公家・寺社・武家各権門の相互補完で成り立つ権門体制論の提唱（黒田俊雄、一九六三）以来、日本中世の国家形態・権力機構の把握について活発な議論が展開され、公家と武家の二重政権論や鎌倉幕府による東国国家論まで生んだ。

職能論でいうところの武士を武芸を職能とする中央軍事貴族ととらえるならば、鎌倉幕府と朝廷との関係をきわめて大雑把にいえば、鎌倉幕府は、東国を領域的に実質支配した中央軍事貴族＝武家の棟梁が、朝廷によってその実質支配権を追認され、一方で軍事貴族として全国の軍事支配権を朝廷によって付与されることにより成立し、国家支配の一翼を担ったということになる。

とすれば、朝廷と幕府による全国支配関係は錯綜したのではなく、頼朝が、朝廷によって東国の領域的支配権を認められ、武士団を統率する中央軍事貴族として全国に及ぶ軍事警察権を付与されていたことの結果であって、当然のことながら幕府は朝廷に対立する体制ではなく、天子のもと朝廷を中心とする全国支配は貫徹していたといえる。まさに権門体制論の説くところの武家と公家の相互補完によって成り立つ統一的国家機構といえるのではないか。

ならば、平安時代以降の日本は、貴族支配は継続し、実質を担ったのが文人貴族のみではなく、地方の在地領主層を支配下に収めた軍事貴族がそこに大きく参画したということになるのか。鎌倉幕府開幕以降も日本の政治の中心は京都の朝廷にあったことになる。

以上のことを前提に考えるならば、後醍醐天皇は天皇親政による公武一統を目指して挫折し、中央軍事貴族の後継者である室町幕府将軍とりわけ足利義満の政治行動は、文人貴族による政治権力の吸収を意味し、軍事貴族＝武家による朝廷政治の制覇、すなわち全国支配の貫徹を目指したということになる。南北朝の内乱は、武家による公家の政権からの排除過程と位置づけることができ、足利義満期にいたって武家による統一政権がなったということになる。

〈参考文献〉

黒田俊雄「中世の国家と天皇」（『岩波講座日本歴史　中世2』、一九六三年）

戸田芳実は「武士団の成長」（『日本生活文化史』、一九七四年、のち『中世の神仏と古道』所収）で、「農村に領主が生まれ、領主はその所領を防衛し農民を支配するために武装して武士になったという通説の説明は、一種の結果論であって、日本の武士の特殊な武装・戦闘の様式、それを支える生活様式、貴族政権支配のもとでのその独特の役割、また他の階層の人々の武士に対する意識形態を解くにはそのまま役に立たない」としている。

元木泰雄「武士論研究の現状と課題」（『日本史研究』四二一号、一九九七年）武士論についての研究状況について的確に整理されている。

髙橋昌明『武士の成立　武士像の創出』（東京大学出版会、一九九九年）

下向井龍彦「書評・元木泰雄『武士の成立』」（『日本史研究』四三四号、一九九八年）

下向井龍彦『日本歴史7　武士の成長と院政』（講談社、二〇〇一年）

福田豊彦「日本の歴史家二十五人⑨石母田正　戦後日本史学の理論的指導者」（『日本の歴史9』月報、講談社、二〇〇一年）

近年、「石母田領主制批判」と称し、「武士＝職能人説（芸能人）」に立って「武士＝在地領主説」を否定する見解が提唱されている。しかし、職能人説が古代～近世の全ての武士をとらえる規定であるのに対し、在地領主説は特殊中世の武士を対象とした規定であって、これは筋違いの批判と言わねばなるまい（拙稿『日本歴史』六〇一号）。第一、武士の用語は奈良時代にもみえ、その武士こそまさに、武芸によって身を立てた職能人なのである（『続紀』養老五年一月二七日）。

天禄元年一〇月一六日「天台座主良源起請」（『平安遺文』三〇三号）

『古活字本保元物語』巻下「為朝鬼が島に渡る事并びに最後の事」（日本古典文学大系）

又そのかみ説法をき、しに、欲知過去因、見其現在果、欲知未来果、見其現在因といへり。されば罪をつくらば、必要道におつべし。しかれども、武士たる者殺業なくては叶はず。それに取ては、武の道、非分の物をころさず。されども分の敵を討て非分の物をうたず。かせぎをころさず、鱗をすなどらず、一心に地蔵菩薩を念じ奉る事廿余年也。過去の業因によて今かやうの悪身をうけ、今生の悪行によて来世の苦果おもひしられたり。されば今、此罪こと〳〵くさんげしつ。ひとへに仏道をねがひて念仏を申なり。

【コメント2】

封建制・領主制・官僚制——日本とヨーロッパの比較から——

安元　稔

上横手雅敬教授の「日本中世における文人政治と武人政治」は、地域の如何を問わず前近代社会において多かれ少なかれ支配的勢力であった公家（貴族）と武家の、身分・職能、秩序のあり方、社会的役割を比較史的方法によって解明しようとするこの国際研究集会の主題『公家と武家——その比較文明史的研究——』に最も相応しい報告であり、封建制、武士と貴族、領主制、官僚制、公権力と家政、「支配」の具体的なあり方、日本中世国家の特質をはじめとして、核心に迫る興味深い論点を数多く含んでいる。以下、ヨーロッパ社会経済史専攻の立場から幾つかコメントしてみたい。

1　ヨーロッパ封建制概念との比較について

まず、一般的な問題として、わが国における封建制の概念形成をめぐる問題について簡単に触れておこう。この報告では、ヨーロッパの学界からわが国にもたらされた概念が、これまでの中国・日本流の封建制概念と比較的容易に結びつき、さらにマルキシズムとも親和関係を保ちつつ、ある時期までわが国の学界において影響力を保ち続け、そのことが必ずしも生産的な結果を生まなかったことが指摘されている。確かに、主従制、恩貸地制、*Lehenswesen* といった政治・軍事・法制的な側面におけるある種の「アナロジー」が先行し、その後の議論に混乱をもたらしたという側面は否定できない。また、マルキシズムを奉じる歴史家の間で、奴隷制から農奴制への移行と郡県制から封建制への移行が単純に対置され、時代区分として定説化したという側面があったことも事実であろう。

この点からすれば、実証研究の進展に伴って、彼我の封建制の内容の違いが明らかとなり、現在では、封建制を議論する場合、ヨーロッパ・モデルの有効性について、強い疑問が投げかけられていることも当然の帰結であろう。ただし、この場合、ヨーロッパにおける封建制の成立との対比が持つ問題点は、「ゲルマン社会の原始共同体」と「律令国家という強力で、集権的な国家権力の存在」という歴史的環境の違いだけでは解決できないのではないか。周知のように、「ロマニスト対ゲルマニスト」「領主制説対共同体説」というヨーロッパにおける封建制の起源を巡る一九世紀以来の論争は、形を変えて、今なお生き続けている。ローマの遺産もまた封建制が生まれるに際して、少なからぬ影響を行使したという従来の見解も根強く残っているのである。

それだけではない。ヨーロッパ封建制との対比で日本の封建制を考える場合、従来の視点に欠けていた論点として、次のようなことも指摘できるのではないか。すなわち、ヨーロッパの封建制が、形成の当初から、領主の地域への密着、強い在地主義に支えられた社会経済システムであり、日本、あるいは中国の封建制がそれとは異なった側面を多く含む制度であったという事実が従来それほど重要視されて来なかったのではないか。わが国においては、本所・領家（荘園領主）と下司・地頭（在地領主）の二種類の領主が存在していたが、ヨーロッパにおいては前者のような領主はいなかったといってもよい。しかし、自己の所領・農村の直接的なコントロールという点において、日本の在地領主もまたヨーロッパの封建領主とはかなり違った歴史的存在であったのではないか。

所領の大小を問わず、また聖界、世俗を問わず、ヨーロッパの領主は、特に中世初期に展開した古典荘園制の下では、大規模な直営（直領）地経営に見られるように、所領を直接的にコントロールし、「合理的に」経営し、そのための組織や記録制度を発展させていった。こうした側面に従来の比較研究は、もう少し注目すべきではなかったであろうか。所領経営における日本とヨーロッパ領主制の比較研究が必要であろう。

比較文明史的な観点からすれば、日本の在地領主の地域への関わり方がヨーロッパの領主のそれとどのように違っていたのか、あるいはさほど隔たりがなかったのか、こうした点を解明すべきであろう。そうすることによって、「封建制」の違いが一層鮮明になるであろう。殊に、いわゆる「職能論」に立つ場合、武士（武芸によって朝廷に奉仕した人々）は、発生史的視点から見て、地域とどのような形で結びつき、所領経営を行っていたのか、具体的に検討し、提示していただければ、ヨーロッパにおける領主制との比較が意味を持ってくるであろう。

わが国におけるヨーロッパ中世初期史研究の第一人者である森本芳樹教授が最近の著書で指摘しているように、一九八〇年代におけるヨーロッパ中世初期、特にカロリング期荘園制研究の飛躍的進展によって、領主制や農村社会に関する従来の見解は急速に塗り変えられつつある（『中世農民の世界　甦るプリュム修道院所領明細帳』岩波書店、二〇〇三年、一六～二八頁、『比較史の道――ヨーロッパ中世から広い世界へ――』創文社、二〇〇四年、一五～七三、二三二～二五五頁）。さらに、教授自身、広大な領域を支配する聖界領主の所領経営について、厳密な考証に基づいて、精緻な分析を公表し続けている。幸いわが国には、森本芳樹・佐藤彰一両教授をはじめ、優れたヨーロッパ中世初期研究者が多数いる。彼らとの対話を通じて、ヨーロッパにおける最新の研究成果と日本のそれとを比較することによって、領主制研究に実り多い成果が期待できるであろう。

２　鎌倉幕府の東国支配について

次に、この報告の中心的な論点の一つである「中世国家論」と関連して、公家政府（朝廷）と封建的武家政府（鎌倉幕府）との対立、権力の分裂の例として挙げられている「鎌倉幕府の東国支配」の性格について考えてみたい。上横手教授によれば、幕府は単なる軍事的門閥ではなく、超権門的な性格を具えており、東国に対する実質的な領域的支配を行っていた。他方、朝廷の支配と幕府の支配とは錯綜していたが、朝廷の承認なしに鎌倉幕府の成立はあり得なかった。朝廷は西国だけではなく、全国を支配し、幕府は朝廷の下で一定の国家的機能を果たしていた。その意味で、幕府は国家内国家であった。また、幕府は東国国家であると同時に軍事・警察を担当する軍事権門でもあるという二重の性格を持っていたと述べられている。

この場合、二つの異なった「支配の正当性」・「支配の原理」が並存していたと考えてよいのであろうか。あるいは、幕府は朝廷によって権威づけされなければ、「支配の正当性」を賦与されないという意味で、朝廷の支配はやはりこの時代にも上位にあったと解釈すべきなのであろうか。また、朝廷の基盤である西国における支配の原理と東国の「幕府の領域的支配」は、その性格において根本的に異なったものであったのであろうか。「支配の原理」・「支配の正当性」といういささかか抽象的な論点ではあるが、日本における中世国家の性格を議論する場合に避けて通ることができない大きな課題であろう。

３　日本中世の特質について

上横手教授はまた、日本中世の特質を次のように述べている。「律令国家的な支配は、摂関政治・院政という形で存続し、貴族権力は武士権力へと交代したのではなく、両者は並存した。しかし、幕府は朝廷の承認によってのみ存在し得たのであって、鎌倉時代になっても日本の政治の中心は京都の朝廷、すなわち院政であった」と。この場合、「政治」とは、具体的にどのような領域に関わる意思決定を指しているのであろうか。国内政治（例えば、中央・地方官僚の任免等）において、朝廷は鎌倉時代にも実質的なヘゲモニーを持ち続けていたのであろうか。

このセッションの主題は、「封建制度と官僚制度」であり、こうした点を明らかにしていただければ幸いである。さらにまた、外交についてはどうであったのであろうか。幕府が、外交において、実質的な役割を果たしたということはなかったのであろうか。「日本の政治の中心は京都の朝廷にあった」という場合の「政治」の内容を、もう少し特定化していただければありがたいと思う。

4　徳川幕藩体制の性格について

上横手教授がこの報告で展開されている「中世国家論」・「日本中世の特質」からすると、日本近世の幕藩体制はどのように性格付けられるであろうか。徳川幕藩体制の成立をもって、日本における「封建制」の完成とみなすのか。あるいは、あえて「封建制」との関わりを避け、政治支配の類型として、それ以前に存在していた朝廷権力と幕府権力の並存＝二重権力の存在の解消と集権的な体制の完成とみなすのか。興味ある課題である。

5　社会変動と封建制・領主制・農奴制の成立について

最後に、やや視点を変えて、ヨーロッパにおける封建制・領主制・農奴制の強化に際して、その背後にあったと思われる大きな社会変動について、一言付け加えておきたい。歴史の転換期には、多くの場合、それを促す社会変動が背後に存在していた。例えば、一一五〇～一三〇〇年にかけて、イギリス、あるいはヨーロッパ全域が経験した人口増加は、農奴制の強化と完成にとって、ある意味で決定的な意味を持っていた。すなわち、ヨーロッパでは、在地の有力者（領主）は、一二世紀から一三世紀の農村における人口増加と経済的機会の増大、そして国王から新たに与えられた裁判権を巧みに利用し、賦役の強化や地代の上昇を通じて、農民支配を強化して行った。わが国においても律令体制の解体から鎌倉幕府の成立への過渡期に、これに類した大きな社会変動が背後に存在しなかったであろうか。

以上、この報告が提起している論点の幾つかについて、私見を述べてみた。歴史のさまざまな領域において、一国史的接近方法の限界はすでに明らかである。最近におけるグローバル・ヒストリー、比較制度史、比較環境史の登場はその一つの表れであろう。封建制度・領主制・官僚制・国家と支配の類型等に関する比較文明史的接近方法は、今後、重要性を増して来るであろう。

オスマン的家産官僚制とティマール体制

鈴木　董

一　イスラム帝国としてのオスマン帝国

オスマン帝国は、一三世紀末、イスラム世界とビザンツ世界のせめぎ合うアナトリア西北部のフロンティアに出現し、まずアナトリアで、ついでバルカンへと着実に発展し、一六世紀に入り、地中海世界の約四分の三を支配するに至り、一九二二年まで約六世紀半近くにわたって存続した。

この国家の原初の担い手は、トルコ系ムスリムであった。しかし、国家の統合の基軸は、民族よりむしろ宗教としてのイスラムに求められ、トルコ民族国家というよりは、むしろイスラム帝国というべき存在となっていった。

二　オスマン帝国についての二つのイメージ

このオスマン帝国の国家構造については、相い異なる二つのイメージが成立している。ドイツの社会学者マックス・ウェーバーは、周知の如く、中国を典型的な家産官僚制国家としてとらえた。これに対し、ウェーバーは、オスマン帝国については、むしろ封建制的要素を重視した。彼の場合、オスマン帝国について、家産制的軍隊について、また宮廷の官職について、家産制的要素についても言及してはいるが、この国家の家産官僚制的国家としての側面についてふれるところは少ない。そして、オスマン帝国における官僚制化の面についてふれるときも、封建制的構造をもっていても、事務量が増大するにつれてますます官僚制化する傾向を示したと論じた。ウェーバーにとって、オスマン帝国は、レーン制ならぬプフリュンデ封建制を根底とする国家のイメージが強かった。

このことは、オスマン史研究の当時の状況とともに、ウェーバーがオスマン帝国を扱うにあたって、ティッシェンドルフのトルコ封建制論を主材料としたことによるところが大きいであろう。

ウェーバーの影響を受けつつ、独自の比較国制史研究をなしとげたオットー・ヒンツェもまた、彼の封建制論において、ウェーバーのイメージを受け継ぎ、オスマン帝国の封建制について論じた。しかし、オスマン帝国史研究の歴史のなかでは、封建制的国家としてよりは家産官僚制的国家としてのオスマン国家のイメージが、遥かに根強いものとなっている。

このように、オスマン帝国の国家構造については、二つの相い異なるイメージが、存在している。それでは、オスマン国家の実相は如何なるものであったか。この点について、原初より一八世紀末に至る五世紀間の前近代のオスマン帝国につき、少しく検討してみよう。

三　封建制的要素としてのティマール

オスマン国家の起源は、一三世紀末におけるイスラム世界の西北の辺境、アナトリアの最西北端に現われたオスマンなる指導者に率いられたムスリム・トルコ系の集団に求められる。この集団は、原初、騎兵を中心とする集団であった。

オスマン帝国の源流は、始祖伝説においては、中央アジアに起源をもつトルコ系遊牧民のオグズ族のカユ部族に求められた。そして、このオスマン帝国時代に成立した始祖伝説は、トルコ本国においてのみならず欧米における近代史学においても、長らく定説となった。漸く戦間期に至り、ポール・ウィテックが、原初のオスマン集団の性格について、遊牧部族集団というよりも、むしろ既に部族的きずなを離れフロンティアで活動する戦利品獲得をもめざすイスラムの聖戦、ガザーをこととする戦士、すなわちガーズィーの集団であったとの説を提示した。この説は、現在のところ最有力の学説となっている。

原初のオスマン集団の性格がいかなるものであろうと、オスマン集団は、周囲のムスリム・トルコ系の諸君侯国とも争いつつ、他方でビザンツ帝国領の征服を進め、国家形成を進めていった。

その際、戦士たちの給養の方法としては、征服地を与えていく方法をとった。原初における戦士たちへの土地授与の詳しい実態は、一四世紀についての同時代史料が乏しいこともあって、必ずしもつまびらかでない。しかし、少なくとも、一四世紀末にかけて、戦士達に対する君主の統制も次第に強化され、征服地において検地（タフリル tahrir）が体系的に行われるようになっていった。一五世紀後半成立のオスマン帝国の最初の年代記類においても、この時期について「書かれた（ヤズルドゥ yazıldı）」との表現がしばしば見られるようになる。そして、一五世紀初頭になると、同時代の検地帳（タフリル・デフテリ tahrir defteri）の現物が残され始める。こうして、原初以来のムスリム・トルコ系の戦士たちを最初の母体としつつ、その後、様々の要素が加わりつつ拡大した騎兵たちの給養の形態が確立していった。ティマール timar 制と呼ばれるこの給養形態こそ、オスマン帝国の封建制的要素というべきものであった。

ティマール制も、時代により姿を変えていったが、ここでは、その確立した形について、素描を試みることとしよう。

確立された形でのティマール制度において、年収税額で表示された課税対象は、原初、何よりも土地であったであろう。しかし、後には、土地以外の徴税対象も、ティマールの対象となった。ただ、やはり基本は土地にあるから、ここでは、土地への徴税権を対象としたティマールに対象を絞り、みていくこととしよう。

ティマールを授与された者は、そのティマールの所在する地方に在住し、ティマールからの収入により生活し、かつ年収金額に応じて規定された装備を整え補助軍事力を養い、戦時に召集を受けて規定の装備と補助軍事力を整えて軍役義務に従い従軍した。

その場合、ティマールの対象となった土地は、国有であり、ティマール保有者は、あくまで徴税権のみを与えられた。下地は原則として国家に属し、納税者でもある、耕作者としての農民は、直接、国家と世襲の認められた永小作契約を結んだ。そして彼らは規定に従い、その地代としての一定額の税をティマール保有者に支払った。ティマール保持者は、下地に対していかなる支配権も有せず、また当然の権利としてのティマール保持者の地位の世襲権も、有していなかった。ただ、軍役に服しうる男子のあるときは、事実上、世襲が認められた。ただし、ティマールは、基本分と加増分からなり、事実上の相続にあたっては、基本分のみが対象となり、加増分は国庫に帰属した。ティマール授与は、オスマン帝国の君主たるスルタンの発するベラート berat（勅許状）をもって行われたが、ティマール保持者が死去したとき、相続にあたって新たな勅許状が与えられた。逆に、スルタンが没したときは、全ティマール保持者に対し、新スルタンの名の下に、勅許状が新たに賦与された。

ティマール保持者は、徴税対象者たる農民らに対しては、裁判権などは有しなかった。裁判は、原則としてイスラム法官（トルコ語でカドゥ kadı、アラビア語のカーディーに由来）が行うこととなっていた。

ただ、ティマール保持者たちからなるティマール制騎兵軍の指揮系統は、同時に帝国の地方行政組織となっていた。帝国の国土は、サンジャク・ベイ sancakbeyi の管轄するサンジャク sancak（トルコ語の原義は「旗」）に分かれていた。サンジャク・ベイは、古くは、ティマール制騎兵の小軍団の指揮官であり、小軍管区長官というべき存在であった。何人かのサンジャク・ベイの上には、ベイレルベイ beylerbeyi なる者がいた。ベイレルベイとは、ベイたちのベイ、すなわち武将たちの将を意味し、元来は、君主に次ぐ総司令官を意味し、王子がこの任につくのが例であったが、一四世紀後半に性格が変じ、王子にかわって臣下が任ぜられるようになり、ティマール制騎兵の司令官、大軍管区長官というべきものとなり、さらに複数化していった。戦時には、自らの大軍管区内のサンジャク・ベイとその下にある騎兵たちを率いて従軍した。ベイレルベイ、サンジャク・ベイは、本来は軍職であったが、次第に地方行政官としての性格をおびるようになった。こうして、ベイレルベイとその軍管区であるベイレルベイリクは総督と州、サンジャク・ベイとサンジャクは県知事と県というべきものとなっていった。

ただ、帝国の地方行政の真の根幹は、イスラム法官(カドゥ)とその管轄区でイスラム法官区とよぶべきカザ kaza であり、空間的には、一つのサンジャク内にいくつかのカザが存在していたが、ベイレルベイ、サンジャク・ベイ系の地方行政系統とイスラム法官とは直接の指揮命令関係になく、イスラム法官は直接中央につらなり、両者は相互補完、相互監視関係にあった。

そして、ベイレルベイ、サンジャク・ベイ系列に属する地方在住のティマール制騎兵には裁判権はなく、平時には治安維持やイスラム法官の要請下に実力行使を伴う執行行為にたずさわるのみであった。

このように、オスマン帝国は、一方で封建制的要素の強い国家としてとらえられることがあったが、全体としてのその国制、国家構造は、少なくともレーン制的封建制に基づく国家に見られるような分権的構造とは、対照的な、集権的構造を有していた。その集権度は、レーン制的封建制の概念を抽出する際の土台となった西欧キリスト教世界の諸国家でいえば、近世絶対王政時代に初めて達成された水準を、既に一五世紀末から一六世紀初頭において超えていたといえよう。

その意味では、オスマン帝国もまた、偉大なる中国史家、宮崎市定の提唱した「東洋的近世」に、既に到達していたといえる。
それでは、このような集権化を可能としたものは何であったか。このことを解明すべくオスマン帝国の国制、国家構造についてのいま一つのイメージである家産官僚制国家としての面について、検討を加えることとしよう。

四　家産官僚制化の進展

原初、オスマン家出身の指導者は、戦士たちの推戴によりその地位につき、指導者と戦士たちの関係は、君臣関係というよりは「仲間中の第一人者（プリムス・インテルパーレス）」と仲間たちとの関係に近いものがあった。そして、オスマン集団は、オスマン家出身の指導者とその一族、さらに有力戦士たちによって、相互協力の下で指導されていた。

しかし、征服の進展により支配領域が拡大していくにつれて、オスマン家出身の指導者は、次第に君主化し、さらに君主による集権化・専制化が進行し、この方向で新たな支配組織が形成されていった。それとともに、オスマン家出身の指導者と戦士たちとの関係も次第に君臣関係化し、イスラム世界に広く見られる君主の即位時における臣下の臣従の誓いとしてのバイアに、僅かにかつての推戴の痕跡をとどめるにすぎなくなった。とりわけ一五世紀後半、第七代メフメット二世のコンスタンティノポリス征服後は、それまで続いてきた君主とおもだった臣下との公式の共食の慣例も廃され、君主の孤食化が進んでいった。これにつれて、君主の称号も、ベイ bey、ガーズィー gazi からスルタン sultan へと変じていった。

君主による専制化・集権化と並行して、オスマン国家の場合、原初に見られたオスマン一族の共働もまたみられなくなり、第四代バヤズィット一世以降、父子相続制に従いつつ、即位した君主による兄弟殺しが慣例化し、有力な政治勢力としての王族の存在しない社会が出現した。

このような君主による専制化・集権化は、その方向における新たな支配組織形成によって組織的に基礎づけられていった。そして、新たな支配組織形成は、おおむねイスラム世界のなかでとりわけアッバース朝以降成立してきた組織モデルを、アナトリアにおける先行国家であるルーム・セルジューク朝や先進的諸君侯国を通じて継受しつつ進行した。

このような新たな支配組織形成の第一歩は、早くも初代オスマンの治世に、イスラム法官制度の導入という形で始まった。イスラム法官としては、イスラム法学の専門家としてのウレマー ulema（アラビア語でウラマー）が任ぜられたが、当初、オスマン集団内にウレマーは存在しなかったので、アナトリアの先進地域から招致する形で人員補充がなされた。そして、第二代オルハン時代に入り、オスマン領内にもイスラム学院（メドレセ medrese、アラビア語でマドラサ）が初めて開設され、自前のウレマー向けの人材の養成が始まった。

イスラム法官は、主としてイスラム法（シャリーア）に基づく裁判にあたるとともに、地方行政の末端として主要な民政にもあたった。イスラム法官制度の導入は、オスマン朝の君主が支配領域内においてイスラム法というイスラム世界全域における世界法に基づく一円的裁判権を把握したことを意味し、またその民政機能は、支配領域内における君主の一円的徴税権・物資人員動員権を支えることとなった。中世の西欧キリスト教世界においては、法秩序は重層的であり、社会は社会諸階層の特権のバランスの体系であり、王はその王国における一円的裁判権も一円的徴税権も有さなかった。この点からしても、オスマン国家は、いかに封建制的側面を有していようと、中世西欧のそれとは非常に異なる国制を有していたといえる。

初代オスマンによるイスラム法官制度導入は、空間的に集権化を進め君主の一円支配を貫徹していくための最大のてことなったが、第二代オルハンの時代には、君主の補佐者として宰相（ヴェズィール vezir）制度が導入され、これは権力ヒエラルキーにおける君主の専制化の最大の基礎となった。宰相制度は、アッバース朝で成立し広くイスラム世界の諸王朝に継受されたワズィール制度に由来するものであった。原初、オスマン朝の宰相は、非軍事的な民政面での君主の補佐者とされ、これまたオスマン集団外から招かれたイスラム法学者が起用された。その後、オスマン国家の領域が、かつてのビザンツ帝国の東半であったアナトリア（トルコ名アナドル Anadolu）のみならず、西半であったバルカン（ルメリ Rumeli）へと拡がった第三代ムラト一世の時代に、宰相は、民政上の権能のみならず軍事上の権能も与えられた。また従来は一名であったものが複数化し、第一宰相は、大宰相（ヴェズィーリ・アーザム vezir-i âzam、ヴェズィラザム vezirazam）と呼ばれ、次第に君主の「絶対的代理人」として支配組織の実質的要《かなめ》となっていった。

　ムラト一世の時代、オスマン朝の支配領域内の主要都市に順次任命されていったイスラム法官のヒエラルキー的組織としての編成も進められ、その頂点として、支配者身分としてのアスケリ askeri 身分所属者の裁判や相続等に主としてかかわるカザスケル kazasker（カーディ・アスケル kadî-i asker、軍人の法官）職が創設され、これに全イスラム法官の長としてイスラム法官全体の指揮監督・任免の権が与えられた。

　オスマン国家における君主による中央集権的・君主専制的な新たな支配組織形成の努力は、行政・司法のみならず軍事にも及んでいった。原初以来、オスマン朝の軍制の中心は騎兵にあり、原初のオスマン集団以来の戦士たちに加え、征服された同じくムスリム・トルコ系の諸君侯国の軍人たちに加えて、しばしば同じく征服された旧ビザンツ系の軍事力もこれに加えられて拡大していった。

　この騎兵たちは最初期には、オスマン家の指導者自身により指揮されたが、ときにベイレルベイの称号を帯びた者によって指揮された。この頃のベイレルベイは、総司令官というべきものであり、王子がこの任にあたってきた。しかし、ムラト一世の時に、ベイレルベイに初めて臣下からララ・シャーヒンが任ぜられた。これは、騎兵たちの指揮命令系統の制度化への一歩であった。そしてまた、一四世紀末以降、前述したように、騎兵たちの給養のシステムもまた、ティマール制へと次第に制度化され、統制も強化されていった。

これに加えて、既に第二代オルハンの時代に、君主直属の常備軍形成の試みが始まった。オルハン時代には歩兵のヤヤと騎兵のミュセッレムが創設されたが、主に徴募制によっており大きな成功をみなかった。しかし、ムラト一世時代には、歩兵のイェニチェリ yeniçeri が本格的に組織化され、従来の騎兵たちへのカウンター・バランスとなるとともに戦場にあっては連携して相互補完的役割を果たすようになった。そして、このイェニチェリは、君主直属の奴隷出身者から構成されたが、奴隷軍人の使用は、古くアッバース朝期に確立し、イスラム世界に特徴的な家産制的軍隊の形成方法となった。このマムルーク、グラームなどと呼ばれる奴隷軍人のオスマン版というべきイェニチェリは、原則として、現金の俸給により給養された。マムルーク制度のオスマン版というべき、この奴隷軍人としては、歩兵のイェニチェリに加え、後にその補助部隊である砲兵、砲車兵など、さらに騎兵も加わり、全体としてカプクル軍団 kapikulu ocaklari と呼ばれるものへと発展していった。

イェニチェリの人員補充は、当初、戦利品としての戦争捕虜に対する君主のイスラム法上の五分の一の取分に基づくペンチック・オウラヌ pençik oğlani 制度に基づいていたが、一四世紀末までには、オスマン領内のキリスト教徒臣民の子弟中、十代の少年を強制徴集し君主の奴隷化しイスラムに改宗させて用いるデヴシルメ(devşirme 少年徴集制度)によることとなった。イスラム世界における奴隷軍人の人員補充の方法として極めて例外的なこのデヴシルメ制度の創出によって、オスマン朝の君主は、その常備軍のために等質の人材を恒常的に補充することが可能となり、君主直属の家産制的軍隊は、確たる基礎を得た。

なお、オスマン朝では、デヴシルメによって得た少年たちのうち、最優秀部分を、宮廷（サライ saray）に小姓（イチュ・オウラヌ iç oğlani）として採用するのが例となっていった。小姓たちは、宮廷のなかで君主の私生活の場の部分のうち、女性のみの居所としての後宮（ハレム harem）に対し男性のみの居住である内廷（エンデルン

enderun）で君主に奉仕しつつ、文武の訓練を受け、君主子飼いのオスマン帝国の将来の幹部要員として、一五世紀後半以降、大きな意味をもつこととなった。

一四世紀末、第三代ムラト一世時代に、確たる形をとり始めたオスマン帝国の君主専制的・中央集権的な支配組織とその担い手としての支配エリートの発展は、一四五三年、第七代メフメット二世が、コンスタンティノポリスを征服してビザンツ帝国を滅ぼし、ビザンツ一千年の帝都を自らの都として以降、新しい段階に入った。

メフメット二世は、初期以来、大宰相、宰相を輩出したウレマー系の名門、チャダルル Çandarlı 家出身の大宰相ハリル・パシャ Halil Paşa を処刑した。その後、大宰相・宰相には、ウレマー系の人物より、むしろ君主子飼いのデヴシルメ系の宮廷奴隷出身者が任用されることがふえていった。この傾向は、一六世紀前半に確たるものとなり、さらに宮廷奴隷出身者は、地方におけるベイレルベイ（総督）、サンジャク・ベイ（知事）の職にも進出していった。

メフメット二世の時代には、またイェニチェリへの火砲の装備が進み、大砲からさらに小銃へと移っていったとみられる。

支配組織の文民的部分においても、文書行政と財政の組織が次第に構造分化をとげていった。と同時に、なお当初はウレマー系の人々が主要な担い手ではあったが、世俗的な純粋の実務官僚としてのキャーティプ kâtip（書記）が進出し始めた。

このような方向におけるオスマン帝国の支配組織の発展は、一六世紀に入り、メフメット二世の曾孫にあたる第一〇代スレイマン一世（Süleyman）の時代に確たる段階に達した。邦人が大帝、西欧人が「壮麗者 The Magnificent,Il Manifico」と呼び、オスマン人が制度典章が整ったために「立法者（カヌーニー Kanunî）」と呼ぶスレイマンの時代に、オスマン国家の帝国体制が確立した。と同時に、オスマン国家の家産官僚制国家としての側面が、非常に強まっていった。

五　オスマン家産官僚制の変容

オスマン帝国の支配組織の担い手は、同時代のオスマン人士によって、「剣の人（エフリ・セイフ ehl-i seyf）」と「筆の人（エフリ・カレム ehl-i kalem）」の二つの柱から成りたっているものとしてとらえられた。これは、現実とも照応しており、実態としては、「剣の人」はさらにティマール制の在地騎兵とカプクル軍団員、「筆の人」はウレマー（イスラム法学者）とキャーティプからなっていた。

このように、オスマン帝国の支配層は、相い異なる四つの社会層からなり、これら四社会層は、上下秩序関係にあるのではなく、並立して支配組織内の機能を分担するものとして、とらえられていた。ただ、現実には、これら四社会層は各々、時間の経過の中で出現し、四社会層の間の力関係と支配組織内での重要性も、時間の経過とともに変化していった。そして、この変動はまた、オスマン帝国における封建制的要素と家産官僚制的要素の関係の変化にかかわっていた。

オスマン帝国における封建制的要素というべきティマール制騎兵は、初期以来、一六世紀初頭までオスマン帝国の軍事力の中心であり、その給養形態としてのティマール制は、帝国の軍制、税制、土地制度の骨格をなした。しかし、一六世紀後半から、この状況に変化が生じ始め、古典的なティマール制は変容し始めた。

ティマール制の変容を中心とする変化を、同時代のオスマン人士は、古き良き制度の堕落、悪しき新たなるものの出現とみ、オスマン国家の衰退の基《もとい》となりうるものとしてとらえた。そして、近代のオスマン史研究者たちも、長らくオスマン朝人士の衰退・没落観を受け継ぎ、これを前提として一六世紀末以降のオスマン帝国の歴史をとらえがちであった。このため、衰退期と目された一七・一八世紀史の研究は等閑に付され、原初から一六世紀中葉までの古典期と、一九世紀初頭以降の改革期に焦点があてられがちであった。しかし、このような見方が正鵠《せいこく》を得たものかどうかについては、再考を要する。

確かに、オスマン帝国では、一六世紀後半よりティマール地を徴税請負地としていく動きが加速化していった。そして、徴税方法の変化により、様々の不都合も生じ、一六世紀末から一七世紀初頭にかけての一連の民衆反乱の重要な一因となったのも確かであろう。

しかし、この徴税方法の変化の大きな原因の一つは、軍隊の俸給用の財源の拡大の必要性にあったと見られる。そして、その背後には、火砲の重要化による歩兵イェニチェリを中心とする常備軍の拡大の動きがあったと考えられる。とすれば、ティマール地から徴税請負地への動きは、単なる古典体制の解体というより、軍事技術の急速な革新としての軍事革命に対する、オスマン側の環境適応の努力の結果であったともいえる。そして、ティマール制騎兵から常備軍団への軍事的重点の移動は、軍制においても封建的要素に対し家産制的要素がより強まっていくことを意味していた。

オスマン帝国没落観のいま一つの論点は、第一〇代スレイマン一世の没後、無能な君主が続いたという点であった。確かに、初代から第一〇代までのオスマン朝の君主は、ほぼすべて有能な君主であったのに対し、第一一代セリム二世以降は、有能ならざる君主が多いといえる。ただ、この事態の背景にもまた、単なる個人の資質の問題のみでなく、オスマン帝国の支配組織の発展とその中における君主の役割の変化があった。

オスマン帝国の支配組織は、スレイマンの時代に一つの新しい段階に達した。そこでは、もはやイスラム世界における先進的組織モデルの受容による組織形成の過程はほぼ飽和点に達し、オスマン朝独自の組織発展が始まり、組織内における構造と機能の分化が進行し始めていた。この流れの中で、一六世紀後半より、「スルタンの絶対的代理人」としての大宰相（ヴェズィラザム vezirazam）の役割が拡大し、君主自体の役割は後退していった。そして、一六五四年には、大宰相が宮廷から離れて、イスタンブル市中に独自の官衙《かんが》をもつに至った。そして、大宰相の官衙としての「大宰相府（バーブ・アサーフィー bab-ı asafî バーブ・アリー bab-ı alî）」の役割は、その後ますます増大し、一九世紀に入るとオスマン政府そのものを意味するに至った。このような流れは、同じく一七世紀中葉に生じた財務長官府（バーブ・デフテリー bab-ı defterî）の宮廷からの独立にも現れている。

そこに見られる流れは、君主個人と宮廷に負うところの大きい、より家産制的なシステムから、支配組織のルーティンとして政務を遂行していくより官僚制的なシステムへの移行の流れであった。実際、一七世紀後半に入ると、支配エリートの構成において、純粋の世俗的実務官僚としてのキャーティプ（書記）層出身者の進出が見られ始まる。この動きは、まず財務官僚出身のパシャの増大として現われる。そして、一八世紀初頭以降になると、大宰相府の役割がますます大きくなっていったこととも連動して、大宰相府内で昇進を重ねてきた文書官僚の台頭が著しくなる。とりわけ、大宰相府の文書官僚の監督者である「書記官長（レイス・ウル・キュッタープ reis ül-küttab）」出身の大宰相が数多く現われるようになっていく。そして、この傾向は、一八世紀末にかけて、より顕著となっていった。

それとほぼ並行して、組織の構造分化もさらに進行し、一八世紀には、一六世紀の支配組織とは非常に異なる組織構造、政策決定過程を有するようになっていった。ここに見られる流れは、いわば官僚制化の流れであった。

書記層の台頭とは対照的な動きが、宮廷出身者に見られた。一六世紀は、スルタン子飼いの宮廷奴隷出身者のヘゲモニーの時代であった。しかし、一七世紀に入ると、一方で、宮廷のエリート要員である小姓（イチュ・オウラヌ）の性格が変わり始め、デヴシルメ系の宮廷奴隷のみでなくムスリムの子弟が混入し始めた。と同時に、宮廷の小姓出身者の支配エリート最上層部に占めるシェアが逓減し始めた。そして、一八世紀に入ると、奴隷出身であると自由人出身であるとを問わず宮廷出身のトップ・エリートは激減するに至った。ここにもまた、少なくとも、君主の家を拠り所とするオスマン朝における古典的な家産制的要素の後退が顕著に見られるといえよう。それは、実務官僚の台頭という官僚制化の趨勢と並行して進行していた。

ただここで、一七世紀から一八世紀にかけて、君主の家を中心とする家産制的傾向の後退とともに、新たな別のタイプの家産制的要素も顕著となり始めていたことに言及しておく必要があろう。それは、大官の「家」の役割の増大と大官の「家」に奉仕した人々の公式の支配組織への進出と大官の「家」出身者の組織内での台頭である。その一つの象徴は、従来、大宰相個人の家の差配であった「大宰相用人（サダーレット・ケトヒュダスゥ sadaret kethüdası）」が公的官僚となり、大宰相府内における実務官僚の首位の地位を占めたことであろう。そこには、宮廷からの分離の進行にみられた傾向とは相い反する新たな家産制化 patrimonialization の流れが現われている。

この新たな「家産制化」現象は、オスマン帝国の支配組織の拡大とその役割の増大のなかで、当時の財源と人的資源では対応しきれぬ部分も拡大し、公式組織 formal organization の機能を補完するものとして、非公式 informal な大官の「家（カプ kapı）」の役割が増大したため生じたとみるべきであろう。

一三世紀末から一八世紀末に至る前近代のオスマン帝国の五世紀間のオスマン帝国の国制、そして支配組織の発展過程の中で、長期のトレンドとしては、封建制的要素に対する家産制的要素の優位化が進行し、さらに君主とその家に依拠する家産制的要素に対する官僚制的要素の顕著化が進行していった。そして、一八世紀には、一六世紀のそれとは全く異なる、国制、支配組織を有するに至っていた。ただ、一八世紀においても、大宰相府出身の文書官僚の進出という官僚制化のトレンドとともに、大官の「家」の役割の増大という新たな家産制化のトレンドが、相互補完しつつ並行して進行していた。

しかし、そのなかで、最も支配的なトレンドは、「官僚制化」のトレンドであった。そして、この中で蓄積された組織技術 organizational technology と、この中で生み出された大宰相府出身の文書官僚を中核とする高度の組織技術を有するマン・パワーこそが、一八世紀から一九世紀にかけて、「西洋の衝撃」の下で、近代西欧からモデルを導入しつつ、西欧の脅威に対抗し自己の存立を保とうとする「西洋化 Westernization」による改革の最大の受け皿となったのであった。

【コメント1】

前近代における日本型官僚組織の特質——オスマン的制度との対比のために——

谷口　昭

鈴木報告は、一三世紀末から一九二三年の間、六世紀半の長期間にわたって展開したオスマン朝トルコの官僚制とティマール体制の精緻な分析である。一六世紀初頭以降において は、地中海世界の四分の三にも拡大した政治世界の構成原理を考え、その壮大な時空を舞台とした立論に対して、日本社会を法制史学という限られた視点からしか考察していない私には、とうてい適切なコメントが可能とは思われないことを、まずお断りしておかなければならない。

しかしながら、オスマン朝の時代が、半世紀ほどのズレはあるものの、日本ではちょうど武人の原理に基づく鎌倉幕府ができた時期から明治維新にいたる、やはり長い曲折に富んだ武家社会の展開期にあたることから、単純な比較は許されないことを承知した上で、若干の素材を提供したいと思う。

それによって、「封建制度と官僚制度」という視角から公家と武家の本質に迫ろうとするこのセッションの論議に、他分野の論議で得られた多様な成果と関連させて、多少とも比較史的な新機軸を提示し、もって日本における武家官僚制の特質をかいま見ることができるのではないかと考えるからである。

そのためには、まず日本の官僚制の流れを図式的に見ておく必要があると思う。次頁に示した二つの図は、右側（太政官機構の概略＝行政機構変遷図）で古代から中世にいたる国家の構造とその変化を、左側（近世社会の構造）で近世における武家官僚制のアウトラインを表そうとしたものである。一瞥したところ、左右二つの図に直接の関連性は認められないようであるが、右から左に付した下部の矢印で結んでみると、中世に発した「武家権門」の最終拡大形態を近世武家社会と見なすことが可能であり、双方は天皇ないし公家官僚制

近世社会の構造　　太政官機構の概略（太政官行政機構変遷図）

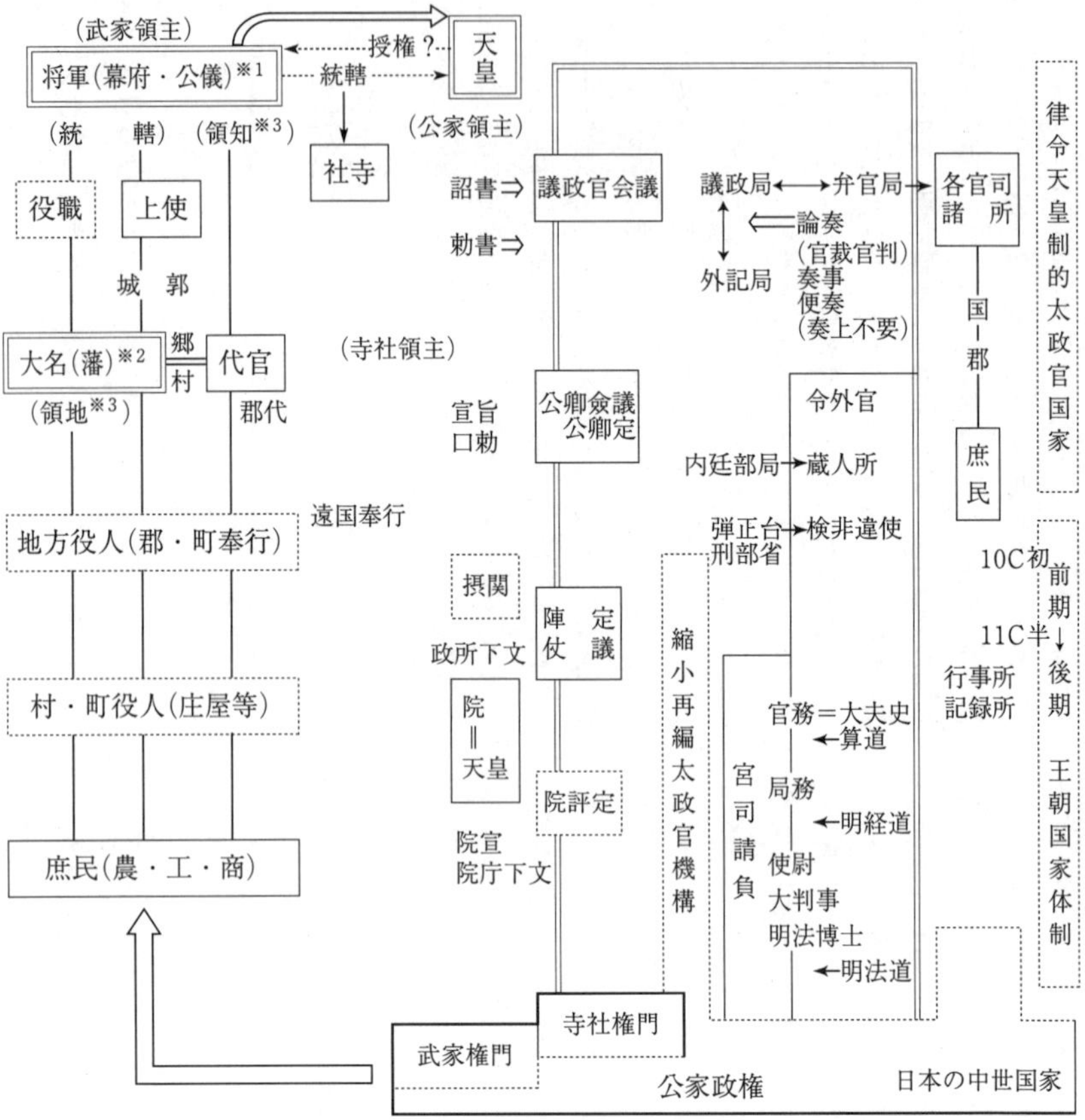

※1関白型公儀（←天皇権威）
将軍型公儀（←武威）

※2将軍型大名（領域）
官僚型大名（譜代）

※3領知
- 禁裏御料
- 寺社領
- 御料＝天領
- 私領
  - 領分＝大名
  - 知行＝旗本
  - 給知＝御家人

を中心軸としてゆがんだ連続性をもっていると考えることも不可能ではない。もっとも、その間には戦国期を挟んで数百年の時間が流れており、上横手報告（「日本中世における文人政治と武人政治」）は、その原点となる中世国家の実態を解きあかしたものであった。さらに上部左から右への矢印が示すように、近代の初頭において再び日本社会のあり方が大きく移り変わったのが王政復古＝明治維新である。

さて、古代律令国家に始まる公家官僚制（律令官人制・太政官制）については、直接のテーマではないので詳しく述べることは避けたい。ただし、中国型の組織原理が比較的短い期間に――短いとはいっても二世紀前後は必要としたが――日本化といえる方向に変質していった実態と、そのプロセスには触れておかなければならない。結論的にいえば、九世紀以降において、一つは大量の令外官が生みだされ、なかでも蔵人所・検非違使庁など、令制官とは組織原理を異にする重要かつ機能的な官司が設置されたことである。これらは太政官における政務の執行形態を大きく変化させ、いわば古代における官司機構の構造改革を進行させることになった。

二つは、特定の「家」（氏族）による官司業務の独占ないし請負が常態となって、家職・家業・家学を成立させたことである。一例をあげれば、太政官実務の要《かなめ》であった弁官局は、算道出身の左大史小槻氏（のち壬生家）が官務家として世襲し、同じく少納言局は明経道出身の清原・中原氏が世襲して（外記）局務と称した。また、はじめ惟宗氏、平安後期以降は坂上・中原両氏の家学となり、明法道出身者の家職となった検非違使（庁）に対して、過度の権限の集中が「朝家置此職以来、衛府追捕、弾正糺弾、刑部判断、京職訴訟、併帰使庁」（『職原抄』）と叙述されたのは顕著な事例である。ここには業務の分掌をモットーとして構成された令制諸官司の衰退を非とする以上に、社会の現実に対応する効率的な機能を重視した、見方によっては日本モデルへの変質の姿が表現されているといってよい。

このような変化は、決して中下級に位置づけられた実務官人層に特有な現象としてだけ展開したのではない。官僚機構の内部で摂関家・大臣（清華）家といった皇家につぐ最高級の家格が形成されていく一方で、全国に広がった荘園・公領のさまざまな部分からは、土臭豊かな武芸の家すなわち武家が簇生していたからである。高下の差は歴然としながら、いずれもが国家に連なる家業と意識された点では構造上の共通性をもつといえるのではないか。その結果、中国モデルの官僚制――もともと小さな日本社会に適合するように律令法継受の当初からすでに縮小・改変されてはいたのであるが――は、合法的な蔭位のシステムもフルに利用しながら、位階の序列に潜入した有位者＝貴族集団の世襲制によって維持される組織となっていったのである。各地に蟠踞した軍事貴族がそのなかに含まれたていったのはいうまでもない。

コメントが前後してしまったが、図右側の太政官行政機構変遷図は、このようなプロセスを示そうとしたものである。時間の流れを上から下にたどることによって、縮小再編成されていった官司機構の変化と、「陣定」に代表されるようになった合議形態の移り変わり、さらには天皇およびその周辺の意思発現形式が詔書から宣旨（院宣）へと変形・簡略化した姿を表している。

それでは、律令官人制およびその運用方式をこのように変質させた要因は何か。その遠因は、日本列島で天皇制が形成されたプロセスに由来すると考える。日本における統合段階の氏族社会は、大きな飛躍を非難されることを覚悟していえば、鈴木報告によるオスマン的制度の発祥期、つまり一三世紀に一つの王権（王国・帝国）が形成された過程になぞらえることも可能な状況にあった。もちろんイスラムとビザンツ世界という古くて刺激的かつ巨大な文化的バックグラウンドをもち、地中海世界ともつながって世界史規模の文明の興亡を経験したオスマンの環境と、縄文末期から弥生期の、統一権力という観点からすれば牧歌的なまでに空白状態にあった日本列島を同列に論じることには大きな抵抗がないわけではない。加えて両者を隔てる千年単位の時間差を認識する必要はあるが、そのような差異をあえて無視して、「同等者中の第一人者」としての「武人」の時代を経験したに違いない天皇氏の形成過程を想像すれば、オスマンがたどった部族分立状態からの統合と建国は、諸氏族の盟主となった大王＝天皇の成立に比定できると思う。

ただし、氏族社会の天皇は長く大王の位置にとどまり、その周辺に集った「姓《かばね》」を称号とする氏族集団も出身の地を本拠とする豪族として併存した。大化の改新の世紀を経て、形の上では中国モデルの国家ができ、村井報告（三月一〇日「天皇・公家・武家」）が指摘したように、諸氏族の上層部は京師に集住する「都市貴族」として新しい官僚制に組み込まれたのであるが、彼らは依然として天皇を掣肘する権力集団であり続けた。換言すれば、天皇を頂点とする日本の律令官僚制は、氏族＝家の要素を濃厚に孕んだ貴族制の変形というべきものだったのである。従って、先に述べた太政官行政機構の変質は、起こるべくして生じた原日本＝氏族社会への屈折した復帰現象だということも可能なのである。

とすれば、これも一見オスマンの展開過程に、時間的な共通性もあって対比可能な日本の武家社会の特殊性、つまり高度な官僚制のなかから生じ、どちらかといえばナイーブな組織原理をもつにいたった武家政権の拠ってきたるところが考察されなければならないであろう。あくまでも仮説の域を出ないものであるが、その点について私は概ね次のように考えている。

始原において本来的な武人の統合体、またはそのリーダーとして出発した天皇氏を中核とする氏族社会が統合に向かったとき、海に隔てられてはいたものの、至近の距離にはすでに「法式備われる国」と意識された中国の官僚制モデルがあった。その故に、自然の進化からすれば数段階飛躍した高度な官僚制が導入されたのであるが、それは高所から流れ出る文明の伝播現象として当然のことだと思われる。しかし、それを受容した列島の社会には根強い原日本とでもいうべき様相が根底に横たわっていた。ために母なるモデルを濃密に吸収しながらも、民族の記憶ともいうべき列島固有の状態へ戻る方向性も維持しつづけていたのではなかろうか。一時、律令制の水面下に隠れた私的な「家」の原理こそは、公的なものに転換して日本的な組織原理として復活することになったのである。これが公家官僚制の到達点であり、さらに不即不離の関係に立つ武家政権の成立ではなかったかと――。

このように見てくると、一旦は完成したかのように見える中国モデルの中央集権国家は、その内側から、法史学の分野で一般的な認識とされる公家・本所・武家を主体とした三法圏を鼎立させ、のちの分権体制の原点となる日本中世の特質を内包していたのである。ここに政治社会の進化の法則からすれば、前後関係において逆の方向を歩んだ日本の特殊性が表れているといえよう。ここではこれを集権から分権への逆進化現象といっておこう。

ところで、太政官を中核とする公家官僚制の極めて小さな部分、というよりもむしろその周辺部から生まれた「武」の組織は、当初はいわゆる「侍《さぶらい》」（貴族の家人）として公家の走狗たる位置づけに甘んじていた。各地に発生した武人の集団とその棟梁たちは、やがて武者所・北面・在庁官人・郡司など、中央と地方の下級官人に任じて官司機構の末端に入り込み、最終的には、私的な武士集団の棟梁から、公的な（征夷大）将軍へと質的に大きな転換をとげた。しかし棟梁の条件は、保有する軍事力のみでは満たされず、貴種という「血」ないし出自と、国家に連なる要素、すなわち相応の官職位階が不可欠であった。従って、日本における最初の武家の政権は、オスマンが自在にその設計図を白いカンバスに描いていったような、無主の地に生じた地域権力とはいえない。鎌倉幕府はもともと地方行政官たる国司が管轄する地で成立した武家権力であったし、常に王権との軋轢を余儀なくされたばかりか、その公的な存在形態はあくまでも王権を「守護」するべきものと位置づけられていたからである。このような国家ないし国家的権力の二重性（宗教的権威を担った寺社を加えれば三重構造になる）は、王家に全ての権限が集中した同時期のオスマンにとっては全く与り知らぬ構造であったといわなければならない。

発祥期において「文（＝公家）」に従属的であったばかりか、成立以後においても王権の権威のもとでしか存在し得なかった「武」の組織が究極的な拡大をとげた形は、近世における幕藩官僚制である。その終末期を除けば、朝幕の間に折々の緊張関係はあったものの、全国津々浦々を武の世界が覆いつくすことになったのであるが、そこにいたるまでには五〇〇年という豊かで魅力ある時間が流れていた。その間続いた公家と武家の相互補完、あるいは熾烈な相剋の関係は、論者によって温度差はあるものの、近時では次のような認識が有力である（例えば今谷明『武家と天皇』）。

一三世紀の前半、承久の乱を契機として武家は皇位決定権を掌握し、同世紀末には対蒙古外交権を手中にした（せざるを得なかった）が、建武の中興によって一時的に天皇親政が復活。室町幕府三代将軍足利義満は武王と司祭王の地位を併せもち、対外的には「日本国王」と称して皇位を簒奪する直前まで国家公権を一身に帯びた。しかし、戦国期の「治罰の綸旨」が要請される環境のもとで天皇による平和が求められるようになると、その仲裁機能が復活した（生きていた）ことを認めなければならない。さらに戦国最末期になって武家関白が出現すると、武家は律令制秩序に自らを封じ込め、屈折した王政復古が実現したかのような一時期を経て、最終的には江戸幕府が成立したことによって武威の優越が確定したのである。その概略は、図の左側（近世社会の構造）で示すような構造図となるであろう。

近世社会を構成する主なメンバーは、常に二百数十家を数えた大名諸家である。幕府権力の確立過程で、彼らのあるものは徳川将軍家に代わりうる地位と気概を保有した（将軍型大名）が、一七世紀半ばにはほとんどが将軍の家産的な官僚として、幕府の役職や軍役その他の勤役を担う立場に転じた（官僚型大名）。同時に、自らも家臣団という家産機構をもち、封じられた領分の庶民に対しては徴税・行刑その他の公法的な領知権者となり、あたかも将軍＝幕府の地方行政官として存続したのである。このあたりに、徴税請け負いに限定して国家の公権を委任されなかったオスマン的ティマールとの顕著な相違が見受けられるといえよう。質的な変化をとげながらもティマールの本質は、日本の中世における「職」あるいは得分権に近い状態にとどまったような印象が残るからである。

さて、家産的官僚という場合、鈴木報告が指摘したように、確かに家産の内容はしばしば曖昧なままで、言葉だけが一人歩きする危険性がある。しかし近世日本においては、大名が領地を移動する際に、つまり転封（国替・所替）の場合に、彼らの家産の中味は、将軍から預かった城郭（城附の武具・米銭など）と、石高で表される領地というモノ、家臣団・領民というヒトの集団、法令という領知（支配行為）事項など、ほぼ五〇項目が文書化されることによって明らかになる。これらのうち城郭に関することは江戸から派遣された上使を通じて将軍セクションに、その他の領知事項のほとんどは最寄りの代官を通じて幕府勘定方に届け出なければならず、自らもその控えを保存することが多かったからである。

そもそも法権者として自らの領分に立法・行政・司法権をもった戦国期発祥の大名（もちろん幕藩体制下で新規に取り立てられた大名家は多い）に対して、祖先が血を流して切り取ってきた固有の領分の領知替が可能であったこと、城邑の請取渡《うけとりわたし》に際して細大漏らさずその実情を文書化して報告するシステムが整っていること自体、転封が幕府の大名統制策の一環と見なされた以上に、近世国制の特質を表現する事象ではなかったか。ここには、言葉は不適切ながら、将軍の主導による律令制類似の文官的な官僚制の疑似形態を見るからである。

かつて律令官僚機構が世襲を当然とする家職の集合体に転じたことは、先に述べた。それと同じように、実力そのものの「武」に拠って立つ大名その人、あるいは家臣団を構成する人々は、表面的には固定化されたかのように見える身分制のもとで、養子相続を多用する疑似的な家世襲の原理で維持され、家職・家業ともいえる地位を保持した。実は、世襲原理による家産制の継続ということを除けば、幕藩官僚制は、古代におけるあるべき中国モデル、または近代の西洋的なそれと極めて類似したものであったといえるであろう。

最後につけ加えておこう。日本において「武」が「文」に転化しやすかったのは、儒教的な「文治・仁治・徳治」が要請されたことによる。成熟した封建社会にあって、大名には「政務の器用」たるべきことが求められ、もと戦士であった武士には、むき出しの武力ではなく、合議と文書による実務処理能力が求められた。笠谷氏の主張されるように、稟議型社会で「文治」が主流になるのは、自然の流れである。従って、常に対局に位置づけられがちな「武」と「文」は、むしろ多分に相対的な関係にあったといえよう。同時に、これも「武」とは直結しない儀礼は、ある意味で権力（武力）が権威となるための装置＝ツールであったと考えられるが、夥しい日常的な武家儀礼の蓄積（例えば数量化・定量化された贈答慣行）も、「武」から「文」への転化を示す指標であったといえるのではないか。これらは封建的な秩序を直接あるいは間接に表現するものであるが、図で示した近世日本の封建社会は、権力――法制史学の立場からいい換えれば法の世界――が二百数十に分散しながらも、一つの幕府に集約される、いわば集権的分権社会とでもいうべき特質を備えたものといえよう。

以上、かなり乱暴な描写を続けてきた。オスマンあるいは西ヨーロッパにおける封建制ないし家産的官僚制の一直線的な展開と、古い時代に列島の実情を超越した中国の官僚制を継受したことによって、その後の千年間、二重・三重の権力構造を内包してきた日本の事例は、どこかに接点を見出し得るのであろうか。発祥期の天皇氏、中世以来拡大を続けた武家政権、あるいは戦国乱世を克服した統一政権――鈴木報告に接した私には、そのそれぞれがある部分においてはオスマンの展開と重なり合い、また決して比較の対象とはならない双方の特殊性に思いいたるのである。本コメントでは、戦士型の貴族によって作られた（ビザンツを含む）ヨーロッパ世界と、それぞれの文官貴族官僚制を展開させた東アジアの間にあって、イスラムの原理のもとに特異ともいえる家産官僚制を展開させたオスマンの世界を眺望し、随所に見え隠れする類似と異質な展開を比較考量する機会となったことに多大の謝意を表したいと思う。

【コメント2】

ティマール体制と幕藩体制

藤井讓治

私は、日本の近世社会、ことに江戸時代の政治史を研究しています。この立場からみますと、ヨーロッパのレーエン制的な封建制と日本の江戸時代の封建制との比較よりも、オスマン帝国における封建制と江戸時代のそれとを比較するほうが、国制や政治組織に多くの類似点があり、より有効な分析ができるように思います。

ただこうした思いは私だけが持つものではありません。戦前から内外の研究者によってオスマン帝国と江戸時代の日本との比較研究がなされてきましたが、残念ながら成功していないというのが現実のように思います。

鈴木さんの報告を聞かせていただいて、オスマン帝国における封建的要素としてのティマール制については、その内実は、土地は国家に帰属するという前提のもと、その権限は与えられた土地への一定の徴税権にすぎず、行政権・司法権はそのなかには含まれないものとされ、その性格をかなり明確に提示されておられます。オスマン帝国と江戸時代の封建制を比較する場合には、江戸時代の将軍と大名との関係は、大名は将軍から与えられた土地に関して徴税権だけでなく、行政・司法を含めて広範な支配権をもった点で大きく異なるものであるということを、押さえておく必要があろうかと思います。

この点を踏まえて、このセッションの課題である官僚制について、まずコメントというよりも質問をさせていただきます。オスマン帝国では、イスラム法官が司法・行政を掌握したことは報告で強調されたところです。この点はそれ自体としては理解しうるのですが、このイスラム法官を頂点とする行政・司法の組織、これは全国的に張りめぐらされているのですが、それがそれぞれの地域においていかなる人々によって担われたのかを含めて、どのようなものであったのか、その内実は報告ではあまり明確にされていないように思います。この点をぜひお教え願いたいと思います。

二つ目の論点は、報告者が、このオスマン帝国における封建的要素と家産官僚的要素という二つのトレンドについて述べられた点に関するものです。報告者は、一六世紀末からティマール制が変質し、家産官僚的な要素が拡大していくのだと述べられたように思います。とするならば、報告者は一六世紀末以降のオスマン帝国は、もはや封建国家ではないとお考えなのでしょうか。それとも本質は封建国家でありそこに家産官僚制的要素が色濃く出てくるという理解なのでしょうか。お考えを聞かせていただきたいと思います。

最後は、私の関心に引き付けて申しますが、報告では一六世紀ころから宮廷奴隷出身の人々の進出がみられること、また小姓層が重用されることを話されましたが、この点は、私自身が考えている江戸時代の官僚制の形成とも関わりまして大変興味を引かれるところです。

江戸幕府では、当初、天下人となったものと、そのもとにその恩寵と信頼とにもとづいて取り立てられた人々、出頭人といいますが、によって行政・司法が担われました。ここで天下人といい将軍といわないのは、「将軍」という表現が朝廷から政治運営を委任されたものであるという理解にしばしば結びついてしまい、徳川政権が将軍になることによって権力を掌握したのではなく、力、ゲバルトがその正当性を保証していたという現実が等閑にされることを避けるためです。この力による正当性の確保は、決して徳川家康の段階だけでなく、少なくとも四代将軍家綱までは、そうした力を背景とする緊張感が領主階級内部には存在しました。

話を戻しますが、天下人と出頭人による政治運営は、組織的には極めて単純なものであり、その信頼関係を基礎に天下人の意志は容易にさまざまな局面で貫徹しました。しかし、このシステムは、政権の継承という場面にあっては大きな矛盾を抱え、さまざまな軋轢を生じさせます。天下人の交替は、旧来の出頭人の排除と新たな出頭人の創出を迫ります。当然のことながら旧来の出頭人たちはそれまで保持した権限を手放すことに抵抗し、小姓出身者を中核とする新たな出頭人の創出も創業期ほど容易には進みません。このように政権継承のたびに政治的緊張・危機が生じます。江戸幕府において、こうした状況を克服したのが三代将軍家光の時期に整えられた老中制を核とした政治組織です。そこでは将軍のもとに老中がおかれ、その下に行政諸組織が作り上げられ、それぞれの職務が明確化され、従来の出頭人政治にみられた恣意は抑制されることになり、一七世紀三〇年代に、天下人と出頭人という「人」による政治運営から老中制を核とする「職」による政治運営へと大きく転換していきました。

こうした日本近世における政治権力・組織の特徴を踏まえるとき、オスマン帝国における宮廷奴隷出身の人々の進出や小姓層の重用は、オスマン帝国における権力の継承の場面でどのように処理・克服されていったのか、またそれらと家産官僚制の進展とはどのような関係にあったのか、できればその具体的様相をお教えいただきたいと思います。

イングランドにおける後期封建制度――リッチモンドシャーの場合(1)――

アンソニー・ポラード［原文、英語　朝治啓三訳］

日本の社会では、伝統的に公家と武家が別々の社会階層を成していた。これは中世ヨーロッパでは決して見られない状況である。イングランド王国の有力者たちは、戦士であると同時に貴族でもあった。彼らは自らが仕える王のために戦い、宮廷会議に出席していた。宮廷と地方との間には、特に王の寵臣や最も信頼の篤い家来に起因する事情に絡んで、ある種の緊張があったかもしれないが、原則として、有力貴族が宮廷から排除されることはなかった。実際、大領主は宮廷会議に出席することを期待されていたし、彼らは、例えば幼くして即位したリチャード二世（Richard II）の場合のように、政治的危機の際には、新興勢力ではなく、自分たちこそ政府の中心的存在になるべきだと主張した。つまり多くの場合、戦士、廷臣そして官僚の役割は一つになっていたのである。かくして、後に話をすることになるボルトンのスクロウプ（Scrope）卿リチャードは、リチャード二世の時代における騎士の鑑であり、宮廷の誉れであり、さらに政府の高官でもあった。

一方、高位や上級の聖職者は、行政を担当し、王室礼拝堂に人材を供給していたことから、帝都に住み天皇に仕えていた日本の貴族に相当する存在と考えられるかもしれない。彼らは確かに独自の身分を構成していた。しかし、戦士と全く別の存在というわけでもなかった。高位聖職者の中には、リチャード二世治世におけるノリッジ司教のディスペンサー（Despenser）のように、軍隊の指揮にあたる者もいたからだ。またダラム（Durham）管区はパラティネイト（宮中伯領）として、聖俗にまたがる権威を備えた特権領主である司教によって統治されていた。そして司教の印章の片面には、国王のそれと同様、戦士としての姿が描かれていた。(2)

日本の場合と異なる点としては、この他、中世イングランドでは大土地保有者が戦士として活躍していたということもあげられる。かつて、馬上戦のスペシャリストたる騎士は独自の規範や生活習慣に従う存在として、広大な封土の領主とは明確に区別されていた。しかし一二世紀までには、国王以下すべての領主と土地保有者は、文字通りナイトの称号を授かったという意味で、また文化的には騎士としての規範に従ったという意味で、同時に騎士でもあったのだ。例えば一四世紀中期以降、イングランドの有力領主にとって、国王が主宰するエリート騎士団であるガーター勲爵士団の一員になることは、何より名誉なこととされていた。独立した存在であった日本の侍とは違い、騎士身分は行政権力や権威と不可分の関係にあった。(3)

中世イングランドにおける騎士社会の構造は、これを的確に表現する言葉が他にはないため、封建制度と言われている。(4) 封建制度は、王国が戦争に備えるために導入し発展させたシステムとして理解されている。土地を与えられる見返りに、強大な土地保有者（直属受封者）は、自らの支配下にある騎士とともに戦場で国王に奉仕する。さらに直臣は、家来と共に奉仕する騎士に対して、見返りとして彼らに土地を与える。征服王ウィリアム一世は、一〇六六年以降、直属受封者だけでなく、陪臣をも国王が支配できるような制度を作り上げ、隣国フランスの国王を羨ましがらせた。このように、イングランドの封建王国は、一一世紀末の時点で、フランスに比べると中央権力の強さが際立つものとなっていた。というよりも、むしろフランスにおけるほど権力が分断されていなかった、と言ったほうがよいかもしれない。(5)

しかし時が経つにつれて、軍役奉仕に基づく封建的なつながりは弱くなっていく。ある意味、これは封建制度の構造自体がもたらした結果といえよう。まず、封臣に与えられた土地は不可譲のものであった。時代が進むと、土地を最初に譲り受けた騎士の子孫の中には、「中間領主」、つまり土地を付与した上位の領主と直接のつながりを持たない者が出現する。当時は長子相続制だったため男系が途絶えると、最初に騎士に分与された采地、つまり当時の呼び名でいえば騎士封は分割された。また一三世紀には、騎士はすでにジェントリへと姿を変えていた。つまり戦うことを生業としていた者たちが、それほど大きくはないものの、土地を所有する貴族になったということである。そのため、封建軍を召集することがそれまでと比べて簡単ではなくなり、軍隊の規模が大きくなるにつれて、戦費が増大した。かくして軍役が金納化され、税金として集められた金が、軍費、特に国内外で徴集された歩兵軍のために利用されるようになったのだ。

しかし何より重要なのは、エドワード一世治世（一二七二～一三〇七）、王がまっさきに直属受封者との間に、軍隊徴募のために正式な契約を結ぶ方式を採用するようになったことである。その結果、直臣は封建的な義務としてではなく、報酬に対する見返りとして王に仕えるようになったのだ。契約によって軍隊を組織するというこのシステムは、エドワード三世の時代に完成し、それによってイングランドで組織された軍隊は、封建制という過去の遺物に勝る軍事的優位性を（百年戦争中フランスで）有効に示し得たのである。

本稿は、一四世紀ならびに一五世紀のイングランドにおける後期封建制度について論じたものである。一九世紀以降この主題に関しては、「バスタード・フューダリズム庶子封建制度」という概念で議論されることが通例となった。「庶子封建制度」の名付け親チャールズ・プラマ（Charles Plummer）は、当初、契約による軍隊徴募というシステムについて、封臣に土地を一代限り授与する代わりに、インデンチュア（歯形捺印証書）に基づいて家臣を雇用するものとして説明し、それを封建制度の衰退をもたらすものと位置づけた。そして、中世後期の災い、すなわち貴族社会の無秩序、権力の濫用、そして分不相応な力を持った臣民による荒廃などが、この庶子封建制度にあると主張した[6]。

このように庶子封建制を否定的に捉える見解に対し、二〇世紀の歴史学者は様々な角度から、証拠に支えられた批判を展開した。まず、歯形捺印契約に基づく家臣の雇用は、実際にはそれほど広範なものではなく、主として軍務に限られていたことが再度確認された。また権力が乱用されたのは、かつては有力者の私兵をかかえる習慣が原因であると見なされていたが、マクファーレン（K.B. McFarlane）説に従って、それは王権が弱かったためであると説明されることになった。つまり、原因は強すぎる家臣にではなく、弱すぎる国王にあったのだ[7]。かつては不安定だと考えられていた雇用契約に基づく主従関係も、安定性をもたらす有力な要因と見なされるようになった。移り気で計算高いとされていた扈従《こしょう》が、領主に忠実で献身的に尽くしていた例がしばしば見受けられることがわかった。さらに、契約に基づいて家臣を雇用すること、つまり歯形捺印証書に基づく正式な奉仕契約は、領主制、家産制、土地保有制そしてより形式にとらわれない庇護関係といった、社会のより広範な文脈の中に位置づけられるようになった。契約に基づく扈従の扶養は、奉仕の中では小規模で、しかも特殊な一面に過ぎない意義しか持たないと見なされるようになった。それは人目を引くが、一番重要というわけではなかったのである。さらに、研究によれば、家臣に対して年金を現金で支払うこと自体は、一一四〇年まで遡ることが明らかになっている。つまり一四世紀初頭と考えられている庶子封建制度の台頭より遥かに遡るのである。つまり、封建制度と庶子封建制度とはそれ以前の数世紀にわたって両立していたと論じられている[8]。

中世後期のイングランドにおける政治的・軍事的社会について二〇世紀に行われた議論は、庶子封建制度の性質と意義をめぐる論争に明け暮れたといっても過言ではない。封建制度の名残りは消え去ることがなかったが、それらは時代錯誤の存在と考えられていた。それは実質的には意義を失い、尚古趣味者を除けば大半の研究者からは無視された。

ヘレン・キャム（Helen Cam）は後期封建制度について論文を書いているが、彼女の関心は主として封建制度が衰退しつつあるという状況にあり、それが命脈を保っているということにはなかった。[9] フランス同様、イングランドには大小の封建的特権領が数多く存在しており、そこでは国王の令状は効力を制限されていたのであるから、かつての封主封臣関係が評価されなかったということは興味深く映るかもしれない。しかも、イングランドの中においてさえ地域間の相違は著しく、この王国の歴史上では比較的早い時期に中央官庁が置かれる場所となったウェストミンスターから離れれば離れるほど、その傾向は強まっていったのである。首府の遥か北、スコットランド王国との唯一の地続きの国境まで来ると、その相違は極めて顕著である。また、マイクル・ヒックス（Michael Hicks）がいうように、封建制度そしてのちには庶子封建制度は、国境地帯に近づくほどより強固に残存する。[10] 北英地域の研究を専門とする歴史家は、この地域に生き続ける封建制度にたびたび言及している。しかしここでいう封建制とは、漠然とした言い方をすれば旧式的という意味であり、より厳密に言えば、大諸侯が君臨しているという意味であって、通常の専門用語としての意味ではない。と同時に、北英地域が封建的だというコメントは、概して一六世紀になってから言われ出したものであり、当時はテューダー家がより効果的な支配を中央から地方へと拡大するという計画に着手したばかりの頃であった。一六世紀に関しては、例えばジェイムズ（M.E. James）、ベキンセイル（Bernard Beckingsale）、エリス（Steven Ellis）等の論文が、活発に議論を戦わせている。[11] しかしながら、もともと一一世紀や一二世紀に確立された封建制度、その制度や主従関係の残滓が実際に社会に影響を及ぼし続けてきた可能性については、ほとんど論じられてこなかった。

本稿では一四世紀から一五世紀においても存在していた封建制度の意義、そしてその当時の封建制度の名残りと庶子封建制度との関連について考察する。その際、ある特定の地域、つまり地続きの国境地域に注目することにする。そうすることで、この地域では以前の時代からの封建制度が、後から登場した庶子封建制度と並行して役割を演じていたことを明らかにすることが出来よう。幸運にも現存する文書や特殊な政治状況のおかげで、北部のある地域については詳しい検討を行なうことが可能となった。その地域とは、リッチモンド・カウンティ、つまり一五世紀にはリッチモンドシャーとして知られていたヨークシャー州北西部の地域である。

リッチモンドシャーは、リッチモンドという封建的名誉領（オナ）の中心であった。ユア川とティーズ川に挟まれた五つのワペンテイク（北英特有の行政単位）からなる地域で、その一番の高台にリッチモンド城がそびえている。リッチモンドの町は領主都市（seigniorial borough、城市）であり、領有者である伯に封建的地代を納めていた。分散型のオナでは全く見られないのであるが、このリッチモンド・オナでは、伯は大きくてまとまりのある特権領を保有していた。フランス語で county とは「伯爵の特権領」という意味であり、この点で、ここはまさしくカウンティだったといえる。この地は、この種の特権領の中世後期におけるラテン語での呼び方ではコミタートゥス（州）として認識され、また英語ではリッチモンドシャーとして認識されるのが普通であったようである。(12)

それは大きさから言えばケンブリッジシャーとほぼ同じであり、その州にも同じ伯はオナの一部として土地を保有していた。ただし、ケンブリッジシャーの内部には、複数のオナに属する土地が散在していた。また、イーリー司教の小さなリバティ（特権領）を除けば、中世後期のケンブリッジシャーにおいて封建的な状態といわれるものは、様々な領主権者の領地が併存しているという状態を意味しているにすぎなかった。リッチモンドシャーが、イングランド北部で唯一の特権領というわけではなかった。事実、ノーサンバーランドやカンバーランド、ウェストマランド、ヨークシャーといったカウンティには、国王の地方官であるシェリフ（州長官）の管轄をはずれた地域が多数存在した。もっとも有名でパラティン伯領としての権限を持つのは、ダラム司教の特権領である。それはリッチモンドシャーとほぼ同じ大きさだが、北部のヘクサムシャー（Hexhamshire）と同様、その宗教上の地位からすれば、政治的にはリッチモンドシャーとは違った性格を有していた。[13]

リッチモンドシャーは、俗人の手にある封建的特権領の中でもっとも重要であった。（聖界領主による包括的領有に比べて）俗人による封土保有権は複雑に入り交じっているとはいえ、あるいは国王の目から見れば、この特権領がブルターニュ公という外国にいる領主によって代々保有されているという事情によってある程度緩和されたとはいえ、その重要性は変わらなかった。ここで少し、国王とブルターニュ公との関係について触れておく必要がある。そうすることで、なぜリッチモンドシャーが頻繁に国王の手へと没収されたか、あるいは中世後期に至るまで、イングランド人によるところの、「事実上の支配」という形にどのようにして至ったのかが分かるからである。その過程は曲がりくねった複雑なものだったが、だからこそ、封建的名誉領としては珍しく、中世後期のリッチモンド・オナにおける、封建的諸関係に関する小規模だが意義深くまとまった証拠が現存しているのである。そしてそれを基にすることで、庶子封建時代においてもリッチモンドシャーでは封建制が依然として重要であり続けたと、評価することができるのである。

百年戦争に伴う緊迫した外交関係が、一四世紀に誰が（この特権領を）領有するかを決定したといっても過言ではない。まずは、子供に恵まれないまま一三四一年に死亡した、ブルターニュ公ジャン三世から話を始めることにしよう。公が所有していたイングランド内の土地はイングランド王エドワード三世の手に戻り、王は一三四二年に、二歳の息子ジョン・オブ・ゴーントにリッチモンド伯の地位を授けた。王はこれと同時に、ジャン三世と権利を争う者の一人、ジャン・ド・モンフォールの主張にも一理あると考え、その後一七年間にわたって、この権利主張者のためにも公領の確保に専心した。

ところが、ブルターニュ公ジャン四世とイングランド国王との関係は、決して単純なものではなかった。公領の保有をめぐってライヴァルの野心に絶え間なく脅かされていたジャンは、安全確保のためにはフランス王と和解することもやむなしと判断する。それは一三六〇年代後半のことであった。ところが一三七二年、彼はイングランド側に戻ると、エドワード三世の娘メアリと結婚し、ゴーントがしぶしぶ譲ってくれたリッチモンド伯領を授かることになる。その調印が済むや否や、ジャンは公領から追放されて亡命する。その後六年間かそこらをイングランドに潜伏して過した後、一三七九年にブルターニュへと戻ってくる。ところが、彼は一三八一年に再び変節を遂げたため、リッチモンド伯の地位を剝奪されてしまう。やがてリッチモンドはイングランド王リチャード二世の妻、ボヘミア出身のアンの手にゆだねられる。一三九四年に彼女が亡くなると、リチャード二世がジャンとの間で新たな同盟関係を結ぶための道が開かれる。そして一三九八年、両者はリッチモンドを返還するという条件を盛り込んだ取りきめに調印するのである。(14)

一年後、このような領有権の往復状態に終止符を打つような二つの出来事が起こった。ジャン四世が亡くなったこと、そしてヘンリ四世がイングランド国王となったことである。ヘンリはおそらく父（ジョン・オヴ・ゴーント）のかつての請求権を尊重してのことであろう、この伯位を保持し続けたのである。その後、この封建的名誉領での収入と封建的諸権利は、一四五七年にヘンリ六世が異父弟のエドマンド・チューダーにリッチモンド伯の称号を授けるまで、王家を支持する有力者たちに一定期間ずつ与えられた。リッチモンド・カウンティ、つまりリッチモンドシャーは、一時的にヘンリ六世の叔父、ベドフォード公のジョンに与えられた一四二五年から一四四四年までの短い期間を除いては、ミドラムのネヴィル家の事実上の封土となった。ベドフォード公ジョン四世の死後九年を経て、リッチモンドはネヴィル家の手に戻り、以後ネヴィル家の弟の家系に受け継がれていった。最初はソールズベリ伯リチャード、続いてその息子でウォリック・ザ・キングメーカーとして知られるリチャード、その死後は彼の政治的な意味での後継者であるグロスタ公リチャード、すなわち将来のリチャード三世へと受け継がれるのだ。エドマンド・チューダーと息子のヘンリ・チューダーは、一四八五年にヘンリがリチャード三世を破り、ヘンリ七世としてイングランド王位を取得するまで、伯領とりわけリッチモンド・カウンティそれ自体を回復することができなかった[15]。

このように非常に込み入った話ではあるが、伯あるいはこのカウンティを譲与された者と、リッチモンドシャーという社会の封建関係が中世後期にあっても存続していたことの意義を評価するに際しては重要事である。まず何よりも、ランカスター家とモンフォール家の間で一四世紀後半に所有権が移動し、請求権とそれに対抗する請求権が存在したために、いかなる権利、特権および収入が設定されるのかという問題が、繰り返し持ち上がった。その結果、この封建的名誉領に関するまとまった史料が創出され、しかもそれが注意深く保管されることになったのである。そのうちの一つ、*Registrum Honoris de Richmond* として知られている史料は、大英図書館に保管されており、一七二二年に尚古家ロウジャ・ゲイル（Roger Gale）という人物の名で出版された。これは、一四〇〇年をはさむ数十年間のリッチモンド・カウンティに関する史料である[16]。他にも（フランス）ナントの文書館（Archives de Loire-Atlanque）には、*Le Livre des Domaines*（と呼ばれている文書）が残されている。これは一三九八年、ジャン四世にとってはリッチモンドの最後の奪還となった年に行なわれた、領地調査の記録である。内容は、カウンティに関してはその行政区分である「区」に関する詳しい報告、それらが負う許可料（fine）総額、ならびに封建的諸収入の会計報告書である。また一三九八年に関しては、ブルターニュ公としての収入を生み出す直轄する土地の評価簿が含まれている[17]。

リッチモンドシャーの領有を望む者にとって、それは第一番には、そして究極的には収入源であった。一三九八年にはリッチモンドには八つの荘園、四つの村、二つの森および一つのバラ（リッチモンド）があり、それらは合わせて年間四六〇ポンド以上の収入を生むと評価されていた。これに加えて、伯は商品がカウンティや区を通過する際の通行料、許可料、その他の封建的賦課からの収入を得ることができた[18]。しかも彼には令状復命権があり、ヨークシャーのシェリフをこのカウンティから排斥することが出来た。本来シェリフが行なう巡回裁判（tourn）は、五つのワペンテイクを担当する伯の代官が代行した。財政的に見れば、封建的収入はそれほど大きな額ではなかった。例えば一三九八年では、全体の五％にも満たない。しかしこの割合は、一五世紀前半に土地収入が縮小するにつれて、大きくなった。[19] とはいえ封建的賦課金は、その金銭的の価値とは不釣合いなほどの重要性を有していたのである。

リッチモンド・カウンティには六二の騎士封があった。つまり初代の伯は、六二人の騎士を扶養するだけの土地を下封されたということである。伯の封臣となった騎士たちは「新」リッチモンド城の警護を担当し、様々な機会に相続上納金、御用金、その他の封建的付帯義務に由来する金銭を主君に支払うことを義務づけられていた。城塞警護義務期間は一年に二カ月とされ、各騎士は城壁の特定の区画を割り当てられ、代を継ぎながらそれを警護させられた。しかし一四世紀後半までには、本人が直接警備にあたることはなくなる。封建的義務はそれ以前から、城塞警護義務という名の納付金（wards and fines）の一年ごとの一括払いに取って代わられていたのである。しかも最初の六二の騎士封のうち、一三九八年の時点で、当初の家系の子孫がその封を受け継いでいたのは、二八封に過ぎなかった。[20]

さらに再下封も行われた結果、上記の六二騎士封は三つの下位の封グループに分けられた。すなわちコンスタブルズ・フィー（Constable's fee）、ミドラム・フィー（Middleham fee）、およびマーミオン・フィー（Marmion fee）である。この中でもっとも大きいフィーは、もともと城の世襲制のコンスタブル（城塞警護職）のために創設されたものであったが、一三二〇・二一年にジョフリ・スクロウプ（Geoffrey Scrope）卿が購入した。その後この封は、ボルトンとマシャムというスクロウプ一族の二つの家系で分け合うことになる。リチャード二世の時代の死後審問記録によると、両家系で一三の騎士封を分け合い、マシャムの家系が大きい方を保有したことになっている。ミドラム・フィーは小さい方であった。現存するある記録によれば、ヘンリ四世時代には、六つの騎士封に応じる四三人の下位保有者がおり、彼らの名義で負っていた城塞警護職は、ネヴィル家が担っていたということである。封からの総収入は、自由保有の地代やその他の雑収入を含めて年間約一二ポンドであり、そのうちの二ポンドは、ハング・ウェストというワペンテイクの代官に渡された。マーミオン・フィー（Marmion fee）は初期の頃の受封者の名前にちなんでこう名づけられたが、一四世紀半ば以後はフィッツヒュー家（Fitzhughs）が領有するようになり、規模は三つの封グループの中で最小であった。(21)

ボルトンのスクロウプ家が保有した荘園の一つに、クロフト・オン・テーズがある。一四四〇年の時点で、この地の主たる保有者はジョン・クレルボーであった。彼は½騎士封を領有し、スクロウプ家に支払った地代と許可料（fine）は、二シリング一一ペンスであった。彼の他には、自由保有者が五人おり、彼らはわずかな地代を払うか、あるいは夏至の日に矢柄と異なる色の矢尻の付いた一本の矢あるいは薔薇を一輪納めていた。(22) このカウンティでは地代の多くが現物で支払われ、矢や薔薇の他に、胡椒やクミンなどが使われることもあった。各封の封主はこうした封建的義務を徴収し、毎年会計報告義務を負う専従の家政役人を置いていた。

中世後期の会計によく見られることだが、封主への封臣の義務はあれこれ折衷的なものであった。例えばマーミオン・フィー（フィッツヒュー）の封主は許可料（fines）や後見権（ward）、自由保有地代、不動産復帰権、および荘園法廷から生ずる収益を受け取ったが、これ以外にも任意保有者から地代を徴収する権利を持ち、一五世紀初頭までには、新たに、リーミングにある鍛冶場から新たな賃料の徴収も行なうようになった。この職は世襲であったか、あるいは少なくとも同族で行なうことが慣わしになっていたようである。(23) 例えばマーミオン・フィーではフォックスホール家、ミドラム・フィーではウェルデン家という具合にである。再下封が行われたために、カウンティの封建的構造は複雑になった。この影響は、このカウンティの領有者としての伯、それは実質的には中世後期には現地に来ることの無い国王であったり、ブルターニュ公であったりするが、いずれにせよ不在領主であり、彼らにとってそうであっただけでなく、封土を保有する三貴族家系、すなわちスクロウプ家、ネヴィル家、フィッツヒュー家にとってそうであった。

封建的な権利の意義が持続し続けてきたことを示す指標がいくつかある。一つは、様々な賦課を取り立て、その記録を残すということに対する関心の高さだ。国王やブルターニュ公によって記録された文書だけでなく、フィッツヒュー家の記録もかなり大量に残っている。フィッツヒュー家の記録には、家政役人による所領の会計報告書の他、荘園の法廷記録のまとまった文書群などが含まれている。その法廷ではその封に属す自由保有者の出仕奉仕義務を管理していた。（おそらくこの封のもとの中心地であったと思われる）タンフィールド近郊のソーンバラでは、年間一七回（三週間に一回）も開かれていた（ちなみにこの法廷は、年間二ポンド程度の定期収入をもたらしていた）[24]。

ネヴィル家、フィッツヒュー家、スクロウプ家のような家系のとっては、封建的保有者に関する記録を残しておく必要があった。というのは不動産復帰や後見権に絡んで思わぬ利益が転がり込む可能性があったからだ。一四一七年から一八年にかけて、フィッツヒュー卿ヘンリは思わぬ幸運を手にした。彼には二人の相続人の後見権が手に入り、ジョン・レイトン（John Laton）とマーマデューク・エグゼルビー（Marmaduke Exelby）という未成年者の婚姻権を総額四九ポンドで売却することができたのだ[25]。封建的権利の恩恵に浴していたのは王だけではなかったというわけである。一四六五年、スクロウプ卿ジョンは、クロフツの直轄地すべてを最大のテナントだったリチャード・クレルボーに売却したのだが、その際、その荘園の領有権に加え、騎士役によって保有されているすべての土地についての自由保有地代、許可料、城塞警護税を手放さなかったのは、この理由のためであろう[26]。

しかし封建的な権利は、物質的な面だけでなく、儀式的・象徴的な意味でも重要であった。夏至になると、異なる色の矢尻の付いた矢や薔薇一輪を納めるという行為は、伯爵やその代理人に対する毎年の臣従の履行にあたる行為であった。この封の保有者のうちの二人、すなわちスクロウプ卿とウェストマランド伯ラルフとが伯に倣って、リッチモンドに伯が所有する城に対抗するかのように、ウェインズデールに互いに数マイルしか離れていない場所にそれぞれ大きな城を築いたことも、偶然ではないのである。スクロウプ卿リチャードは一三七八年から九六年にかけて、戦争や役職から得た莫大な利益を費やして、時代の先端を行く要塞の如き御殿を築いた。この城はウェインズデールの中心に築かれた彼の存在の証であるだけでなく、彼に時代適合的な居住の場を提供したのである。これに負けじとばかりに、ウェストマランド伯ラルフ・ネヴィルは、一三九七年にジョン・オブ・ゴーントの娘、ジョーン・ボーフォートと婚姻すると早速、ミドラムにあった城を、この結婚にふさわしい城へと二〇年かけて改造したという訳である。(27) ところが、同じ時期、もう一人のライヴァルであるヘンリー・フィッツヒューは、こうした競争に加わらなかった。彼はそうせずに、イングランドにおけるブリジット派修道院の振興に力を注いだのだ。(28)

のちに「名誉領の登記簿」(Register of the Honour) として知られる文書群に収められることになる、リッチモンドの騎士封や城塞警護義務者のリストのひとつは、城の平面図に、各警護者の城塞の持ち場にそれぞれ旗の彩飾を施したものである。(29) それが描かれたのは、二カ月間の城壁の警護義務を実際に行なう者がいなくなって、すでに何年も経ってからのことであった。しかし警護の配置図に美しい紋章があしらわれているのを見ると、その任務が名誉なこととみなされ、それを特権として受け継いだ二八人のジェントルマンが、富の程度に差はあるものの、いずれも地元社会における一段高い地位あることを誇りに思っていたことがうかがわれる。リッチモンドシャーで城塞警護義務を負うということは、隣人よりも優れているという証しであった。

しかし、城の警備が主要封臣としての象徴であるという考え方は同時に、彼らに依然として軍役が期待されていたという事実を示している。一三九八年、ブルターニュ公ジャン四世は、カウンティの調査を行なう諸役人に対して、誰が自分のテナントであるのかを正確に特定するよう切望した。その結果、テナントたちは臣従の誓いをした者（騎士封保有者）、忠誠義務者（自由土地保有者）、および「検地尺による土地保有者」（ヴァーギト単位で土地保有をする任意保有者）に分類された。しかしこれらの役人の報告によれば、テナントたちは公に対して、臣従の誓いを行なわなかったというのだ。これは公やその相続人に対する重大な侵害を意味する。臣従の誓いができないのは、国王の側近中の側近、ウィルトシャー伯ウィリアム・スクロウプのせいだと、役人らはほのめかした。[30]実際、彼らの言う通りだったのかもしれない。というのも、自らの臣下が外国の勢力、とりわけブルターニュ公に忠誠を誓うことを許す国王などいるはずはないからだ。なにせ、ブルターニュ公といえば、変節ということにかけては誰にも負けない人物なのだから。このような理由から、彼自身のフランスでの野心を実現するためにであれ、あるいはフランス国王をイングランドに対して守るためであれ、公がリッチモンド・カウンティで兵力を整えることは考えられない状況であった。

しかし、国王が爵位を自ら保持している間は、そのような危険性はなかった。実際、国王のためにリッチモンドシャーで戦士を集めるのは、国王の代理人の仕事ということになった。この代理人職はいずれの場合も、伯領の三人の主要テナントであるフィー保有者のうちから一人が務めていたようだ。ジャン公自身は亡命へと追いやられ、一三七三年から七九年の間は厳重な看視の下にイングランドで暮らしていたのであるが、その間に敵であるが同時に大いに尊敬されていたスクロウプ卿と懇意な関係になったと見られる。この人物はボルトン城を築き、一三七八年から八〇年まではイングランドの大法官を務めた名士である。彼は一三九八年にはコンスタブル（城塞警護職）であると同時に、ステュワード（家政長官）でもあった。[31]しかし、国王が伯の地位を回復した一三八一年以後しばらくの間、フィッツヒュー卿が城とカウンティの賃借人となり、彼はその見返りに四三三ポンド六シリング八ペンスを支払った。[32]しかし最終的にこの領土を獲得したのは、ウェストマランド伯ラルフ・ネヴィルである。彼は一三八八年にミドラム封を相続し、妻のジョアン・ボーフォートと子供たちにこれを分与し、さらに一三九九年以後には国王の姻戚となった。彼は一三九九年から一四二五年に亡くなるまで、リッチモンドシャーの生涯領有権を与えられ、結果的には息子と孫にそれを受け継がせることができた。[33]

この時代の代々のネヴィル家が、リッチモンドシャーの封建的土地保有者を結集し、国王のために果たした軍役には種々の形態があった。例えば一四〇三年および一四〇五年には、王家を反乱軍から守った。また一四一七年や一四三六年には、兵を率いてフランスへ渡った。さらには、そしてこれが一番重要なのだが、イングランド西部辺境の警護役として、スコットランドとの国境警備に兵を展開したこともあった。中世後期のイングランドでは、土地保有者が兵力の圧倒的割合を占め、特に故郷の防衛ために、また内乱の際には特にそうであった。年代記の記述が示すように、また現存する家政文書によって確認できるように、薔薇戦争では両陣営ともそれぞれのテナントを召集して戦ったのが事実である。[34]これは従来は、地主の保有する軍事力の行使と解釈されてきたが、それだけではなく、封建的軍役をも巻き込んだ戦力であったのだ。リッチモンド・カウンティでは、伯のすべての封臣、ならびに伯の代理人としての三人の封グループ保有者たちのテナントも、彼らの土地保有条件に従って召集されたのである。こうしてリッチモンド・カウンティの領有者は事実上、カウンティ内では封建軍の一般的召集をかけることができたのである。そうして従軍した者は通例、対価として報酬と補償を受け取った。例えば一四四八年には、フィッツヒュー卿はミクルトンの彼のテナントがその年スコットランド軍と戦ったことに謝意を示した。しかしテナントたちが、自らの義務だったからそうしたというのも事実であった。[35]

イングランド王国を守るためにスコットランドと戦うことは、西部辺境の警護役としての、ミドラムの領主たちの義務であった点にこそ、既述の歯形捺印契約に基づき雇用された扈従に話を戻すべき理由がある。というのは西部辺境の警護役には、この義務を視野に入れて家臣を雇い入れることを認められていたからだ。一四五七・五八年、一四六四・六五年、そして一四七三・七四年頃の三つの年度に関する、ミドラムの領主権の収入役の会計簿が残されているが、それによれば、契約に基づく扈従に支払われ、領主権にとっての支出と見なされた封が二〇ほどリストアップされている。そこに記された家臣の顔ぶれは毎回異なっていたが、いずれもジェントリやカウンティ内のテナントの同じグループから選ばれた者たちで、彼らは伯から直接にあるいは伯の三大封臣から封を保有する者たちであった。

これら三つのグループの扈従たちと、彼らが契約に基づいて奉仕を義務づけられた別の領主（ソールズベリ伯リチャード・ネヴィル、ウォリック伯リチャード・ネヴィル、およびグロスタ公リチャード）を結びつける決定的な要素が、コニヤーズ家の果たす結節点としての役割であった。一四五七年から五八年にかけてこの一族を率いていたのはクリストファーで、それ以降は息子のサー・ジョンという人物であった。二人は共に、ミドラムとリッチモンド、ならびに共有者中の生残者権者として管理するワペンテイクのベイリフ管区において、ステュワード職とコンスタブル職とを兼ねていた。またミドラム領（ミドラム封を含む）およびリッチモンド・カウンティの両方の統治においで鍵を握る人物でもあった。カウンティ領有者の代官《レフテナント》として、二度の媒介を経て彼らは現地で伯の権限を行使した。彼らの周りには、一族や隣人を雇用契約に基づく扈従として配置したが、その主な役割は、西部辺境の警護役としての彼らの主君に、特に戦争の恐れがある場合に兵力を供給して奉仕することであった[36]。庶子封建制は、こうしてこのカウンティの歴史的、封建的構造を覆っていたのである。

彼らやその従者が集められたのは、何よりもスコットランド人から王国を守るためだったが、一四五五年から七一年にかけては、内乱の際にも派遣されるようになった。その際は国王を支持して戦うことも、逆に王冠を手にした国王を相手に戦うこともあった。例えばネヴィル家がヨーク支持を表明したとき、リッチモンドシャーは彼を支持するように戦時体制をとらされた。例えば一四五五年、一四五九年、一四六〇・六一年にはそうであり、また新たに王冠を手にしたエドワード四世のための北英での戦闘の際にもそうであった。

ところが一四六九年と一四七一年にはリッチモンドシャーは、ウォリック・ザ・キングメーカーによってエドワード四世に敵対して四回以上も軍事動員された。当時の評釈者や年代記作者は、リッチモンドシャーの人々が内乱で果たした役割を繰り返し強調したが、ウォリック伯の「扈従」「手勢」、あるいは「仲間」についてはあまり触れていない。[37] なぜなら彼らには、それは庶子封建制に基づくアフィニティ（親近者団）関係以上のものであるという認識があったからだ。リッチモンドシャー、すなわちリッチモンド・カウンティに深く根付いた、古くからの封建的関係が、この地域の結束と絆を強固なものにしていた。それは、国王のために使われた場合でも、国王に敵対した場合でも、力強い勢力であった。これはプラマやマクファーレンだけでなく、ヒックスさえ主張した意味での「庶子」封建制とは異なる。それはイングランドの中世末期においてなお健在で活動している、後期封建制度に他ならなかった。

リッチモンド・カウンティは、イングランドの典型州とは言えない。北部を代表する州とも言えないであろう。イングランドには他にも特権領があり、特にスコットランドとの国境近くには、カンバーランドやノーサンバーランドにいくつかの特権領が設けられていた。中でも有名なのは、ダラムというパラティン伯領である。理論上、ここはリッチモンド・カウンティよりも独立し強力であった。リッチモンドとは異なり、ダラムには独自のシェリフがおり、独自の上級裁判所があった。しかしその領主は司教であり、実質的には司教は国王によって任命されるため、中世も後半になるとリッチモンドと同様、王家の政治的支配を受けるようになった。[38]

ノーサンバーランドの別の特権領について、「イングランド北東部の歴史に関する芸術・文化研究センター」の後援の下、新たな調査が既に着手されている。順調にいけばこの調査によって、一定境界内における後期封建制度の重要性が明らかになるだろう。とはいえ、一四世紀および一五世紀のイングランド北部において封建制度が重要な役割を果たしたことは、現在私たちがダラムとリッチモンドについて持っている知識があれば十分理解できる。庶子封建制の登場以前に、既にその主な特徴が存在したことを証明できるように、庶子封建制度の出現後しばらく経ってからも王国の一部には初期封建制度の影響が生き残っていたと論ずることも可能である。イングランドにおける後期封建制度を研究する歴史家は、この点に留意するべきではないだろうか。そしてイングランドにおける中世を通して、初期、後期、また庶子などすべての封建制度において、リッチモンドの領主ならびにその主だった封保有者たちは、戦士、官僚、そして廷臣という三つの役割を同時に、しかも見事に果たしていたのだ。

（1）Melanie Devine に謝意を表したい。私は、一三七二年から一四二五年までのリッチモンドシャーについて氏が作成中の博士論文から、アイデアと資料を拝借させていただいた。その意味で、本稿は氏と私との共著と言える。

（2）日本とヨーロッパの比較は、二〇〇三年三月に開催された国際日本文化研究センターの会議におけるディスカッションからとりあげた。イングランド王リチャード二世の統治については、特に Saul 1997,pp. 50-1 (Scrope), 102-5 (Despenser), 108-34, 148-75 and 366-434 を参照のこと。ダラムについては、Lapsley 1900 passim および Thornton 2000, 83-100 を参照されたい。

（3）騎士の地位については、Keen 1984, passim and Kaeuper, 1999, passim.

（4）「封建制度」という表現の妥当性については様々な意見がある。本稿では、歴史学上の省略表現として便宜上とりあえずこの表現を用いた。

（5）「庶子封建制度」については、Prince 1933; McFarlane 1945 (1981), pp.161-80 (23-44); McFarlane 1973; Jones および Walker 1994 を参照のこと。

（6） Plummer 1985, pp.15-16.
（7） McFarlane 1964 (1981), p.238
（8） Coss 1989; Crouch, Coss and Carpenter 1991; Hicks 1995, passim
（9） Cam 1940 (1963)
（10） Hicks 1995, pp.81-4.
（11） James 1986; Beckingsale 1969; Ellis 1995 and 1999.
（12） Page 1919, pp.9-17; Mason 1963; Thomas 1994; Pollard 2001, pp.118-9.
（13） Thornton 2000.
（14） Jones 1970; Goodman 1992, pp.29-32, 185-6.
（15） Griffiths 1981, 698; Pollard 1990, pp.258-9, 317-18, 321, 327, 370, 372-3, 383; Pollard 2001, pp.117-22.
（16） British Library, Cotton Faustina B vii, folios 72-132; Gale 1722.
（17） *Archive de Loire-Atlantique,* E116; Klin 1995. 私にこの史料について教えてくれ、コピーを貸してくれた Michael Jones に感謝する。
（18） Klin 1995, pp.2-11.
（19） Pollard 1989 and 2001, pp.118-9.
（20） Klin 1995, p.78.
（21） Gale 1722, pp.77-88.
（22） Gale 1722, pp.81-2; Pollard 1990, pp.97-8.
（23） Gale 1722, pp.78-80; 81-2; 87; North Yorkshire County Record Office, ZJX 3/2/40, 76, 89, 96, 99, 114, 115.
（24） North Yorks County Record Office, ZJX 3/1/70-116.
（25） Pollard 1990, p.98.
（26） Pollard 2001, p.101.
（27） Emery 1996, pp.303-12, 368-72.
（28） Harriss 1985, pp.86-7, 110.
（29） British Library, Faustina B vii, fo 85v; Gale 1722, p. 28.

(30) *Archives de Loire Atlantique,* E116, fo 5, 18v; Klin 1995, p.11.
(31) *Archives de Loire Atlantique,* E116, fo 5; Saul 1997, p.51.
(32) Jones 1970, pp.192-3.
(33) Calendar of Patent Rolls, 1399-1401, p.241; Pollard 2001, pp.117-8.
(34) Hicks 1995, pp.185-200.
(35) Pollard 1990, p.16.
(36) Pollard 1990, pp.128-9; Pollard 1976; Pollard 2001, 51-75.
(37) Pollard 1990, pp.262-3, 271-315.
(38) Pollard 1996; Thornton 2000.

References

Beckingsale 1969
B. W. Beckingsale, "The Character of the Tudor North", *Northern History,* 4 (1969).
Cam 1940
H.M Cam, "The Decline and Fall of English Feudalism", *History,* 25(1940). Repr in *Liberties and Communities in Medieval England,* Cambridge 1963.
Coss 1989
P. R. Coss, "Bastard Feudalism Revised", *Past and Present,* 125 (1989).
Crouch 1991
D. A. Crouch, P. R. Coss and D. Carpenter, "Debate: Bastard Feudalism Revised", *Past and Present,* 131 (1991).
Ellis 1995
S. G. Ellis, *Tudor Frontiers and Noble Power: the Making of the British State,* Oxford, 1995.
Ellis 1999
S. G. Ellis, "Civilizing Northumberland: Representations of the Tudor State", *Journal of Historical Sociology,* 12 (1969).
Emery 1996

Anthony Emery, *Greater Medieval Houses of England and Wales,* 1300–1500: Vol 1, Northern England, Cambridge, 1996.

Gale 1722

R. Gale, *Registrum Honoris de Richmond,* London, 1722.

Goodman 1992

Anthony Goodman, *John of Gaunt: the Exercise of Princely Power in Fourteenth-Century Europe,* Harlow, 1992.

Griifths 1981

R. A. Griffiths, *The Reign of King Henry VI: the Exercise of Royal Authority, 1422–1461,* London, 1981.

Harriss　1985

G. L. Harris, ed, *Henry V: the Practice of Kingship,* Oxford, 1985.

Hicks 1995

Michael Hicks, *Bastard Feudalism,* Harlow, 1995.

James 1986

M. E. James, *Society, Politics and Culture,* Oxford, 1986.

Jones 1970

M. C. E. Jones, *Ducal Brittany, 1364–1399: Relations with England and France during the Reign of Duke John IV,* Oxford, 1970.

Jones and Walker 1994

M. C. E. Jones and S. Walker, "Private Indentures for Life Service in Peace and War", in *Camden Miscellany,* 33. Camden, Fifth Series, 3, 1994.

Kaeuper 1999

Richard W. Kaeuper, *Chivalry and Violence in medieval Europe,* Oxford, 1999.

Keen 1984

M. H. Keen, *Chivalry,* New Haven, 1984.

Klin 1995

Jerome Klin, "L' Honneur de Richmond a la fin du XIVeme Siecle". Maitrise d' histoire dissertation, Universite' de Haute-

Bretagne, Rennes, 1995.

Lapsley 1900

G. T. Lapsley, *The County Palatine of Durham: a Study in Constitutional History,* Cambridge, Mass, 1900.

Mason 1963

J. F. A. Mason, "The Honour of Richmond in 1086", *English Historical Review,* 68 (1963).

McFarlane 1945

K. B. McFarlane, "Bastard Feudalism", *Bulletin of the Institute of Historical Research,* 20 (1945); repr in *England in the Fifteenth Century: Collected Essays,* ed G. L. Harriss, London, 1981.

McFarlane 1964

K. B. McFarlane, "The Wars of the Roses", *Proceedings of the British Academy,* 50 (1964); repr in Harriss, ed, England in the Fifteenth Century, 1981.

McFarlane 1973

K. B. McFarlane, *The Nobility of Later Medieval England,* Oxford, 1973.

Page 1914

W. Page, ed, *The Victoria History of the County of Yorkshire: the North Riding,* London, 1919.

Plummer 1885

Sir John Fortescue, *The Governance of England,* ed. Charles Plummer, London, 1885.

Pollard 1976

A. J. Pollard, "The Northern Retainers of Richard Neville, earl of Salisbury", *Northern History,* 11 (1976).

Pollard 1989

A. J. Pollard, "The North-Eastern Economy and the Agrarian Crisis of 1438–40", *Northern History,* 25 (1989).

Pollard 1990

A. J. Pollard, *North-Eastern England during the Wars of the Roses: Lay Society, War, and Politics 1450–1500,* Oxford, 1990.

Pollard 1996

A. J. Pollard, 'The Crown and the County Palatine of Durham, 1437–94', in *The North of England in the Age of Richard III,* ed

Pollard, Stroud, 1996.
Pollard 2001
A. J. Pollard, *The Worlds of Richard III,* Stroud, 2001.
Prince 1933
A. E. Prince, "The Indenture System under Edward III", in *Historical Essays in Honour of James Tait,* ed J. G. Edwards and others, Manchester, 1933.
Saul 1997
Nigel Saul, *Richard II,* New Haven, 1997.
Thomas 1994
Hugh M. Thomas, "Subinfeudination and Alienation of Land, Economic Development, and the Wealth of Nobles on the Honour of Richmond, 1066 to c.1300", *Albion,* 26.3(1994).
Thornton 2000
Tim Thornton, "Fifteenth-Century Durham and the problem of Provincial Liberties in England and the Wider Territories of the English Crown", *Transactions of the Royal historical Society,* sixth series, 10 (2000).

【コメント1】

イングランド一四・一五世紀の官僚制と国王家政

朝治啓三

1 バスタード・フューダリズム

封主から封臣への封土の下封と、封臣から封主への軍事奉仕を交換する私的契約としての封建契約においては、封臣から封主への忠誠と、封主による封臣への保護とは、安定的で事実上代々続くものとみなされている。しかし一三世紀の交換経済の発展の結果、土地の授受を仲立ちとする主従関係は存続するものの、金銭と軍事奉仕を交換する契約に基づく主従関係が広まった。一三世紀後半のエドワード一世による対ウェールズ戦争は、大量の雇用された軍隊でまかなわれた。

一四～一五世紀の対フランス戦争でも、国王から軍事力提供を求められた有力諸侯は、このような契約で結ばれた私兵を動員して戦闘に参加し、国王から報酬を得た。これらの私兵はしばしば、より良い待遇を目指してもとの主君と敵対する相手方に鞍替えした。しかも平時には主君の権威をカサに地域住民に対して横柄な態度に出た。いまや忠誠と保護とは安定的なものではなく、金銭次第で動く流動的なものになった。これがいわゆるバスタード・フューダリズムである。

バスタード・フューダリズムの歴史的意義については、かつてはその秩序破壊的な側面が強調されたが、近年ではM・ヒックスらによる実証研究の成果をふまえて、一地域での政治的影響力を確保し、地域限定的ではあるが安定した秩序を維持しようとする諸侯が、地域内の中小領主たちと結んだ契約の体系としての面も評価されている。これに対して、今回のポラード教授の報告は、一五世紀の主従関係の希薄な時代にあっても、イングランド北部においては伝統的な主従関係が一六世紀にいたるまで続いていたことを実証した。土地の授受が金銭授受に変わっても、主従間の絆の希薄化に繋がるとは限らないことが実証された。

ポラード説に対する私の疑問は次の点にある。すなわち教授の説明は、一三世紀末までの封建制度を根幹とする社会と、一四・一五世紀の軍事制度に基づく社会との違いを不鮮明にするのではないか、という点である。後者の時代においては、軍事的従者を私的に確保している有力諸侯が、議会に召集され、国政に関して発言する資格を確保された国制（身分制）が成立していた。今後はバスタード・フューダリズムは、単なる軍事制度としてだけではなく、政治・社会構造の一部としてとらえ直される必要があろう。

以下、一四・一五世紀の身分制的国制における「官僚制」と、金銭契約主従関係との関わりについて、やや立ち入って述べることにする。

2　王の家政機関と国家の行政機構の関係

イングランド中世国家の公権力を最も良く代表していたのが国王の権力であったことは事実である。しかし、当時の公権力を構成していたのは、国王の権力だけではない。諸侯の影響力も与っていた。

中央の主な行政官庁のうち、一三世紀末に存在していたのは尚書部・財務府・納戸部・寝所部であり、一四世紀には王璽局・国王秘書官室がつけ加わる。「一四世紀初期の統治は本質的に国王の個人的統治であり、この統治は、一部分は、宮廷の部分として以外は存在していない伝達経路及び代理人を通して、一部分は、宮廷から離れては存在していない伝達経路及び代理人を通して営まれていたということに、間違いなく同意することができよう」と主張するクライムズも、「長い目でみると、統治が理論上はともかく事実上は益々純枠に個人的なものではなくなるにつれて、これらの家内的役人は究極的には統治から脱落するかあるいは『国家の役人』としての性格を帯びてきた」ことを認めている。すなわち上記の諸官庁は、もとは王の「私的な」家政的機関であったが、次第に「国家」の機関としての「公的な」性格を合わせ持つようになった。

王の家政役人の規模は四〇〇～七〇〇人程度で、宮廷を司るステュワード、また王の住居とその役人の管理者としてのチェムバレンがいた。一三世紀には王の財庫を管理する納戸部長官、また一四世紀には王璽を管理する王璽尚書が重要性を得てきた。一三六二～六三年のエドワード三世の支出一覧表によれば、支出総額の約三四％が王の家族と家政的役人のために費やされている。王は家政役人の忠誠心を確保するためこのような大金を必要とした。よりよい待遇、上等の服、見栄えのする儀式、王らしさを誇示する邸宅・行列・祭などによって注意をひく一方、「私的な」家内役人の中から有資格者を中央の「公的な」官職に就任させたり、金品・名誉・特権を与えたり訴訟幇助をしてやった。

中央の司法組織を見ておこう。王座・民事訴訟・財務府の三つのコモンロー上位裁判所は一三世紀末にはウェストミンスターに固定され、手続きや記録なども整って、一四世紀には国家行政にはあまり関与しなくなった。これに対し諸侯が主たる構成員である評議会や、議会の上院は以前から裁判権を行使していたが、一四世紀に入ると商業紛争、沿岸取締、ユース、騒乱などコモンロー裁判所の管轄外の事件を扱うことにより司法権を大幅に拡大し始めた。議会の下院は評議会や上院のこのような傾向に対し、繰り返し不満を表明し、一三五二年の制定法では「自由保有地に関する問題は、コモンローによってのみ裁判される」という規定を得たが、社会の変化にともない、評議会や上院が扱う件数は増加した。同時に尚書部も裁判権を行使し始め、一四三〇年代からは扱い件数が急増する。中央の裁判所の裁判官団による定期的地方巡回裁判は、一四世紀には衰退し、特定目的の裁判官団が随時巡回した。

3　地域社会における諸侯の影響力

地方行政はどうだったのか。確かに中央の重要官職には王は自己の人事権を行使し続けたようであるが、しかし行政のすべてを王の家政役人のみでまかなえたわけでは決してなく、残りの部分は諸侯、ジェントリ、都市、聖職者に委任しなければならなかった。地方役人の人事への王の介入もみられたが、成功は部分的であった。

一三〇〇年以前から存在していたシェリフ、コロナ、エスチータ等の地方官職に加えて、一四世紀半ばに新たに治安判事が成立する。これらの役職に就いた人々は一四世紀までに、ほぼ当該州に土地を有する在地の騎士やジェントリ層に限定される。これらの地方官は地元の有資格の自由土地保有者たちによって選出され、その後、王権による確認を経て任命される。治安判事も資格や選出方法は同じであった。一二六四年六月、バロンの反乱中に設立された治安官はその後何度か設置し直されたが、一三六〇～六一年の法によって初めて裁判権を与えられ、一三八八年には年四回の法廷を開催するように命じられた。これによってそれまで地方在住の自由土地保有者たちの討論の場であった州の裁判集会は意義を失った。一四世紀には彼らの人数は州あたり二～三人であったが、一五世紀には一五～二〇人へと増加した。これらの地方諸官職へ王が自己の家政役人を直接就任させることは難しかった。かといって州の自由土地保有者による公正で自律的な役人選出が行われたとは必ずしもいえない。いくつかの州では、その地に勢力を有する諸侯が地方官の選出に介入したからである。

一五世紀におけるウォリックシァのジェントリと、伯ビーチャム家との社会的存在様態を分析したクリスティーン・カーペンターによれば、一方では在地ジェントリの共同体のようなものが存在したが、同時に伯はジェントリたちの間の紛争を解決したり、土地取引の仲介・立会いをしたり、就職の世話をしたりして彼らに影響力を及ぼし、自己への忠誠心の取り付けの努力をしたという。同様の例はベドフォドシァ、デヴォンシァ、ランカシァ、チェシァについても報告されている。さらに注目すべきことには、諸侯は上述のような好意ある取り計らいによって間接的にジェントリに影響力を及ぼすだけではなく、彼らの一部を自己の家政役人に取り込み、地域のまとめ役として機能させる場合もあったということである。国王も同様のやり方で地域社会に接近した。

王は自ら利権や官職それに司法上の便宜を与え得る立場にいたが、それらを配分する際の主導権までも独占していたわけではなかったから、実際には直接地域社会に介入する機会は限定されていたようである。他方諸侯は上院や評議会に席を占め、自ら中央の官職に就くことによって、王権に由来する利権や官職を地域のジェントリに仲介することができ、その結果、一定地域内での国家の行政権の一部を掌握し、王権や他の諸侯権に対抗しつつ、貴族としての主体性を保持し得た。また在地ジェントリの共同体的意志ともいうべきものが形成されて、地方官の選出に影響力を及ぼした例も報告されている。従って王は地域社会ではこれらの勢力と競争しなければならなかったのである。地域社会での闘争は、中央政界での王の恩顧をめぐる貴族諸侯の争いとも関連していた。国家の公権力を動かしていたのは国王や顧問たちの意志だけであったとはいえず、諸侯やジェントリの意志も与っていたことを行政史は教えてくれる。

4　一四・一五世紀の封主・封臣関係

諸侯やその扈従が取り結ぶ金銭契約関係は、社会に無秩序をもたらすものとばかりはいえず、国王の権威が地域住民の全てを覆い尽くすまでにはいたっていない状況においては、地域限定的ではあるが、国家公権が果たすべき地域社会統治の任務を、私的に果たしていた側面もあるのではないか。一三世紀末までの「官僚制」に比べれば、一四・一五世紀の「官僚制」は格段に整備されたものになっていたが、それに対する、あるいはそれを利用する諸侯とそのアフィニティから及ぼされる影響力が時代とともに衰えて、国家行政における国王の主導権が確立したのかといえばそうではない。この面では一三世紀末までと、一四・一五世紀との差は小さいが、軍事力編成が封建制からバスタード・フューダリズムへと変化したことによる諸侯の影響力には差が出たはずである。ポラード報告にこの点が付加されれば、論旨はより明確になったであろう。

【コメント2】

バスタード・フューダリズム再考

井内太郎

はじめに

本稿ではポラード教授のご報告を受けて、このセッションのテーマである「封建制度と官僚制度」にひきつけつつ、三つの観点からコメントを試みることにしたい。

1　フューダリズムとバスタード・フューダリズム

バスタード・フューダリズムという言葉自体は、早くも一八八五年にC・プランマーにより用いられている。彼は『フォーテスキューのイングランド統治について』を編纂した際に、バスタード・フューダリズムをエドワード三世時代における軍役制度の変化（傭兵制）を契機に生じた政治的腐敗・堕落として捉えた。つまり彼はバスタード・フューダリズムを社会の悪疾現象の一つと見なすのであり、それはイングランド中世末期を単なる政治的混乱や無秩序の時代と見なす従来説の根拠の一つともなったのである。しかしながら、一九四五年にK・B・マクファーレンはバスタード・フューダリズムの概念に新たな生命を吹き込みながら、それをもっぱら封建社会の悪疾現象として捉える従来説を厳しく批判した。バスタード・フューダリズムをめぐる議論は、ここから本格化していったといってもよい。

まず彼の考えるバスタード・フューダリズム概念について

簡単に整理しておこう。彼はそれを、従来のように主君と家士（vassal）との間の土地を媒介にした封建的関係から、主人と従者との間の個人的契約関係にとって変わられること、特に土地ではなく金銭関係を媒介とし、主君への忠誠をともなわないような人的結合関係が発達した社会として捉える。一見して封建的な関係に見えるものの、これは金銭を媒介とする契約関係であり、従来の「封建制」とは本質的な性格が違う、新しい「封建制」という意味で彼は「バスタード」という形容詞を用いるわけである。

彼によれば、バスタード・フューダリズムは一四～一五世紀に独特の社会関係でもあった。このようにバスタード・フューダリズムは、金銭契約関係であるわけだから、両者が合意したことを示す契約書が作成されることになり、これがインデンチュア（indenture）と呼ばれる文書である。このインデンチュア契約に基づいて従者は戦時においては君主の軍勢の中核として働き、また平時においては彼の家政において奉仕することになる。一方、君主の側は、従者のそのような働きに対して契約に基づく一定金額の賃金（fee）を支払い、また両者の結合のシンボルとしてお仕着せ（livery）を支給したのである。またバスタード・フューダリズムの進展過程で、アフィニティ（affinity）と呼ばれる新たな集団が生まれてきたこともこの時代の社会に独特の現象であった。すなわち、地方の有力な貴族たちは次第に彼らの周りに有力なジェントリたちを集め、保護やパトロネイジの行使を通じて結束を強化し、地域社会における勢力拡大を図っていったのである。もちろんそうしたアフィニティの中核をなすのは、君主とインデンチュア契約を結んだ従者たちであった。

このようにマクファーレンはバスタード・フューダリズムを「封建制度」から独立したものとして、その相違点を強調するわけだが、その後の議論の中で、むしろそれを「封建制」の一種として連続的に捉える考え方も現れてきた。両者の論争については、すでにいくつかの研究動向において紹介されているので、ここではいくつかの論点を紹介するにとどめたい。

マクファーレン説の特徴の一つは、金銭に基づくインデンチュア契約の成立・発展の過程を重視する点にある。彼はその起源を一二七七年にエドワード一世がウエールズへ遠征する際に、王と貴族の間で軍隊招集のために結ばれた契約関係に求めた。しかしながら、近年の研究においては、国王が軍事的必要から家臣に対して金銭を支払う軍事契約は、すでに一二世紀初頭のヘンリー一世時代に貨幣知行（fief-rentes）という形式で広く行われていたと指摘されている。となると、いわゆる土地を媒介とする人的結合関係からなる封建社会においても、金銭契約関係が広く結ばれていたことになる。もとより、貨幣知行の場合、臣従礼と忠誠の誓いをともなっていたという点において、インデンチュア・システムとの間に決定的な違いがある点は留保されねばならないが、少なくともマクファーレンのように、インデンチュア・システムの起源からバスタード・フューダリズムの起源を探り、バスタード・フューダリズムの独自性を見いだすことは困難となっているのである。また近年の地方史研究の成果によれば、アフィニティに関しても一四～一五世紀以前からすでにそれに類する人的結合関係は存在していたともいわれている。

近年のバスタード・フューダリズム研究は、地域史研究の進展を受けて新たな歴史的意義を、そこに見いだそうとしているように思われる。すなわち、かつてのように、それを単なる軍事制度として捉えるのではなく、より広い政治・社会構造の一部として位置づけること、第二に国王と貴族の間のものよりも、むしろ諸侯が地域内のナイト、ジェントリたちと結んだ契約とその実態を明らかにしながら、地域社会におけるアフィニティの構造を明らかにすることなどである。こうした地域史研究が積み重ねられるにつれて明らかになったことは、バスタード・フューダリズムの浸透度あるいは封建制度の残存度には、地域的な格差が認められ、早くから両者は併存していたということである。また一般にイングランドの南部地域に比較すると北部地域では、依然として封建制が根強く残っており重要な役割を果たしていたことも明らかになりつつある。

ポラード教授の報告も、こうした研究史を踏まえてイングランド北東部、特に一五世紀にヨークシャの北西部に位置したリッチモンドシャを一つのケース・スタディとしながらバスタード・フューダリズムを再検討したところに、研究上の意義が認められる。この地域では数世代にわたって領主と保有農民（tenant）との間に封建的関係が根強く残っており、それがこの地域のまとまりや結束力の強さの源となっていた。しかしながら、一方でミドラム（Middleham）の領主による西部辺境域の警備（the warden of the west march）は、インデンチュア・システムに基づいて行われていた点が注目に値する。リッチモンドシャにおいては、このように封建的構造の中にバスタード・フューダリズム的形態が組み込まれていったわけだが、それがこの地域の一体性を突き崩し政治的・社会的に不安定な状況を生み出すことはなかったというポラード教授の指摘は重要である。

ただし、セッションにおける議論においてポラード教授自身が認められたように、これはあくまでも一事例研究であり、イングランド全体の典型的な事例ではないし、それどころか、もしかすると北部の典型的な事例でなかった可能性さえ残っている。したがって、一方でこうした事例研究が積み重ねられながら、他方でバスタード・フューダリズムあるいは中世末期の後期封建制の概念整理が行われる必要があるであろう。

2　中世末期のバスタード・フューダリズムの捉え方

バスタード・フューダリズムの研究の進展は、そのまま同制度の定義を曖昧なものにしつつある。少なくとも、この概念を用いて固有の歴史的段階を示す社会構造を指すものとして用いることは、不可能といってよい。むしろこの概念は「封建制の解体に並行して生じる国王統治の拡大・定着期に出現した種々の現象に冠される形容詞句として用いられるのが一般的である」という指摘もある。しかしながら、それをどう表現するにせよ、中世末期に金銭契約に基づく独特の人間関係が広がったことも事実なのである。近年の研究では、このような人間関係をより大きな政治・社会構造から捉え直そうとする試みも始まっている。すなわち、中世末期に特徴的な人間関係をバスタード・フューダリズムにおいて指摘されたインデンチュアと呼ばれる特定の書式の文書の交換などに限定されない、もっと幅広い人間関係として検討しようとするものである。

この時代に特徴的な人間関係は、主従関係のみならず同輩関係、エリート層のみならず民衆層の中であるいは相互の「援助（maintenance）の約束とその連鎖を中心とする人間関係」が非常に重要な意味をおびていったという見方である。詳しい言及は近年のいくつかの研究動向に委ねるが、そのような援助関係の中には、インデンチュア・システムのような金銭契約のみならず、宗教的兄弟団による相互扶助や、もっと過激なものとして暴力ないしは騒擾（riot）、訴訟幇助（maintenance）などさまざまな人間関係が含まれている。つまり、近年の研究の中には、中世末期のさまざまな人間関係の連鎖の中にバスタード・フューダリズムの問題を位置づけながら、それらの成立の要因や背景について分析するという新たな視点に基づく研究が現れてきつつある。

このようにバスタード・フューダリズムを、いわば一種の社会現象の一つと捉えた場合、「封建制」のような社会構造原理とバスタード・フューダリズムを同列に比較したり、あるいはどちらの要素が強いかを論じることは難しいのではないか、といったより大きな問題に対しても答えていく必要性が生じてくるであろう。

3　中世末期から近世にかけての「封建制」の変遷過程について

筆者は一六世紀のテューダー王朝時代の行財政制度について研究を進めている。個人的に興味を持っているのは、一五〜一六世紀の間に何らかの歴史的転換点を認めることができるのかという点である。というのも、これまで一五世紀史家と近世史家との間の対話が、必ずしも十分に行われているとはいえず、この二世紀間を連続的に捉えるといかなる歴史像が構築されるのか、いまだに明確にはなっていないからである。さらに一六世紀以降はずっと「封建制」の解体過程として連続的に捉えられるのであろうか。あるいはそれ以降も封建制の何らかの要素が残っていったのであろうか。少なくとも財政史的に見た場合、イギリスでは一六世紀に入っても「封建制」は全く解体したわけではなかった。

かつてハーストフィールド教授は、一六世紀の財政政策を「財政封建制（Fiscal Feudalism）」という概念でもって、説明を試みた。すなわち、テューダー王朝を開いたヘンリー七世は直属授封者（tenant in chief）の数を増加させたが、それは有力貴族たちが臣下に対して再下封することで勢力を増大させるのを阻止するための方策であった。直属授封者は特定の奉仕義務と付帯条件によって規定されていた。たとえば王室直属の土地保有態様には直封騎士奉仕（knight service in chief）、親兵役（grand in chief）、直封鋤奉仕（socage in chief）、武器工役（petty serjeanty）、普通騎士奉仕（common king service）、普通鋤奉仕（common socage）などがあり、それぞれ特定の奉仕義務と封建的付帯条件とにより規制されていた。

たとえば、直封騎士奉仕ならびに親兵役の場合、封建的付帯条件として後見料（ward）、婚姻料（marriage）、成年者相続料（primer seisin）、相続上納金（relief）、譲渡許可料（licence to alienate）、これらに加えて直封でない他の一切の土地に関する後見権料および成年者相続料を課されたのである。一六世紀に入ると、封建制度の奉仕義務が衰退していったのに対して、この付帯条件の持つ経済的機能が高まり、国王収入の最も重要な部分を形成していくことになる。一五三〇～四〇年代には、後見裁判所（the Court of Wards）のように、国王の封建的付帯条件に基づく収入を専門的に扱う財政部局も次々に設置された。

かつてエルトン教授は、それを「テューダー行政革命（Tudor Revolution in Government）」と評し、近代的官僚制度の開始時点と捉えた。しかしながら、近年の研究から、その過程は彼が指摘したように急激かつ革命的な変化というより、それ以前からの漸次的発展（the evolution）であったと考えられている。

ともあれ一六世紀以降も封建制は変質しながらも生きながらえ、その経済的重要性はむしろ高まったのである。また近世イギリスにおける国家官僚制度の発達も、封建的付帯条件に基づく財政収入の増加、効率的な徴収手続きの確立、会計記録の作成・保存の必要性の増大を契機に生じたものであったのである。「封建制」の最終的な崩壊は、内乱（Civil War）を経て、一六六〇年に後見裁判所が廃止され、国王が封建的ないし大権的（prerogative）収入をすべて喪失してしまう時代を待たねばならない。これ以降、国家財政収入の殆どが議会の承認を必要とする議会的収入（関税、内国消費税：Excise、地租）から構成されることになり、近代的租税国家（the Tax State）の成立にいたるわけである。

このように財政史的に見た場合、革命期の動きは、決定的に重要な意味を持っていたのである。もちろん、こうした見方は財政史的観点に基づく一つの見方にすぎず、中世末以降のイギリスにおける「封建制」の変遷のすべてを説明するものではない。もしそうだとすれば、中世末期から近世にかけての「封建制」の変遷の過程をいかに説明すればよいのであろうか。修正主義者（Revisionists）たちは、唯物史観やホイッグ史観と呼ばれる発展段階論的なイギリスの伝統的歴史観を批判しながら、結果的に近世イギリスの歴史を非常にフラットなものとして描いてきた。そうではなくて上述のように中世後期から近世の間に、もっと何らかの歴史的段階や変化を認めるべきなのだろうか。近世イギリス史の今後の課題として考えていきたい。

《参考文献》

尾野比左夫『イギリス絶対主義の成立過程』（比叡書房、一九七八年）

北野かほる「シュロプシャの「悪党」――訴訟記録にみるバスタード・フューダリズム――」（『法学』六三巻六号、二〇〇〇年）

隅田哲司『イギリス財政史研究――近代租税制度の生成――』（ミネルヴァ書房、一九七一年）

梁川洋子「中世末期イングランドにおけるバスタード・フューダリズムの流行」（『西洋史学』一七七号、一九九五年）

拙稿「絶対主義と『行政革命』」（指・岩井編『イギリス史の新潮流――修正主義の近世史――』、彩流社、二〇〇〇年）

M.J.Braddick, *The nerves of state: Taxation and the financing of the English state, 1558-1714* (Mancester, 1996)（酒井重喜訳『イギリスにおける租税国家の成立』、ミネルヴァ書房、二〇〇〇年）

C.Carpenter, 'The Beauchamp Affinity: A Study of Bastard Feudalism At Work', *English Historical Review*, vol.95, (1980).

D.Crouch, D.Carpenter, P.Coss, 'DEBATE Bastard Feudalism Revised', *Past & Present*, vol.131, (1991).

G.R.Elton, *Tudor Revolution in Government* (Cambridge, 1953).

J.Hurstfield, 'The revival of feudalism in early Tudor England', *History*, vol.XXXVII, 1952.

Do, 'The profits of fiscal feudalism, 1541-1602' *Economic History Review*, 2nd ser. vol.VIII, (1955).

K.B.McFarlane, 'Parliament and Bastard Feudalism', *Transaction of Royal Historical Reserach*, vol.26, (1944).

Do, Bastard Feudalism, *Bulletin of the Institute of Historical Research*, vol.20, (1945).

C.Plummer, (ed.), *Fortescue on the Governance of England* (Oxford, 1885).

V

思想・宗教・文化

江戸時代の政治・イデオロギー制度における神道の地位——吉田神道の場合——

フランソワ・マセ〔原文、日本語〕

一　江戸時代における宗教全般の二次的位置、とくに神道の場合

神道を専門的に研究することを志している筆者にとって、残念なことに、神道は幕府および朝廷の関心事において、長いあいだ二次的な位置をしめてきたに過ぎない。明治維新の際の祭政一致の政治がもたらした宗教界の栄光の時期は、この神道の問題にかかわる観点をゆがめてしまうことが多い。江戸時代の初めには、朝廷は宗教全般の問題に介入する手段をもたず、また、確立したばかりの幕府は、宗教界の刷新に手をつけようという意志は殆どなかった。幕府の基盤は江戸時代をつうじて宗教問題でなかったことは明らかである。将軍個々人の信仰問題を別にすれば、この時代の幕府による宗教の扱いは、だいたい次の三つの軸にわけられると考えられる。

第一は、東照大権現の位をうけた徳川家康の神格化によって、徳川という新しい家系の地位を安定させること、第二に、キリスト教を撲滅すること、第三に、社会の安定を確立させること、である。

第一に、家康の死後の称号は戒名で、葬儀祭礼の責任は、間接的に山王神道の枠内において天台宗が受け持った。ただ、この神道と仏教の集合の色合いを強くもち、天台宗により厳しい統制をうけていた山王神道は、歴代

将軍から格別の配慮を受けることはなかったことに注意したい。この山王神道は、江戸時代の神仏習合の傾向をもつ神道流派のなかでおそらく最も活動的であったのであるが、近代の神道の諸流派と対等に競い合う力を持つことは決してなかった。

ところで、第二番目の点について、キリスト教徒の追放のために挙げられた理由の一つは、天正一五年（一五八七）六月一九日に豊臣秀吉の発令した伴天連追放令にはっきり示されているように「日本ハ神国たる処」の概念であった。それにもかかわらず、キリシタン狩りの試金石の役を果したのは神道ではなく、仏教である。[1]

社会の安定という三番目の点については、その根底にあるのは言うまでもなく儒教である。しかし儒教以外の思想界の他の思潮も、公共の秩序を乱さない限りは、統制は受けながら、かなりの自由がゆるされていた。

ところで、政治面の展開を考察して気づくことは、徳川幕府の体制を支えていた本当の意味でのイデオロギーが存在しないという点である。儒教は支配層を思想的に導き、エリート形成の基盤を築くが、真の意味での正統性を構成することはなかった。形而上の問題を相対化することを許す、儒教・仏教・道教についての中国の書物のイミテーションである儒仏神という三教が日本で流行した理由はそこにある。

それにもかかわらず明治維新の時に、大きな役割を果たした祭政一致、尊皇などという概念は明確にイデオロギーの定義にあてはまり、またそれが平田派神道界から出現したことを忘れることはできない。その時、聖徳太子の時代以来、日本で初めて宗教政策が積極的に行われた。それ以前については、江戸幕府を含めて時代ごとの政府の政策は現行維持であった。

二　現行維持の基本原則と刷新の拒否——身分の維持、先行事項の維持から古式への復興の動き——

他のほとんどすべての分野同様に、宗教の問題に関しても、幕府は体制順応主義に徹し、権力による介入は、教義面ではなく、公共秩序とその安定化の面のみで行われた。清原貞雄が述べたように「何時も新規に創むる事は幕府の喜ばさる所、常に保守的態度を採り」というようであった。同氏はまたいう「幕府の神社に関する制度は寺院に関するものと画然たる区別するものではなかった」と。幕府は寺院と同じように、神社の創建また拡張はこれを禁じた。

この保守的態度に大きく関連してくるのが身分制度の問題で、公共秩序の維持と身分の維持をどのようなかたちで結びつけて行うかが、幕府にはおおきな問題であった。一例をあげれば、農民と神主の問題である。幕府権力は、農民が神主の身分を獲得することを極力おさえている。たとえば、富士講の御師の場合については、清原貞雄『神道史』「付録――徳川幕府神社に関する制度」などがあげられる。また、土崎昌則は武蔵国の例を数多くあげている。(2)

この現行維持政策は神道界の組織にも現れる。室町後半以来、神位・神号の授与権および祠官の補任権利を独占し、「神祇管領長上」と自ら名乗った吉田家は、江戸時代を通じて、神社の厳格な統制を意図して寛文五年(一六六五)七月に発布された諸社禰宜神主法度によりその地位が強化された。この地位は延宝二年(一六七四)八月の「覚書」で確認されている。

しかし吉田家は、白川家という競争相手の存在を認めなければならなかった。永万元年(一一六五)、花山天皇の後裔顕弘王の任伯以後は、その子孫は白川伯王家を名乗り、神祇官伯を世襲する。このポジションによる白川家の正統性に疑いをはさむことは、もちろんゆるされない。雅喬王は寛文九年(一六六九)、霊元天皇の命により「伊勢三箇之御伝授」を献上し、同年『鏡御拝御相伝事』を著わしている。幕府も白川家にはとくに伯の役料三〇石(一〇〇俵)を下している。

伯家はもともと松尾、稲荷、広田、日御崎の諸社の執奏を担当してきたが、配下の社は少なかった。吉田神社への対抗のため学頭を置き、さらに垂加神社の影響を受けた雅富王の代の宝暦四年（一七五四）に『伯家部類』を編纂。配下の諸社や入門者も増加し、吉田家と同様、神拝式許可、風折烏帽子、浄衣、白指袴などさまざまな許可を出しており、文化一三年（一八一六）に編まれた『神祇伯家学則』は伯家神道の大要を記している。その書の編纂に協力した平田篤胤は天保一一年（一八四〇）に学頭を委嘱されるなど、伯家神道は国学の影響も受けるようになった。

白川家の影響下にあった地域は広くはなかったが、江戸末期には、朝廷で占める地位のために付加的な権威を獲得している。しかし、この点でも白川家は、神社に送られた「神道裁許状」をみる限り、天正年間以降、神職に神道裁許状を授けはじめた吉田神道が神道流派として組織していったその例にならったに過ぎないと考えることができる。つまり幕府による神社の統制は、各流派の教義の統制を想定してはいなかったのである。

三　最小限の介入、公共秩序の乱れ、幕府の権威問題の再検討

宗教的観点から言えば、島原の乱の鎮圧、そしてキリシタンの弾圧のための警察的活動をのぞけば、幕府の政治は日常的事件を扱うにしかすぎない。幕末もおしせまると、たしかに緊張感が強まる。しかし、平田篤胤が取り締まりの対象となったのは、『天朝無窮暦』に関わる事件によってであって、彼の直接に宗教的な著作物のために制裁を受けたのではない。もっとも、暦は中立的な性格のものではなく、篤胤による暦の出版は単なる口実に過ぎない可能性が強いが、表面的には宗教的な事件ではなかった。

この事件以前、神道に関わりのある事件としては、個人の、あるいは二神社間の利害に関わる口論レベルの性格をこえた事件はごく稀だと言って良い。その例として、潮音と賀茂規清の場合があげられる。

神仏習合を表看板にすることが通用しなくなっていたときに、潮音（一六二八～九五）は、その立て直しに努力

した。儒教の古典を学んだ後、潮音は黄壁宗に近付き、吉田神道、忌部の伝等にも関心を示した。潮音は天和元年（一六八一）に『先代旧事本義大成経』（『大成経』『物部神道』『太子流神道』ともいう）と名づけられた書物を拠り所にして、自分の神道、すなわち霊宗神道を創唱した。そして、この『大成経』という書物を流布させたことにより彼は遠刑に処された。しかし、その母桂昌院の世話をしていた時代から潮音を知っていた将軍綱吉の計らいにより、刑は五〇日の謹慎に軽減された。

問題の書物は延宝四年（一六七六）に出版されたものだが、その内容に反幕府のスローガンはない。ただ、伊雑《いざわの》宮《みや》の神職永野采女（一六一六〜八七）の影響下にあったと思われ、伊勢神宮が天照御神の住居であることを否定した。そのため、神宮の神職が訴え出ている。庶民の間に広く流布したこの潮音の教育的宗教色の濃さが、権威者の側からの反応の強さを説明している。その口実として用いられたのは偽書の著述というものである。

潮音の教育は、神儒仏の三教融和に依拠した『大成教来由』『霊宗全書』『参元全書』『宗源神道』を撰述した偏無為・依田貞鎮（一六八一〜一七六四）により受け継がれた。告発された潮音の著作は、新たに延宝八年（一六八〇）に『憲法本紀』あるいは『五憲法』の名で出版され、しばしばこの書名で流布し続けたのである。

この潮音とその後継者による教育活動は、とうに天台僧乗因（一六八三〜一七三九）によって知られている。比叡山にいた時、一実神道の伝授、山王の『山家要略記』を授けられた乗因は、関東の東叡山を通って、ついに、信州に身を寄せた。信州戸隠で、潮音が残した『大成教』の教えに依拠して、修験一実霊宗神道を自ら開いた。乗因は天台による灌頂の独占を非難して、信州の住民の間である程度の人気を得たが、非議を企て異法を好んだという理由で、東叡山からの訴えにより八丈島に遠流の刑を受けた。乗因は八丈島で没するが、のちに罪を赦された。結局、この事件は神道の問題ではなく天台宗の内部の問題で終わった。

またもう一つの事件は、偶然か否かは別として、同じ土地で同じ刑を受けている。その中心人物は上賀茂の神職の家から出た賀茂規清（一七九八〜一八六一）で、従五位上飛騨守の地位にあって、一二年間に深山幽谷を跋渉することと三三カ国に及んだという。この規清は神道、天文学、暦数、陽明学、禅学に関心をもち、弘化三年（一八四六）に江戸にでて居をかまえた。そして江戸下谷の池之端に瑞鳥園を創り、そこで、吉田神道をモデルにしておこった賀茂神道の教えに、彼の個人的関心事をくわえて作った神道を教育した。

規清は神道を語ることだけでは満足せず、神代を現在、そして彼が貧民救済活動を通じて救済し教育しようと試みた庶民の日常問題にも結び付けようとするばかりではなく、幕末の多くの儒学者がそうしたように海防、沼地開発問題にも論を広げようとした。それが卓抜な経世論を幕府に上書するという形にまで発展し、その結果、政治問題への直接の介入ばかりでなく、規清の主張が民衆の間で幅広い支持を受けたために寺社奉行が乗り出す事態となり、賀茂規清は幕府の忌諱に触れたという理由で弘化四年（一八四七）四月に投獄され、嘉永元年（一八四八）には八丈島に流されている。

賀茂規清は、錦袋円という丸薬を創製し、浅草で寛文年間に活躍した儒者である了翁のケースに驚くほど似通っている。というのは、大衆レベルでは、多くの要素が示唆しているように、公共の秩序が尊重される限り、信仰統制は緩やかであったからである。

四　武士階級と神道

これまで、いくつかの神道にかかわる具体的事例をとりあげてきた。ここで筆者が扱おうとするのは、神道に関心をもつのは誰か、そしてその目的は何かという二点である。神社の神職が彼ら自身の意見をもつことは、彼らの仕事に直接かかわることで当たり前だと考えれば、当然のことながら、他の職種にある人々の場合はどうなのかという疑問が生じる。

ところで、武士階級の間に神道がどの程度浸透していたかについて少し検討してみたい。神道の分野で名を挙げた有名な武将の例は見られない。はっきりと指摘できることは、殆どが武士であった儒者による神道についての考察は頻繁で、その数はかなりにのぼる。まず藤原惺窩は、神道が古代中国の聖人の道以外のものではないことを主張して、この種の考察を始めた。林羅山は惺窩と同じことを言うのであるが、それがかの有名な、しかし不明瞭な「理当心地神道」である。また『古史通』の中で批判的能力と実証的な精神を見せ、『古史通或問』においては、最初の記録に見える神々の行動を人間による劇的行為の美化でしかないと見た新井白石は、徂徠学派に対して批判と攻撃を与える目的で吉田神道を支持した。また、熊沢蕃山、貝原益軒、またもっと後の時代の帆足万里などの儒者に近い立場の学者は、神道に中国の古典の教えの反映しか見ない。

しかし他の儒者の場合、そんなに簡単な説明ができない。たとえば、山鹿素行（一六二二〜八五）は、『先代旧事本義大成経』の成文化と伊雑宮復興の計画に参加した忌部坦斎の弟子であった。しかしそれ以前に彼は高野山按察院光宥のもとで両部神道を学んでいる。儒教を林羅山のもとで学び、兵学を小幡景憲に学んだ素行にとって、神道を学ぶとは何を意味したのだろうか。

晩年に朱子学を捨てた素行は、寛文九年（一六六九）に自身の儒教と神道の集大成である『中朝事実』を著わしている。その中で素行は、日本を世界の中心とみなし、日本こそが中国、中朝であると主張して、のちに国学の枠内で大きな発展を見る古学と同等の展望を見せている。

梵舜と家康の不可解な関係にしても同様で、吉田神道の伝授はどのような意味をもっていたのか。この吉田神道の伝授は何故に行われることになったのだろうか、等の疑問が生じる。仏教や儒教に深い関係で繋がれていた武士たちは、一般論で言えば神道と特別な関係を持っていなかった。

五　皇室周辺の結晶作用現象と古学

よく知られているように武士と同じく、庶民の宗教は習合宗教であった。長い間に日本のほとんど全ての住民にとって純粋な宗教、純粋な信仰は意味をもたなくなっていた。

他方、天皇と朝廷は次第に、儀礼の繰り返しというただ一つの論理の枠の外へ出て行くようになる。また、古い秩序を象徴化する機関や儀礼と同じように、安定の回復が建造物の修復によって示されるはずだという感情により部分的に説明される、全般的な修復の動きが現れる。そこから、幕府と朝廷の間に、式年遷宮、伊勢への奉幣（正保三年）、大嘗祭（貞享四年）、その他の朝廷儀礼の復元にかんする了解が取り交わされたのである。

この動きは次第に強まり、その性格を変えて、古式への回帰は起源にたいする古くからの魅惑、元本宗源神道を自称する吉田神道の教義の中に取り入れられ体系化されたかの有名な『倭姫命世紀』ばかりでなく、国学者の間に取り入れられる前に儒者の伊藤仁斎、そして荻生徂徠に引き継がれる古学の動きを背景に受けてイデオロギー的色彩、さらには神学的色彩を帯びるようになる。

吉田神道の直接の影響下に、かなりの数の公家は伝承（部分的には秘伝の形をとるが）、文献の推敲作業によって新しい流派を組織し始める。そのうちの幾つかの公家はより広い基盤を求めて、たとえば土御門家は、日本全国の陰陽師を管理して吉田家により統制される神社に比較できる組織網を作り、白川家はもともと彼らの下位にあった吉田家と理論上直接の対抗関係にある。吉田家は慶長年間に吉田神道の中心であった大元宮の近くに神祇官代といわれた神祇官の八神殿を建設する許可を得ることに成功するが、白川家もそれに対抗して彼らの屋敷内に八神殿を建てている。

朝廷儀礼に関しては、この両家はほとんど対等の対抗関係にあったと言えるが、神社の統制に関しては、吉田家は幕府が倒れるまで大きな統制権をもち、行政面での統制においては最も大きな影響力を持ち続けた。
神道をめぐる問題で朝廷に与えられた操作の余地は、ごく限られている。幕府との間に結ばれた古式の儀礼の復興にかんする了解がある。幕府は式年遷宮に必要な経費を部分的に負担し大嘗祭の復興を許可したが、平安時代に行われていた大通りを練り歩く行列はゆるさなかった。吉田家、白川家ばかりでなく、土御門家の儀礼に関わりのある家は吉田神道の例に倣って流派として組織し、秘伝を行った。

平安時代の有名な安倍晴明の跡である陰陽頭土御門泰福（一六五五〜一七一七）は、垂加神道や伊勢神道などの例に基づいて土御門神道を興している。朝廷は刷新の場ではないが、それを受け入れ発展させる。そのため、神道界の諸流派は朝廷の承認を得ようとさまざまな努力をした。山崎闇斎は正親町公通（一六五三〜一七三三）の仲介により（山崎闇斎に神道誓文を提出し）、その教えを朝廷に持ち込むことに成功している。その結果、吉田あるいは伊勢神道の秘伝の道を開くことを意図していた山崎闇斎は、逆説的に彼が興した垂加神道が朝廷内で秘密に伝授されるという事態に遭遇する。

また、関白一条兼輝と正親町公通は、後西上皇に垂加神道では最も重視されるこの秘伝の事と関連し、『風水草』を献上したが、これを読んで上皇が秘伝として伝えるべきとしたため、以後、公通の教えが正親町神道と称されることとなる。また兼輝の子、関白一条兼香は霊元、東山、中御門の三天皇に神号を奉った。神号、つまり垂加神道から着想を得て生存中に神格を得る天皇が現れるという重要なことは、霊元天皇（一六五四〜一七三二）まで待たなければならなかった。

この正親町神道すなわち垂加神道は、朝廷に流行し、尊皇思想を覚醒させ、その後の祭儀再興運動の一発火点ともなったのである。このことは、ある意味で思いがけない展開であったといえる。その結果として、神道と特別な関係を持たなかった武士が統治する江戸時代の社会で、しかも実証主義が盛んであったこの社会において、神代の時代に、すなわち日本という国の源に遡《さかのぼ》ることを唱える神道は、新しい社会を統一するひとつの力になったのである。

（1）天正一五年（一五八七）六月一九日、豊臣秀吉の伴天連追放令
日本ハ神国たる処、きりしたん国より耶法を授候儀、太以不可然候事、
伴天連追放令をさらに強化して、慶長一七年（一六一二）家康はキリシタン禁止を発表する。

（2）高埜利彦「移動する身分――神職と百姓の間」（朝尾直弘編『日本の近世7　身分と格式』中央公論社、一九九一年）
土岐昌訓『神社史の研究』（桜楓社、一九九一年）

【コメント1】

中世・近世社会における僧と神職

原田正俊

今回のフランソワ・マセ氏の報告は、江戸時代の吉田神道を中心に江戸時代の支配体制、イデオロギーとの関係を述べられたので、コメントとしては、以下の点について検討していきたい。まず、近世社会における神社・神職の在り方を見るには、これに対置される寺院・僧侶に対する幕府の政策を見ておくことが必要である。これにより、神社・神道の地位がより明確になり、両者をあわせてはじめて近世社会における幕府の宗教政策の方向が理解されるからである。身分制の問題としても、僧侶身分が近世初頭より比較的明確化され安定していたのに対し、神職身分は不確定の部分も多かった。近世社会における宗教者内部の差異の問題解明は重要な視点であるし、近年、著しく進んだ周縁的身分のさまざまな有り様からも、宗教者の範囲は広く、それぞれの在野の宗教者が本所に編成されていく過程など、宗教者をめぐる身分の問題は重要である。

そこでまず、公家・武家とともに中世以来、大きな力を持った寺院・仏教僧たちがどのように中世から近世の体制に組み込まれていくかについて言及し、議論の展開をはかりた

い。さらに現在の研究史の上から、吉田神道発展の歴史的意味、近世社会における神職について述べていきたい。

１　中世寺院と国家

日本の中世社会においては黒田俊雄氏による権門体制論（『日本中世の国家と宗教』岩波書店、一九七五年）の提唱以来、公家・武家・寺社の権門の並立状況は周知のものとなっているが、寺社権門と公家・武家との違いや関係性の特質については十分解明されているとはいえない。中世といっても、前期（院政・鎌倉時代）と後期（南北朝・室町時代）における寺社権門の在り方の変質についても問題であるし、戦国・織豊期の寺社の評価など、いまだ議論は続いている。また、寺社が単なる巨大領主であるだけでなく、信仰の中心であり、イデオロギー装置としての位置は大きく、寺社と公家・武家の位置関係は社会構成を考える上でも重要である。

中世において、南都仏教・天台宗・真言宗は顕密諸宗と総称され、中世社会の正統仏教として位置づけられた。同時にこれらの寺院は荘園領主として、領主層の一翼をになうものであった。しかし、院政期から鎌倉期にかけて大衆勢力が力を持った延暦寺・園城寺・興福寺・東大寺などによって嗷訴が繰り返されたように、寺社勢力は公家・武家に直接対峙・対抗することもあった。大衆勢力を持った寺院はもちろん、僧侶やその従者が武具を保持することは一般化していた。南北朝の動乱期にも寺社の軍事力は軍勢催促を受け、内乱期には武力の上でもあなどれないものであった。

中世の寺社勢力は、直接的な暴力のほかに「宗教的暴力」を有した。中世社会において、寺社の国家鎮護・安穏・五穀豊穣への祈りは朝廷の年中行事の上で欠くことのできないものであり、これを欠くことは国家の安泰を揺るがすことであった。また、密教修法が様々に編み出され、本来の密教修行とは離れ、人々の欲望のための祈りが頻繁に修された。戦争時の敵に対する調伏の祈りの多くは、密教の修法で行われ、室町時代の内乱鎮圧時にいたっても必ず行われている。また、調伏の祈りは、平安時代以来、政治的敵対者に対しても行われ、敵対者の呪殺は効力のあるものとして認識されていた。こうした祈りの力、「宗教的暴力」は寺社勢力を支える重要な要素であった。

中世に流布した末法思想や堕地獄への恐怖は、仏教への信仰を助長し、天皇・貴族といえども、来世の安穏のためには、寺社への寄進と信仰生活に励まねばならなかった。さらに一三世紀末のモンゴル襲来時における寺社による神仏の力の喧伝はより一層、寺社勢力の権威を高めていった。

こうした顕密諸宗の寺社勢力の展開に対して、鎌倉時代末から「禅律僧」が公武の支持を得て台頭し始めた。大陸からの禅の伝法を標榜する禅僧と戒律を重視する律僧はのちに宗派的には別個のものとして存在するが、鎌倉時代後期においては、彼らは社会の中で「禅律僧」とひとくくりで見られていた。禅律僧たちは持戒持律を主張し、勧進による作善行を行い、大規模な造寺造仏、橋、道路、用水池の整備などに携わった。

こうした禅律僧の姿勢は公武の支持するところとなり、禅宗は特にその後発展をみせ、南北朝時代以降、京都・鎌倉には五山官寺制が敷かれ、南禅寺・天龍寺・相国寺といった寺院が顕密の寺社と並び勢力を持つ。顕密僧が朝廷から僧綱位に叙せられるのに対し、五山僧は室町幕府により叙任され、五山の住持についても人選にあたっても最終決定は将軍が行った。室町幕府は五山を手厚く保護するとともに、禅院の法をもとに幕府法をもって統制し、武装を禁じ、場合によっては寺内の探索、武具を携える僧の一斉検挙まで行った。このように中世後期になると武家政権による新たな五山禅宗という寺院勢力が形成されるのである。五山禅宗の在り方は無軌道な嗷訴を繰り返す顕密寺院とは異なったもので、権力に従順な宗教勢力であった（原田正俊『日本中世の禅宗と社会』吉川弘文館、一九九八年）。

2　統一政権と仏教

戦国の動乱を経て、織田信長・豊臣秀吉の統一政権は、比叡山延暦寺、高野山、根来寺、熊野といった大寺社を軍事力をもって屈服させていく。統一政権のむき出しの暴力の前ではもはや、中世にみられたような、「宗教的暴力」はなすすべもなかった。また、刀狩りに見るように武装解除も貫徹されていった。

徳川家康はこうした状況をもとに、さらに寺院の統制を計り、そのため五山僧のなかから相国寺の西笑承兌《せいしょうじょうたい》、閑室元佶《かんしつげんきつ》、南禅寺の以心崇伝《いしんすうでん》などの禅僧を登用し宗教界の統制策を進めた。五山僧の登用は、室町幕府のもとでの外交文書の起草や実務担当といった実績を踏まえてのことでもあった。崇伝が家康の意向を受け、公家・武家・諸宗寺院法度の起草に当たったことは周知のことであるが、起草の準備段階では、五山僧を動員して朝廷・公家の所蔵本をはじめ洛中洛外の諸書の書写を進めており、五山僧はこの時期、徳川幕府の「文官」としても機能していた。

徳川家康は諸宗の教義内容にも関心を持ち、面前で盛んに諸宗の学僧を招いて論義会《ろんぎえ》を催している。論義会については、室町時代に将軍が足利家の菩提寺でもある等持寺で定期的に行った武家八講が有名であるが、家康は法度制定の前後、論義会を頻繁に催しており、僧侶の教学の研鑽を競わせていた。これは諸宗寺院法度の重要項目である僧侶への学問奨励につながるものである。家康の面前における論義会は、教学の内容の点検というよりも、各宗の教学に通暁することが、寺院社会で栄達を遂げるための必須の能力であることを示すものであった。

この時期、幕府の政策を受け、真言宗内部においても、修法・祈禱の方法を重視する事相よりも、教学の研鑽が重視されていく傾向があった。中世のように著しい密教修法への重視はなく、「宗教的暴力」への期待もなかった。もっとも、国家安穏・五穀豊穣への祈りは近世社会における寺院の重要な役でもあった。

各宗寺院法度においては、それまでの地方分散的であった本末の一元化が図られ、中央の諸大寺が本山として中央集権的に本末制を形成することが幕府によって積極的に進められ、寺院側もこれを求めた。こういった面で、神社側の編成は著しく遅れた。

本山格の寺院においては中世以来、朝廷と関係深いものも多かったが、慶長一八年（一六一三）に紫衣法度を出し、幕府の承認を得た後、朝廷から住持職や紫衣着用の許可を得るよう定められた。もっとも、この後も、朝廷と一部寺院の密接な関係は続き、幕府の意向を無視しての任命が行われ、紫衣事件が起こる。

また、顕密諸宗・浄土・浄土真宗の僧位僧官の補任については、朝廷の任命するものとして温存されたが、天台宗については輪王寺門跡を新たに創設し、天台宗支配の中心とし、浄土宗についても知恩院門跡がたてられ、将軍猶子の扱いで入寺した。五山禅宗については室町幕府以来の伝統を踏まえ、武家政権、幕府が直接叙任を行った。

こうした状況は、依然、朝廷と顕密を中心とした諸宗の結びつきが強いことがわかるが、所領安堵や本山統制をもって幕府の支配は強固であった。以上のように幕府は勢力の上からも寺院の統制を優先し、大規模に押し進めた。

また、身分制の上でも、僧侶身分は本末体制のもと保証され、地域による偏差はあるものの、村持ちの寺であっても、僧侶としての明確な身分を保障された者が、葬祭をはじめ宗門改めの宗判を執り行った。

さらに近世初頭の宗教政策に先述のような僧侶達が大きく関わったことは重要で、政策ブレーンとしても、また領主層の一員としても、中世以来の歴史を踏まえ、近世社会において僧侶は神職に比して格段に重要な位置を占めていたのである。

3 吉田神道の展開

次に江戸時代における神道・神職の在り方についてみていく。ここでは近年の研究動向を踏まえ、近世社会における吉田神道のもつ意味合いを、幕府による寺社支配の立場と地域社会の中における、神職と吉田神道の関係から見ていく。

徳川幕府は神社政策として、寛文五年（一六六五）七月に諸社禰宜神主法度五カ条を出し、第二条で社家の位階については、前々より特定の公家による伝奏を通じ昇進を遂げている者は従来のままとした。第三条において無位の社人については、白張を着用し、その他の装束を着る場合は、吉田家の許状を受けて着用するようにと定めた。

吉田家は周知のように神祇伯白川家より下位の家であったが、吉田兼倶（一四三五～一五一一）による吉田神道の宣布と神祇管領長上の自称により、活発な神号・神位の授与、神職の任命を行い、その地位を上昇させた。吉田兼見の弟、神龍院梵舜は慶長二年（一五九七）頃から、徳川家康のもとに出入りしており、同一四年（一六〇九）の伊勢両宮造替正遷宮の時、奉幣を神祇官が司るところ、当時廃絶していたことから、吉田家がこれを司ることを幕府より命ぜられている。幕府はこの頃、伊勢神宮内部の内宮外宮の争いの処断や寄進などで積極的に関わっており、幕府の吉田家への権限公認は、吉田家の権限拡大を助長した。吉田家が神祇官を代行する背景には、応仁の乱で衰退し、豊臣秀吉の聚楽第造営にともない廃絶していた神祇官八神殿を天正一八年（一五九〇）、勅定により吉田斎場所境内に再興したことがある。この後、宝暦元年（一七五一）白川家内にも八神殿が再興され、近世においては実質、吉田・白川両家に神祇官の機能が分掌される。このような経過からも、吉田家の実質的な優位は続き、これ故、先の寛文五年の諸社禰宜神主法度のなかで吉田家の神職に対する許状が認められるのである（間瀬久美子「幕藩制国家における神社争論と朝幕関係――吉田・白川争論を中心に――」、『日本史研究』二七七号、一九八五年）。


もっとも、幕府は吉田家による神職裁許状の発布を許し、吉田家の神社支配を容認するものの、地方大社の自立性は認めていた。現実には、吉田家の組織化が、一挙に進んだわけではなく、地域による偏差が存在したことも事実である。近年の研究は詳細に各地域毎の事例の考察が進められており、単純に幕府・吉田家主導のもと支配が進展したわけでもなく、地域社会における藩をはじめとした支配状況、村落内部でのさまざまな要因が絡み合い、吉田家の裁許状を受ける神職が増加していったのである。

これゆえ、幕府による神社・神職支配は包括的かつ一元的なものではなく、さまざまな政策的隙間が存在し、その後の相論を生んだ。

文化一三年（一八一六）から吉田家と白川家との間で相論が起こる。直接的には三河国の吉田家門人が白川家の裁許状を受けたことを発端とするが、その後、朝廷・幕府を巻き込んでの長期の相論となった。この相論の中で注目すべきは、近世前期で発言力を持った幕府の力が後退し、神社関係の相論において、幕府権威が相対的に低下する傾向が見えることである。神祇関係の職掌について、朝廷が主導的に判断を下すようになるのである。

こうした相論が、幕府による独自の神社支配システム機関の確立をみなかったことによって起因され、朝廷の権威を認める結果になってしまった。

次に、地域社会における動向を見てみると、近年研究の進んだ甲斐国の事例では、国中地域においては、寛永期（一六二四～四三）から吉田家の裁許状を受ける神職が多数見られる。この地域においては戦国期武田氏支配下において、府中八幡宮を中心に勤番体制が採られ、周辺地域一六〇の社家の神職が順次、二人宛交替で勤番祈りをするものであった。この地域においては、寛永一八年（一六四一）から周辺社家の一部と府中八幡宮の間で支配関係をめぐって訴訟が起こるが、この過程で、神職達は「神道長上吉田家」よりの裁許状を受け、装束の許可を受けていることを理由に、地域有力神社より上位の吉田家と関係のある自らの身分をもとに、府中八幡宮の恣意的な支配を拒んでいる。もっとも、藩・幕府側は、地域社会の安定のため、戦国期以来の府中八幡宮の支配を認めた。このように神職達と吉田家との結びつきは、神職の身分意識を助長するものであり、地域社会における神社間の序列・支配関係を左右するものであった（西田かほる「近世的神社支配体制と社家の確立について――甲府国中地域を事例として――」、『地方史研究』二五一、一九九四年）。吉田家の支配といっても、地域社会における神職たちの欲求によって左右されるものであった。

一部の大社の神職は身分的に安定したものであっても、実際は村落内部に百姓身分の神職も多数存在し、その身分は複雑かつ不安定であった。村落内には専業の神職、庄屋が兼帯する鍵取りといった神職、神宮寺にいたっては社僧が祭礼の導師を勤め、地域や神社によって状況は多様であった。神職の身分の在り方は、僧侶身分に比べて極めて低く、不安定なものであった。村落内の神職身分の多くは、慣習のもと神祭りを主催するものであって、身分的には百姓と同帳で人別改めが行われている場合も多かった。

こうしたなか、明確に神職身分の上昇を計ろうとする人々が、一八世紀末頃から目立ち、吉田家よりの許状を獲得していく大きな流れとなったことも事実である。近世後期の吉田家支配の進展の背景には、村落内の神職の専業化への欲求が原動力となった。

地域によっては吉田家と積極的に結びついた神職の動きと、藩による吉田社支配の後援も注目される。安芸国の事例では、文化・文政期に神職達は、自らの職分を「国家」＝藩の安泰を祈ることと位置づけ、藩権力との接近を計っている。同時に吉田家が藩役所と連携し、吉田家支配の外にあった神職達に裁許状を与え、吉田家支配を広げた。

神職は藩主への御恩を報じるための「国恩祭」を催し、神職の職分を国家安穏の祈と位置づけており、僧侶身分に対置できるものとして、神職身分の上昇を図っている（引野亨輔「近世中後期における地域神職編成――『真宗地帯』安芸を事例として――」、『史学雑誌』一一一―一一、二〇〇一年）。

また、吉田神道で盛んに勧められた神葬祭の運動は、神職が僧侶と同様の宗教機能を村落内で持とうとするもので、百姓身分と同様の人別改めをなされるのではなく、僧侶のように領主から、別枠での身分把握を望んだのである。村落内における神職・僧侶・百姓の関係性をもとに、吉田神道が各地域で如何に受容されて行くかが今後の重要な視点となる（沢博勝「近世後期の地域・仏教・神道——神葬祭運動の意義——」、『史学雑誌』一〇五—六、一九九六年）。

吉田家支配の拡大は、単に幕府による一元的な神社支配の在り方ではなく、地域社会における神職の上昇意識に支えられてのものであるし、また、藩の支配、村落内での百姓・僧侶との関係性からさまざまな在りようがあった。従来、主にイデオロギーの面、幕府による支配の面からのみ注目されてきた吉田神道の展開も、上記のように複雑な様相を呈しているものであり、研究史上これらの実態を踏まえたさらなる分析と総合化が必要な段階に来ているのである。特に近世社会において仏教寺院と神社の在り方がどのように変化をしていくのか、宗教者身分の編成・変動、思想的受容者の動向とあわせ、近世宗教史は考察されなければならないのである。

【コメント2】

権力の正統性と宗教の機能について

加藤善朗

マセ教授の提唱された三つの軸、すなわち権力の正統性を保障する宗教、社会の安定を期すスタビライザーとしての宗教、他の宗教を排撃する宗教という三つの視点は近世社会を分析する上で、きわめて有効であると確認いたしました。

先生がとりあげられた神道文献は、近年復刻整理が進んでいますが、いまだテキストクリティークが充分とはいえません。ただでさえ秘伝書類のたぐいが多く、とくに吉田神道に関する文献は、多く偽書や禁書であり、資料的な困難をのりこえ文献を博捜し詳細な考察をされましたことに衷心より敬意を表します。私がやっているのは図像学で日本中世の仏教絵画の遺品の分析を通じて、そこに描かれた民衆の心性史をあきらかにしようと勉強しています。したがって時代も研究領域もことなり、有効なコメントをするのに充分な専門的知識を持ち合わせておりません。が、以下三点のみ、私の関心事にかぎって印象をのべさせていただきます。

1

もともと習合的な性格を持つ日本の宗教について、神道だけを研究対象として政治と宗教の問題をあきらかにすることができるかという疑問です。

よくいわれるジョークに、日本人は七〇パーセントが仏教徒、六〇パーセントが神道信者などと言います。先生にコメントするため私も神道関係の文献や論文を読んでみた結果、私が純粋の仏教徒ではなく、純粋の神道信者でもないということがわかりました。僧侶である私も、重なりあう三〇パーセントの部分に属しているのでしょう。吉田神道の文献『唯一神道名法要集』『神道大意』『日本書紀神代巻抄』を読んで感じたことは、密教経典や陰陽道関係の引用が目立ち、これが吉田神道の聖典かと信じられないという印象をもちました。私が日々唱える願文とあまりへだたらないと感じたからです。

平田篤胤は『俗神道大意』巻三に吉田神道の行事について「鳥居に白布でまとい、榕を榊に取り替え神道の行事となづけ」て、真言密教の行事や思想を盗用したものであるという意味のことを述べています。この批判の当否は検討を要するとしても、吉田神道の教義的特色は、実際の儀礼の中にどの程度あらわれるものなのでしょうか。それが権力との軋轢のなかで社会問題化するとすれば、吉田神道のどのような思想部分に胚胎していると考えればよいのでしょうか。

2

次に権力の正統性を保障する宗教の機能という点について述べます。室町末期、吉田（卜部）兼倶（一四三五～一五一一）によって提唱された吉田神道は代々当主をカミとして祀ることに特色がありました。それまで菅原道真のように祟りを怖れて人をカミと祀った例はありますが、それまで死の直後から人をカミとまつる儀礼はこの吉田神道の儀礼以外にはなかったといわれています。その先例は豊臣秀吉で、彼は吉田神道によって死後〈豊国大明神〉になりました。

元和二年（一六一六）四月一七日、家康は駿府城において七五年の生涯を閉じます。その夜、柩は久能山に運ばれ、一九日には神龍院梵舜のもと吉田神道によって埋葬されました。これによって秀吉と同格の神になったことになります。そして翌年その神柩は日光へと移遷され、天海によって山王一実神道によって祀られるわけです。元和三年四月四日、日光座禅院に入った神霊は、八日奥院に移され、天海によって五眼具足の印と真言が伝授され、さらに一一日後には塔柱灌頂鎮座深秘式、三種神器秘印明が修されます。これらの儀式は、天皇の即位灌頂のさいに行われた秘儀であるといいます。つまり家康は日光において天皇と同等、あるいはそれ以上の神霊として祀られたと解するべきなのでしょう。

天海が山王一実神道にもとづいておこなった〈霊的クーデ

ター〉とも言うべき操作は、マセ教授のおっしゃるように権力の正統性を保障するという機能を発揮した事例ということができるでしょう。

ところで、マセ教授は「山王神道は天台宗によって厳しく管理統制されていた」と述べられましたが、それではなぜ社会に表面化する事件を巻き起こすほど、〈異端〉の教義がこの教派から頻出したのでしょうか。また〈正統〉か〈異端〉かという観点でみれば、天海こそ〈異端〉なのではないかと思われます。

3

次に私の疑問は、思想事件の分析から、武士階級の神道にかんする関心の所在や要求ができるかどうかということです。マセ教授は「多くの武士は神道に無関心」とのべられました。近年紹介された『草袂』は名古屋藩士のしるした随筆です。このなかに一六項目をあげて、熱田神宮の徳目をあげています。「飲酒の癖が治った」「夫婦仲が円満になった」など、すべて風聞による他愛のない現世利益や因果応報のはなしの集成です。一般の武士たちは神道コスモロジーや秘儀に無関心な一方で、卑近な世事や欲求については、神道に大きな関心を寄せていたのではないでしょうか。神道への関心を明確化するのであれば、このような文献も考察の対象にすべきではないかということです。

以上〈異教徒〉の偏見を交えた質問で、多くはまだご発表を正確に理解していないためのものでしょうが、的外れなものは無視していただき、ご回答いただけるものだけお教えいただければありがたく存じます。

朝鮮時代における両班の郷村支配と郷約

李　成茂［原文、英語　平木實訳］

朝鮮時代に地方を掌握していた両班たちは、彼らの郷村支配を強固にするために、京在所（地方出身のソウル両班高官たちのソウル事務所）、留郷所（村の所在地にある地方両班らの協議機構あるいは事務所）などの機構を運営して郷約を施行した。

京在所というのは、高麗の事審官（名誉職の地方治者）制度を受け継いだ在京官僚らの関連地方に対する人事・力役（賦役）・貢賦・租税・治安問題を諮問する機構であった。事審官は地方民を搾取しているといわれて、一三一八年（忠粛王五）に廃止されたが、権豪（地方勢力家）らの中に事審官を自称する輩が多かったので、これは朝鮮時代の京在所に継承された。しかし、高麗の事審官は豪族的な性格が強かったのに対して、朝鮮時代の京在所は官僚的な性格が強かった。京在所は在京官僚らの郷村自治の諮問機関として、観察使や守令の地方統治組織とは別に、京在所や留郷所の地方支配組織を持っていた。

京在所は、当該地方の在地士族（local elite）らで構成された留郷所を従えていた。ゆえに、留郷所を分京在所とも言った。留郷所の郷任（役員）は、京在所員の裁可を受けて任命するようになっていたし、該当の地方統治にも積極的に関与していた。だから、京在所が主で、留郷所は従であったともいえるだろう。それだけではなく、京在所は留郷所とともに郷吏勢力を規制した。高麗時代の事審官は郷吏勢力と協力して地方統治に関与したのに対し、朝鮮時代の京在所と留郷所は郡県の事務を郷吏に任せたが、郷権の優位を占めるために郷吏とは対立していた。これは朝鮮初期国家の郷吏勢力を抑圧する政策の一環でもあった。

高麗時代から、郷村支配勢力は、国家から、官品（官僚階級章）を受けた品官群と、そうでない郷吏群に両分されてきた。この中で、品官群は高麗末朝鮮初期の新興士大夫（new literati）勢力として成長し、朝鮮王朝の支配層になった。ここに朝鮮王朝の執権士大夫たちは、部民告訴禁止法（郷吏や民たちが自分の村の守令を告訴できないようにする方法）・郷吏の大幅な人事異動、悪質郷吏の処罰法など、国家政策として郷吏の勢力を抑制し、中央執権体制を確立しようとした。それだけではなく、品官群を支援して、彼らが郷権を掌握できるようにした。したがって、朝鮮初期に非公認の京在所が国家の公認機構のように活動し、その麾下に高麗時代にはなかった留郷所を従えるようになったのである。

しかし、朝鮮王朝の中央執権体制が強化された朝鮮後期には、国家は郷村統治のために京在所と留郷所の力を借りる必要がなくなった。そして、経済外的強制が弱体化されて、経済的関係が強化されるようになった。それで、不在地主は在地地主へ、奴婢労働は雇傭労働へと変わっていった。それによって、京在所の両班たちの縁故地支配に対する執着が緩み、彼らの在地性も稀薄になった。そして、一六〇三年（宣祖三六）には京在所が廃止されてしまった。そればかりか、壬辰の倭乱以後、守令権が強化され、在地士族が旧郷と新郷に分裂して郷戦が起き、郷任の任命権さえ守令に戻されて、京在所の機能は有名無実になった。

京在所員は、新王朝建設に直接参加した執権官僚たち（居京品官）であった。それに比べて、留郷所を構成する閑良の品官たちは、そこから疎外された地方士族（留郷品官）たちであった。執権官僚や閑良品官の中に、新王朝建設への参加派と非参加派の差はあったが、地方社会で郷吏勢力をして郷権を占めることには同調した。しかし、在地性は、閑良品官が中心になる地方士族に強く、執権両班たちの中央執権体制の強化には一定の抵抗を行ったりしている。郡県改編の時がそうであった。執権両班たちが後に勲旧派になったのに対し、留郷品官たちは後で士林派として成長し、朝鮮中期以後の士林政治を遂行するようになった。

政権を担う両班たちの中央政府では、郷吏（local functionaries）の勢力を抑えるために留郷品官たちと連帯していたが、留郷品官たちの強靭な在地性が中央政権化を阻害した時には、これらを牽制したりもした。一四〇六年（太宗六）に留郷所を廃止し、明の申明亭制度に倣って、一四一七年（太宗一七）二月に一時的に申明色制度を実施したことがある。留郷品官たちが李施愛の乱に協力したことを理由に、世祖が留郷所を一時的にではあるが廃止したことがその例である。留郷所は国家の公的な官僚機構ではなく、郷村自治機構であったから廃止されたとしても、その自治行為が消滅したわけではない。しかし、留郷所が郷村自治機構として目立つ活動をするためには、留郷所の復設（改めて設置する）が必要であった。それで、一四八八年（成宗一九）に留郷所は復設された。これには金宗直などの士林派（Sarim: neo -confucian literati）の政治的進出とも一定の関係がある。

しかし、京在所の留郷所支配は続いた。留郷品官たちは、これに対抗するために独自に生員・進士たちで構成された司馬所（村にある進士と生員たちの協議機構あるいは会合所）を作ったり、中宗朝の己卯年（一五一九）に士林らを中心に郷約普及運動・郷飲酒礼・郷射礼・社倉制などを強化するに至った。そして、士林派が政権を担当した宣祖朝には、留郷所の活動が全盛期を迎えるようになった。

しかし、一七世紀以後、中央執権体制が強化されると、留郷所の郷任は、京在所ではなく守令が任命するようになり、留郷所の郷庁は守令に隷属する地方官府の下僚（下級官吏）の地位に転落するようになった。

一方、一六世紀以後、郷村社会には郷約が実施され始めた。郷約は宋の藍田（地方名）に住んでいた呂氏門中が作った呂氏郷約（Village Code of Yu's）に淵源が求められるが、朝鮮中期以後に実施された郷約の雛形《ひながた》は、朱子がこれを増損した朱子増損呂氏郷約（Village Code of Chu Hsi）であった。

しかし、中国と慣習・気習・風土が違う韓国で中国の郷約をそのまま実施することは難しかった。それは、名称だけ郷約という名前をそのまま用いたり、他の用語に変えて書いたり、中国の郷約の内容を全然受け入れなかったり、一部だけ受け入れたり、非常に多くを受け入れたりもした。韓国は韓国なりに、郷憲(郷村の規約)、香徒(郷村の東帝祭祀のための組職)、契、トゥレ(農村の労働協力組職)などの郷村共同体の組職と規約を持っていた。したがって、郷約は郷村の規約という意味で使ったりした。だから、郷約といえばすぐ呂氏郷約や朱子増損呂氏郷約をさすと誤解してはならない。

郷約という名前は同じであるが、実行主体・実行目的・実行時期によって内容がいくらでも変わることがあり得たのである。士族(Confucian literati)が主体になる時には士族郷約・郷規になり、守令が主体になる時には守令郷約になり、洞・面・里・村などの共同体の団合と秩序を維持するために実施されれば、洞約(町内自治規約)・面約・里約・村約になるのである。何故ならば、郷約の性格は、郷規や郷約という名称よりも、その主体と内容・目的がさらに重要とされたからである。だから、朝鮮時代の郷約は、概ね士族郷約・守令郷約・洞里郷約に区別するのが良いと思われる。

士族郷約は郷会(郷村自治会議)を中心に運営され、その構成員を郷員、その名簿を郷案と言い、その経費調達は郷契によって充当された。契は会議の会費に運用されたり、一定の基金を持ってその利子で運用されたりした。したがって、目的事業に契という名を付けて使ったりもした。郷約・洞約・村約・宗約を郷契・洞契・村契・宗契と呼んだりするのもそのためである。

留郷所は郷会議の行政機構にすぎず、留郷所の庁舎を郷庁と言った。留郷所の座首・別監など、郷任は名望を高く評価される郷員を選抜した後、京在所の裁可を受けなければならなかった。郷会議代表は、郷執綱(郷先生・郷首・郷老・郷大夫)として、年長で徳の高い人が推戴されたし、任期もなかったので、一郷の世論を左右した。

郷執綱は、郷任を通じて郡県の人事・租税・力役・貢賦などの行政業務に関与し、郷案に登載された郷内の人ばかりではなく、登載されていない郷外人の仕事にまで関与したこともあった。郷員には、内郷・外郷・妻郷などの三郷を考慮して、士族だけが一定の審査を通じてなることができた。

士族郷約では、郷飲酒礼・郷射礼・春秋講信（会議の集まり）・社倉制を実施して郷員間の団結と秩序をはかり、郷村の教化に力点を置いていた。退渓・栗谷の郷約は士族郷約の雛形になった。しかし、壬辰の倭乱以後、地方社会に旧郷（郷村の既得権勢力）と新郷（郷村の新興勢力）の区分が生じて郷戦が起き、守令が密かに新郷の肩を持つようになると、士族郷約は危機を迎えるようになった。そこで旧郷たちは郷案から脱却して、別に儒案を作ったりした。郷案罷置（既存の郷案を無くして新たに郷案を作って保存する）がそれであった。朝鮮初期に、執権官僚たちは、郷吏を排するために地方の士族である品官群を支援したが、郷吏勢力が弱体化された朝鮮後期には、郷村支配の中心勢力である旧郷を排して新郷を支援し、執権化政策を追い求めるようになったのである。

州県郷約は、守令が中心になり、道・郡・県・面・里・洞単位で実施された郷約であった。これは中央政府の郡県・面里制強化と郷村教化政策の一環でもあった。州県郷約（村の郷約）は、士族郷約が優勢であった朝鮮中期には、士族たちが協力しなかったために大きな成果をおさめることができなかったが、守令権が強化された一七・一八世紀以後には広く流行した。守令権を強化するために、守令は、守令に協力する新郷の郷庁と郷吏の作庁（郷吏らの協議機構あるいは事務所）を支援して、旧郷を牽制しようとした。それで、留郷所の郷庁は新郷の占める割合が高まった代わりに、郷庁の郷任は完全に守令の管轄下に編入されていった。

洞里郷約は州県郷約の一環で実施された。しかし、同里郷約にはさらに二つの特徴が加味されていた。一つは共同納（税金や費用を共同で納付）の問題で、もう一つは村落に自然発生的にかなり以前から伝えられてきた香徒・契・ドゥレ・洞祭などの共同体組職との結合問題である。一七一一年（粛宗三七）、良役変通節目の里定制も租税・還穀・力役の共同納を目的にして実施されたのである。官では民庫を設置して村落の共同納を支援したりもした。

しかし、共同納は、族徴（未納の税金を親族たちに納付させた）・隣徴（未納の税金を近隣の人々に納付させた）の弊害と下層民たちに不公平な負担をさせたために三政の紊乱（田税・軍役制・還穀制度の紊乱と腐敗）と民乱の原因となった。このような同里郷約には士族たちの上契と下層民の下契が組み合わされていたから、自然にその負担が下層民たちに集中したのである。

また、同里郷約は、香徒・郷徒・村契・洞契など伝統的な村落共同体の契規約に基づいて実施されていた。このような郷村契の規約は、頻繁な兇年と外国の侵略にもかかわらず、相扶相助の精神に基づいて、韓民族が今日まで綿々と生き残れるようになった生活共同体であった。ところでこうした郷村契の規約は慣習的に運営されてきたので現在伝存しているものは珍しく、士族たちの洞約（契）にその片鱗が伝えられているだけである。

【コメント1】

李報告へのコメント

セルジュック・エセンベル

残念なことに朝鮮の歴史には暗いが、一つか二つ、一般的な質問をしたい。

江戸時代の中野天領の治め方――幕末のころ江戸時代の中野天領というところの自治にあたるエリートまたは百姓は、どのようにつながっていて、毎日をどのように江戸の方から治めていたのか――を例にあげるならば、それはある意味で比較できる例になるのではないか。

李先生の発表から、近代前に、韓国の歴史の中で、中央にいるエリートたちと、村レベルのエリートたちと、百姓の間のつながりの組織、またその関係・政治的な関係をある程度学ぶことができると思う。

天領は幕府の治めている場所であるから、私の質問では、今までの近世史の徳川幕府政権が一つの権威的な封建制度であるとの見方にチャレンジしたいと思う。私の質問は、江戸幕府はどういうふうにわずかな人数で、そのように遠いところから、天領の地元の村からの年貢を集めたり、政治関係の仕事をしたりできたのか。簡単に言えば百姓との関係をどういうふうにするのか、という問題の説明は、天領の組織から出るのではないかと思う。

中野天領というのは六一、〇〇〇石の天領で、信州の高井郡というところに在った、一五〇の村がある幕府の治領であった。特色として、そこには代官は年に一度、九月に二週間程度来て、年貢をどういうふうにどれだけ収めるかなどを地元の役人と交渉しただけである。藩の大名や王国の知事のようにいつもいるわけではなかった。

かわりに中野天領の政治の中心であった中野町には代官の陣屋があり、そこには一五人の侍だけがいた。中野天領の人口は七万人以上の町人、商人、百姓、労働者などがおり、一五人の役人でこれだけの人を治めるのは大変な問題である。そのやり方をみてはっきり言えるのは、一つは代官が直接接触するのは中野町にある五つの郡中代という役の町人の家で、交替で代官陣屋に詰めている人たちだということである。郡中代というのは、年貢を集めたり、江戸に運輸して勘定奉行にまわしたり、代官の命令があれば村に伝達したりという、江戸からの命令を、何らかの形で地元の人たちに伝える役割である。

その下には取締役がおり、これは大体五つか一〇個くらいの村をまとめる、ある意味で大前格の金持ちの地主階級の人。取締役は名主より上で、代官の郡中代と村の名主の間のような存在。一つの代表者と考えていい。郡中代と取締のもうひとつの仕事は御用達であり、代官の予算を設置するときに財産的問題を解決できる。

その下の一五〇村は、九九種類の組合に分けることができる（九九組合）。組合というのは、例えば高井郡なら上高井郡の二三村は一つの組合であるが、村の山を使う、林を使う、年貢を集める、また代官との関係を作るといったことを目的とする地元の組織である。組合は取締と違い、地元の村の名主の一人が村全員を代表する（地主でない可能性もある。村の名主は本百姓ではあるけれども全本百姓が地主とはならない）。直接には村全体の、更には、その地方の代表者と考えてもいいかもしれない。

その組織は、江戸から村まで自分の命令を実現させるための便利な組織と考えることもできるし、しかし逆に村のほうから江戸の代表である陣屋との妥協、交渉、また政治環境を作る下から上へ行く組織として考えてもよいだろう。

「ソンポー」と李先生がおっしゃった朝鮮の組織については、幕末日本における、村の掟、取り決め（いろんな資料があるが）と似たものか違うものか。

例えば、高井郡高井野村に関する三つの資料があって、一つは「高井野村取決」という資料である。高井郡と水内郡の村の名主同士が、新しい郡中代が交替で設置されたとき、彼との条件――今後、郡中代にどれくらい費用を払うべきか、郡中代はあまり筆と墨などの金額を高くしないこと（名主は払わなくてはいけないから）、お酒にも注意することなど――をめぐる日常的な、働くためのマニュアルのような資料。

もう一つの資料としては「高連印帳」。高井野村の人たちが、村のために掟として安政五年（一八五八）に作った文書である。

本百姓全員が集められて、印を押し、これからは札入《ふだい》れをやって新しい名主を選びましょうという取り決め（名主の選挙方法が変化）。これは、割本とか取締とか、昔からの家柄の高い人だけではなく、印を押す権利がある本百姓は誰でも名主の候補になれるというもので、これは政治的な資料になると思う。これらは毎日の仕事、毎日の問題を解決するための掟であり、このような資料を見ると日本の場合、儒教の思想、儒教の政治的考え、儒教の道徳的考えは間接的にはあるかもしれないが、直接には見えないのではないか。

くりかえして言えば、日本の場合、村の〝法律〟は農村の共同体の決める様々の取り決めや、掟であった。その法律を作って、使用したのは、掟の文書の上に、自分の名前の印を押した本百姓身分の農民であった

【コメント2】

朝鮮と近世日本の比較

三谷　博

報告の内容が、コメンテーターの専門とかなり離れており、内容の理解が正確か否か自信がなかったので、その当否の確認をまず行い、それから日本との比較を行った。

1

論文から、朝鮮の地方統治体制の概念図を抽出してみた。当日、李先生によって訂正してもらったものは、別掲の通り（?は未確認部分）。

2　朝鮮史理解の確認

同図をもとに、筆者がよく理解できなかった点を尋ねた。

(1)公式の統治組織（守令―郷吏）と非公式の統治組織（京

在所―留郷所）の関係

ⓐ時代による相違

コメンテーターは、朝鮮建国当初は守令が全国におけなかったため、在地有力者による非公式の統治組織が使われ、後に公式の統治組織が整備されても、その影響力が残存したのかと想像した。李先生は、当初から公式の統治組織は整っていたと回答された。

ⓑにもかかわらず、論文からは、中央政府は公式の統治組織より非公式の統治組織を重視し、それによって在地社会を支配していたように読み取れた。

宮嶋博史氏の場合は、京在所の役割を、中央から地方への支配より、地方の要求を中央に反映させる面で重視しているが、李先生は逆であると回答された（岸本美緒・宮嶋博史『明清と李朝の時代』中央公論社、一九八八年）。

（2）在地社会の支配構造

ⓐ「郷約」の内容

納税・徴兵・裁判・教育など、いろいろなものが想像されるが、具体的にはどうだったかを尋ねた。近世日本の村規の場合、教育は入ってこないのではと考えて。

ⓑ「郷約」の決定方式

郷会での決定はどのように行われたかを尋ねた。誰がメンバーで、誰が指導的役割を果たすか。発話のあり方は権威主義的か、それとも対等か。日本の村寄り合いのように、感情

『経国大典』（世祖1485）の官制および在地社会

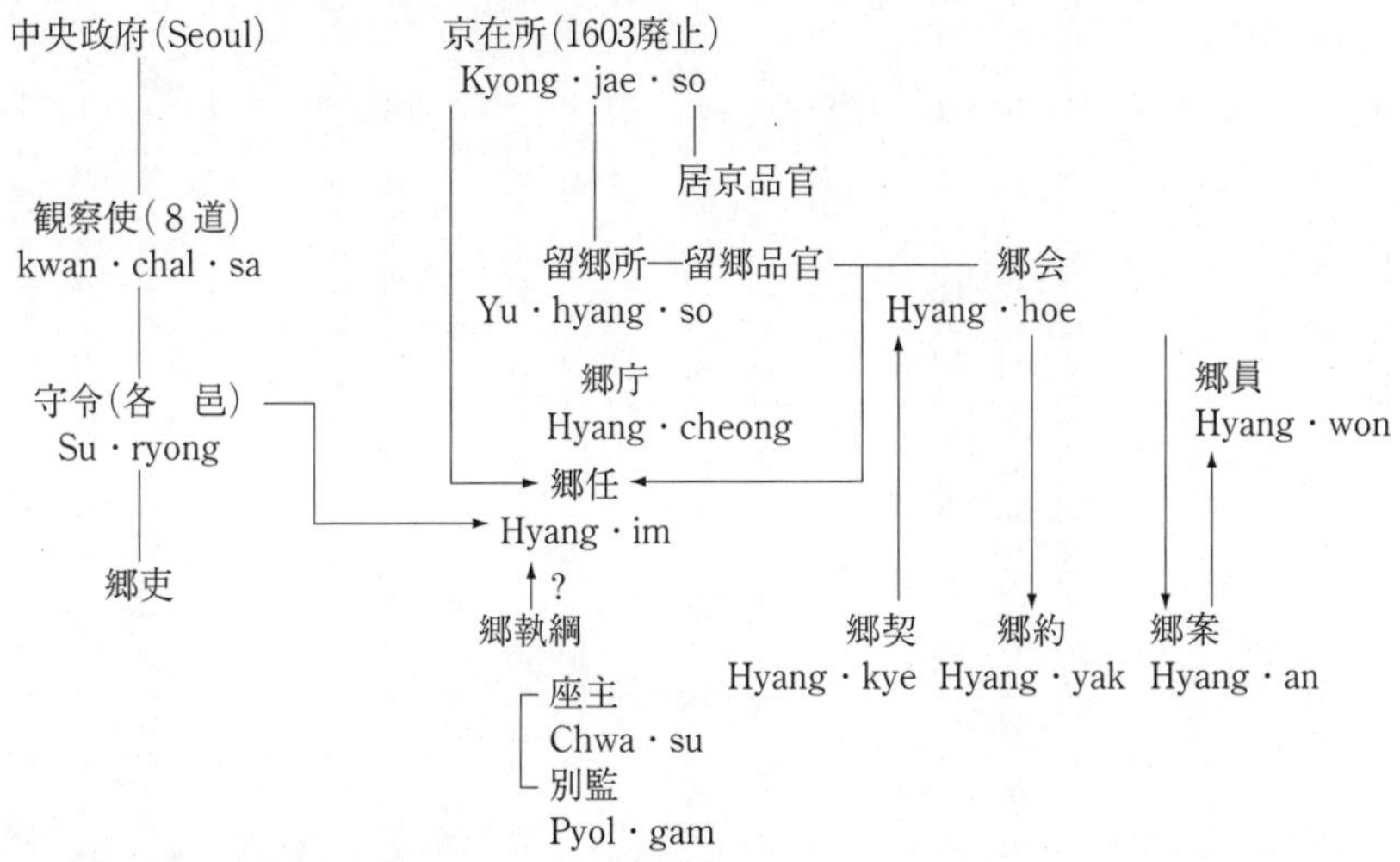

的調整を重視するか、それとも議論による説伏、あるいは立場転換を主とするか。決定は在地社会のどの範囲までを拘束するのか。この決定慣行は、中央政府におけるものと類似しているか。また、「公議」という言葉が、宋の郷約のように明記されていたか。これらは、私が関心を持っている、東アジアにおける「公論」慣習の形成という問題に深い関わりがある。

3　近世日本との比較

同時代の日本との比較をする場合、大名領は無理なので、徳川直轄領との比較を試みた。

(1)類似点

ⓐ在地下請け組織の存在

徳川直轄領では、郷執綱と郷約に相当する、惣名主と郡約という制度があり、中央から任命される僅かな数の代官とその下役だけで、効率的な支配が行われた。中央による地方支配にあたって、大規模な官僚機構を必要としなかった点は共通である(久留島浩『近世幕領の行政と組合村』東京大学出版会、二〇〇二年)。

ⓑ富の在地への蓄積

徳川直轄領に限らず、近世日本では、経済発展の成果は、在地の有力者の手に蓄積された。農村部の下層階級への配分は少なく、権力の税収も増加しなかった。朝鮮においても、在地両班の手に蓄積されたように見える。日清戦争期に朝鮮を旅行したイザベラ・バードは地方官衙の衰廃を印象深く記述している(イザベラ・バード『朝鮮紀行』講談社現代学術文庫、一九九八年)。

(2)相違点

ⓐ在地勢力の中央政府への影響力

朝鮮の場合、在地両班は、中央政府の政治にかなりの影響力をもったと聞くが、近世日本の在地有力者の場合、自分自身の経済利害の問題以外には、何の影響力も持たなかった。徳川公議は、無論、大名については無視できなかったのであるが。

科挙の有無のほかに、李先生の論文で強調された、前掲図の中央に位置する非公式の統治組織の有無も大きな関係を持っていたのであろう。

ⓑ在地支配の担い手

日本の場合、在地支配の担い手は本百姓と呼ばれる平民で、貴族ではなかった。中央政府の高官になる資格を持つ朝鮮の在地有力者より下の身分によって、在地の自治が行われたのが特色といえよう。

以上が、コメントしたかった点であるが、理解の確認に時間を取られて、十分な質疑を行えなかったのが残念であった。またの機会を得て、ご教示を得たいと思う。

騎士道とキリスト教

リチャード・W・ケゥパー〔原文、英語　アレキサンダー・ベネット訳〕

まずは、笠谷和比古教授、および国際日本文化研究センター関係者の方々に対し、この会議にお招きくださったことについて、心よりお礼を申し上げたい。また、僭越ながらこの会議の参加者全員を代表して、皆様のご厚意に謝意を表するものである。

私がとりあげたテーマ「騎士道とキリスト教」に関連して、最初に、ある写本に描かれた一つのイラスト、続いて二篇の短い物語を紹介したいと思う。

二〇〇二年の夏、私はロンドンの新英国図書館で、一三世紀から一五世紀にかけての見事な写本に集められた、説教師および一般読者（聖職者および一般信徒）向けの説教について調べていた。もちろん、最も重要と思われるものから読んでいったのだが、最終日の午後に私が読み始めたのは、すでに読んだことのある物語だけが載せられている二つ折り本であった。目新しいものなどないだろうと思っていたが、意外にも、何気なく開いたページに見事な彩飾画が見つかり、それについてはここ（本書口絵）に掲載してある。[1]

この彩飾画は一二五〇年以前に描かれたものだ。右ページは、鎧兜に身を固めて馬に跨った一三世紀の騎士である。ページの一番上の部分には、ラテン語で『旧約聖書』のヨブ記の一節「Militia est vita hominis super terram」、すなわち、「地上における人類は騎士である」が引用されている。militia とは、耐え難い苦難、戦闘、または騎士道を意味する言葉である。私は興奮を抑えきれず外に飛び出すと、中庭を歩き回った。道行く人をつかまえて、私の大発見について話したい衝動に駆られた。とにかく、この騎士は、先にあげた聖書の一説にある、騎士が直面する苦難の象徴である。その装備一つひとつに宗教的な名称がつけられている。ただしその名称は、聖パウロが使ったもの（信者に対し、神の甲冑を身にまとうよう促す、有名な一節にあるもの）とは異なる。(2) また、騎士道教本の著者として最も有名な、カタロニア人のラモン・ルルが使ったシンボルを踏襲しているわけでもない。もっとも、彼が本を書いたのは、少なくとも数十年後のことであるが。(3)

とにかく、このページに書かれているシンボルは、その文章の作者もしくは絵の作家が選んだものだった。たとえば、この騎士は、「キリスト教」と書かれた鞍に跨り、「忍耐」と書かれた槍を手にしている。盾の三隅は、それぞれが「父」なる神、「子」なる神、そして「聖霊」なる神という神の三つの位格に対応しており、中央で交わる線はデウス（神）である。また、剣は「神の御言葉」と名づけられている。さらに彼が跨る馬の部位にも、それぞれ宗教上の名前がつけられている。騎士の頭上には、様式化された天国から、冠を捧げ持った一人の天使が舞い降りている。天使が手にしているのは王冠ではなく、騎士が強い意志で臨んだ戦いに勝利した証なのであろう。天使が右手に握った帯に綴られた言葉で、すべての疑問は解消した。それは聖パウロの言葉で、要約すれば、「すばらしい戦いをした者のみが、冠を勝ち取ることができる」という意味なのだ。興味深いことに、天使は左手にも、巻物を数巻握っている。それらには、一部省略されてはいるが、イエス・キリストによる有名な「山上の垂訓」、いわゆる「八福の教え」が書かれている。曰く、「あわれみ深い人たちは、さいわいである。彼らはあわれみを受けるであろう。柔和な人たちは、さいわいである。彼らは地を受けつぐであろう。平和をつくり出す人たちは、さいわいである」(4)。この時点ですでに、毅然とした態度で鎧に身を固めた騎士と、山上の垂訓の優しく平和主義的な言葉との間に、ある種の緊張状態が感じられはしないだろうか。

右ページの騎士は、左のページから向かってくるものを見据えている。見開きのページ全体が一つの絵になっているからだ。彼の視線の先にいるおぞましい悪魔の名前を読み取ることはできない。文字が、ページを綴じている部分に隠れて見えないからだ。しかし悪魔を数えれば、それらが「七つの大罪」を表していることはすぐにわかる。醜い悪魔の背後には、さらに小さな悪魔がいて、それぞれが「七つの大罪」に関連する罪を表している。中世におけるそれら罪の重大さは、悪魔の大きさや位置によってわかる。

例えば、代表的な罪である「強欲」の後ろには、「高利貸し」と名づけられた、それよりも小さな悪魔が描かれている。騎士も孤立無援ではなく、彼の前には七元徳を表す七羽の鳩が並んでいるのだが、やはり「騎士対悪魔」という構図に目がいってしまう。

この絵は見事な出来ではあるが、私はこれを、一種のプロパガンダと見るべきだと考える。つまりこれは、聖職者が騎士の理想像を示したもので、騎士も喜んで受け入れ、あるいは大金を積んでも手に入れたいと思うほどのプロパガンダだったはずだ。しかし、これは現実的な絵でもなければ、実際の騎士の姿や行動を示したものでもない。騎士の実際の姿を示したというよりも、騎士のあるべき姿を示したものなのだ。騎士の気持ちをくすぐってそのエネルギーを利用しようとする理想主義的で楽観的な騎士像を、実際の騎士の姿と勘違いすると、とんでもないことになるだろう。この点については後ほど詳しく述べる。

では、英国図書館の蔵書で見つけた二つの簡単な物語で、この写本の絵を補足しよう。宗教作家としても知られるカンタンプレのトマという修道士が、一三世紀中頃に、*Bonum universale de apibus*（ハチによる公益）という記憶に残る題名の本を著わした。[5] 一三世紀自然哲学者グループの一人でもある彼によると、ハチは調和した社会を形成しており、人類もそれに倣うべきだという。しかしこの本は、主に、修道士が罪深き者の懺悔として聞いた話を集めたものであった。私が最初に紹介するのは、仲間の修道士がある騎士の未亡人の懺悔として聞いたトマの話である。告白内容の守秘義務など、この際あまり気にかける必要はあるまい。彼女の夫は強大な力を持つドイツ人騎士で、馬上試合に熱中し、その際に命を落としたことは間違いない。少なくともトマは、「彼は惨めに生き、惨めに死んだ（mortuus est autem miserabiliter sicut vixit）」と述べている。信心深く敬虔な彼の妻は、さめざめと泣きながら（懺悔の話では必ずそうであるが）、神父に亡夫の幻を見るという話をした。

亡夫がどこにいるのかはわからなかったものの、悪魔の大群が彼の周りを取り囲み、武装の儀式を行った。まず悪魔は、カリガと呼ばれる兵士用の重い靴を彼に履かせるのだが、その際、大釘で足の裏から頭の先までを貫く。次に、騎士用の鎖かたびら、つまり鎖がつながった鎧を着せるのだが、その際も、大釘が背中から正面、正面から背中へと体を貫いた。続いて大きな兜を頭に被せると、固定するための大釘が頭頂から胴体、そして足の裏まで貫通した。首から掛けた盾は大変な重さで、手足がすべて押しつぶされてしまいそうだ。

ところで彼女の夫には、馬上試合を終えると、一風呂浴びてリラックスし、若い女性とセックスに興じる習慣があったらしい。幻想に登場する悪魔は、燃え盛る炎の桶に彼を沈めた後、熱せられた鉄のベッドに寝かせたのである。そのベッドで彼の相手をするのは、醜いヒキガエル（buffonis illius horribilis）だった。あの恐ろしい光景が頭から離れないのです、と未亡人は訴える。この話が騎士道に対する厳しい批判であり、騎士に対する警告であることは、論をまたないであろう。

もう一つの話は、トマの本より少し前に書かれたものであるが、その内容は大きく異なる。ドイツの修道士カエサリウス・フォン・ハイスターバッハが奇跡の話ばかりを集めて優れた本を書いたが、その中に死を目前にした領主の話がある。(6) ある領主が、隣室が騒がしいので何事かと尋ねたところ、彼は、甥がある女性を強姦しようとしたものの、激しい抵抗に遭っていることを知る。領主は正義を重んじる騎士であり、躊躇なく彼に「絞首刑」を命ずる。しかし臣下の騎士は、領主の死後のことを考え、命令に従うふりをするばかりだった。予想に反して彼は死なず、甥が元気でいる光景を目の当たりにする。領主はこの甥をベッドの傍らに呼び寄せると、短剣の一突きで命を奪う。

その後ほどなくして、死の床にある領主を司教が訪れ、彼の懺悔を受ける。彼はさまざまな罪を告白したものの、甥を殺したことには触れなかった。これを知った司教は、彼に聖体、つまり救世主イエス・キリストの身体とされる神聖なパンを与えることを拒否し、部屋から出て行こうとする。そのとき、領主は司祭に向かって、勝ち誇った様子で、聖体容器（手提げ箱）の中を見よと言う。聖体はそこになく、すでに領主の舌の上にあった。つまり、神はこの領主の徳を理解し、司教が拒否した聖体を与えたのである。

騎士をめぐる見解の相違は明らかである。騎士は秩序を乱す危険な存在として、天罰に値する存在であった。他方、たとえ騎士の行為が宗教規範に違反しようとも、彼らの価値は神に認められ、理解される。聖職者は、ラテン語の militia（騎士道または献身）をもじって malitia（悪行）と言っては楽しんでいた。

もちろん、中世人たちもこうした見解の相違を承知していた。しかし、私は今、この問題に別の角度から光を当てようとしているのだ。具体的には、中世の騎士にとって宗教がどのような意味を持っていたのかを明らかにしようとしているのだ。彼らはいかなる理論によって、またどのような具体的な言葉を使って、こうした見解の相違を埋めようとしたのだろうか。

彼らの信じる宗教の創始者は、平和の大切さと復讐の無意味さを説き、また、「剣に生きる者は剣に死す」という言葉を残した。にもかかわらず、騎士たちは剣に生き、力で栄誉を勝ち取らんとして、剣や槍を巧みに操る存在として自らを定義したのである。こうした暴力と神聖なるものの問題が、キリスト教に特有なものでも、もちろん中世に特有なものではないことは承知している。残念ながら、これは世界史上の普遍的な問題であり、今日もまた新聞紙上を賑わせている。ある意味でいえば、そうした普遍性ゆえに、この問題の検討には極めて大きな価値があるのだ。また、中世においてそれが際立っていたという事実からいえば、問題の検討によって何か重要な点が明らかになる可能性がある。つまりこれは、調査に値するテストケースなのだ。騎士道が生まれたまさにその時代、中世の教会は、その主たる性質と思想の形成期であった。

そろそろ、中世ヨーロッパの騎士道と日本の武士道を、十分な情報に基づき詳細に比較する試みがなされてもいい頃ではなかろうか。私としては、両者の比較研究でヨーロッパ側からの見解を紹介できればと思っている。問題の本質を見誤らないためには、まず背景を理解することが大切である。中世ヨーロッパでは、未だモンティ・パイソンの暗さと辛辣さや、前ラファエロ派の奔放で派手な色使いが蔓延することもなく、ヨーロッパの誕生、その栄光と挫折、ありのままのヨーロッパが明らかとなる。特に中世中期、およそ一一世紀後半から一四世紀初頭にかけての時期は、極めて変化に富んだ時代として、中世研究者を魅了せずにはおかない。というのも、当時は人口が爆発的に増加し、都市化が進み、通商が盛んになり、一般市民の宗教熱が高まり、司教やローマ教皇が政治の実権を握り、王制が成立し、世俗法と教会法が並存し、大学教育が始まり、自国語文学が興り、ロマネスク建築とゴシック建築、自然哲学、至上の愛の物語、そしてテクノロジーまでもが発展したからである。「暗黒時代」とはよく言えたものだ。

しかしながら、大きな変化には問題がつきものだ。新しい社会的・文化的環境の中で古い考えがしぶとく生き残る場合も然りである。その一例が、ローマ帝国の滅亡とゲルマン民族の移動の時代から続いた、戦士魂と因習というやっかいな代物であろう。私は、中世ヨーロッパは暴力という問題を抱えていたと考えている。

もっとも、これに対しては激しい反論があった。人間のさまざまな活動において急速な発展を経験しつつあった社会は、暴力の問題になんとか対処しようともがいていた。問題を難しくしたのは、暴力が高貴で勇敢な行為であり、しかも個人の権利として行われていたからである。つまり、暴力は現代的な意味での「犯罪」ではなく、有効かつ大規模な政治的権威の崩壊によって、社会階層の上部に浸透した、私的目的に基づく力の行使であった。中世国家は徐々に形成され、国内平和の維持をその目標に掲げていたと言うことができる。しかし悲しいかな、中世の国家とその後に成立した近代国家は、隣国を倒すことも目標としたのである。

通常、教科書では、はっきりと、平和と秩序をもたらす存在として騎士道を紹介している。騎士道を武人たちの間における抑制力の受容として捉え、騎士を温厚な紳士の原型に仕立てあげているのだ。そう考えれば、暴力や戦争は減るはずであろうし、少なくともそれほど激しいものではなくなるはずである。

しかしながら、騎士が好み、目にし、耳にしたさまざまな文献（何千ページにも及ぶ武勲詩、ロマンス、騎士伝、騎士教本など）を一〇年間にわたって調査した後、私は、*Chivalry and Violence in Medieval Europe*（中世ヨーロッパにおける騎士道と暴力）という本で、この一般的なイメージをもっとさまざまな角度から考えてみた。[7] この本で私が主張しているのは、騎士道が一つの解決策になっていると同時に、暴力という問題を引き起こしているということである。つまり、騎士道とは本来、暴力を助長する可能性を秘めていたのだ。このことは当時の人々もわかっていたはずである。つまり、そのような認識は後になって明らかになったのではなく、中世の文献に見られるというわけだ。

ここで留意すべきは、そうした中世の文献において、「騎士道（chivalry）」は三つの異なった（それぞれの間に関係がないわけではないが）意味のいずれかで登場するということだ。一つ目は、剣や槍使いの見事さ、つまり槍で貫き、剣で叩き切ったり、切り刻んだり、内臓をえぐり出すといった意味に用いられる。二つ目は、ある戦場や機会における騎士の一団、もっと広い意味で言えば、騎士という階級全体を指す。そして三つ目は、騎士の考え方や行動に関する理想を明らかにした規範という意味である。

我々現代人の場合、より抽象的で魅力的な側面に目が向くあまり、一つ目の意味を無視してしまうのは致し方ないことである。しかし、中世の人々は、槍や剣を持った男同士が、血と汗にまみれて戦う姿を心から賞賛していたのである。(8) 大切なのは、理想化された抽象的概念ではなく、トマス・マロリーが言うところの「極めて現実的な行為（dedys ［deeds］ fullactual）」なのだ。つまり、そうした行為が、戦士たちを「震えさせ、よろめかせ、あえがせ、血を流させる」のである。(9)

ランスロットが馬上試合で戦う姿を見た騎士（一三世紀の伝説に基づくロマンス、*Lancelot* の終盤に登場）は、彼のあまりの強さに、ただただ驚くばかりだった。

……賞賛に値する男になることがいかに大変かということについて、私は今朝までの考えを改めねばならない。私は今日一日で実に多くのことを学んだ。おかげで、真に価値ある男はこの世にただ一人しかいないことを知った。私が話している男は、今日、並みいる騎士を相手に自らの偉大さを証明した。そして、騎士道が生まれて以来、これほど見事な活躍をした者は他にいないであろう。

彼は、その男の素晴らしさを次のように述べている。

その騎士による千回以上におよぶ見事な攻撃を、私は正確に説明することができる。彼の活躍を見逃すまいと、その動きをつぶさに追っていたからだ。彼は、剣を五回動かしただけで、五人の騎士と五人の兵士を倒した。そのあまりの速さに、相手の馬も騎士も、もう少しで真二つにされるところだった。私自身のことを言えば、彼は私の盾をたった一撃で真二つにし、一撃で鞍を切り裂き、同じく一撃で馬の身体を肩から真二つにした……さらに彼は、四人の騎士を槍の一突きで倒した。彼は私を離すまい。そして私も彼のそばを離れまい。彼ほどのすばらしい人物とめぐり合えることはないのだから。(10)

こうした賛辞は、架空の物語に限られたものではない。歴史的な文献にも、ランスロットでさえ感嘆するような武勇談がいくつか残っている。中世後期のスコットランドの英雄ロバート・ブルースの場合、最も有名な武勇伝は、「バノックバーンの戦い」（一三一四年）が始まった直後、イングランド軍の指揮官ヘンリー・ド・ボーアンの頭を兜ごと叩き割ったという話である。彼の年代記の編者であり伝記作家でもあるジョン・バブアーによれば、ブルースはたった一人でイングランド軍から川の狭い浅瀬を守ったという。彼は、一人ずつでしかかかってこられない敵兵を次々に倒していったのだ。「Strang wtrageous curage he had（彼の勇敢さは目を見張るばかりだった）」。バブアーはまた、川の中に死体の山が築かれていく様を誇らしげに描く。ブルースが六人目の男を倒したところでイングランド軍はひるむ。やがて一人の騎士が、名誉を挽回せよ、ブルースは耐え忍んだ。やがて援軍が駆けつけ、そこに一四るはずがない、と他の騎士を叱咤激励する。しかしブルースは耐え忍んだ。やがて援軍が駆けつけ、そこに一四の死体が横たわっているのを見たと記したバブアーは、ブルースに惜しみない賛辞を贈る、「群がる敵に堂々と立ち向かったブルースをその場で一目見た者はみな、彼を最強の男と呼ぶだろう」[11]。

引用できる箇所は他にも山ほどあるが、すでに私の言わんとしていることはおわかりいただけたと思う。社交儀礼として認識されていたにもかかわらず、騎士道は荒々しい暴力に満ちていたのである。イングランドの著名な文化人類学者ジュリアン・ピット＝リヴァーズが、「名誉挽回の究極の方法は暴力の行使である」というように、栄誉は力で勝ち取ることができるのだ[12]。ちなみに、その点については中世の作家たちも憂慮していたということは指摘しておかなければなるまい。暴力礼賛への不安とそれへの根強い抵抗が根底にあったのだ。私は別の機会に、そうした動きについて分析を試みたのだが、今回のテーマから逸脱するので、それについて触れることは控える。

今回の検討に関連して、英雄としての勇敢な行為が騎士のアイデンティティに欠かせないということがわかった。このことは、急速な発展をする社会が、統治、法律、哲学、建築などの分野でなんとか秩序を確立しようとする際に、深刻な結果を引き起こしたはずだ。さらに、中世キリスト教に葛藤をもたらすことにもなった。こうした点を念頭に置いて、再び基本的な問題について考えてみよう。キリスト教は、騎士道の武力崇拝とどのように折り合いをつけたのだろうか。騎士は宗教と無関係であったため、こうした問題にも全く無関心だったのだろうか。それとも、敢えて矛盾から目を逸らしていたのだろうか。いや、両者の間で、もっと微妙な駆け引きが行われたのだろうか。

最も成果が期待できるアプローチは、中世キリスト教が、苦行、とりわけ肉体的苦行を極めて重視していた点に注目することであろう。テル・アヴィヴ大学の学者エスター・コーエンは、こうした苦行重視の特徴を見事に捉えている。彼女は、私たちが興味を抱いている時期の西ヨーロッパにおける「フィロパッショニズム(philopassionism)」について論じている。「フィロパッショニズム」とは、苦しみや痛みを、回避すべきもの、あるいは乗り越えるべきものとしてではなく(歴史的には、その傾向が強い)、善として捉えようという積極的な考え方である(13)。

この文化的現象を端的に表す表現が、聖ベルナール・ド・クレルヴォーが殉教者について書いた次の文章である。

イエス・キリストが受けた傷を思うと、殉教者は、自らの傷の痛みを忘れる。たとえ体が切り刻まれようと、彼は誇らしげに立ち尽くす。わき腹を剣で引き裂かれても、彼は、神にささげた自らの血がほとばしり出る様を、勇気と喜びにあふれた表情で見つめる。しかしその時、殉教者の魂はどこにあるのだろうか。それは絶対に安全な場所、すなわちキリストの体の奥深くにあるのだ。殉教者の魂は、イエスの傷口より入り、イエスと一体となったのだ。これこそ、痛みに対する鈍さではなく、愛の成せる技なのだ(14)。

シエナの聖カタリナはある書簡で、さらに明確に述べている。「キリストが磔にされたことを喜びなさい。苦しみを喜びなさい。虐げられても耐えるのです。キリストが磔にされても耐えるのです。キリストが磔にされたままの聖十字架に、貴方の心臓と魂を接なぎ合わせるのです。そして彼の傷を、貴方の家とするのです」[15]。

これは、中世ヨーロッパ社会で隆盛をきわめた誇り高い騎士階級とは全く結びつかない。さらに理解を深めるために、ここで、賞賛に値する苦行と騎士道との関連性を示す最高の証拠をお見せしよう。それらは、一四世紀半ばに書かれた二つの論文からの引用で、作者はイングランド人のヘンリー・オブ・ランカスター、およびフランス人のジョフロワ・ド・シャルニーという、いずれも当時の有力な騎士である[16]。二人とも、フランスとイングランドの王家の間で戦われた百年戦争の第一期（一三三七～一三六〇）において、激しい戦闘を数多く経験した。それぞれの君主によって騎士団の創設メンバーに選ばれており、そのことから、両者が高い位の騎士であったことがうかがえる。すなわち、ランカスターはガーター騎士団、シャルニーは星騎士団の一員であった。また、共に敬虔なキリスト教徒でもあったことは、その価値ある所持品から明らかである。ヘンリーはキリストの「荊の冠」の棘を一本、ジョフロワは「トリノの聖骸布」として知られるものを所持していた。つまり、彼らは本物、すなわち有能かつ敬虔な騎士であり、その著書は、単なる個人的見解にとどまるものではない。

初代のランカスター公ヘンリーは、一三五四年に *Livre de seyntz medicines*（聖薬の本）を記した[17]。この本は、もともと一部の友人のために書かれたものだったが、後に、他の著名な騎士たちの手に次々と渡っていった。この事実からも、本の内容が当時の騎士から高く評価されていたことがうかがえる。おそらくこれを読めば、騎士の鑑と謳われた人物の考え方がわかるはずだ。

ランカスターの本には、彼自身の耳、目、鼻、口、手、足、そして心臓それぞれが、七つの大罪すべてに関連するものとして描かれている。その組み合わせや並べ替えの数たるや、いかなる学者も満足させるほどだ。オックスフォード大学の著名な古代フランス語学者のM・ドミニカ・レジェは、この本が贖罪の意味で書かれたのではないかと指摘する。確かに、二四四ページにわたって、イギリスに移り住んだノルマン人が話すフランス語で書かれた大げさな物語や古臭い寓話と格闘する読者は、それを読むこと自体が一種の苦行と思うかもしれない。だが、これは非常に有益な読み物でもあるのだ。辛抱強く読み続けていれば、これが騎士によって書かれたものであることがわかるだろう。負傷、戦争、宮廷、城、包囲、身代金、背信、戦時の安全通行などを意味する、封建時代および騎士階級に特有の用語がふんだんに散りばめられているからだ。

ランカスターがこの本で今回のテーマに触れているのは、わずか数ページにすぎないが、全文を引用することにしよう。

神よ、あなたが人の姿となり私たちに示してくださった愛をもって、私の罪を赦し、私をお守りください。悲しいかな虫けら共の餌食になろうとも、私があなたのようになることができますように。天、地、海、そしてそこに在るすべてのものの王であるあなたのように気高い王となれますように。もしこの人生において、肉体的苦痛を味わい、財産を奪われ、友人に裏切られようとも、あなたへの愛を持って、それらに耐えることができますように。なぜなら神よ、あなたはすでに、私のためにこの地上で苦しみを受けて下さったのですから。私があなたのように、あなたが与えてくださる苦しみ、苦役、痛みを喜んで耐え忍ぶことができる強い心を持つことができますように。報酬のためでも、贖罪のためでもなく、ただあなたへの愛の証として耐え忍ぶことができますように。なぜなら、あなたも私への愛の証として、そうして下さったのですから（4）。

ここでは一人の騎士が、「in imitatio Christi（キリストのまねび）」として苦痛を享受することを誓っている。そこに一貫して流れる思想は「苦しみ」である。彼はそれを序列化し、最も尊いとされるキリストを通じた神の苦しみによって人類は救済される。キリストの受難における苦しみの描写は、我々現代人からすれば異常とも思えるもので、中世後期の十字架像につながる。その十字架にかけられているのは、辱めを受け、身をよじり、血を流したキリストの亡骸であり、その姿を見れば誰もが思わず目をそむけてしまうだろう。ランカスターからの引用は控えておこう。彼は、キリストの母である聖母マリアの苦悩について、想像力豊かに描いている。また聖者、特に殉教者の苦悩については、ありふれた表現ではあるが、少なくとも尊敬の念を持って描いている。しかし、序列の一番下に位置する人間の苦しみも、そこに大義と正しい動機があれば、罪から生まれた、どうしようもない重荷を多少なりとも軽減することができるだろう。

ヘンリーは、時に彼が「Sire Dieux（Sir God）」と呼ぶ神のために苦しみを受け入れようと思った。高慢になることを避けるべく、彼は、世俗的な些事にこだわることをやめ、「苦しみと困難を通して」神に仕えようと決心する。自らの大罪の償いとして、彼は「苦しみを受け入れ、愛する神に喜んでいただける術を見つけよう」(116)と語る。実際、彼の苦しみは、わずかではあるがキリストの苦難に類似していただけでなく、キリストの苦しみへの報いでもあったに違いない。次の言葉がそのことを示唆している。

神よ、あなたへの愛のために、私があらゆる苦痛と悲しみを耐え忍ぶことができますように。愛する神よ、あなたが味わった筆舌に尽くしがたい悲しみ、苦しみに対して、私が少しでも報いることができますように(191)。

さらに彼は、次のように祈る。

地上でのわずかな苦痛を耐え忍べば、地獄での凄まじい苦痛を逃れることができると理解できますように。この世における、取るに足らない苦しみを耐えることで、地獄での恐ろしく、救いがたい苦痛を回避できるというなら、それは願ってもないことです（Ceo serroit une bon marchandise）。そしてまた、与えられた苦しみに耐え地獄の苦痛が軽減されることこそ、なによりの報いに違いないのです(197)。

これは、たびたび「浅ましき肉体（cheitif corps）」について触れ、その身は地獄で茹でられ、揚げられ、焼かれる（en enfern boiller, roster et frire）に相応しいとしたためた男の心情でもある（124）。

これほど禁欲的で、宗教的感情はないだろう。しかし、そこに騎士道とのつながりはあるだろうか。騎士、つまり武勇で鳴らす――それは肉体崇拝の究極である――者が、自らの肉体を嫌悪し、肉体の苦しみを望むだろうか。そうした感情は、騎士ではなく聖職者が抱くものではなかろうか。ヘンリー・オブ・ランカスターは、単に懺悔者の言葉遣いを真似ただけなのではないか。もちろん、それだけでも彼が興味を持っていた証拠だ。しかし私は、それ以上のものがあったと考える。まず、彼の作品を支える創意溢れるコンテクストに注目してみよう。矯正を必要とする罪の場所を、彼は「傷（wounds）」（下げるべき「熱」や切開すべき「腫れ物」ではない）と呼ぶ。そして、「傷」は武器によって生み出される。ヘンリーはまた、「骨折（vilesbrisures）」という言葉も使っている。これは城内の階段で不注意にも転倒した場合を想定したのではないはずだ。この論文に登場する戦闘については、一読の必要がある。

さらにヘンリー公が、間接的にではあるが、思考の流れを的確に描写している箇所がいくつかある。聖母マリアの涙が彼の傷口をどのように洗い流してくれるのかについて、彼は鼻の傷に言及する。これは、キリストが受難として鼻を幾度も殴られたことを念頭に置いているからなのだ。彼は敬虔な気持ちで語る。そのときのキリストの鼻は、馬上試合に参加するベテラン戦士の鼻のようだったに違いない、その唇は、打ちのめされて色を失い、ひどく膨れあがっていたに違いないと。彼は話に夢中になるあまり、キリストは馬上試合で戦ったのだと言い出す始末だ。しかも悪魔を打ち負かし、人類の生命を守ったのだとまで言い放つ（138）。ランカスターの想像では、キリストと騎士は、そうした鼻への一撃による苦痛を分かち合っているのだ。

ヘンリー・オブ・ランカスターは、騎士の生き方自体を、受け入れ可能なもの、いや喜んで受け入れられるものとして考えていたが、神の目からすればそれは贖罪に見えたといっても過言ではあるまい。militia（騎士道）自体がimitatio Christi（キリストのまねび）の形態であった。つまるところ、ヘンリー・オブ・ランカスターは十字軍について語っているわけではない点に注意する必要がある。彼自身は、一度ならず十字軍に参加したことがある。また聖地巡礼にも何度か言及しているが、論文の中に、異教徒との戦いに関する記述はまったく見られない。巡礼についても、聖地への旅として捉えているらしく、聖戦として武装した旅ではないのだ。彼は、苦難に満ちた人生や、騎士が耐え忍ぶ激しい攻撃を、神に対する膨大な重荷の返済につながるものと信じていたはずだ。たとえそれが、地中海地方への十字軍やチュートン騎士団との聖戦参加ではなく、百年戦争と呼ばれる戦いを意味していたとしても。償いとしての苦しみを意味するものは、聖戦だけではなく、騎士道そのものなのだ。

こうした考え方は、次に紹介する論文で、より明確に示されている。その論文は、ヘンリーと同じ時代を生きた著名なフランス人騎士であり、*Livre de chevalerie*（騎士道読本）[18]という作品の作者でもあるジョフロワ・ド・シャルニーによって書かれた。シャルニーは、本当の意味での精力的な騎士であった。彼がこの論文を書いたのは、大規模な王室騎士隊を目指して新しく結成された、フランス国王ジャン（一三五〇〜六四）の星騎士団のためである。当時の百年戦争で、フランスの騎士道が敗北を味わったように、この騎士団が敗北を喫したため、シャルニーの論文は当時の人々から無視されることになった。しかしランカスターの本と同じく、この本にも多くの有意義な情報が含まれている。

ヘンリー・オブ・ランカスターの論文で騎士道が言外の意味を持っていたとすれば、ジョフロワ・ド・シャルニーのそれは、騎士道に関する宗教的含みに満ちた論文といえよう。そのため、シャルニーの騎士らしい信仰心を分析するにあたっては、ヘンリーの著作の時とは逆のプロセスを辿ればよい。ヘンリーの論文では、宗教的に重要な苦しみについて検討し、その結果として苦しみと騎士道とのつながりを見い出した。『騎士道読本』では、まず騎士道における苦しみを強調するシャルニーの姿勢について検討し、その後、宗教的な贖罪との関連性を見い出すべきであろう。

ランカスターと同様、シャルニーも、肉体的苦痛を善と考え、肉体そのものは何の意味も持たないと考えていたに違いない。実際、彼はランカスターのように、「浅ましき肉体（cheitiz corps）」という表現を好んで用いた。この二人なら、見事なハーモニーを奏でながら、怠惰の弊害について論じるのではないだろうか。その際、シャルニーの果たす役割は、料理の選択や上等なワイン、最高のソースについて頭を悩ませる人々を激しく非難することであろう。ふかふかのベッド、清潔なリネン、夜更かしなどを、気難しい修道院改革推進者も顔負けの言葉で糾弾するはずだ。ここで指摘しておきたいのは、とりわけ大食という悪行に関しては、ランカスターに一家言あるだろうということである。彼は美食家として知られていたが、食の喜びを罪とし、また、この論文を書いた当時は通風を患っていた。一方、シャルニーは、「肉体を甘やかすことは、あらゆる善に反する」と述べ、肉体を甘やかすこと自体について簡単に触れるにとどまっている。

そこで、人生における明らかな目標とは、肉体を鍛え、軍事行動に伴う危険や苦痛を恐れず、黙って受け入れるという過酷な軍事的努力である。シャルニーはまた、歴史に名を残す機会が到来すれば、進んで危険や苦痛を受け入れるよう求めている。さらに、そうすることで、優しい婦人たちのため息と賞賛を得ることができるだろうとも述べている。

しかし何より大切なのは、男性としての肉体の酷使、苦闘、そして英雄的犠牲である。また、熾烈な戦いの場に向かうまでの過程も重要なのだ。シャルニーは、戦いのために旅を続ける者を褒め称えた。

長旅に危険はつきものである。だからこそ、多大な犠牲を払い、また、苦難や危険に遭遇しながらも旅を続ける兵士たちは尊敬に値するのだ（90・91）。

彼は、「武道は耐え難く、ストレスと危険に満ちている」としながらも、有能な男について「強い目的意識を持ち、意気軒昂であれば、何事にでも喜びと自信を持って対処することができ、それに伴う努力を厭うはずはない」（116・119）と主張した。

ある意味でいえば、肉体的苦痛や努力それ自体が善である。しかしそれらは、シャルニーにとっては男性としての最高の資質、すなわち「勇敢さ」（私はこれまでそう主張してきた）に必ずついてまわるものだと考えるべきである。巧みに、勇敢に、実際に力を駆使して、槍や剣を振り回し、血と汗を流しながら戦い続けることが、栄誉を手にするための望ましい方法である。そしてシャルニーは（あらゆる時代の戦闘のプロと同じく）、そうした栄誉こそ、苦痛や死に代えてでも勝ち取る価値があると信じていた。分かちがたい関係にある勇敢さと栄誉は切っても切れない関係にあって、人間が手にすることのできる最も尊い功績なのだ。苦しみに価値があるのは、それが栄誉をもたらす勇敢さに結びついているからである。本の冒頭で、彼は戦闘様式の序列を明らかにしている。いずれも勇敢さを示し、栄誉をもたらすという点で等しく価値があるものの、その程度には違いがあるというわけだ。一騎打ちはすばらしい、だが馬上試合（団体戦を含む）はなお素晴らしい。間違いなく戦争は最高だ、といった具合いである。例えば馬上試合が一騎打ちより評価が高いのは、それがより多くの装備と費用を要するからだけではなく、「肉体の酷使（travail de corps）、肉体のぶつかり合い、傷害、そして時には死の危険を伴う」（86・87）からである。もちろん、本格的な戦争になると、さらに多くの労力が必要となり、死の危険も高まる。いみじくもシャルニーが述べているように、「優れた戦いは、優れた肉体を証明する（par les bonnes journees sont esprouvez les bons corps）」（90・91）のだ。

戦いにおいて自らの肉体的価値を証明する有能な男は、他の者の模範という大きな責任を担うことになる。その責任をまっとうするには、「努力と忍耐で、恐ろしい危険に身をさらしても、自らを鍛え続け」（108・109）なければならない。彼らの勇敢なる行為とは困難に耐え、厳しい訓練を重ね、恐ろしい危険に耐え、数々の大きな戦いで多くの友の死に直面しつつも、なおかつ行われるものである。そのような経験から、彼らは深い悲しみを味わい、強い感情を持つのだ（110・111）。

ヘンリー・オブ・ランカスターも「肉体、物品、友人に関する苦しみ」について同様のコメントを残していたことが思い出される。

シャルニーは、「過去も現在も過酷な」、こうした有能な男たちの生き方を語りつくすことはできないと言う（110・111）。しかし、価値ある男は「苦しみを厭わない」（116・117）。こうした価値観に身を置いて生きてきたシャルニーにとって、勇敢さ、苦痛、栄誉の必要性を認識しない者は、理解を超えた存在であった。彼は、偉業を成すことなく老けていくことがいかに苦しく恥ずかしいことか、痛感するのだ（112・113）。

論文の最後の方で、大変重要ではあるが、明白な事実を読者に知ってもらいたいとの思いから、再び彼は次のような短い話をしている。

そして、今後も偉大な仕事を成し遂げたいのであれば、努力を惜しまず、武器をとり、戦うべき戦いに参加し、海であれ山であれ、幾多の国境を越えて、どこまでも行きなさい。危険を恐れてはいけない、己が肉体を蔑むあまり、その肉体で戦うことを躊躇してはならない。ただあなたの魂と栄えある人生だけを目指すのだ（194・195）。

ここでも彼は、魂と栄誉を一対のものと考えている。また、勇敢さ、栄誉、戦闘に伴う苦しみという、一般に世俗的三位一体と考えられている三者と基本的な宗教理念との間の関係について、我々と同じ疑問を提起している。シャルニーは、それらがどのように関連していると考えたのだろうか。

当然のことながら、まずシャルニーは、神が騎士の勇敢さの源だと確信している。申し分のない素晴らしい贈り物は全てそうであるように、これも天から与えられるものなのだ。偉大な兵士としての素質に恵まれるということは、単なる幸運とは違う。なぜなら、

兵士としての名声を勝ち取り、それを契機に地位が高まり、賞賛を浴びる。多大な努力を払い、危険を乗り越え、勇気を奮うからこそ、そうした賞賛を受けることができるのだ。名声を博す行為が可能なのも、神の慈悲のおかげなのである。また、恩恵は幸運によってもたらされたのではない。当然のことながら、それは永続するはずである（134・135）。

シャルニーが繰り返し述べているように、贈り物を受け取った場合の信心深い対応とは、神に心から感謝し、それを有効に活用することである。

しかし、過酷な人生と騎士の勇敢な苦しみに、宗教的な意義はあるのだろうか。それは、犯した罪の程度によって死後の救済が決まるという一四世紀までの考え方によれば、人生における苦しみは罪の償いとなりうるのだろうか。シャルニーは復讐にとって騎士は重要な存在だと主張する。彼は、まずこの問題を取りあげるにあたって、社会のさまざまな序列（神によって定められた階級や分類）について検討を行った。シャルニーによれば、いくつかの宗教的階級は自らと他者のために祈り、世界と肉欲を嫌悪している。しかし、「彼らは、戦場に赴き、武器を手にすることに伴う過酷な努力、身の危険を感じることはなく、死の脅威に怯えることもない」（166・167）。彼は騎士という身分について、特に騎士たらんと努力する者にとっては、最も過酷な生き方であると断言する。もっとも、僧侶の掟では、食事と睡眠を制限し、夜の勤行が求められるが。

騎士道の過酷さとは比べるべくもない。有能な騎士が、騎士道を真剣に追求する中で絶えず直面する苦難、苦痛、不快感、恐怖、危険、骨折、負傷について考えてみるがいい。武器を取って偉業を成し遂げようとする有能な騎士が味わう苦しみは、宗教に生きる者にとって無縁のものである（174〜177）。

僧侶と同じく、騎士は食事と睡眠を厳しく制限されるが、「僧侶が危険から守られているのに対し、騎士は常に、敗れたり、殺されたり、捕らえられたり、あるいは傷ついて、そこから必死になって立ち直らなければならない」。しかも、遠征、難破や盗難といった危険も伴う。「これほど過酷な経験をする［僧侶の］階級がいるだろうか」(19)。シャルニーは次のような言葉で、議論をしめくくる。「実際の騎士階級は、魂を救済し、肉体に栄光をもたらすことができるのだ」。シャルニーは、「魂の救済ではなく、世俗的な栄誉のために戦う者」を非難し、「世俗的な栄誉ではなく、神の愛を勝ち取り、魂を救済するために戦う者」を讃えた。さらに、「騎士の高貴な魂は、天国に終の棲家を与えられ、肉体には永遠の栄誉が与えられるだろう」と断言する。救済と武勇による栄光には明らかな共通点がある。肉体を酷使し、戦闘で肉体を危険にさらすことによって、肉体は単なる肉体ではなくなり、煉獄を経て天国にたどり着いた魂は、苦しみや病いから解き放たれた永遠の肉体と一体となるのだ。ヘンリー・オブ・ランカスターは、これを「sans fyn（終わりなき）」歓喜への安全通行権と名づけた。

ランカスターと同様、シャルニーもまた、十字軍ではなく騎士道全般について考えた。ランカスターは十字軍の一員として、ムーア人と戦うためにスペインと北アフリカに、また（ヨーロッパでの戦争が小康状態のとき）スラヴ人と戦うためにプロシアまで遠征したが、一三四五年には、シャルニーも十字軍の一員として、（同じく百年戦争の沈滞期に）アナトリアへ向かった。そしてこの戦いを、「正しく、神聖で、確かなもの」（164・165）と呼んでいる。しかし両者とも、十字軍を特別視してはいない。実際、シャルニーは細心の注意を払い、正当な戦争に参加しても、魂は危機に晒されないということを読者に伝えようとしている。一四世紀の騎士としての二人がこの点にこだわっていることは重要である。聖職者が唱えた十字軍というイデオロギーは、国内で騎士が行う戦いを罪深いものとし、キリスト教の敵との戦いは贖罪の意義を持つ価値ある行為として、両者を区別していた。しかしランカスターとシャルニーにとって、つらい遠征、不自由な生活、強力な敵との大義ある戦いに伴うあらゆる危険や苦痛は、神への愛を証明するものであり、また、キリストの犠牲を必要とする罪をいくらかでも償うものだったのである。

こうした考え方は、シャルニーとランカスターにとっては理論的で必然的なものだったが、リベラルな宗教観を持つ現代の研究者にとっては、どう控えめに言っても不適切だと感じられるだろう。個人に対してどんな苦痛や危険が及ぼうとも、他者を切り、殺し、破壊することは、宗教的に賞賛されるべき行為とは到底思えない。事実、中世の作家にも、そう感じる者がいた。しかし彼らは少数派に過ぎず、中世のほとんどの学者や神学者は、戦争や神の意思について、現代人には理解しがたい見解を持っていたのである。

こうした考え方が、中世社会の騎士階級にどのような恩恵をもたらしたかについては、あくまで歴史的な事実を基に考察するべきだろう。ウィリアム・ジェイムズは、著書『宗教的経験の諸相』の中で、「自己犠牲への衝動」は「宗教の中心的な現象」であり、「純粋な禁欲精神」を「浅ましき肉体に対する激しい自己嫌悪」と位置づけている。[20] 通常、中世の禁欲主義は、何か大切なものの放棄を伴うものだった。聖職者はセックスを棄て、女性は（キャロライン・バイナムが示したように）食事を諦めることがあった。[21] だが苦痛と暴力に関する限り、騎士はその両立に成功したのである。騎士道というイデオロギーによる自己犠牲と哀れな肉体に関する解釈は、実に見事なものであった。その結果、騎士階級は大きな力を得たのである。騎士は、勝者であると同時に犠牲者でもあるのではないか。自らを誉めそやしながらも辱めていたのではないか。彼らは、戦場での武勇伝を、自らの美しい肉体がもたらした輝かしい勝利と考えた。そしてその結果、当然のことながら、熱烈な賞賛と煌びやかな戦利品を手にしたのである。また彼らは、激しい戦いや戦場での苦しみに不満の声をあげても許された。なぜなら、体を切られ、痣を作り、骨折するかもしれないのだから。つまり、騎士としての職務を果たすことで、その際に彼らが犯した罪を償うことができたのである。世界における騎士の支配的な地位を確保するため、優れた身体能力と耐性を彼らに与えたのは、神自身である。しかしながら神は、自らの息子のように、騎士が大義のもとに苦しむことを喜ぶ。つまり槍や剣の技術によって証明され、誇りと様式美に満ちた叙事詩やロマンス文学で賞賛された身体的優越があればこそ、肉体を痛めつけ、すべてを危険に晒し、槍や剣の攻撃を受けることによる犠牲や苦しみを味わうことになるのだ。騎士は、苦痛と肉体による贖罪の思想に基づく、当時の支配的な宗教的パラダイムに参加しようとした。本来それが、聖職、具体的には修道士のものであるにもかかわらずだ。同時に彼らは、勇敢さ、栄誉、肉体賛美に基づく騎士的パラダイム（戦士の永遠の規範とみなされ、特に現在のドイツ・オーストリア地域に起源を持つ）の実践に励んだのである。

二つの思想は相反しているように見えるが、結局は一つに交わるのである。なぜなら、騎士道の宗教的側面は、苦しみによって罪を償い、苦しみに耐えうる強さを神に感謝するという点で、大義の実践に他ならないからである。そして、騎士道を完璧に実践することは、宗教的立場からどのような制約が加えられるにせよ、騎士にとって大きな名誉であった。ヘンリー・オブ・ランカスターは、自分のことを虫けらのごとき存在だと本気で思っていたわけではあるまい。しかし、多くの聖職者には、高貴な元「虫けら」を仲間として受け入れる意思があった。実際、老齢と身体的衰えによって騎士道を全うすることができなくなると、騎士の中には僧侶に転向する者がいた。しかしほとんどの騎士は、毅然としてその地位にとどまった。

私は、ヘンリー・オブ・ランカスターを侮辱するつもりはない。彼の信仰は本物であり、彼の感情が宗教的感性に根ざしていたことは疑いようがない。ただし彼は、二兎を追っていたと言えるのではないだろうか。彼は、（自ら認めているように）強大な力を持つ領主でありたかったのだ。馬上試合の会場や戦場で、すばらしい馬に跨り、そのあぶみに美しい足を掛けたかったのである。一方で、騎士として味わう苦しみを、キリストの受難に関連づけようとした。彼の信仰心を、騎士道と無関係と考える必要はない。しかし彼の信仰心は、騎士階級の信仰心の篤さから見れば、異常ともいえるものであったはずだ。他方、シャルニーの信仰心はといえば、きわめて標準的であったように思われる。彼は、騎士としての自分の生き方を清廉潔白なものと信じて疑わず、神からそれを授かったことを心から喜んだ。さらに、自分の苦しみが有意義であると確信していたため、自ら埋めようとしていたギャップの存在そのものに気づかなかったのである。

最後に、さまざまな考えが共に影響しあう場合の重要な要素について特に話しておきたいと思う。もし私が化学者だったなら、それを、反応を生む触媒とでも名づけただろう。具体的には、宗教上の真実と権威への理解を深める上で、騎士が影響力を持っていたということである。学者は長年にわたって、反強権主義と異端に着目していた。近年では、これに対する反論として、一六世紀の宗教改革直前の、教区（つまり小教区）レベルでの忠実で熱烈な正統信仰の存在を主張する動きが出てきた。私はさらに別の見方を紹介したい。騎士たちは中世の教会における礼典への忠実な（そして謙虚な）参加者だった。文献では暴力の行使ばかりを強調される彼らだが、聖職者が執り行う儀式に従うことを当然と考えていたのだ。騎士たちは、一般信徒のために定められた標準的形式の大半を遵守し、異説には断固として反対した。ランカスターとシャルニーの例からわかるように、信仰にかけては非常に熱心で、しかも雄弁であった。

しかしながら、中には、騎士としての考え方や生き方を左右するようなものがあった。そのような場合、彼らは教会に対して便宜を図ってくれるよう――少なくとも暗黙の不介入――求めた。実際のところ、騎士たちは、こうした問題については、神は自分たちの味方であって、自分たちの立場を理解してくれると思っていたはずだ。当然のことながら、騎士たちの神は、戦いの神である。神は恐ろしいほどの天罰を与え、その光景を目にした人々は狂喜するのだ。騎士の考えでは、Dominus Deus（主なる神）との理想的関係とは、dominus rex（主なる王）との関係のようなものであった。しかし、残念ながら神も王も、必要ではあるが厄介な存在でもある公的仲介者

（社会的にはそれほど重要な地位でない場合が多い）という階級を生み出した。公的仲介者とは、有能な騎士とすばらしい神の間に存在する。すなわち、聖職者と口やかましい宮廷官僚のことをいうのだ。彼らは、細かな規則をラテン語で書き並べた羊皮紙の本や巻物で理論武装していた。主の意思は測り知れない。もしこの世界が本当に正しいものであるなら、騎士は、官僚を経由せずとも、献身的な奉仕によって、神や王と直接的なつながりを持つことができたはずだ。

実際には、神も王も、理想化された、非現実的な関係を続けることはなかった。騎士は慎重に考えた結果、可能な限り仲介者に協力することにしたのである。しかし彼らは、官僚によるものであれ聖職者によるものであれ、騎士道の実践が制約される場合、断固としてこれを拒否した。遵守義務があると考えることすら拒否したのである。そしてこの拒絶を確固たるものとしたのが、造物主と個人的に理解しあっているという、基本的で誇り高い思いであった。

これを証明する数多い証拠の中でも、馬上試合の辿った運命を取りあげるのが最も適当と思われる。馬上試合が騎士の代表的なスポーツであり、騎士のアイデンティティに欠かせないものであることについては、ほとんどの学者が認めるところであろう。一方で、私が冒頭で紹介したハチの本から明らかなように、この競技を聖職者が嫌っていたことも明らかな歴史的事実である。訓話や奇跡の物語では、しばしば馬上試合が、七つの大罪のいずれかを生み出す場として描かれる。いかにも聖職者らしく、参加者を「tourneyers（競技選手）」ではなく、「tormentors（苦痛をもたらす者）」と呼ぶべきだと主張する者もいる。こうした主張は、中世はいうに及ばず、それ以降も続いた。確認できたところでは、一五世紀や一六世紀になっても、説教者に対して同じことがいわれていた。

もちろん、馬上試合を騎士道の正当な一部であるとする二人の敬虔な騎士、ランカスターとシャルニーの時代には、すでに聖職者の主張を支持する者はほとんどいなかった。ランカスターは馬上試合に熱心に参加した。彼は、他のさまざまな事柄については懺悔したにもかかわらず、馬上試合やダンスという騎士の娯楽については、それ自体は悪ではないと主張する。すでに見てきた通り、シャルニーにとって、騎士道を全うするために必要な段階として、一騎打ちと、さらに徳の高い戦闘への参加があった。

一世紀以上前の一二世紀後半、騎士の鑑として崇められたウィリアム・マーシャルは、死の床にあった。そんな彼に、その城内騎士の一人であるサー・ヘンリー・フィッツジェラルドが伝えたことがあった。それは、教会が彼に対して、馬上試合で得たものを返還するよう要求しているということだった。それに対し、マーシャルはこう答えた。

ヘンリー、よく聞いてくれ。聖職者は我々に対して厳しすぎるのだ。何から何まで奪っていこうとする。私は五〇〇人の騎士を捕らえ、その武器、馬、装備を奪った。それが原因で、神が王国の門を閉ざしたとしても、私にはどうすることもできない。一度奪ったものを返すことはできないからだ。私には、神に我が身を捧げる以外に何もできない。これまでのすべての罪を、私が行ったすべての悪行を悔やむ以外には何もできないのだ。聖職者が私を地獄に落とそうとするのでなければ、彼らはもはや何も求めることはできないのだ。しかし、彼らの教えは間違っている。そうでなければ、誰も救われないことになるではないか。

この言葉に対し、マーシャルの友人であるジョン・デルリーは、「まさにその通りだ」[22]と答えた。

一般信者がこれほどの独立を保っていたということは注目に値する。なぜなら、彼らの社会的・文化的影響はきわめて大きいからだ。そのような影響力なくして、騎士道の代弁者（聖職者と騎士の両方からなる）に、不可能を可能にすることなどできなかったはずだ。彼らは、宗教上のイメージに関する柔軟な表現を操ることができただろうか。あるいは、戦闘、鍛錬、そして切りつけたり突き刺したりといった危険な行為を、それが特にキリスト教徒の間で行われた場合、一種の「キリストのまねび」と考えることができただろうか。マーシャルが死の床で口にした言葉は、一般信者の独立について、多くの示唆を与えてくれる。それはこれから先も難しい問題を提起するだろう。マックス・ウェーバーには申し訳ないが、ひょっとすると、現在執筆中の本の最終章の題名は、「プロテスタンティズムの倫理と騎士道の精神」になるかもしれない。しかし、この話については、別の機会に譲ろう。

（1） British Library, Harley 3244, f 27b, 28.

（2） Ephesians: 6, 10–18.

（3） Ramon Lull, *Libre qui es de l'ordre de cavalleria, Livre de l'ordre de chevalerie.*

（4） Matthew: Chapters 5,6,7.

（5） Georgius Colvenerius, ed., Thomas Cantimpratanus, *Bonum universale de apibus* (Douai, 1597), II, xlix, 5 (66–7).

（6） Caesarii Heisterbacensis, Dialogus miraculorum, *Textum ad quatuor codicum manuscriptorum editionisque principis fidem accurate recognovit Josephus Strange.* Coloniae, J.M. Heberle (H. Lempertz & Comp.) 1851, Ridgewood, N.J., U.S.A., Gregg Press, 1966 2 vol. II, 149–142.

（7） R. W. Kaeuper, *Chivalry and Violence in Medieval Europe,* (Oxford, Clarendon Press, 1999).

（8） Eugne Vinaver, ed., *Malory. Works* (Oxford, 1978), 23.

（9） Ibid., 198.

（10） William W. Kibler, tr., 'Lancelot Part V", in Norris J. Lacy, gen. ed., *Lancelot-Grail* (New York, 1995), vol. III,161–2. Original French: Alexandre Micha, ed., *Lancelot,* IV (Paris, 1979), 198–9.

（11） Matthew P. McDiarmid and James A. C.Stevenson, eds., *Barbour's Bruce,* 3 vols (Edinburgh, 1980–85) bk XII, lines 51–61, bk VI, lines 67–180.

（12） "Honour and Social Status", J.G. Peristiany, ed., *Honour and Shame: the Values of Mediterranean Society* (Chicago, 1970), 29.

(13) Esther Cohen, "Towards a History of European Physical Sensibility: Pain in the Later Middle Ages", *Science in Context* 8 (1995).
(14) Quoted in Eric Auerbach, *Literary Language and Its Public in Late Latin Antiquity and in the Middle Ages*, tr. Ralph Manheim (New York, 1965), 70.
(15) Quoted in Mitchell B. Merback, *The Thief, the Cross and the Wheel* (Chicago, 1998), 61.
(16) 以下は執筆中の本、*The Holy Warrior* より抜粋。同著には完全な分析と記録が掲載される予定である。
(17) E.J. Arnould, ed., *Le livre de seyntz medicines* (Oxford, 1940).
(18) R.W. Kaeuper and Elspeth Kennedy, *The Book of Chivalry of Geoffroi de Charny: Text, Context, and Translation* (Philadelphia, 1996).
(19) 当段落内のこれに続く引用については、174～177を参照のこと。
(20) *The Varieties of Religious Experience* (New York, 1929), 298.
(21) *Holy Feast, Holy Fast: The Religious Significance of Food to Medieval Women* (Berkeley, 1987).
(22) Paul Meyer, ed., *L'histoire de Guillaume le Marchal*, 3 vols. (Paris, 1891-1901), lines 18480-18498.

【コメント1】

日本における暴力の宗教的正統化

平山朝治

はじめに

ケゥパー氏の「武士道とキリスト教」は、西欧の騎士が、十字軍のようにキリスト教を守るための異教や異端との戦い（聖戦と呼ぶことにする）に限定されないような、暴力行使を正統化する論理として、キリストの受難と自らの姿をアナロジカルにとらえていたことを明らかにし、それは、聖職者から独立した、騎士たちの自前の論理であり、プロテスタンティズムの源流になったと説いている。

同じような問題を日本の歴史において指摘できるだろうか。

1　仏教受容をめぐる武力闘争と聖徳太子

まず、六世紀の仏教伝来ののち、仏教を信奉する蘇我氏が朝廷の実権を握るにいたる際に、蘇我馬子が五八七年に物部守屋を滅ぼし、五九二年に崇峻天皇を暗殺し、推古朝が成立している。その際には、仏教が蘇我氏の暴力を正統化する役割を担っていた。守屋との戦いでいったん退却した際、蘇我氏に与した厩戸皇子すなわち聖徳太子が四天王像を作って、「今若し我をして敵に勝たしめたまはば、必ず護世四王の奉為《みため》に、寺塔を起立《た》てむ」と誓い、馬子も「凡そ諸天王・大神王等、我を助け衛りて、利益《か》つこと獲しめたまはば、願はくは当に諸天と大神王との奉為に、寺塔を起立てて、三宝を流通《つた》へむ」と誓い、改めて攻めたところ、幸運にも勝利を得（『崇峻天皇　即位前紀』）、四天王寺が建てられるにいたった。

四天王・諸天王（三十三天）・大神王（大神竜王）はいずれも、『金光明経』など護国経典に登場する、仏教を護持する存在であり、仏教を護持するような権力・国家を仏教も正統化するという、聖戦の論理がそこには存在する。他方、聖徳太子は僧侶ではなく、俗人権力者であるが、『三経義疏』を著わし、とりわけ参照した『法華経』註釈書を批判し、経文を自由に解釈して自己の見解を記すという、リベラルな宗教的態度を示している（中村元編［一九八二］）ことは、特記されるべきであろう。それは、仏教と対等なものとして儒教や道教にもアクセスできるという、東アジアの思想空間の多元性に由来するといえるかもしれない。

哲学は神学の婢とされ、キリスト教がギリシア思想の上に置かれた西欧中世と比べて、より寛容で自由な精神世界が、東アジアでは古代以来、焚書坑儒や中国共産党一党独裁とりわけ文化大革命など若干の例外を除いて、基調をなしてきたといえよう。

2　怨霊・御霊信仰と非暴力化

飛鳥・奈良時代においては、権力闘争の敗者が死に追いやられることは当然であったが、仏教はもともと殺生を禁じており、仏教信仰をともにする者たち同士のこのような殺し合いは、聖戦論によって正統化しえず、批判対象になるはずである。そのような批判は、古代日本においては、怨霊・御霊信仰というかたちで整えられていった。

私見では、怨霊信仰の源流は、遊部の系統の葬送・鎮魂儀礼に従事していた土師氏とかかわりの深い行基と弟子達による、俗信と仏教を混淆させた七一七年（養老元）の「罪福説」である（平山［一九九三、八節］）。七八五年（延暦四）、桓武天皇は実子に皇位を継がせるため同父母弟の早良親王を廃太子のうえ乙訓寺に幽閉し、淡路島に流したが、親王は幽閉された日から無実の罪に憤激して寝食を断ち、船中で没した。その後、桓武天皇夫人の旅子、母の高野新笠、皇后乙牟漏が没し、皇太子の安殿親王が風病という不可解な病にかかり、陰陽師の占いに早良親王の祟りが原因であると出て、天皇は死ぬまでその怨霊に苦しめられた。それ以降、朝廷は権力闘争とともに怨霊を増やすことになり、貞観（八五九〜八七六）のころから自然災害や疫病を引き起こす御霊が登場する。その代表が土師氏の流れをくむ菅原道真である。

怨霊・御霊信仰は、権力闘争の敗者の祟りを恐れる心理を植え付け、非暴力化を推し進めたといえよう。

3　末法思想と浄土教

院政期になると、寺社は自ら武装した僧兵によってしばしば朝廷に強訴し、院に仕えて彼らに対抗した武士も台頭してくるというように、権力闘争が再び暴力化していった。伝統的な顕密仏教が僧兵保持を正統化する論理は、仏教護持の役割を世俗の外護者に委ね切れず、自ら果たさなければならないというものであり、聖戦論の範疇に入る。それに入らないような、俗人同士の間での暴力沙汰は、殺生戒や怨霊・御霊信仰という非暴力主義を抑えて、いかに正統化されたのだろうか。

死霊が祟りをなすことを恐れる場合、暴力的に人を殺してもその報復を受けると信じられているわけであるから、そのような信仰を無効とするような新たな宗教的信条が必要とされる。その役割を果たしたものが、浄土教である。今日の日本では、日常語として死を成仏、死者をホトケと呼ぶが、それは、死霊は供養によって鎮まり、浄土に往生して仏になることができるという信仰が、怨霊の祟りへの恐怖心を克服した後に定着した観念である。

浄土教が殺生を犯した者の救済を打ち出す教理上の根拠は、以下のようなものである。浄土三部経のなかで、『無量寿経』は、五逆（殺母・殺父・殺阿羅漢・出仏身血・破和合僧）と誹謗正法とを救いの対象からのぞくのに対して、『観無量寿経』は五逆十悪（殺生・偸盗・邪淫・妄語・綺語・悪口・両舌・貪欲・瞋恚・愚痴）を犯した者も仏名を称すれば結局は往生できると説くという矛盾に対して、中国浄土教の大成者善導は、前者は罪を犯すことを予防する抑止門、後者はすでに罪を犯した者を救う摂取門と解釈した。法然は「偏《ひと》へに善導一師に依る」（『選択本願念仏集』）、親鸞も「善導独り仏の正意を明らかにせり」（『正信念仏偈』）というほど、善導の影響を強く受けたのである。

なお、浄土教の現世否定を批判しながらその易行を模した日蓮は、悪人成仏についても浄土教をモデルとし、釈迦に悪をなした提婆達多の成仏が『法華経』で説かれていることを根拠に、五逆誹謗正法をはじめ、あらゆる悪人が『法華経』によって成仏できると説いた。

浄土教が広まった背景には、末法思想がある。教えと修行と悟りを開く人（教・行・証）の三者がそろった正法の世、教・行はあるが証がない像法の世を経て、教のみが残るが行も証も失われ、人がいかに修行して悟りを得ようとしても不可能な末法の世が一〇五二年（永承七）にはじまるとする説が平安時代以降流布し、末法の世を救う教えとして、自力の修行を否定して他力の信を強調する浄土教が急速に普及した。「まことには、末代悪世、武士が世になりはてて末法にもいりにたれば」と慈円が『愚管抄』七で記したように、僧兵や武士の台頭に象徴されるような、暴力の蔓延を伴う中世社会への移行は、末法思想の正しさを証するものと解釈されていたのである。

4　藤原道長と浄土・法華信仰

西欧における正統宗教カトリックに相当する、日本における正統宗教は、南都六宗と天台・真言二宗であり、顕密仏教と総称されている。末法思想は、それらに対して、教えだけが形骸化して残っているものの、修行も悟りももはや不可能になっているというふうに批判するための論拠にもなるし、それをふまえた浄土教は顕密仏教を超えるものたりえることにもなる。

そのような浄土教の可能性は、まず俗人権力者によって利用されたと評することができるかもしれない。藤原道長の法成寺、頼通の平等院造営にはじまり、院政に受け継がれてゆく、時の最高権力者による阿弥陀堂を含む大伽藍の創建は、顕密諸宗の上に立つ宗教的権威を創出するための、中世国家の宗教政策だと上島［二〇〇一a・二〇〇一b］は評している。

道長はまた、「長保四年（一〇〇二）より、自邸に南都・天台の学僧を集め法華三十講を行っている。法華経二八品と開結二経を論義する法華三十講は、十世紀末には天台宗寺院での勤修が確認できるが、南都・天台の僧侶を論義させるという形式は道長が創始したといえる」（上島［二〇〇一a］三九～四〇頁）。彼は『法華経』に関する僧侶の諸解釈を参考にしながらも、そのどれかに絶対的に依拠することなく、自らの信仰を深めているわけであり、『法華義疏』を著わした聖徳太子のリベラルな姿勢が道長にも受け継がれているといえよう。

5　世俗的家業の宗教的正統化

聖徳太子・藤原道長といった世俗権力者の、既成の宗教的権威にとらわれない自由な宗教性を大衆化したものが、浄土教・日蓮宗系の鎌倉新仏教であると評価することができるかもしれない。道長の仏教思想を窺うに足る史料はないが、『勝鬘経義疏』にある「一称の南無」をはじめ、聖徳太子の仏教思想には鎌倉新仏教の先駆をなすものが見いだされ、平安中期に成立した日本最初の往生伝『日本往生極楽記』において、四二人の極楽往生者の最初に聖徳太子が登場して以降、念仏往生者としての聖徳太子信仰も盛んになった（中村編［一九八三］）。

とりわけ、聖徳太子信仰と民間浄土教との間には密接な関連があった。聖徳太子ゆかりの四天王寺には、天台系の聖や庶民が参詣し、次の三つの特徴を持つ四天王寺念仏がさかんになった。「第一は、例の百万遍念仏であった。これは四天王寺に詣でて念仏百万遍に満つれば、往生業としてはなはだ功徳があるという思想である。第二に、人々は往生の安心を得るべく、四天王寺に参詣した。そして、金堂の舎利の瑞相をみたり、聖徳太子の絵像をおさめる聖霊院に祈念して太子の霊夢を得たりすると、往生の安心を得た。第三は、西日のさす難波の海に、したがって極楽の東門に入水すれば必ず往生がとげられるという思想であった」（井上［一九五六］二六八頁）。

このような民間浄土教には、破戒・造悪の者であっても専修念仏によって救われるという思想が、平安時代からすでに見られ、法然や親鸞へとつながっている（井上［一九五六］第三章）。また、聖徳太子の霊夢は、親鸞を浄土信仰へと導いた。親鸞の妻恵心尼が娘の覚信尼にあてた手紙によれば、六角堂にこもって九五日目の明け方、聖徳太子のお告げにあずかり、それによって親鸞は法然に入門した。

親鸞は、戒度の『阿弥陀経聞持記』に対する註釈で、「屠はいはく宰殺。沽はすなはち醞売、かくのごときの悪人たゞ十念によりてすなはち超往をう、あに難信にあらずや」＝「『生きものを殺す』とは、つまり殺すことを生業とすること、『酒を売る』とは、酒を造って売ることで、このような悪人も、ただ十遍の念仏によって、たやすくとびこえて行くことができる。こういうことは、なかなか信じがたいことではないか」（『教行信証』信巻、現代語訳は石田編［一九八三］二六八頁）と述べている。このように、親鸞のいう悪人とは、単に悪をなした人というよりも、戒律に反するような生業に従事している人、という意味合いを伴うものである。

したがって、親鸞の説いた悪人正機は、仏教の戒律に反するものであっても、世俗の生業に従事することが救いの正機であるという意味を帯びており、プロテスタンティズムが、世俗の職業労働を召命としたことに通じる。選択本願・専修念仏も、官職の家業請負によって一つの職能に特化するような分業体制、いわゆるイエ社会が院政期に成立したことを背景としている（平山［一九九五］）。ここでの、戒律に反する家業には、殺生戒に抵触する武家の生業も含まれる。

イエが代々伝える世俗的職能・技芸を極めることによる、宗教的な自己超越という思想は、室町時代以降、仏教とりわけ禅の影響のもとで、武芸、能楽や茶の湯などさまざまな芸道として整備される。

6 封建制、家族制度と宗教

西欧においても、二重予定説と一子単独相続慣習との関連など、プロテスタンティズムと騎士的家族慣習とは密接な関係にあることが指摘されている（Todd［1990］）。

一般論として、王や皇帝の専制的権力は、兄弟分割相続慣習によって王家以外の有力な家系の台頭が抑制されている場合に持続しえるが、王家に拮抗するような有力貴族の家産も単独相続によって代々維持存続される場合には、王権は有力貴族たちによって大きく制約される。西欧と日本とにおいてはともに、王権のまわりにそのような有力貴族たちが存在しており、しかも、騎士・武士のように、自前の武力によって自らの領地を支配することで、王権による暴力独占すら排除している（騎士・武士の全てが貴族とはいえないだろうが、たとえば日本では、源平という武家の棟梁は天皇の血をひく貴種でなければならなかった）。

ユーラシア大陸を見ると、梅棹［一九六六］がモデル化したように、その中央部は、皇帝専制体制・兄弟均分相続的大家族によって特色づけられる、Ⅰ中国・Ⅱインド・Ⅲロシア・Ⅳイスラムの四大文明からなる第二地域であり、それに対して東西端の第一地域たる日本と西欧は、封建制・分権的政治経済体制・小家族（核家族や隠居制つき直系家族）によって特色づけられる（Mitterauer［1990］は、一子相続を伴

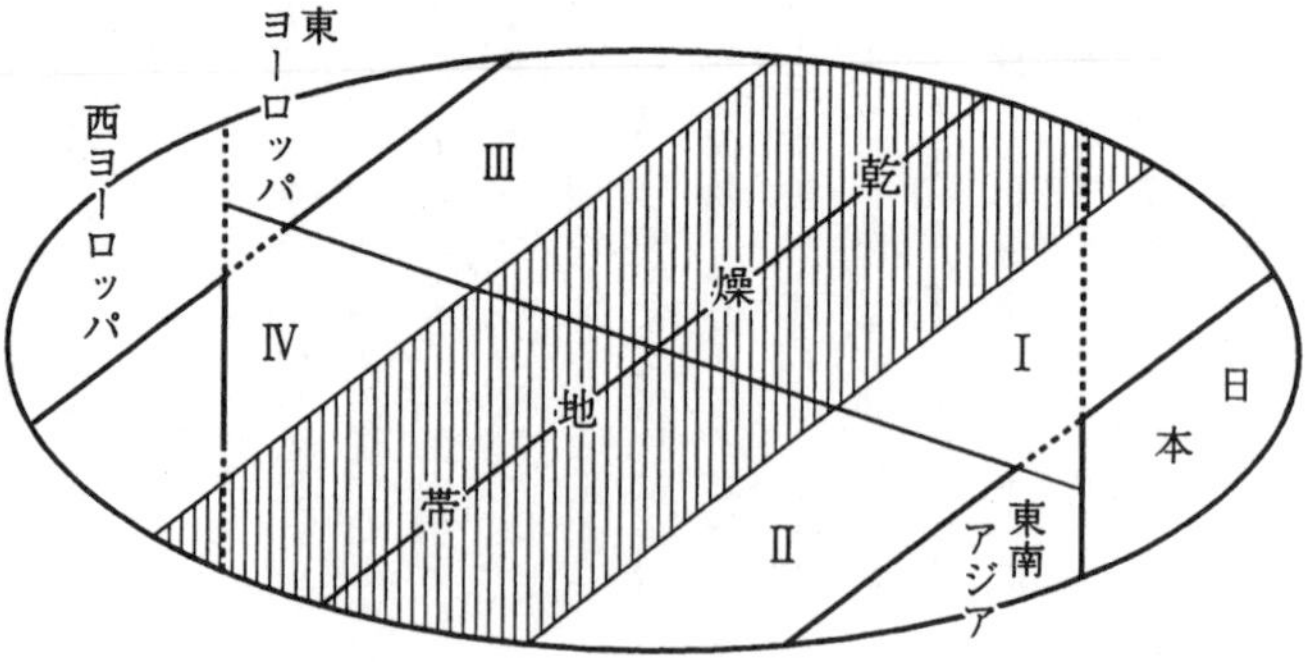

（出所：梅棹［1966］p.181）

う隠居制を西洋とくに中欧の特色としているが、日本のイエもそうであることはいうまでもない）。

封建制のもとでは、王に対抗したり、対等なもの同士が争い合うというかたちで武力行使が日常化するので、そのよう

な体制の正統化は暴力の宗教的正統化を伴うことになり、とりわけ、世俗的職能としての暴力を自前で正統化するような論理が要請されることになろう。西欧の騎士道やプロテスタンティズムも、日本の浄土教や芸道思想も、それに答えるものであったといえよう。

7　息子の宗教としてのキリスト教と仏教

プロテスタンティズムと浄土教、とりわけ親鸞の思想には、著しい類似が見られることは、戦国時代のカトリック宣教師が浄土真宗をルター派になぞらえて以来、しばしば指摘されてきた（真宗海外史料研究会編［一九九八］）。しかしこの西欧と日本の宗教史における類似は、単に正統宗教たるカトリックや顕密仏教への反逆というレベルにとどまるものではない。梅棹［一九六六］によれば、キリスト教がパレスチナ、仏教がインドといずれも第二地域で生まれながら、その故郷ではイスラム教やヒンズー教に追いやられ、西欧や日本では普遍主義的なカトリック・大乗仏教として、東欧や東南アジアでは国家単位で組織される正教・上座部仏教として定着した（梅棹は、東欧と東南アジアも類似していると論じてもいる）。したがって、キリスト教や仏教には、本来的に、第二地域にはなじまない性格があるというべきであろう。

第二地域においては、兄弟均分相続・父系大家族が一般的であり、父権・男子年長者の権威が強く、専制的皇帝にもその権威が投影される。それと比べて、第一地域の核家族や隠居制つき直系家族は、息子の父親からの自立の契機が強く見られ、それが、王権に対する臣下の自立にも投影される。このような観点からキリスト教と仏教を見るならば、それらはいずれも、父の権威を相対化する息子の宗教という特色を持つ点が、クローズアップされよう。

また、Ⅰ中国においては大乗仏教がある程度受け入れられ、Ⅲロシアにおいては正教が定着したが、のちにいずれも、権威主義的だが近代化（民主化と産業化）への志向も強い、マルクス主義的社会主義による体制を樹立し、一時は欧米日といった第一地域的先進国と拮抗する陣営にまで台頭し、現在は市場経済化に挑戦している。それに対して、仏教とキリスト教の故地でありながらそれらを排除したⅡインドとⅣイスラムでは、近代化に対する伝統の抵抗が強い。このように、第二地域内の差異も、仏教やキリスト教を、権威主義と折り合いをつけながら受容するか、排除するか、という違いを反映しているといえよう。

Freud［1925］によれば、キリストの受難は、父＝神を殺した罪を同罪報復によって贖い、人類を父＝神殺しの罪悪感から解放するものであり、Róheim［1950］によれば、ギリシャ神話のアポロも父殺しの罪を贖う息子神である。キリスト教とギリシャ神話という西欧文明の二大源流はいずれも、父殺しを肯定する息子の宗教なのである。

他方、仏教は、父王の後継たる地位を捨てて出家した息子である釈迦を開祖とするから、やはり本来的に父の権威を否定する息子の宗教という性格を持っているといえよう。なかでも、親鸞が『教行信証』信巻で長々と引用している、大乗『大般涅槃経』の阿闍世王物語は、父を殺した阿闍世王が救われることをテーマとしている（平山［二〇〇二］）。

このように、キリスト教と仏教は、父や専制王の権威を否定する傾向が強い宗教であり、それが封建制のもとでは、自前で武装する者の生業としての暴力を肯定する宗教思想を生みだしたと言えよう。そして、それは、国家権力による暴力の独占が進むと、性格を変え、立憲君主制・民主制を正統化する思想へと進化していったといえよう。一七世紀イングランド議会は、教会をキリストの身体とする聖パウロの教えとアナロジカルに自らを王国の政治的身体とし、生身の身体たる王の廃立を正統化した（Kantorowicz ［1957］）が、それと、近世日本の大名家における主君「押込」慣行（笠谷［一九八八］）とには、国家ないし藩の永続性を根拠に王や大名を議会や家臣団が廃立しえるという、共通した論理が見出せる。

〈参考文献〉

Freud, S. 1925, *Totem und Tabu*, Internationaler Psychoanalytischer Verlag（S・フロイト／吉田正己訳「トーテムとタブー」、『改訂版　フロイド選集・6　文化論』日本教文社、一九七〇年）

Kantorowicz, E. H. 1957, *The King's Two Bodies: A Study in Medieval Political Theology*, Princeton University Press（E・H・カントーロヴィチ／小林公訳『王の二つの身体：中世政治神学研究』平凡社、一九九二年）

Mitterauer, M. 1990, *Historisch-anthropologische Familienforschung: Fragestellungen und Zugangsweisen*, Böhlau（M・ミッテラウアー／若尾祐司ほか訳『歴史人類学の家族研究：ヨーロッパ比較家族史の課題と方法』新曜社、一九九四年）

Róheim, G. 1950, *Psychoanalysis and Anthropology: Culture, Personality and the Unconscious*, International University Press（G・ローハイム／小田晋・黒田信一郎訳『精神分析と人類学　上下』思索社、一九八〇年）

Todd, E. 1990, *L'invention de l'Europe*, Editions du Seuil（E・トッド／石崎晴己訳『新ヨーロッパ大全Ⅰ』藤原書店、一九九二年、石崎晴己・東松秀雄訳『新ヨーロッパ大全　Ⅱ』藤原書店、一九九三年）

石田瑞麿編　一九八三『中公バックス　日本の名著6　親鸞』中央公論社

井上光貞　一九五六『日本浄土教成立史の研究』山川出版社［『井上光貞著作集　第七巻』岩波書店、一九八五年］

上島享

二〇〇一a「藤原道長と院政：宗教と政治」上横手雅敬編『中世公武権力の構造と展開』、吉川弘文館

二〇〇一b「中世王権の創出と院政」大津透ほか著『日

本の歴史　第八巻　古代天皇制を考える』、講談社
梅棹忠夫　一九六六『文明の生態史観』中央公論社［中公文庫、一九七四年］
平山朝治
一九九三『「日本らしさ」の地層学』情況出版
一九九五『イエ社会と個人主義：日本型組織原理の再検討』日本経済新聞社
二〇〇二「母性社会論の脱構築」『日本研究』第24集
笠谷和比古　一九八八『主君「押込」の構造：近世大名と家臣団』平凡社
中村元編　一九八三『中公バックス　日本の名著2　聖徳太子』中央公論社
真宗海外史料研究会編　一九九八『キリシタンが見た真宗』真宗大谷派宗務所出版部

【コメント2】

「騎士道とキリスト教」についての論評

アレキサンダー・ベネット

ケゥパー教授がおこなった発表のテーマは私にとって非常に興味深いものです。と言いますのも、私はこれまで武士文化における武力の役割について広範な研究をおこなってきたからです。西洋の騎士と日本の武士は多くの点において――特に宗教の問題において――異なってはいるものの、絶えず死の脅威に直面している職業的戦闘家として、両者には気質面において類似点も数多くあります。与えられた時間は限られていますが、ケゥパー教授の論文に応答する形で、武士の経験についての私の所見を述べてみたいと思います。

ケゥパー教授はジュリアン・ピットリヴァーの言葉を引用し名誉と武力（暴力）の関係について次のように述べています――「名誉の究極的な擁護は肉体的暴力に存する（名誉を最終的に守ってくれるものは肉体的暴力である）」。

名誉という概念は武士文化にも非常に大きな影響を及ぼし、この概念は武士文化においてさまざまな方法で利用されました。第一に、名誉という概念は武士の集団的アイデンティティ（独自性）を支えている独特な文化様式の基盤を形成したといってもかまわないでしょう。だからといって、私は貴族や農民には名誉を重んじる意識がなかったなどといっているのではありません。しかし、自分の命を犠牲にしても名誉を守ろうとした貴族や農民の例は極めて稀です。このことからも、武士にとっての名誉は、貴族や農民にとっての名誉と

は異質なものであったことがわかります。

第二に、武士は名誉という概念の具体的な表現を利用して相互関係のための独特な慣習を作り出しました。そして、これらの慣習によってあらゆる地位の個々の武士と武士の間の関係が規定されるようになりました。名誉という概念は武士の政治と社会生活において接着剤のような役目を果たしたのです。

第三に、武士は自分の家の名を高めたいという抑え難い欲望を持つようになり、自分の名を後世に残すために激しく競い合いました。この意味において、名誉を追い求め恥辱を避けようとする気持ちは戦闘での武勇や間断のない勇猛さと不可分に関連し合うようになりました。このような名誉の追求は武力を使用することができる能力を武士が最終的に独占するようになったこととも密接に関係しています。名誉は、一七世紀から一八世紀にかけての時代に「武士道」という名で知られるようになったもの――すなわち、武士が持っていた独特な一連の価値観――の最も主要な原動力だったのです。武士は、他とは異なる社会階級として成長してゆくにつれ、戦争と戦闘技術を名誉の究極の表現としてたたえる一連のしきたり（約束事／慣例）も作りあげました。

P・L・バーガーもいっていますように、「名誉という概念には、アイデンティティは本質的に――少なくとも重要な程度にまで――制度上の役割と関連しているという意味合いが含まれている」のです。同様に、平安時代後期から鎌倉時代にかけて武士階級が発展してゆくにつれ、武士であるということと不可分に関係している自尊心や、名誉の共同体（名誉という概念を土台にして築き上げられた武士社会）の構成要素である武士としての集団的アイデンティティが武士の間に生じてきたことがわかります。

池上英子は次のように述べています――「武士を廷臣と区別立てしている最大のものは武士には武力を用いる能力も武力を用いることを厭わない気持ちもあるということである。武士にとって武力は自分たちの支配領域を拡大することを可能にするだけでなく自分たちの社会的存在を合法化（正当化）することをも可能にする手段となったのである。武士は他の日本人から、紛争を解決し平和を保つ力を持っている人々と見なされていたのである」（『名誉と順応――サムライ精神の歴史社会学――』）。

武力と名誉をこのように並置し武力を自尊心の中心的な構成要素として位置づけるということは、武士文化の最もダイナミックな（力強く躍動感に満ちた）側面でした。のちに、武士同士が争い合うのを思いとどまらせようとして喧嘩両成敗という制度が考え出されたり、武士文化の荒々しさを和らげようとして殉死――平時における忠誠心の表現としての自害――が禁止されたりしましたが、このような政治的な試みは武士たちの極めて激しい抵抗にあいました。

当然のことながら、名誉というものは武勇や武力によって表現されていましたので「死」の問題は武士の存在にとって中核的な問題でした。西洋の騎士にも当てはまることですが、人を殺《あや》めるという仕事（任務）はさまざまな方法で正当化されたり弁護されたりしていたとはいえ、それは基本的には決して道徳的な行為としてなされていたわけではありませんでした。

西洋の騎士とは対照的に、日本の武士は非常に多くの神を信じており、さまざまな要素からなる武士の心には多様な宗教的影響が組み込まれていました。武士は数多の土着の神々や外来の神々にかけて忠誠の誓いを立てたり、他の神々にも戦での身の安全を祈願したりしていました。興味深いことに、仏教の教義では一般的に殺生は忌まわしい行為であると見なされているにもかかわらず、仏教機関は通例、人を殺めるという職業に従事しているという理由で、武士について道徳を振りかざすような道学者的な判断を積極的に下すということはしませんでした。つまり、武力を行使するという武士の風習に対して仏教団体として異議を唱えるということはほとんどなかったのです。

それでも、武士は武力を用い、人を殺めるという仕事をしていればやがては応報を招くことになるであろうということを十分認識していました。このような懸念を持っていたにもかかわらず、武士は他人の命を奪うという行為によって、自ら承知の上で、社会の他の階級の人々と精神的にも肉体的にも一線を画したのです。仏教の教義によれば、武士は阿修羅として地獄に生まれ変わる運命にある罪人《つみびと》でした。しかも、武士は常に血や死と直接関わりを持っていたため、穢《けが》れを忌み嫌うという神道の重要なタブーにも抵触していました。従って、神道の風習という視点から見ても穢れていたのです。

それにもかかわらず、宗教的なタブー（禁制）を犯しているということが原因で武士が武力を行使するという自分の職業を捨てることが助長されるということはありませんでした。それどころか、広く普及していた宗派である浄土宗などは武士に救いの手を差し伸べ、現象的に対立する生と死は根本的には一体であるという「生死不二」の考えを説き、生と死を存在論的に理解することを奨励しました。「無常」という概念も広く知られるようになりました。この言葉は、元来は仏教用語で、生を享けたものは全て死ななければならず、いかなるものも不変のままでいることはないという教えを表している言葉です。「諸行無常」という用語も広く知られるようになりました。この言葉は万物は常に変化しており少しの間も不変であることはないという意味で、仏教の三法印《さんぼういん》（仏教教理を特徴づける三つの根本的教説）の一つです。このように、仏教は、武力を行使する職業に従事している間に死に直面することから生じる武士の不安感や宗教的恐怖感に適切に対応することによって、武士の心の琴線に直接触れることができたのです。

さらにもう一つ興味深いことがあります。それは、日本の仏教は全般的に、切腹といったような武士の風習がますます広く普及するようになっても、それに異議を唱えるようなことはしなかったということです。それどころか、仏教は、名誉を獲得し維持し続けようとする努力と武力とを基軸として、武士文化がそれまでにすでに進んで来ていた方向に向かって武士階級の文化的成熟をさらに押し進める手助けをしたのです。

西洋の騎士の場合にはキリストの像やキリストを見習って受難に耐えようとする気持ちは、武力を行使する苛酷な仕事に取り組む動機を植え付けたりそのような仕事を正当化したりする上で大きな役割を果たしましたが、明らかに日本の武士の場合にはそうではありませんでした。武士の場合には、人を殺め自分の命を捨てる覚悟を決めるのに必要な動機とそのような行為を正当化する根拠は、死後も認められたいという強い願望と個人的な名誉を得たいという執念だけであったのです。このような気持から、自分の主君のために勇敢に戦いたいという感情的衝動が生まれたのです（もちろん、財政的な報酬の約束もこのような衝動を起こさせた要因の一つではあったのですが）。臆病な振舞をしているところを仲間に見られるようなことがあれば、それは武士にとっては大変由々しいことでした。臆病の汚名をこうむるようなことになれば、それは耐えられない恥辱であったからです。

次に、過激な武力行為の実践に関連した話をしたいと思います。武士は戦闘に従事しているときや慣習化した戦闘訓練（武術の稽古）を行っている時には自分が普段とは全く異なる「現実」や全く異なる世界の中にいることに気づきます。バーガーも述べていますように、「人は、ほとんどの時間、自分が知っているほとんどの他の人たちと一緒に普通の日常的な生活という隅々まで現実で固められたような実世界の中に自分が置かれていることに気づいている。しかし、人はこの平々凡々とした日常的な現実の中で日常的現実と断絶した状態も経験する。このような断絶状態は日々の生活において圧倒的優位を保っている日常的な現実の境界や果てにあるものとして経験される」のです。

このような「現実（断絶状態）」は通常の現実とは全く異なる類のものです。このような現実（断絶状態）の中には明らかに心理作用（例えば、睡眠と目覚めとの境目の状態である夢）に基づいているものもあれば、激しい肉体的感覚（例えば、厳しい武術の稽古によって生じる苦痛の感覚や快い感覚）に基づいているのではないかと思われるものもあります。さらには、幻覚を感じるような経験もあります（例えば、麻薬によって引き起こされた幻覚状態や、戦闘に従事したり自分の命を賭けたり他人の命を奪ったりすることによって生じる薬物に起因しない高揚感など）。武士はこのような断絶状態に入った時、突然自分が日常的世界の外に立っている気分になり、日常的世界というものが欠陥のある不合理な世界に見えてきます。さらにはそれが幻想の世界に見えてくることさえあります。日常的世界の現実味が突然薄れたり消えてしまったりするのです。

このように、これらの断絶状態は性質的には全て、通常の世界の「外に立っている」ように感じるという意味において文字通り忘我の状態なのです。敵の首を斬り落としたり、さらには切腹によって自害したりする時に、アドレナリンが沸き出てきて現実についての感覚が変わってしまう様《さま》を想像してみて下さい。このような忘我の断絶状態のいずれを経験した場合でも、通常の世界が相対的に見えるようになるだけでなく、通常の世界には以前には気づかなかった特質があるということも見えてくるのです。

もう一つの現実に移行するという経験をすると自己についての認識の仕方も他人についての認識の仕方も変わってきます。このような経験をすると、人は本当の自分をさらけ出して、今までとは根本的に異なる全く新しい究極的と思われるような方法で自分自身と向き合うようになります。このことは必然的に他の人間についても、そしてまた他の人間との関係についても、従来とは異なる見方をするようになるということを暗に意味しています。このようなことが武士の世界において武力が果たした役割だったのです。

ここでケゥパー教授に騎士が持っていた死に対する心構えについてご質問させていただきたいと思います。特に、生死の問題を超越している精神状態（生死超越）についてです。日本では戦国時代と、その後の時代に優れた武士の体験や技術が体系化され「流」と呼ばれる武術の流派が数多く生まれました。多くの場合、このような流派では秘伝の教えが——特に生死についての不安を超越した精神状態に関する奥義が——伝授されていました。この精神状態を描写するために多くの用語が使用されています。例えば、「平常心」「常の心」「水月」（水面に映る月）といったような言葉が用いられています。西洋の騎士もまた自分たちの戦闘経験に基づいて死の問題に対して特別な心構え——騎士を社会の他の人々と区別立てするような特別な心構え——を持っていたのでしょうか。また、そのような特別な心構えに関連した特殊な用語もあったのでしょうか。お教えいただけませんでしょうか。

あとがき

本書は冒頭にも記したように、二〇〇三年三月一〇日から同一五日まで六日間にわたって国際日本文化研究センターにおいて開催された、「公家と武家――その比較文明史的研究――」と題する国際シンポジウムに基づく論集である。

この国際集会の会議録《プロシーディングス》は、二〇〇四年一月に国際日本文化研究センターから『国際シンポジウム22 公家と武家――その比較文明史的研究――』のタイトルをもって出版されている。

今回改めて、このシンポジウムの論集を思文閣出版から公刊するにいたったのは、国の内外から本シンポジウムに参加された第一線専門研究者の方々の多彩さと、その報告・コメントの高度で充実した研究内容との、それら両面にわたる画期的な意義のゆえにほかならない。そして右記の会議録《プロシーディングス》は非売品にして、その多くが公共機関に収められてしまっていることから、一般の読者・研究者の方にとって入手される機会が失われていたという事情にも由来している。実際、本シンポジウムの論集を出版社から一般公刊することを求める声は、数多くの人々から寄せられていたことでもあった。

本書公刊の経緯は以上のとおりであるが、ここで本書の構成・内容と、右記の会議録《プロシーディングス》との相違点について、記しておきたい。

会議録《プロシーディングス》にあって本書にないものは、①外国人研究者の報告書原文《オリジナル・ペーパー》②討論記録、の二つである。ことに討論記録はなんとか本書にも掲載できないかと努力したのであるが、紙数の関係から割愛せざるを得なかった。この点、討論参加者の方々をはじめとする関係各位に対して、深くお詫びする次第である。この報告原文と討論記録については、公共図書館等に収められている会議録《プロシーディングス》の方を参照していただければ幸いである。

本書が会議録《プロシーディングス》と異なる一番大きな点は、本書は先のシンポジウムの内容を踏まえつつも、それからいちおう独立した独自の研究論集だということである。報告論文およびコメントの内容については、今回の刊行に際して、現時点の研究状況に即して遺漏なきように再検討を施している。

ことに外国研究者の報告論文については、今回、それぞれ専門家の手を煩わせて全面的に改訳をほどこした点が、本書の大きな特徴ともなっている。

これら国際集会においては、外国人研究者のペーパーについては原文が提出されていることもあり、また本人自身も参加されていることから、それらの翻訳文は会議準備の慌ただしい状態の中で、やや事務的に処理されてしまって学問的な厳密さを欠くという憾みがある。しかしながら今回は、全編日本語による出版ということもあり、本書の翻訳が定訳という位置づけを受けることから、それぞれ専門家の御協力を得て全面的に改訳を試み、翻訳文の正確に万全を期することとした。

これらのことから、外国人研究者の報告論文に関しては、翻訳文引用等をされるときには、前述の会議録ではなく本書収載の翻訳文のほうを使用していただければ幸いである。

本書の構成上の特徴は以上のとおりである。最後に、学術書については出版事情も厳しいおりから、本書公刊を引き受けていただいた思文閣出版、ならびに複雑な編集作業に取り組んでいただいた同出版編集部の林秀樹、秦三千代御両氏に対して深甚の謝意を表したく思っている。

二〇〇五年七月一日

編　者

国際日本文化研究センター「公家と武家――その比較文明史的研究」国際シンポジウムプログラム

＊所属は当時

二〇〇三年三月一〇日（月）

開　会
一〇時〇〇～一〇時三〇　登録・受付
一〇時三〇～一一時〇〇　開会の挨拶

シンポジウム趣旨説明　笠谷和比古（日文研）
司　会　テモテ・カーン（日文研）

第一部　文人型社会と戦士型社会

一一時〇〇～一二時二〇　報告・討論
天皇・公家・武家　村井康彦（京都造形芸術大学）
コメンテーター　石井紫郎（東京大学・日文研）
深沢　徹（桃山学院大学）
議　長　笠沙雅章（京都大学）
竹村英二（国士舘大学）

一二時三〇～一三時三〇　昼　食
一三時三〇～一五時一〇　報告・討論
新羅王朝の貴族制秩序における変革の本性
――武人貴族制から官人制的貴族制への転換過程――
姜　希雄（ハワイ大学）

文官と戦士――高麗社会における両者のバランス――
エドワード・J・シュルツ（ハワイ大学）
コメンテーター　平木　實（天理大学）
髙橋昌明（神戸大学）
辻　正博（滋賀医科大学）
議　長　笠沙雅章
マリアン・ブーゲルト（ハーバード大学）

一五時三〇～一六時五〇　報告・討論
ヨーロッパ中世期の騎士社会における紛争のルール
ゲルト・アルトホーフ（ミュンスター大学）
コメンテーター　早川良弥（梅花女子大学）
服部良久（京都大学）
議　長　笠沙雅章
バルト・ガーンス（ヘルシンキ大学）

一六時五〇～一七時〇〇　休　憩
一七時〇〇～一七時四五　全体討議

三月一一日（火）

第二部　王権と儀礼

一〇時〇〇～一一時二〇　報告・討論

周代の朝聘儀礼と王権　郭　斉勇（中国・武漢大学）

コメンテーター　藤善眞澄（関西大学）

官　文娜（日文研）

議　長　蔣　立峰（中国社会科学院）

テモテ・カーン

一一時三〇～一二時三〇　昼　食

一二時三〇～一三時五〇　報告・討論

王制・カリフ制・スルタン制――シリアはなぜ一九二〇年に王制を選択したか――アブドゥルカリーム・ラーフェク（ウィリアム&メアリー大学）

コメンテーター　三木　亘（慶應義塾大学）

佐藤次高（東京大学）

議　長　蔣　立峰

テモテ・カーン

一四時〇〇～一五時二〇　報告・討論

ローマ皇帝からビザンツ皇帝へ――ビザンツ皇帝の即位形式

井上浩一（大阪市立大学）

コメンテーター　南川高志（京都大学）

谷井俊仁（三重大学）

議　長　ウィリー・ヴァンド・ワラ（ルーヴァン・カトリック大学）

加藤善朗（種智院大学）

一五時二〇～一五時四〇　休　憩

一五時四〇～一七時〇〇　報告・討論

儒教の「礼」と武家の「作法」――徳川将軍を中心として――

渡辺　浩（東京大学）

コメンテーター　平木　實

磯田道史（慶應義塾大学）

根津寿夫（徳島市立徳島城博物館）

議　長　ウィリー・ヴァンド・ワラ

加藤善朗

一七時〇〇～一七時三〇　全体討議

三月一二日（水）

第三部　貴族とは何か

一〇時〇〇～一二時〇〇

討論貴族とは何か

問題提起　朧谷　寿（同志社女子大学）

池田　温（創価大学）

議　長　江川　溫（大阪大学）
ドリュー・ガーストル（ロンドン大学）
横谷一子（近畿大学豊岡短期大学）
一二時三〇～一三時〇〇　昼　食
一三時〇〇～　エクスカーション
京都御所と二条城
――ミカドと将軍の関係をめぐる政治的メタファー――
解　説　笠谷和比古

三月一三日（木）

第四部　封建制度と官僚制度

一〇時〇〇～一一時二〇　報告・討論
九～一二世紀、フランスにおける王政、貴族政治、会議政治
イヴ・サシエ（パリ第四大学）
コメンテーター　西川洋一（東京大学）
平田茂樹（大阪市立大学）
議　長　頼富本宏（種智院大学）
ボアチ・ウルケル（日文研）
一一時三〇～一二時三〇　昼　食
一二時三〇～一三時五〇　報告・討論

日本中世における文人政治と武人政治
上横手雅敬（皇學館大學）
コメンテーター　源城政好（前宇治氏歴史資料館）
安元　稔（駒澤大学）
議　長　頼富本宏
ボアチ・ウルケル
一四時〇〇～一五時二〇　報告・討論
オスマン的家産官僚制とティマール制
鈴木　董（東京大学）
コメンテーター　谷口　昭（名城大学）
藤井讓治（京都大学）
議　長　セルジュック・エセンベル（ボカジチ大学）
辻垣晃一（日文研）
一五時二〇～一五時四〇　休　憩
一五時四〇～一七時〇〇　報告・討論
バスタード封建制の再考察――イギリス北東部のケース――
アンソニー・ポラード（ティーズサイド大学）
コメンテーター　朝治啓三（関西大学）
井内太郎（広島大学）
議　長　セルジュック・エセンベル

辻垣晃一

一七時〇〇～一七時三〇　全体討議

三月一四日（金）

第五部　思想・宗教・文化

一〇時〇〇～一一時二〇　報告・討論

江戸時代の政治：イデオロギー制度における神道の地位
——吉田神道の場合——　フランソワ・マセ
（フランス国立東洋言語文化研究所）

コメンテーター　原田正俊（関西大学）
加藤善朗

議　長　名和　修（陽明文庫）
マリアン・ブーゲルト

一一時三〇～一二時三〇　昼　食

一二時三〇～一三時五〇　報告・討論

朝鮮王朝における両班の地方支配と朱子学的村落規範
李　成茂（韓国国史編纂委員会）

コメンテーター　セルジュック・エセンベル
三谷　博（東京大学）

議　長　高木　侃（専修大学）
エミリア・ガデレワ（四国大学）

一四時〇〇～一五時二〇　報告・討論

騎士的暴力と宗教的安定化
リチャード・W・ケウパー（ロチェスター大学）

コメンテーター　平山朝治（筑波大学）
アレキサンダー・ベネット
（日文研）

議　長　高木　侃
エミリア・ガデレワ

一五時二〇～一五時四〇　休　憩

一五時四〇～一七時三〇
全体討議・シンポジウム総括

議　長　ウィリー・ヴァンド・ワラ
森田登代子（樟蔭東女子短期大学）

三月一五日（土）

公開講演会　公家と武家——その比較文明史的研究——

一四時〇〇～　開会挨拶
日文研・所長　山折哲雄

一四時〇七～　国際集会報告
司　会　笠谷和比古

一四時一五～　講演一
笠谷和比古

中国周代の儀礼と王権　郭　斉勇
一五時一五〜　休　憩
一五時三〇〜　講演二
騎士道とキリスト教　リチャード・W・ケウパー

エドワード・J・シュルツ／アブドゥルカリーム・ラーフェク／アンソニー・ポラード／李　成茂／リチャード・W・ケウパーの各氏は英語、郭斉勇氏は中国語、イヴ・サシエ氏はフランス語で発表

Courtiers and Warriors

Preface ··i
KASAYA Kazuhiko (International Research Center for Japanese Studies: IRCJS)

[Session 1] Civilian Type of Society and Warrior's Type of Society

Tennoh (Emperor), Courtiers, and Warriors ···3
MURAI Yasuhiko (Kyoto Municipal Museum of Art, IRCJS)
Comment1 ISHII Shiro (The University of Tokyo, IRCJS)
Comment2 FUKAZAWA Toru (Momoyama Gakuin University)

The Nature of Change in the Silla Aristocratic Order:
The Process of Conversion from a Warrior to an Officialdom-based Aristocracy ···29
KANG Hugh H. W. (University of Hawaii at Manoa, U.S.A.)

Courtiers and Warriors: A Search for Equilibrium in Koryo Sciety ·······················49
Edward J. SHULTZ (University of Hawaii, West Oahu, U.S.A.)
Comment1 TAKAHASHI Masaaki (Kobe University)
Comment2 TSUJI Masahiro (Shiga University of Medical Sciences)
Comment3 HIRAKI Makoto (Kyoto Furitsu University)

The Rules of Conflict among the Warrior Aristocracy of the High Middle Ages ·········85
Gerd ALTHOFF (Munster University, Germany)
Comment1 HAYAKAWA Yoshiya (Baika Women's College)
Comment2 HATTORI Yoshihisa (Kyoto University)

[Session 2] Kingship and Ritual

The Courtesy of Audiences and Kingship in Zhou Dynasty, China ·······················129
GUO Qiyong (Wuhan University, China)

Comment1 FUJIYOSHI Masumi (Kansai University)
Comment2 GUAN Wenna (IRCJS)

Kingship, Caliphate or Sultanate:Why Syria Chose Kingship in 1920? ……………………163
Abdul-Karim RAFEQ (The College of William and Mary, U.S.A.)
Comment1 SATO Tsugitaka (Waseda University)
Comment2 MIKI Wataru (Keio University)

From the Roman Emperor to the Byzantine Emperor
Ideas and Ceremonies of the Byzantine Inperial Accession ……………………………191
INOUE Koichi (Osaka City University)
Comment1 TANII Toshihito (Mie University)
Comment2 MINAMIKAWA Takashi (Kyoto University)

Ritual of the Tokugawa Shogunate and Confucianism ……………………………………223
WATANABE Hiroshi (The University of Tokyo)
Comment1 ISODA Michifumi (Ibaraki University)
Comment2 NEZU Hisao (Tokushima Castle Museum)

[Session 3] What is the Noble?

Presentation……………………………………………………………………………………247
OBOROYA Hisashi(Doshisha Women's College of Liberal Arts)
IKEDA On (Soka University)
EGAWA Atsushi (Osaka University)

[Session 4] Feudalism and Bureaucracy

Royalty, Aristocracy and Government by Council in 9th-12th Century France …………297
Yves SASSIER (Universite de Paris-Sorbonne, France)
Comment1 NISHIKAWA Yoichi (The University of Tokyo)
Comment2 HIRATA Shigeki (Osaka City University)

Aristocratic and Military Rule in the Medieval Japan ··329
UWAYOKOTE Masataka (Kogakkan University, kyoto University)
Comment1 GENJO Masayoshi (Ritsumeikan University)
Comment2 YASUMOTO Minoru (Komazawa University)

Ottoman Patrimonial Bureaucracy and Timar System ·····································349
SUZUKI Tadashi (The University of Tokyo)
Comment1 TANIGUCHI Akira (Meijo University)
Comment2 FUJII Joji (Kyoto University)

Late Feudalism in England: The Case of Richmondshire ···································373
Anthony POLLARD (University of Teesside, U.K.)
Comment1 ASAJI Keizo (Kansai University)
Comment2 INAI Taro (Hiroshima University)

[Session 5] Ideology, Religion and Culture

The Position of Shinto in the Politico-Ideological System of the Edo Period ············ 407
François MACÉ (National Institute of Oriental Language and Civilization, France)
Comment1 HARADA Masatoshi (Kansai University)
Comment2 KATO Yoshiro (Kyoto Seizan College)

On the Yangban's Local Ruling and the Village Code in the Choson Dynasty ············425
LEE Song Mu (National Institute of Korean History)
Comment1 Selcuk ESENBEL (Bogazici University, Turky)
Comment2 MITANI Hiroshi (The University of Tokyo)

Chivalric Violence and Religious Valorization ··435
Richard W. KAEUPER (University of Rochester, U.S.A.)
Comment1 HIRAYAMA Asaji (University of Tsukuba)
Comment2 Alexander BENNETT (IRCJS)

◆執筆者紹介◆

笠谷和比古（かさや　かずひこ）　国際日本文化研究センター教授

……………………………………………………

村井康彦（むらい　やすひこ）　京都市美術館館長，国際日本文化研究センター名誉教授
石井紫郎（いしい　しろう）　東京大学・国際日本文化研究センター名誉教授
深沢　徹（ふかざわ　とおる）　桃山学院大学社会学部教授
姜　希雄（KANG Hugh H.W.）　ハワイ大学教授
エドワード・J・シュルツ（Edward J.SHULTZ）　ハワイ大学韓国学研究所教授
髙橋昌明（たかはし　まさあき）　神戸大学文学部教授
辻　正博（つじ　まさひろ）　滋賀医科大学医学部助教授
平木　實（ひらき　まこと）　京都府立大学文学部講師
ゲルト・アルトホーフ（Gert ALTHOFF）　ミュンスター大学教授
早川良弥（はやかわ　よしや）　元・梅花女子大学文学部教授
服部良久（はっとり　よしひさ）　京都大学大学院文学研究科教授

……………………………………………………

郭　斉勇（GUO Qiyong）　中国・武漢大学人文学院長
藤善眞澄（ふじよし　ますみ）　関西大学文学部教授
官　文娜（GUAN Wenna）　国際日本文化研究センター共同研究員、武漢大学中国伝統文化研究中心客員教授
アブドゥルカリーム・ラーフェク（Abdul-Karim RAFEQ）
ウィリアム・アンド・メアリー大学教授
佐藤次高（さとう　つぎたか）　早稲田大学文学部教授
三木　亘（みき　わたる）　慶應義塾大学・特選塾員
井上浩一（いのうえ　こういち）　大阪市立大学大学院文学研究科教授
谷井俊仁（たにい　としひと）　三重大学人文学部助教授
南川高志（みなみかわ　たかし）　京都大学大学院文学研究科教授
渡辺　浩（わたなべ　ひろし）　東京大学法学部教授
磯田道史（いそだ　みちふみ）　茨城大学人文学部助教授
根津寿夫（ねづ　ひさお）　徳島市立徳島城博物館　主任・学芸員

……………………………………………………

朧谷　　寿（おぼろや　ひさし）　同志社女子大学現代社会学部教授
池田　　温（いけだ　おん）　創価大学特任教授，東京大学名誉教授
江川　　溫（えがわ　あつし）　大阪大学大学院文学研究科教授

・・・・・・・・・・・・・・・・・・・・・・・・・・・・・・・・・・・・・・・

イヴ・サシエ（Yves SASSIER）　パリ第四大学教授
西川洋一（にしかわ　よういち）東京大学大学院法学政治学研究科教授
平田茂樹（ひらた　しげき）　大阪市立大学大学院文学研究科助教授
上横手雅敬（うわよこて　まさたか）皇學館大学大学院文学研究科教授，京都大学名誉教授
源城政好（げんじょう　まさよし）立命館大学文学部非常勤講師
安元　　稔（やすもと　みのる）　駒澤大学経済学部教授
鈴木　　董（すずき　ただし）　東京大学東洋文化研究所教授
谷口　　昭（たにぐち　あきら）　名城大学法学部教授
藤井讓治（ふじい　じょうじ）　京都大学大学院文学研究科教授
アンソニー・ポラード（Anthony POLLARD）　ティーズサイド大学教授
朝治啓三（あさじ　けいぞう）　関西大学文学部教授
井内太郎（いない　たろう）　広島大学大学院文学研究科助教授

・・・・・・・・・・・・・・・・・・・・・・・・・・・・・・・・・・・・・・・

フランソワ・マセ（François MACÉ）　フランス国立東洋言語文化研究所教授
原田正俊（はらだ　まさとし）　関西大学文学部助教授
加藤善朗（かとう　よしろう）　京都西山短期大学教授
李　　成茂（LEE Song Mu）　韓国国史編纂委員会委員長
セルジュック・エセンベル（Selcuk ESENBEL）　ボガジチ大学助教授
三谷　　博（みたに　ひろし）　東京大学大学院総合文化研究科教授
リチャード・W・ケウパー（Richard W. KAEUPER）　ロチェスター大学教授
平山朝治（ひらやま　あさじ）　筑波大学大学院人文社会科学研究科助教授
アレキサンダー・ベネット（Alexander BENNETT）　国際日本文化研究センター助手

国際《こくさい》シンポジウム　公家《くげ》と武家《ぶけ》の比較文明史《ひかくぶんめいし》

2005（平成17）年8月24日　発行

定価：本体8,000円（税別）

編　者　笠谷和比古
発行者　田　中　周　二
発行所　株式会社　思文閣出版
〒606-8203　京都市左京区田中関田町2-7
電話 075-751-1781（代表）

印　刷
製　本　株式会社図書印刷同朋舎

ISBN4-7842-1256-6　C3021